中国辨伪学史

杨绪敏 著

广西师范大学出版社
·桂林·

中国辨伪学史
ZHONGGUO BIANWEIXUE SHI

图书在版编目（CIP）数据

中国辨伪学史 / 杨绪敏著. -- 桂林：广西师范大学出版社，2025.4. -- ISBN 978-7-5598-8006-2

Ⅰ. K207

中国国家版本馆 CIP 数据核字第 2025TR6178 号

广西师范大学出版社出版发行

（广西桂林市五里店路9号　邮政编码: 541004）
网址：http://www.bbtpress.com
出版人：黄轩庄
全国新华书店经销
广西广大印务有限责任公司印刷
（桂林市临桂区秧塘工业园西城大道北侧广西师范大学出版社集团有限公司创意产业园内　邮政编码: 541199）
开本：787 mm × 1 092 mm　1/16
印张：22　　字数：500 千
2025 年 4 月第 1 版　　2025 年 4 月第 1 次印刷
定价：98.00 元

如发现印装质量问题，影响阅读，请与出版社发行部门联系调换。

序

梁启超曾在《中国近三百年学术史》中指出："无论做哪门学问，总须以别伪求真为基本工作。因为所凭借的资料若属虚伪，则研究出来的结果当然也随而虚伪，研究的工作便算白费了。中国旧学，十有九是书本上学问，而中国伪书又极多，所以辨伪书为整理旧学里头很重要的一件事。"可见考辨古书、古史、古说的真伪，是从事国学研究的首要任务和第一步工作。

中国对于伪书、伪史、伪说的考辨，有着悠久的历史。古代疑古思想的萌芽，可以追溯到春秋战国时期。历代从事古书、古史、古说考辨的学者很多，而其中相当一部分人在辨伪学方面做出过重要贡献。总结中国历代辨伪工作所取得的成绩和经验，研究历代辨伪学家的辨伪思想和方法，对于指导青年学子研究国学，具有十分重要的意义。

约在二十世纪三十年代中叶，顾颉刚曾计划写一部辨伪学史，但由于种种原因，始终未能如愿。他所撰写的《崔东壁遗书序》，后经改易，题为《战国秦汉间人的造伪与辨伪》，发表在燕京大学《史学年报》内，后收入《古史辨》第七册。这篇文章可算是较早的断代辨伪史略。然而顾先生本人对这篇文章并不满意，他说："因为牵涉太广，以致有的地方太粗浅，有的地方有罅漏，自己也觉得不能满意。"八十年代初，王煦华同志将顾先生未完成的草稿连缀补充成书，续补了从三国到清代的辨伪史略。至此才有了简明的《中国辨伪史略》，然而它只是"要把二三千年中造伪和辨伪的两种对抗的势力作一度鸟瞰"，不免有简略、粗浅、罅漏之处。值得高兴的是，今天看到杨绪敏同志的力作《中国辨伪学史》撰成了。

绪敏同志曾师从著名历史文献学家张舜徽先生，长期从事历史文献学的教学和研究，尤其对辨伪学具有浓厚的兴趣。他在长期积累的基础之上，在繁忙的教学和行政工作之余，努力完成了《中国辨伪学史》的撰写，填补了中国辨伪学史研究的空白。

绪敏同志现任徐州师范大学[①]历史系主任，因公务常来南京，我们相识已久，经常见面。承他不弃，亲携《中国辨伪学史》全稿来访，嘱为序言，拜读之后，欣然命笔。

该书将中国辨伪学分为四个时期：（一）疑古思想的萌芽及辨伪学初起时期（先秦汉魏南北朝）；（二）辨伪学的发展时期（唐宋）；（三）辨伪学的成熟时期（明清近代）；（四）辨伪学的再

---

① 2011年更名为江苏师范大学。——编者注

发展时期（现当代）。书中，绪敏同志全面系统地叙述了从战国到现当代在考辨伪书、伪史、伪说等方面所取得的成就，深入细致地分析总结了历代辨伪学家的辨伪思想和辨伪方法，并作了客观、公允的评价。全书资料丰富，论证充分，新见迭出，精义纷呈，是一部不可多得的辨伪学专著，具有很高的学术价值。

绪敏同志为人谦虚，他对我说，该书带有一定的草创性质，书中难免还存在这样或那样的问题，恳切希望出版后得到海内外同行专家的指教，他将在现有的研究基础上，继续奋进。我相信他今后会取得更大的成绩。

是为序。

卞孝萱
1998年立秋于南京大学

前言

郭沫若先生曾经指出："无论作任何研究，材料的鉴别是最必要的基础阶段。材料不够固然大成问题，而材料的真伪或时代性如未规定清楚，那比缺乏材料还更加危险。因为材料缺乏，顶多得不出结论而已，而材料不正确便会得出错误的结论。这样的结论比没有更要有害。"[①] 这段论述说明了辨伪在研究工作中的重要地位。

中国具有数千年的悠久历史，我们的祖先给后人留下的文化遗产是极其丰富的。比如古书，人们常用"浩如烟海"、"汗牛充栋"来形容它的数量之多。然而在这些古书中，伪书占了相当的数量。张之洞在《輶轩语》中指出："一分真伪，而古书去其半。"姚际恒在《古今伪书考》序中也指出："造伪书者，古今代出其人，故伪书滋多于世。"除伪书外，一些古书中还掺杂着伪史、伪说。比如关于"三皇""五帝"的传说，其中有着不少虚构的成分。倘若不对这些伪史、伪说、伪书进行考辨，将会给我们的研究工作带来很大的危害。

我国的古书从魏晋以来一般被分为经、史、子、集四大部类。中国辨伪学史论及伪书的范围，四大部类均有涵盖，此外在"道藏""佛藏"两类中也有。明代学者胡应麟在分析伪书范围及作伪的程度时指出："凡四部之伪者，子为盛，经次之，史又次之，集为寡。"[②] 为什么子书作伪最多呢？因为子书向来被人们视作是无关紧要的，因此有人随便地搜集、编纂，假托古人之名而刊行流传。经部被认为是圣人所传的经典，因此较少有人敢去作伪。然而当某部经书亡佚或秘藏不露时，便有人出于某种动机伪造或篡改。史部书籍多为记载史事，不如经、子两部偏重理论、容易编造，因此伪的比经、子两类要少。然而其中也多有记伪事、伪说，有时也掺杂作者之外他人的续补之作。集部为个人作品，很少有人会伪造全部，但有的文集中也有偶尔掺入他人作品的情况。因此，历代对古书辨伪的重点一般放在经、子、史三部类，同时也涉及集部及道经、佛经等方面。

我国的古史传说，存在着一个"逐步发生演进变化，由较简朴到较复杂，由缺乏系统到逐步有

[①] 郭沫若：《古代研究的自我批判》，见《十批判书》，东方出版社，1996年。
[②] 胡应麟：《少室山房笔丛》卷三十二《四部正讹》下，上海书店，2009年。

系统，由神话性很浓到逐步净化成人性，由纯神话逐步变成历史故事"①的复杂过程。其中涉及的一些古史人物及事迹，多经过后人的加工塑造，有的甚至是出于某一学派的利益而凭空捏造出来的。因此辨伪的任务不仅限于对古书真伪的考辨，还包括对古史真伪的考辨。顾颉刚指出：

> 有许多伪史是用伪书作基础的，如《帝王世纪》《通鉴外纪》《路史》《绎史》所录；有许多伪书是用伪史作基础的，如伪《古文尚书》、古《三坟书》、今本《竹书纪年》等。②

辨伪，是考据的方式之一，是从事中国传统史学研究具体的工作程序和基本技能之一。正如郑良树所指出的：

> 古籍辨伪学和古史辨伪似乎是双胞胎的孪兄弟。古籍如果是伪造的，书内所载的古史恐怕就有问题；研究古史的虽然未必一定要同时研究古籍。不过，他却不可轻易忽视古籍真伪的问题。所以，它们有着不可分割的密切关系。③

顾颉刚曾向钱玄同发问："我们的辨伪，还是专在伪书上呢？还是并及于伪事呢？"钱玄同回答称："我以为二者宜兼及之，而且辨伪事比辨伪书尤为重要。"④可见辨伪书与辨伪事同是辨伪学的重要组成部分。

辨伪学又与校勘学、目录学、考据学等相邻学科有着密不可分的关系。正如张舜徽先生所指出的："辨伪工作，一开始便和校书工作结合在一起。汉代学者们，原来也是通过校书来考定古书的真伪和时代的。"⑤

中国对古史、古书的怀疑开始于春秋战国时期，而真正对古史、古书进行整理、考辨的是西汉的司马迁。他在作《史记》的过程中，本着"考信于六艺"的原则，对古史记载进行了认真的考辨，所以梁启超称他是"辨伪学的始祖"。⑥从春秋以来，疑古思想作为一种学术潜流在中国一直存在并发展着。在中国绵绵数千年的历史长河中，历代从事辨伪工作的广大学者、专家以坚韧不拔的精神和实事求是的态度，不断向伪史、伪书发起进攻，并取得卓越的成绩。今天，实事求是地总结这一领域所取得的成绩，是我们义不容辞的责任，也是当今史学研究所需要的。

---

① 刘起釪：《古史续辨》"我国古史传说时期综考"，中国社会科学出版社，1991年。
② 顾颉刚编著：《古史辨》第一册"自序"，上海古籍出版社，1982年。
③ 郑良树：《古籍辨伪学》第八章"新趋势"，台湾学生书局，1986年。
④ 顾颉刚编著：《古史辨》第一册"论近人辨伪见解书"，上海古籍出版社，1982年。
⑤ 张舜徽：《中国文献学》第六编第五章"辨伪"，中州书画社，1982年。
⑥ 梁启超：《古书真伪及其年代》卷一"总论"，中华书局，1955年。

近年来，在史学研究工作中，出现了一种不容忽视的现象。正如刘起釪先生所指出的，有的人"直接称用传说中的古帝、古神做信史人物来立论；有用晋代的《帝王世纪》之说去驳诘先秦资料的；有引用伪《古文尚书》文句为说的；有把不同历史时期出现的资料平列地使用的；有把属于不同历史时期或不同部族的古帝先王，在论文中不区分其先后混同地称引和阐说的"。[1]这不仅是一个学风的问题，而且说明一些年轻的学者对中国辨伪学的知识知之甚少，对一些本该阅读的辨伪学著作，他们却没有坐下来认真去读，因此出现了以上所说的现象。这种现象的存在，是诱发我撰写本书的动机之一。

二十世纪八十年代初，我有幸师从著名历史文献学家张舜徽先生攻读历史文献学。从那以后，我便对历史文献学，尤其对中国辨伪学的研究产生了浓厚的兴趣。以后长期担任"历史文献学""中国史学史"等课程的教学工作，更是偏爱"辨伪学"的研究。先后涉猎了大量有关辨伪学的论著，发表了有关《论衡》《史通》等研究的论文二十多篇，为撰写该书打下了一定的基础。真正萌发撰写该书的念头，是从阅读顾颉刚先生的《崔东壁遗书序》开始的。该序实际上是一部简明的辨伪学史略，由于它过于简略，乃至顾先生本人也觉得"有的地方太粗浅，有的地方有罅漏"，"不能满意"，但它却给撰写"中国辨伪学史"提供了一个基本的线索和架构。二十世纪九十年代中期，孙钦善先生的《中国古文献学史》问世。该书是一部全面论述中国古代文献学发展历史的论著，其中也论及了历代辨伪的主要人物及成就，给了我不少启迪，其中观点也多被我所吸收。拙作还吸收了不少国内外专家学者的研究成果，在此深表谢意！

本书将中国辨伪学史划分为四个时期：（一）疑古思想的萌芽及辨伪学初起时期（先秦汉魏南北朝）；（二）辨伪学的发展时期（唐宋）；（三）辨伪学的成熟时期（元明清近代）；（四）辨伪学的再发展时期（现当代）。其中第二、三、四章的第一节均为"概观"，从宏观上论述这一时期辨伪工作的特点和主要辨伪学家所取得的成就。由于篇幅所限，有的辨伪学者只能在"概观"内论及。凡设有专节论述的，多是具有代表性的著名辨伪学家或具有较大影响的辨伪工作。

由于长期担任学校行政工作，事务繁忙，加上近年来教学工作繁重，因此往往只能利用节假日或夜深人静之机潜心写作。好在身体尚健，思路较敏，虽酷暑伏案，严冬操觚，却不觉其苦，反而乐在其中。

历时两年，拙作终于付梓。首先要感谢南京大学博士生导师卞孝萱教授冒着酷暑，细心阅读书稿，题写序言。同时还要感谢徐州师范大学相关领导和科研处的重视与支持。由于拙作具有一定的草创性质，因此难免存在这样或那样的问题，衷心希望专家学者批评指正。

作者

1998年9月

---

[1] 刘起釪：《古史续辨》"序言"，中国社会科学出版社，1991年。

目 录

第一章 疑古思想的萌芽及辨伪学初起时期——先秦汉魏南北朝

第一节 古史传说与先秦典籍整理、研究之概况 　　003
第二节 疑古思想的萌芽及对伪说伪书产生原因的初探 　　010
第三节 秦始皇焚书及其影响 　　013
第四节 司马迁作《史记》对先秦史料的考辨及处理 　　016
第五节 两汉的造伪及辨伪 　　020
第六节 王充的"疾妄求实"思想及对伪说、伪书之考辨 　　027
第七节 魏晋南北朝的造伪与辨伪 　　035

第二章 辨伪学的发展时期——唐宋

第一节 唐宋辨伪之概观 　　045
第二节 刘知幾疑古惑经思想及对伪史、伪说、伪书的考辨 　　056
第三节 啖助、赵匡对"春秋三传"的怀疑及考辨 　　065
第四节 柳宗元与诸子及其他典籍的考辨 　　071
第五节 欧阳修对儒家经传的考辨 　　078
第六节 郑樵与《诗辨妄》 　　085
第七节 洪迈对伪说、伪书的怀疑及考辨 　　092
第八节 《郡斋读书志》《直斋书录解题》与书籍真伪的考辨 　　100
第九节 朱熹考辨古书的成就、方法及影响 　　106
第十节 叶适与《习学记言》 　　116

第三章　辨伪学的成熟时期——元明清及近代

第一节　元明清近代辨伪之概观　　　　　　　　　　　　　125
第二节　宋濂与《诸子辨》　　　　　　　　　　　　　　　136
第三节　梅鷟与《尚书考异》　　　　　　　　　　　　　　142
第四节　胡应麟对伪书的考辨及对辨伪学理论的总结　　　　150
第五节　明末清初学者对《致身录》《从亡随笔》的考辨　　163
第六节　姚际恒考辨古书的成就及影响　　　　　　　　　　174
第七节　阎若璩、惠栋与伪《古文尚书》的定案　　　　　　182
第八节　崔述与《考信录》　　　　　　　　　　　　　　　193
第九节　刘逢禄与《左氏春秋考证》　　　　　　　　　　　210
第十节　龚自珍、魏源的辨伪思想和成就　　　　　　　　　215
第十一节　廖平与《古学考》　　　　　　　　　　　　　　228
第十二节　康有为与《新学伪经考》　　　　　　　　　　　234
第十三节　梁启超对古书的考辨及对辨伪理论的总结　　　　242

第四章　辨伪学的再发展时期——现当代

第一节　现当代辨伪之概观　　　　　　　　　　　　　　　263
第二节　胡适对中国古代哲学史料的清理及对古史辨派的影响　271
第三节　钱玄同对古书的考辨及对古史辨派的影响　　　　　277
第四节　顾颉刚与古史辨运动　　　　　　　　　　　　　　284
第五节　罗根泽与诸子的考辨　　　　　　　　　　　　　　302
第六节　郭沫若与古史的考辨　　　　　　　　　　　　　　311
第七节　集伪书考辨之大成——张心澂的《伪书通考》　　　319
第八节　竹简帛书的出土对古书辨伪的作用及影响　　　　　325

结语　　　　　　　　　　　　　　　　　　　　　　　　　332
附录（一）：引用参考文献目录　　　　　　　　　　　　　333
附录（二）：文献工作者必读之书——读杨绪敏先生《中国辨伪学史》　336
增订版后记　　　　　　　　　　　　　　　　　　　　　　341

第一章

疑古思想的萌芽及辨伪学初起时期
——先秦汉魏南北朝

第一节
古史传说与先秦典籍整理、研究之概况

（一）纷乱的古史传说及后人研究之概况

在文字尚未产生之前，我们的祖先是靠口耳相传把远古时期的历史传述下来的。这些口耳相传的事迹，到了文字发展比较成熟、书写工具比较方便时，才被断断续续地记载下来。今天，保存在先秦典籍及汉代典籍中的古史传说，主要包括两个方面的内容：一是有关远古时期英雄人物的故事，如羿射九日、夸父逐日、大禹治水等，这一类的传说反映了在氏族社会里人类战胜水、旱等自然灾害时所表现出的大无畏精神。关于部落之间战争的传说，如黄帝战蚩尤、克炎帝等，则反映了我国古代部落之间曾经有过较长时间、较为激烈的战争。在这征服自然、部落联盟之间不断加强战争活动的过程中，涌现出一些英雄人物，如黄帝、炎帝、尧、舜、禹等。二是对于自己祖先和氏族起源的传说，如商的始祖简狄吞玄鸟卵而生契，周之始祖姜嫄履大人迹而生后稷等，实际上反映了原始社会只知有母、不知有父的对偶婚姻关系。

由于口耳相传，这些古史传说免不了有后人增益的成分，因此各书记载也互有差异，使得中国的古史系统错综复杂。比如关于"三皇""五帝"的记载。《吕氏春秋》的《贵公》《用众》《孝行》《禁塞》诸篇有"三皇""五帝"之说，《周礼·春官·外史》则说外史官的职责是"掌'三皇''五帝'之书"。秦始皇时王绾等上书议帝号称："古有天皇，有地皇，有泰皇，泰皇最贵。"① 而先秦之书存于今者，如《周书》《老子》《曾子》《董子》《慎子》《邓析子》《尹文子》《孙子》《吴子》《尉缭子》等皆未言"三皇""五帝"。"三皇"具体指哪三人？也是众说纷纭。或以为指伏羲、神农、黄帝三人；或以为指燧人氏、伏羲、神农三人；或以为指伏羲、女娲、神农；或以为指伏羲、祝融、神农；其说不一。"五帝"具体指哪五人？或以为指黄帝、颛顼、帝喾、尧、舜（见《大戴记·五帝德》）；或以为指庖牺、神农、黄帝、尧、舜（见《战国策·赵策》）；或以为指太昊、炎帝、黄帝、少昊、颛顼（见《吕氏春秋·十二纪》）。其说多有分歧。

面对如此错综淆乱的古史传说系统，首先对其进行整理、考辨的是西汉的司马迁，他作《史记·五帝本纪》本着"疑则传疑，盖其慎也"的原则，选择有关的文献资料和古史传说，将黄帝列为"五帝"之首，将《五帝本纪》列为《史记》之首篇，并以审慎的态度摒弃荒诞无稽的传说。东汉的王充在《论衡》中也对儒书中关于古史传说的增饰成分进行了分析考辨。三国蜀汉的谯周在

---

① 司马迁：《史记》本纪第六《秦始皇本纪》，中华书局，1975年。

《古史考》中,对《史记》中关于周秦以上古史的记载进行了考辨。清代的崔述在《考信录》中,更是系统地考辨了上古三代的古史传说。到了二十世纪二三十年代,以顾颉刚为代表的"古史辨派",则全面、系统地对古史传说和古史系统进行了深入细致的考辨,终于把错综复杂的古史系统理出了一个线索,点清了一个眉目,使人们看清了一个欺骗了后世近二千年的古史体系,以及伪误层累地形成的过程。

(二)儒家经典的整理及后人考辨之概况

中国有文字记载的历史,可以追溯到商代。商代不仅已有比较成熟的甲骨文字,而且已经有了典籍。《尚书·多士》说:"惟殷先人,有册有典。"《国语·晋语四》也说:"有夏、商之嗣典。"至于夏朝是否已产生文字、典籍,由于缺乏强有力的证据,暂且不论。至于《左传·昭公十二年》提到的"《三坟》《五典》《八索》《九丘》",这些所谓"三皇""五帝"时的古书,则实在是不可信。正如梁启超所指出的那样:

> 要是那些书都是真的,则中国文明与世界文明的进化原则刚刚相反。所谓"黄金时代",他人在近世,我们在远古。……若相信神农、黄帝许多著作,则殷墟甲骨全属假造,不然就是中国文明特别地往后退化。否则为什么神农、黄帝时代已经典章文物灿然大备,到商朝,乃如彼简陋低下呢?[①]

目前我国保留下来最早的典籍是《尚书》,它记录了距今二千三百年至三千年间王室的诰命、誓言和其他的大事。据说,《尚书》原有篇数很多,至春秋时期已亡佚不少,故而《史记·孔子世家》称"周室微而礼乐废,《诗》《书》缺。追迹三代之礼,序《书传》,上纪唐虞之际,下至秦穆,编次其事"。经过孔子的编次整理,《尚书》仅保留有百篇。秦焚书后,该书失传。至汉文帝时"欲求能治《尚书》者,天下无有。乃闻伏生能治,欲召之。是时伏生年九十余,老不能行。于是乃诏太常使掌故晁错往受之。秦时焚书,伏生壁藏之。其后兵大起,流亡。汉定,伏生求其书,亡数十篇,独得二十九篇"。[②] 此书是用汉代通行的隶书整理而成,故称《今文尚书》。至汉武帝时,其弟鲁共王刘馀"坏孔子宅,欲以广其宫,而得古文《尚书》及《礼记》《论语》《孝经》凡数十篇,皆古字也。……孔安国者,孔子后也,悉得其书,以考二十九篇,得多十六篇"。[③] 该书因采用战国以前的古文字抄写,故称《古文尚书》,但该书流传不久就亡佚了。因此导致了汉成帝时张霸伪作百两篇《尚书》、汉魏之际人伪作《古文尚书》的作伪案。张霸的伪作很快就露了馅,而魏晋人(或以为是皇甫谧,或以为是王肃,或以为是梅赜)的伪作则迷惑了人们相当长的时间。东晋元帝时,

---

① 梁启超:《古书真伪及其年代》卷一"总论",中华书局,1955年。
② 司马迁:《史记》列传第六十一《儒林列传》,中华书局,1975年。
③ 班固:《汉书》卷三十《艺文志》,中华书局,1962年。

豫章内史梅赜（一作梅颐，又作枚赜）所献《古文尚书》，自称是孔安国作传，即魏晋人之伪造。由于当时各家《尚书》传本皆亡，梅氏所献孔传《古文尚书》遂被立于学官，置博士。至唐太宗时，孔颖达撰《五经正义》，采用此书，遂成定本，得厕于"十三经"中。

北宋末，吴棫作《书裨传》，首先对梅氏所献伪《书》发疑，可惜《书裨传》十三卷没有流传下来。但从陈振孙《直斋书录解题》卷二"书类""《书裨传》"中可略窥其内容大要。该书分为总说、书序、君辨、臣辨、考异、诂训、差牙、孔传凡八篇，从"书序"辨起，一直辨到孔传，其间或辨其史实之异同，或辨其语言之差异。其后朱熹受吴棫的启发，对《书序》《古文尚书》及孔传也提出了一些疑问，并作了浅显的考证。元代吴澄著有《书纂言》，认为伏生所传《今文尚书》为真，梅赜所献《古文尚书》为伪，故在诠释时，皆以《今文尚书》为主，而认为《古文尚书》为东晋晚出之书。明代梅鷟撰写《尚书考异》和《尚书谱》，对《书序》《古文尚书》及孔传从不同角度进行了翔实的考辨。清代姚际恒撰《尚书通论》，其书虽已亡佚，但其部分内容及其精义被阎若璩抄录在自己的著作中，对阎氏的考辨产生了重大的影响。而伪《古文尚书》的最后定案是由阎若璩、惠栋等人完成的。这场关于伪《古文尚书》的诉讼延续了六百余年。

《诗经》也是现存较早的典籍。据《史记·孔子世家》云："古者诗三千余篇。及至孔子，去其重，取可施于礼、义，上采契、后稷，中述殷、周之盛，至幽、厉之缺……三百五篇，孔子皆弦歌之。"《汉书·艺文志》也云："孔子纯取周诗，上采殷，下取鲁，凡三百五篇。"据此便有了"孔子删诗说"。此说首先遭到唐代孔颖达的怀疑，他在《毛诗正义》中指出："书传所引之诗，见存者多，亡佚者少，则孔子所录，不容十分去九，司马迁言古诗三千余篇，未可信也。"[①]而后南宋郑樵、朱熹、叶适、清朱彝尊、崔述等也多有考辨之言。

《诗》有"诗序"，分置各篇之首，说明各篇作者及旨意。首篇《关雎》之序特长，故称为"大序"。所谓"大序"，是总论全书的，"小序"则是叙说各篇作者旨意的。关于《诗序》的作者，异说颇多。萧统《昭明文选》以为子夏作；《隋书·经籍志》以为子夏所创，毛公、东汉卫宏加以润色；北宋刘敞作《七经小传》，怀疑《诗序》；苏辙作《诗集传》以为"小序"首句（所谓"首序"）为"孔氏之旧"，以下余文（所谓"后序"）为"毛氏之学，而卫宏所集录"。王安石作《诗义》，认为《诗序》为诗人自制；北宋程颐以为"小序"为国史旧文，"大序"为孔子所作；郑樵作《诗辨妄》，认为《诗序》"皆是村野妄人之作"。朱熹认为"《诗序》多是后人妄意推想诗人之美刺，非古人之所作也"。以后清代崔述在《读风偶识》中则认为《诗序》乃后汉卫宏作，并认为"序"无大小之分，均出于一人之手。

《周易》原是一部卜筮之书，是秦始皇明令不烧的书籍，因此它没有遭到《诗》《书》那样的厄运。关于这部经书的争议主要有：①重卦之人为谁？《易》以八卦为基础，八卦两两相重为六十四卦。关于重卦之人，有四种说法：一说为伏羲，一说为神农，一说为夏禹，一说为周文王。②《卦

[①] 孔颖达：《毛诗正义》"诗谱序疏"，见《十三经注疏》本，北京大学出版社，1999年。

辞》《爻辞》的作者为谁？一说并为周文王；一说《卦辞》为文王作，《爻辞》为周公作。③"十翼"的作者是谁?《周易》除六十四卦之《卦辞》《爻辞》外，尚有《彖》上下、《系》上下、《象》上下、《说卦》《文言》《序卦》《杂卦》凡十篇，谓之"十翼"，也称为《易传》。

《史记·孔子世家》云："孔子晚而喜《易》，序《彖》《系》《象》《说卦》《文言》，读《易》，韦编三绝。"后人据此则认为"十翼"为孔子所作。宋欧阳修作《易童子问》，始疑《系辞》《文言》非孔子所作，并称"'十翼'之说，不知起于何人？自秦汉以来，大儒君子不论"。郑樵作《六经奥论》也称："今之《系辞》，乃孔门七十二子传《易》于夫子之言。"朱新仲、朱彝尊等皆疑《序卦》；戴震亦谓《说卦》《序卦》《杂卦》三篇与《尚书·泰誓》俱后出，不类孔子之言；皮锡瑞亦疑《说卦》乃焦京之徒所为。

《周礼》在诸经中其出最晚，秦焚书后，至汉武帝时始出，入于秘府。至汉成帝时，刘向校书，始得著录于《别录》《七略》中。然亡《冬官》篇，遂以《考工记》补之。《周礼》原名《周官》，荀悦《汉纪》曰："刘歆奏请《周官》六篇，列之于经，为《周礼》。"陆德明《经典释文》"叙录"也云："王莽时，刘歆为国师，始建立《周官经》以为《周礼》。"关于本书的作者，传统上认为是周公。如王应麟《困学纪闻》卷四引九峰蔡氏云："周公方条治事之官，而未及师保之职，《冬官》亦阙，首尾未备，周公未成之书也。"郑樵《通志·经籍略》引孙处之言曰："周公居摄六年之后，书成归丰，而实未尝行。盖周公之为《周礼》亦犹唐之显庆、开元礼，预为之以待他日之用，其实未尝行也。"但汉儒对此已有怀疑。贾公彦的《周礼疏》"序"谓林存孝已作"十论""七难"以揭示其伪迹。宋人司马光、洪迈及宋以后胡五峰、季本、万斯大皆辨其非周公作，姚际恒也将其列入《古今伪书考》中。清儒廖平作《古学考》，继而康有为作《新学伪经考》直谓出于刘歆之伪造，以佐王莽之业。

《仪礼》是"十三经"中"三礼"的第二部，是专记礼节仪式的书。现仅存十七篇，为秦火后之残余，因仅限于士之礼，故也称《士礼》。唐孔颖达《礼记正义》"序"、贾公彦《仪礼疏》"序"均认为是周公所作，后人多疑其说。宋代的乐史、徐积、章如愚均认为非周公所作。清崔述在《丰镐考信录》中曾辨《仪礼》非周公所作，邵懿辰《礼经通论》则明确认为十七篇为孔子所定。

《左传》是一部编年体的春秋史。《汉书·艺文志》春秋类著录"《春秋》古经十二篇，《左氏传》三十卷"，班固自注云："左丘明，鲁太史。"其"序录"云：

（孔子）以鲁周公之国，礼文备物，史官有法，故与左丘明观其史记，据行事，仍人道，因兴以立功，就败以成罚，假日月以定历数，借朝聘以正礼乐。有所褒讳贬损，不可书见，口授弟子，弟子退而异言。丘明恐弟子各安其意，以失其真，故论本事而作传，明夫子不以空言说经也。

《史记·十二诸侯年表序》也云："鲁君子左丘明，惧弟子人人异端，各安其意，失其真，故因孔子史记具论其语,成《左氏春秋》",其说与《汉志》略同。至唐,啖助、赵匡首先对《左传》的作者及左丘明的身份、所处之时代提出怀疑,并进行了考辨。南宋郑樵则作了更为详尽的分析和考辨。

《左氏春秋》古本至汉代仅存于秘府之中,外人罕得见。至成、哀之间,刘歆校秘书,见古文《春秋左氏传》,大好之。从尹咸及丞相翟方进问大义。"初,《左氏传》多古字古言,学者传训诂而已。及歆治《左氏》,引传文以解经,转相发明,由是章句义理备焉。"①由此可知,引传文以解经,始于刘歆。《左传》原本是一部独立的史书,非为解释《春秋》而作。故至清代,刘逢禄专作一部《左氏春秋考证》,对《左传》的名称、体例、传授之系统,《左传》与《春秋》的关系等进行了详密的考辨,并指出《史记》各篇所引《左传》旧文与今《左传》不合,揭示刘歆增益篡改之迹。康有为在《新学伪经考》中则认为《左传》出于《国语》,为刘歆所伪造。崔适在《史记探源》中认为《史记》本属今文经学,由于刘歆窜乱,乃杂有古文说。又认为刘歆伪造《左传》,凡《史记》中出于《左传》的内容,皆为刘歆窜入。

《论语》在《汉书·艺文志》中被放在《六艺略》"春秋类"中,原本是依附于经部的传记。故《汉书·扬雄传》赞曰:"传莫大于《论语》。"《后汉书·赵咨传》引《记》曰:"丧,与其易也,宁戚",此语今见于《论语·八佾》。到汉文帝时,将《论语》置博士,不久即罢。后得厕于"十三经"中。

《汉书·艺文志》云:"《论语》者,孔子应答弟子时人及弟子相与言而接闻于夫子之语也。当时弟子各有所记,夫子既卒,门人相与辑而论纂,故谓之《论语》。"据此可知《论语》直接成于孔子弟子之手。陆德明《经典释文》"叙录"引郑玄曰:"仲弓、子夏等所撰定。"《论语音义》又引郑玄曰:"仲弓、子游、子夏等撰。"明举其弟子之名。唐柳宗元撰《论语辨》两则,前一则专辨《论语》撰人,以为《论语》为"乐正子春、子思之徒"所编纂。

关于《论语》内容之真伪,清崔述专作《论语篇章辨疑》(见其《考信录》中《论语余说》),认为全书二十篇中末五篇《季氏》《阳货》《微子》《子张》《尧曰》中至少有一部分为战国末年人所窜乱。

《孝经》和《尔雅》原本为六经之附庸。在《汉书·艺文志》"六艺略"中除六经及《论语》外,尚有《孝经》一类而以《尔雅》附之。后来两书因此列入"十三经"之中。

《汉书·艺文志》云:"《孝经》者,孔子为曾子陈孝道也。夫孝,天之经,地之义,民之行也。举大者言,故曰'孝经'。"据此可知,此书名曰"孝经",是因为孝是天经地义,并非因为它是一部经书。蔡邕的《明堂论》曾引魏文侯的《孝经传》。《孝经传》虽已亡佚,但因此可以推见战国初年已有《孝经》这部书。《吕氏春秋·察微》篇引《孝经》诸侯章,也可作证。《孝经钩命诀》称:"孔子志在《春秋》,行在《孝经》。"于是便有人称《孝经》为孔子所作。如郑玄《六艺论》云:

---

① 班固:《汉书》卷三十六《楚元王传》,中华书局,1962年。

"孔子以六艺题目不同，指意殊别，恐道离散，后人莫知根源，故作《孝经》总会之。"

《孝经》在汉代有两种版本，故《汉书·艺文志》著录有"《孝经古孔氏》一篇"，自注云："二十二章。""《孝经》一篇"，自注云："十八章。"古文本为孔安国所注，亡于梁末。今文本为郑玄所注，经文今存，郑注亦亡。今"十三经"中的《孝经》经文采用的是今文本十八章。

《隋书·经籍志》称：

《古文孝经》一卷，孔安国传，梁末亡佚。今疑非古本。

又称：

又有郑氏注，相传或云郑玄，其立义与玄所注余书不同，故疑之。梁代，安国及郑氏二家并立国学；而安国之本亡于梁乱，陈及周、齐，唯传郑氏。至隋，秘书监王劭于京师访得孔《传》，送至河间刘炫，炫因序其得丧，述其议疏，讲于人间，渐闻朝廷，后遂着令，与郑氏并立；儒者喧喧，皆云炫自作之，非孔旧本。①

此段论述疑及郑玄注，并指出隋王劭所得孔安国本《孝经》传为刘炫伪造之书。而后，刘知几在《上〈孝经注议〉表》中列举十二条证据，证明当时通行的《孝经》非郑玄所注，认为其注"言语鄙陋，义理乖谬"。②司马贞也指出："其古文二十二章，元出孔壁；先是安国作传，缘遭巫蛊，世未之行。……中朝遂亡其本。近儒欲崇古学，妄作此传，假称孔氏，辄穿凿改更，又伪作《闺门》一章；刘炫诡随，妄称其善。且《闺门》之义，近俗之语，非宣尼之正说。"③朱熹作《孝经刊误》，认为《孝经》"盖出于汉初《左氏》未盛行之时，不知何世何人为之也"，又认为《孝经》"只是前面一段是当时曾子闻于孔子者。后面皆是后人缀辑而成"。④清姚际恒在《古今伪书考》中更是作了详尽的考辨。

《尔雅》原是我国古代一部分类编撰的字书。扬雄《方言》、王充《论衡》均谓该书是孔子门徒解释六艺而作，或谓为周公、孔子所作。最早对周公作《尔雅》提出怀疑的是汉代的郭威，他认为《尔雅》中有"张仲孝友"之类是后人补上去的，并非周公所记原文（见《西京杂记》引郭威之言）。宋代欧阳修则认为《尔雅》是秦汉之间学《诗》者所作，根本不是圣人所作。吕南公、叶梦得、郑樵等均持与欧阳氏基本相同的观点。清代的崔述不仅提出有关证据证明《尔雅》非周公作，而且指出此书为秦汉间人所作。梁启超认为："《尔雅》今列于十三经，陋儒竞相推挹，指为周公所

---

① 《隋书·经籍志》经籍一"孝义类"，中华书局，1973年。
② 见《唐会要》卷七十七"论经义"，中华书局，1955年。
③ 见《唐会要》卷七十七"论经义"，中华书局，1955年。
④ 朱熹：《孝经刊误》钦定四库全书本，中国书店，2015年。

作，甚可笑。其实不过秦、汉间经师诂经之文，好事者编为类书以便参检耳。"[1]

（三）先秦诸子的著述及其研究之概况

先秦诸子书构成了我国历史上仅次于经书的第二类较早的古文献。

"诸子"之称始自《七略》。《七略》是我国较早的分类目录著作，作者为西汉刘歆。《七略》分为《辑略》《六艺略》《诸子略》《诗赋略》《兵书略》《术数略》《方技略》。其中《诸子略》述诸子之派别，分为十家：儒、道、墨、名、法、阴阳、纵横、杂、农、小说。除小说家外，又有九流之称。《七略》后亡佚，但其主要内容被收入《汉书·艺文志》中。

儒家的代表作有《论语》《孟子》《荀子》等；道家代表作有《老子》《庄子》《管子》《文子》《关尹子》《列子》《鹖冠子》等；墨家的代表作有《墨子》等；法家代表作有《商君书》《韩非子》《慎子》等；名家代表作有《公孙龙子》等；阴阳家书，《汉志》共录有二十一种，今俱亡佚；杂家代表作有《吕氏春秋》等；其他各家著作多亡佚。这些诸子的著作，或是自撰，或为其门徒所编纂，或为本学派后学采摘其言行或依傍其学说推演、编写而成，或撰非一人、成非一时，掺入后人增窜、补缀的成分较多。值得注意的是，子书中作伪的现象尤为严重。有的是整部书作伪，如《鬼谷子》《关尹子》之类；有的是内容有后人增窜的成分，如《管子》《庄子》；有的是本无其书而凭空伪造，如《亢仓子》（亦作《亢桑子》，本书遵从古籍原文）、《子华子》等。总之，子部书籍在四部中伪书的数量最大、问题最多。

最早对诸子著作进行辨伪的是西汉的刘歆和东汉的班固，刘歆所撰《七略》虽然亡佚，但其主要内容多被《汉书·艺文志》收录，该志考辨了《文子》等四五十种书籍。唐初所修《隋书·经籍志》疑及《广成子》《随巢子》《胡非子》等。颜师古疑及《孔子家语》《邓析子》《西京杂记》。最早写文章对诸子著作进行考辨的是柳宗元。他作有七篇考辨诸子的文章，分别考辨了《列子》《论语》《鬼谷子》《晏子春秋》《亢仓子》《鹖冠子》等，直接影响了后世对诸子的考辨。宋高似孙在柳宗元的影响下，作《子略》，其中辨及《鹥子》《孔丛子》《曾子》《列子》《文子》《战国策》《尹文子》《亢桑子》《鬼谷子》等子书。朱熹虽没有专门考辨诸子的文章，但在他的《文集》《语类》中也辨及《孔丛子》《中说》《管子》《子华子》等。明初宋濂作《诸子辨》（一名《龙门子》），这是我国辨伪学史上第一部专门考辨子书的著作。该书考辨了从先秦到宋代约四十四种子书的真伪。晚明的胡应麟作《四部正讹》，其中卷中以考辨诸子为主。清初姚际恒作《古今伪书考》，其中考辨诸子书四五十种。二十世纪三十年代，以顾颉刚为代表的"古史辨派"除考辨古史传说外，也将考辨的眼光放在诸子之上。由罗根泽主编的《古史辨》第四册、第六册收入的均是考辨诸子的文章。二十世纪四十年代蒋伯潜撰成《诸子通考》，对诸子代表人物及其代表作进行了系统的考辨。

以上从古史传说、儒家经典、先秦诸子三个方面简要地介绍其考辨整理、研究之概况，将历代考辨工作理出了一个线索，由此可以大体了解有关古史传说、儒家经典、先秦诸子辨伪的历史。

---

[1] 梁启超：《要籍解题及其读法》"礼记·大戴礼记·附尔雅"，岳麓书社，2010年。

第二节
疑古思想的萌芽及对伪说伪书产生原因的初探

中国古代疑古思想的产生可以追溯到春秋战国时期。如公元前十一世纪末周人在征服殷商时便竭力夸大商纣王的暴行，为自己"恭行天之罚"做舆论工作。对此，孔子的弟子子贡提出了怀疑，他说："纣之不善不如是之甚矣，是以君子恶居下流，天下之恶皆归焉。"①他认为商纣王不会像古史中所描绘的那样残暴，是后人把别人的丑恶行为都归聚到他一个人身上的缘故。一百多年后，孟子竟得出"尽信书不如无书"②的结论。针对《尚书·武成篇》中记周武王伐纣"血流漂杵"而言，他认为："以至仁伐至不仁，而何其血之流杵也？"③实际上孟子理想中的"仁义之师"是不可能存在的，战争必然要死人。《尚书·武成篇》的记载反倒是真实的，《逸周书·克殷解》可为之作证。但这一论断却透露出孟子的疑古思想。又过了一百年，孔子、墨子自称得尧、舜之真谛，而儒、墨两个学派的各个分支都自称得孔、墨之真谛，对此，韩非指出：

> 世之显学，儒、墨也。儒之所至，孔丘也。墨子所至，墨翟也。自孔子之死也，有子张之儒，有子思之儒，有颜氏之儒，有孟氏之儒，有漆雕氏之儒，有仲良氏之儒，有孙氏之儒，有乐正氏之儒。自墨子之死也，有相里氏之墨，有相夫氏之墨，有邓陵氏之墨。故孔、墨之后，儒分为八，墨离为三，取舍相反不同，而皆自谓真孔、墨，孔、墨不可复生，将谁使定世之学乎？孔子、墨子俱道尧、舜，而取舍不同，皆自谓真尧、舜，尧、舜不复生，将谁使定儒、墨之诚乎？殷、周七百余岁，虞、夏二千余岁，而不能定儒、墨之真，今乃欲审尧、舜之道于三千岁之前，意者其不可必乎！无参验而必之者，愚也，弗能必而据之者，诬也。故明据先王，必定尧、舜者，非愚则诬也。愚诬之学，杂反之行，明主弗受也。④

这段论述说明，战国时期儒、墨两家托古立说，借重尧、舜来抬高自己的学术地位，儒、墨各分支也各自吹嘘得孔、墨之真谛，实际上各家学说各有差异，这种自我吹嘘是不可信的。这种对古

---

① 《论语·子张》，引自杨伯峻《论语译注》，中华书局，1980年。
② 《孟子·尽心》，引自杨伯峻《孟子译注》，中华书局，1984年。
③ 《孟子·尽心》，引自杨伯峻《孟子译注》，中华书局，1984年。
④ 王先慎：《韩非子集解》"显学"，《新编诸子集成》本，中华书局，2013年。

史、古书的怀疑态度，开了疑古风气的先河，为后来的古史、古书的辨伪起到了导夫先路的作用。

最早对伪史、伪书产生的原因进行探究的是西汉淮南王刘安和他的宾客们。在《淮南子·修务篇》中，他们尖锐地指出：

> 世俗之人多尊古而贱今，故为道者必托之于神农、黄帝而后能入说。乱世闇主高远其所从来，因而贵之，为学者蔽于论而尊其所闻，相与危坐而听之，正领而诵之，此见是非之分不明。①

这段论述深刻地揭示了伪史、伪书产生的一个重要原因：世俗之人头脑中"尊古而贱今"的观念和统治者"厚古薄今"的做法在作祟。这种观念和做法导致了道家借重黄帝，医家借重神农、黄帝，墨家借重大禹等来抬高自己学术地位的现象，于是出现了托古代圣君明主之名的伪书。正如近代梁启超所分析的那样：

> "好古"为中国人特性之一，什么事都觉得今人不及古人，因此出口动笔，都喜欢借古人以自重，此实为伪书发达之总原因。②

康有为也认为：

> 荣古而虐今，贱近而贵远，人之情哉！耳目所闻睹，则遗忽之，耳目所不闻睹，则敬异之，人之情哉！……敬异则传也。③

李大钊曾指出：

> 中国自古昔圣贤，即习为托古之说，以自矜重。孔孟之徒，言必称尧舜；老庄之徒，言必称黄帝；墨翟之徒，言必称大禹；许行之徒，言必称神农。后世逸民高歌，诗人梦想，大抵慨念黄、农、虞、夏、无怀、葛天的黄金时代，以重寄其怀古的幽情。④

刘安在《淮南子》中不仅探究了伪书产生的原因，而且对古史的记载也提出了怀疑。如在《缪称训》中，他一针见血地指出："三代之称，千岁之积誉也。桀、纣之谤，千岁之积毁也。"他认为

---

① 刘文典：《淮南鸿烈集解》"修务训"，《新编诸子集成》本，中华书局，2013年。
② 梁启超：《中国近三百年学术史》第十四讲"清代学者整理旧学之总成绩"，商务印书馆，2011年。
③ 康有为：《孔子改制考》"卷四"，见《康有为全集》第三卷，上海古籍出版社，1992年。
④ 李大钊：《李大钊选集》"史学思想史讲稿"，人民出版社，1959年。

被儒家所吹捧的禹、汤、文王、武王这些所谓的圣君明主，实际上并没有那么神圣，而是"千年之积誉"粉饰了他们的形象；而儒家所贬抑的夏桀、商纣，实际上也没有书上所描绘的那般残暴，而是"千年之积毁"丑化了他们的形象。在《氾论训》中，他们又指出："今夫图工好画鬼魅而憎图狗马者，何也？鬼魅不世出而狗马可日见也。夫存危治乱，非智不能；道而先称古，虽愚有余。"在此，刘安他们把托古而伪造古史者比作是在"画鬼魅"，因为人们没见过鬼魅，伪造者则可以随心去涂抹，可美化、可丑化，人们无法比较真假，因此也就很难说它像还是不像。在盲目"好古"的汉初，刘安等人能有如此的见解，确实是难能可贵。

第三节

秦始皇焚书及其影响

秦始皇焚书，是中国学术史上一个重大事件。这个事件对中国辨伪学发展的进程曾产生过不可低估的影响。今文经、古文经之争，缘起于秦之焚书，后世大量伪书的出现，也多与焚书有关。因此弄清这个事件的来龙去脉，很有必要。

焚书事件缘起于公元前213年的一场关于实行郡县制还是分封制的争论。李斯借此机会提出：

> 古者天下散乱，莫之能一，是以诸侯并作，语皆道古以害今，饰虚言以乱实，人善其所私学，以非上之所建立。今皇帝并有天下，别黑白而定一尊。私学乃相与非法教，人闻令下，则各以其学议之，入则心非，出则巷议，夸主以为名，异取以为高，率群小以造谤。如此弗禁，则主势降乎上，党与成乎下。禁之便。臣请史官非秦记皆烧之。非博士官所职，天下敢有藏《诗》《书》百家语者，悉诣守尉杂烧之。有敢偶语《诗》《书》者弃市，以古非今者族，吏见知不举者与同罪。令下三十日不烧，黥为城旦。所不去者，医药、卜筮、种树之书。若欲有学法令，以吏为师。①

李斯的建议，表述了以下几条意见：①秦统一天下后，为了禁止儒生的"以古非今"（具体说，就是心非、巷议、夸主、造谤），巩固中央集权统治，建议焚禁古书，绝其依据；②各国史书除《秦纪》外全部烧掉；③博士官所执掌的《诗》《书》、诸子书不在烧毁之列；④实行严厉制裁的措施以保证焚禁古书政策的落实。

关于这次焚书，还见于《史记》其他篇目的记载。如《六国年表序》载："秦既得意，烧天下《诗》《书》，诸侯史记尤甚，为其有所讥刺也。《诗》《书》所以复见者，多藏人家；而史记独藏周室，以故灭。惜哉！惜哉！独有《秦纪》，又不载日月，其文略不具。"《史记·太史公自序》云："周道废，秦拨去古文，焚灭《诗》《书》，故明堂石室金匮玉版图籍散乱。"《史记·儒林列传》也云："及至秦之季世，焚《诗》《书》，坑术士，六艺从此缺焉。"

由此可见，焚书事件对先秦古书无疑是一次空前的浩劫。各国史书损失尤其惨重，然民间所收藏的《诗》《书》及诸子书，则远没有被烧绝。正如南宋郑樵所云：

---

① 司马迁：《史记》卷六《秦始皇本纪》，中华书局，1975年。

萧何入咸阳，收秦律令图书，则秦亦未尝无书籍也。其所焚者，一时间事耳……《诗》有六亡篇，乃"六笙"诗，本无辞；《书》有逸篇，仲尼之时已无矣。皆不因秦火。

又云：

秦人焚书而书存，诸儒穷经而经亡。[1]

元马端临则指出：

昔秦燔经籍而独存医药、卜筮、种树之书，学者抱恨终古。然以今考之，《易》与《春秋》二经首末具存，《诗》亡其六篇，或以为笙诗元无其辞，是《诗》亦未尝亡也。《礼》本无成书，《戴记》杂出汉儒所编，《仪礼》十七篇及《六典》最晚出，《六典》仅亡《冬官》，然其书纯驳相半，其存亡未足为经之疵也。独虞、夏、商、周之书，亡其四十六篇耳。然则秦所燔，除《书》之外，俱未尝亡也。[2]

然而到了秦末，项羽一把火烧了阿房宫，将宫内保存的图书付之一炬。正如胡三省所云：

秦之焚书，焚天下之人所藏书耳。其博士官所藏，则故在。项羽烧秦宫室，始并博士所藏者焚之。此所以后之学者咎萧何不能于收秦图书之日并收之也。[3]

尽管如此，收藏于民间的儒经并没完全毁掉，到西汉初年，时有失而复见者，正如《史记·太史公自序》所说："《诗》《书》往往间出。"秦火后，重新被发现的古文经共有十种，即《周易》《尚书》《毛诗》《礼经》《礼记》《周官》《春秋》《左传》《论语》《孝经》。关于古书几次失而复得的重大的发现：

一是约在汉景帝末年、武帝初年，鲁共王刘馀"坏孔子宅，欲以广其宫，而得古文《尚书》及《礼记》《论语》《孝经》凡数十篇"。[4]

二是河间献王得民间所藏古文经。《汉书·景十三王传》载：

河间献王德，……修学好古，实事求是，从民得善书，必为好写与之，留其真，加

---

[1] 郑樵：《通志·二十略》"校雠略""秦不绝儒学论"，中华书局，1995年。
[2] 马端临：《文献通考》"自序"，中华书局，2006年。
[3] 胡三省：《资治通鉴音注》卷七"秦纪二""始皇帝下"，中华书局，1956年。
[4] 班固：《汉书》卷三十《艺文志》，中华书局，1962年。

金帛赐以招之。繇是四方道术之人，不远千里，或有先祖旧书，多奉以奏献王者，故得书多，与汉朝等。是时淮南王安亦好书，所招致，率多浮辩。献王所得书，皆古文先秦旧书，《周官》《尚书》《礼》《礼记》《孟子》《老子》之属，皆经传说记，七十子之徒所论。

三是河内女子发老屋得《易》《礼》《尚书》。《论衡·正说篇》载："至孝宣皇帝之时，河内女子发老屋，得逸《易》《礼》《尚书》各一篇，奏之。"① 《尚书序疏》："案王充《论衡》及后汉史，献帝建安十四年，黄门侍郎房宏等说云：'宣帝本始元年，河内女子有坏老子屋得古文《泰誓》三篇'。"

四是杜林得漆书古文《尚书》。《后汉书·杜林传》载：

> 林前于西州得漆书古文《尚书》一卷，常宝爱之，虽遭艰困，握持不离身。出以示（卫）宏等，曰："林流离兵乱，常恐斯经将绝，何意东海卫子（宏）、济南徐生（巡）复能传之，是道竟不坠于地也。古文虽不合时务，然愿诸生无悔所学。"宏、巡益重之，于是古文遂行。

古文经的不断发现，打破了今文经的一统天下，引发了今古文之争。今文经学派认为古文经全系"向壁虚造"之伪作，古文经学派则认为今文经"抱残守缺"，全系穿凿附会之伪说，这场学术之争，直接影响着辨伪学的发展。

---

① 王充著、黄晖校释：《论衡》卷二十八"正说"，中华书局，2022年。

第四节

司马迁作《史记》对先秦史料的考辨及处理

如上文所述，战国时期疑古思想已经萌芽，然而真正对伪书伪说进行较大规模考辨的当从司马迁作《史记》开始。正如梁启超所说的那样："作史学的始祖是司马迁，辨伪学的始祖也是司马迁。"[1]

司马迁作《史记》，始于西汉武帝太初年间。此时距秦焚书已一百多年。一些古书相继重见天日。尤其是汉惠帝四年（公元前191年）废"挟书律"后，一些散失于民间的书籍陆续收归朝廷，或藏于私人之手。到汉武帝时，皇帝藏书已十分丰富。司马迁称："百年之间，天下遗文古事，靡不毕集太史公。"[2]在各种利益的驱使下，伴随着大量古书的失而复得，造伪现象自然难免。因此收集到的古书也不免鱼龙混杂，真伪相掺。摆在司马迁面前的首要任务是甄别真伪，去除糟粕，为《史记》的撰写提供可靠的史料。

司马迁作《史记》依据的史料来源主要有三个方面：一是当时流传的先秦古籍。《汉书·司马迁传》云："司马迁据《左氏》《国语》，采《世本》《战国策》，述《楚汉春秋》，接其后事，讫于天汉。"在此班固只是粗略地列举了几部司马迁作《史记》的参考书。今见于《史记》记载的尚有《谍记》《历术》《甲子篇》《禹本纪》《秦纪》等八十余种书籍。[3]二是皇家收藏的文献档案。秦朝的律令图籍，赖萧何收藏及时，没被项羽焚烧。至武帝时"广开献书之路"，民间献书，堆积如山，武帝令"建藏书之策，置写书之官，下及诸子传说，皆充秘府"。[4]司马迁所说的"䌷史记石室金匮之书"指的就是此类材料。三是实地调查得到的材料。司马迁从二十岁时就开始漫游各地，足迹几乎遍于全国，所到之处，无不进行调查采访。如《淮阴侯列传》中云："吾如淮阴，淮阴人为余言。"《魏世家》云："吾适故大梁之墟，墟中人曰……"《郦生陆贾列传》云："平原君子与余善，是以得具论之。"诸如此类，不一而足。通过这种实地调查，司马迁收集第一手资料，为撰写《史记》作准备。面对如此丰富的文字资料和口碑传说，司马迁当然不能尽数收录，必须进行一番认真细致、去伪存真的工作。

在史料的收集和考辨的过程中，他主要奉行以下两个原则。

---

[1] 梁启超：《古书真伪及其年代》卷一"总论"，中华书局，1955年。
[2] 司马迁：《史记》卷一百三十《太史公自序》，中华书局，1975年。
[3] 金建德：《司马迁所见书考》，上海人民出版社，1963年。
[4] 班固：《汉书》卷三十《艺文志》，中华书局，1962年。

其一，"考信于六艺"。司马迁认为儒家经典是核实史料可靠性的重要依据。他说："夫学者载籍极博，犹考信于六艺。《诗》《书》虽缺，然虞、夏之文可知也。"[1]例如，他在撰写《殷本纪》时主要依据的是《尚书》《诗经》。他说："余以《颂》次契之事，自成汤以来，采于《书》《诗》。"[2]《货殖列传》开篇即言："夫神农以前，吾不知已。至若《诗》《书》所述虞夏以来，耳目欲极声色之好，口欲穷刍豢之味，身安逸乐，而心夸矜势能之荣，使俗之渐民久矣。"这里所说"吾不知已"显然是托词，主要是对某些古史记载的真实性表示怀疑，不敢采用。《大宛列传》也称："故言九州山川，《尚书》近之矣。至《禹本纪》《山海经》所有怪物，余不敢言之也。"可见他对儒家经典之外的记载是持怀疑态度的，而比较相信儒经中关于古史的记载。又如，他在作《五帝本纪》《夏本纪》《殷本纪》《周本纪》时就曾大段地引用《古文尚书》，或取材于《诗经》及其他经书的史料。比如《史记·周本纪》记载后稷的诞生取自《诗经·大雅·生民》。记述公刘之行事取自《诗经·大雅·公刘》，记载古公亶父取自《诗经·大雅·緜》等。同时，《史记》在记述三代及以上历史时，也多次采用现存于《大戴礼记》中的《五帝德》和《帝系姓》的记载。司马迁指出："予观《春秋》《国语》，其发明《五帝德》《帝系姓》章矣，顾弟弗深考，其所表见皆不虚。书缺有间矣，其轶乃时时见于他说。非好学深思，心知其意，固难为浅见寡闻道也。余并论次，择其言尤雅者，故著为本纪书首。"[3]例如，《史记·五帝本纪》记载黄帝其人及黄帝击败蚩尤之事、记黄帝正妃嫘祖生玄嚣和昌意之事、颛顼之行事、尧之德行，均取自《五帝德》。《史记·周本纪》记载后稷之母姜嫄之事取自《帝系姓》等。

司马迁在处理古史相关材料时一般采用"疑则传疑"的方法，他说："五帝、三代之记，尚矣。自殷以前诸侯不可得而谱，周以来乃颇可著。……故疑则传疑，盖其慎也。"[4]所谓"疑则传疑"就是对可疑的、暂无法分辨真伪的材料，仍然作为可疑的材料流传下去。但他在存疑的过程中也不乏考辨的内容。如对所谓"许由不受尧禅"的传说，他在《史记·伯夷列传》中记载：

> 尧将逊位，让于虞舜。舜、禹之间，岳牧咸荐，乃试之于位：典职数十年，功用既兴，然后授政，示天下重器，王者大统，传天下若此之难也。而说者曰："尧让天下于许由，许由不受，耻之，逃隐。及夏之时，有卞随、务光者。"此何以称焉？太史公曰："余登箕山，其上盖有许由冢云。孔子序列古之仁圣贤人，如吴太伯、伯夷之伦，详矣。余以所闻由、光义至高，其文辞不少概见，何哉？"[5]

---

[1] 司马迁：《史记》卷六十一《伯夷列传》，中华书局，1975年。
[2] 司马迁：《史记》卷三《殷本纪》，中华书局，1975年。
[3] 司马迁：《史记》卷一《五帝本纪》赞语，中华书局，1975年。
[4] 司马迁：《史记》卷十三《三代世表序》，中华书局，1975年。
[5] 司马迁：《史记》卷六十一《伯夷列传》，中华书局，1975年。

他尽管亲自登上箕山看到许由坟墓,但因为所谓"尧让天下于许由"不见于《尚书·虞书》的记载,加之孔子列举让国的圣贤吴太伯、伯夷等,而不及许由,有关许由的文辞记载没有传下来,因此他不相信许由逃尧禅的事是真的,连带着也不相信逃汤禅的卞随、务光之事。

二是"择其言尤雅者"。他在作《五帝本纪》时,指出:"学者多称五帝,尚矣。然《尚书》独载尧以来,而《百家》言黄帝,其文不雅驯,荐绅先生难言之。"①这里所说的《百家》似指春秋战国时代的一部小说汇编(《汉书·艺文志》"诸子略"小说家部分录有"《百家》百三十九卷"),其中关于黄帝传闻的记载,司马迁认为不尽可信,连学者也很难说清楚,因此摒弃不用。他主要依据的是《尚书》《国语》《左传》《世本》等典籍,从中"择其言尤雅者"编撰成书。对那些奇异不雅的传说,他更是持慎之又慎的态度。如《风俗通》等书中记有这样的传说:燕太子丹为质于秦,向秦王请求归国,秦王说"待乌鸦的头变白,天上降下粟米,马头上生角,才准许你归国",太子丹仰天长叹而得愿,秦王不得已,只好让其回国。对此,司马迁认为"世言荆轲,其称太子丹之命,'天雨粟''马生角'也,太过"②,故弃而不用。又如《刺客列传》记豫让刺杀赵襄子之事,基本采用《战国策·赵策》的成文。《战国策·赵策》在豫让刺杀赵襄子未遂反被兵包围后有这样的记载:

> 豫让曰:"……今日之事,臣故伏诛,然愿请君之衣而击之,虽死不恨。非所敢望也,敢布腹心!"于是襄子义之,乃使使者持衣与豫让。豫让拔剑三跃呼天击之,衣尽出血;襄子回车之轮,未周而亡。曰:"而可以报智伯矣!"遂伏剑自杀。

其中"衣尽出血;襄子回车之轮,未周而亡"三句,今本《战国策》无,此据司马贞《史记索隐》引旧本《战国策》补。司马迁在引用这段记载时,将此三句荒诞不经的传说断然删除。

司马迁还注意用事实来考辨伪说。如在《周本纪》中,他针对学者们所称"周伐纣,居洛邑"一说,据事实反驳说:"综其实不然。武王营之,成王使召公卜居,居九鼎焉,而周复都丰、镐,至犬戎败幽王,周乃东徙于洛邑。"

在《史记·司马穰苴列传》中,司马迁还对当时流传的《司马兵法》作者是否是司马穰苴表示怀疑,他说:

> 余读《司马兵法》,闳廓深远,虽三代征伐,未能竟其义。如其文也,亦少褒矣。若夫穰苴,区区为小国行师,何暇及《司马兵法》之揖让乎?

按《汉书·艺文志》将《司马兵法》放在"礼类",也称《军礼司马法》,其中论及古代用兵、

---

① 司马迁:《史记》卷一《五帝本纪》,中华书局,1975年。
② 司马迁:《史记》卷八十六《刺客列传》,中华书局,1975年。

出兵之礼。所以司马迁认为司马穰苴作为齐国将领,哪能深入理解《司马兵法》涉及的古代用兵之礼呢?也很难写出这种宏大广博,深远不可测度的兵法来,因此司马迁如实作了这样记载:"齐威王使大夫追论古者《司马兵法》,而附穰苴于其中,因号曰《司马穰苴兵法》。"[1]

在《史记·老子韩非列传》中,他指出:

> 《畏累虚》《亢桑子》之属,皆空语,无事实。然善属书离辞,指事类情,用剽剥儒、墨,虽当世宿学不能自解免也。[2]

在此指出《庄子》中的《畏累虚》《亢桑子》都是空泛的议论而没有实事根据,主要是用来攻击儒、墨的某些主张的,因此他怀疑这两篇作者有问题。

由于司马迁对史书和史料的处理采取了谨严详审的态度,并做了大量去伪存真的工作,因此《史记》被后人公认为是一部"善序事理,辩而不华,质而不俚,其文直,其事核,不虚美,不隐恶"的"实录"。[3]

---

[1] 司马迁:《史记》卷六十四《司马穰苴列传》,中华书局,1975年。
[2] 司马迁:《史记》卷六十三《老子韩非列传》,中华书局,1975年。
[3] 班固:《汉书》卷六十二《司马迁传》,中华书局,1962年。

第五节

两汉的造伪及辨伪

自西汉惠帝废除"挟书律"后，文、景、武时期一批经书古本重新被发现，于是造伪现象便随之而产生。

伏生所传授的《今文尚书》（原为伏生壁藏，后经晁错整理，以隶书抄之，故名《今文尚书》）原本二十八篇。武帝时，有人献《泰誓》篇。于是汉代人把《今文尚书》二十八篇比作二十八星宿，把《泰誓》比作北斗（见《论衡·正说》）。实际上，《泰誓》篇出于伪造。关于《泰誓》篇的来源，其说不一。刘向《别录》云："武帝末，民之所得《泰誓》书于壁内者，献之。与博士，使读说之。数月，皆起传以教人。"[1]王充《论衡·正说》云："至孝宣皇帝之时，河内女子发老屋，得逸《易》《礼》《尚书》各一篇，奏之。宣帝下示博士，然后《易》《礼》《尚书》各益一篇，而《尚书》二十九篇始定矣。"（案：所云"孝宣皇帝"为"孝武皇帝"之讹，《别录》《七略》均称"武帝"。）

《泰誓》的内容更是大有问题。东汉著名的古文经学家马融在研究《尚书》时，对《泰誓》篇产生了怀疑，为此他专门作文加以考辨。他说：

> 《泰誓》后得，案其文似若浅露。又云："八百诸侯不召自来，不期同时，不谋同辞"，及"火复于上，至于王屋，流为雕；五至以谷俱来，举火神怪，得无在子所不语中乎？"又《春秋》引《泰誓》曰："民之所欲，天必从之。"《国语》引《泰誓》曰："朕梦协朕卜，袭于休祥，戎商必克。"《孟子》引《泰誓》曰："我武惟扬，侵于之疆，取彼凶残，我伐用张，于汤有光。"孙卿引《泰誓》曰："独夫受。"《礼记》引《泰誓》曰："予克受，非予武，惟朕文考无罪。受克予，非朕文考有罪，惟予小子无良。"今文《泰誓》皆无此语。吾见书传多矣，所引《泰誓》而不在《泰誓》者甚多，弗复悉记。略举五事以明之，亦可知矣。[2]

马融的考辨方法并不复杂，一是从文字表述上，认为"其文似若浅露"；二是引《泰誓》中记载的许多神怪之事，认为这不符合孔子删定《尚书》的标准；三是把古书中所引用的《泰誓》文字

---

[1] 孔颖达：《尚书正义》"序"，引《别录》，上海古籍出版社，1990年。
[2] 孔颖达：《尚书正义》"泰誓"篇首引马融《书序》，上海古籍出版社，2007年。

与现通行本《泰誓》的内容进行比较，发现今本《泰誓》中均无古书中所引《泰誓》的文字。由此证明当时被立于学官的《泰誓》实际上是后人之伪造。顾颉刚高度评价了马融这篇考据性文章，称它"可算做考据性的辨伪的第一声"。① 然而我们今天看到的《泰誓》已将马融所指出的神怪之语一并删削，将古书中所引用的《泰誓》文字完全填补进去，已看不出破绽，这是后人再次造伪的结果。

东汉赵岐在《孟子·滕文公下》注中也指出："今之《尚书·泰誓篇》，后得以充学，故不与古《泰誓》同。"可见发现《泰誓》伪迹的还不止马融一人。

东汉经学家郑玄在注疏《礼记》时，对旧题周公所作《礼记》提出了大胆怀疑，他考辨称："名曰《月令》者，以其记十二月政之所行也，本《吕氏春秋·十二月纪》之首章也，以礼家好事抄合之，后人因题之名曰《礼记》，言周公所作。其中官名、时事多不合周法。"②

西汉成帝、哀帝之际，还先后出现过两次较大规模的造伪。

一是汉成帝时百两篇《尚书》的伪造。《汉书·儒林传》载：

> 世所传《百两篇》者，出东莱张霸。分析合二十九篇以为数十，又采《左氏传》《书叙》为作首尾，凡百两篇。篇或数简，文意浅陋。成帝时求其古文者，霸以能为"百两"征。以中书校之，非是。霸辞："受父。"父有弟子尉氏樊并。时太中大夫平当、侍御史周敞劝上存之。后樊并谋反，乃黜其书。

《论衡·佚文篇》也记载了这件事，但内容上有所增益：

> 孝成皇帝读百篇《尚书》，博士、郎吏莫能晓知，征天下能为《尚书》者，东海张霸通《左氏春秋》，案百篇序，以《左氏》训诂，造作百二篇，具成奏上。成帝出秘《尚书》以考校之，无一字相应者，成帝下霸于吏。吏当器辜大不谨敬。成帝奇霸之才，赦其辜，亦不减其经，故百二《尚书》传在民间。（案：《论衡》卷二十八"正说"也有类似记载。）

以上两处记载不同的地方，首先在于张霸的籍贯，一说是东莱，一说为东海。这实在是无关紧要，不必去考辨。其次，《论衡·佚文》称"孝成皇帝读百篇《尚书》，博士、郎吏莫能晓知，征天下能为《尚书》者"。按此说，张霸造"百两篇"以前《尚书》已有百篇。这是王充误信了"（鲁）

---

① 顾颉刚主编：《古籍考辨丛刊》第一集"序"，中华书局，1955年。
② 孔颖达：《礼记正义》卷二十一《月令》第六引郑玄《三礼目录》，宋绍熙三年（1192年）两浙东路茶盐司刻本。

共王坏孔子宅以为宫,得逸《尚书》百篇"①的传言。《汉书·艺文志》云:"孔安国者,孔子后也,悉得其书,以考二十九篇,得多十六篇。"荀悦《汉纪·成帝纪》引刘向语也说:"鲁共王坏孔子宅,以广其宫,得《古文尚书》,多十六篇,及《论语》《孝经》,武帝时,孔安国家献之。"可见中秘藏《书》不可能有百篇之多。王充此说不可信。《汉书·儒林传》之记载则较为可信。

两处记载的相同之处是:都交代了张霸作伪的凭借是《左传》。都说明此书一出现,当即被定为伪书。都写明了百两篇伪《书》并没有当即被销毁,而是留存了一段时间,至于留存到何时,今已不可考。

正因为"百两篇"没有当即被销毁,所以它所载百篇《书序》逐渐流传开来。到西汉末年,百篇《书序》已逐渐被学者们所公认。扬雄《法言·问神篇》有云:"昔之说《书》者,序以百。"这时尚没有确定《书序》的作者。到了东汉,马融、郑玄《书序注》都肯定"《书序》,孔子所作"。实际上,《书序》是张霸抄录《史记》中关于《尚书》各篇写成情况的文字,加上从《左传》中采撷的文字,拼凑而成,托名为孔子。从此,历代均以为《书序》出于孔子之手,把它尊奉为经典。直到宋代,始有人对此提出怀疑,经后来学者们的不断考证,才弄清了它的真实情况。

二是成、哀之间,刘歆大范围地改篡经书。汉成帝河平三年(公元前26年)进行了一次有组织有分工的大规模校书工作。《汉书·艺文志》载:

> 以书颇散亡,使谒者陈农求遗书于天下,诏光禄大夫刘向校经传、诸子、诗赋,步兵校尉任宏校兵书,太史尹咸校数术,侍医李柱国校方技。……会向卒,哀帝复使向子侍中奉车都尉歆卒父业。

此次校书,将先秦诸子及其他历史典籍进行了系统地整理、分类。在此次校书的过程中,自然也做了辨别书籍真伪的工作。正如张舜徽先生所言:

> 辨伪工作,一开始便和校书工作结合在一起。汉代学者们,原来也是通过校书来考定古书的真伪和时代的。《汉书·艺文志》诸子略农家有《神农》二十篇,颜师古注引刘向《别录》云:"疑李悝、商君所说。"可知刘向在西汉末年校定图书时,便疑这书是伪托的,并且这书内容是谁所说,也假定出来了。我们根据这一线索,去探寻由刘向的儿子刘歆删《别录》而写成的《七略》。也还是可考见不少有关辨伪的言论。②

刘向在每部书校完后便写一篇简明扼要的内容提要,后汇编成《别录》。《别录》是我国目录学

---

① 王充:《论衡》卷二十"佚文"第六十一,上海人民出版社,1974年。
② 张舜徽:《中国文献学》第五章"辨伪",中州书画社,1982年。

的开山之祖，其中也含有对一些古书的真伪进行考辨的内容。如现存的刘向《别录》逸文（见姚振宗《师石山房丛书》本《别录》逸文）中就有辨伪的内容。如《晏子叙录》云："又有颇不合经术，似非晏子言，疑后世辩士所为者，故亦不敢失，复以为一篇。"《列子书录》云："道家者，秉要执本，清虚无为，及其治身接物，务崇不竞，合于六经；而《穆王》《汤问》二篇，迂诞恢诡，非君子之言也。至于《力命》篇一推分命，《杨子》之篇唯贵放逸，二义乖背，不似一家之书。"刘歆的《七略》则是在《别录》基础上，删除内容提要部分，分门别类，编纂而成。其中也十分重视古书的辨伪。《七略》今不传，但其主要内容多收入《汉书·艺文志》，班固自注多有辨伪语，其中可能夹杂着刘歆的观点，然而已经很难分别。

张舜徽先生在《广校雠略》和《中国文献学》中将其归纳为"六例"。

其一，明定某书为依托，但未能确指其人。诸子略小说家有《黄帝说》四十篇，注云："迂诞依托。"兵书略阴阳类有《封胡》五篇，注云："黄帝臣，依托也。"又《风后》十三篇，注："图二卷。黄帝臣，依托也。"又《力牧》十五篇，注云："黄帝臣，依托也。"又《鬼容区》三篇，注云："图一卷。黄帝臣，依托。"

其二，从文辞方面，审定系后人依托。诸子略杂家，有《大禹》三十七篇。注云："传言禹所作，其文似后世语。"小说家，有《伊尹说》二十七篇，注云："其语浅薄，似依托也。"又《师旷》六篇，注云："见《春秋》。其言浅薄，本与此同，似因托之。"又《天乙》三篇，注云："天乙谓汤，其言非殷时，皆依托也。"

其三，从事实方面，审定系后人依托。诸子略道家，有《文子》九篇，注云："与孔子并时，而称周平王问，似依托者也。"小说家有《务成子》十一篇，注云："称尧问，非古语。"

其四，明确指出依托之时代。诸子略道家，有《黄帝君臣》十篇，注云："起六国时。"又《杂黄帝》五十八篇，注云："六国时贤者所作。"又《力牧》二十二篇，注："六国时所作，托之力牧。力牧，黄帝相。"阴阳家，有《黄帝泰素》二十篇，注云："六国时，韩诸公子所作。"农家，有《神农》二十篇。注云："六国时，诸子疾时怠于农业，道耕农事，托之神农。"

其五，明确指出系后人所加。诸子略道家，有《太公》二百三十七篇，注云："吕望为周师尚父，本有道者。或有近世又以为太公术者所增加也。"小说家，有《鬻子说》十九篇，注云："后世所加。"

其六，不能肯定的，暂且存疑。诸子家杂家有孔甲《盘盂》二十六篇，注云："黄帝之史，或曰夏帝孔甲，似皆非。"[①]

诸如此类，经其怀疑考辨为伪书的不下四五十种。虽然考辨语较为简单，但已经注意从作者所处的时代、思想内容、语言风格等方面加以考辨，方法已较为齐备。此外，在《汉书·东方朔传》中，班固列举其所撰写的著述，如《封泰山》《责和氏璧》《平乐观赋猎》等后说明："凡（刘）向

[①] 张舜徽：《中国文献学》第五章"辨伪"，中州书画社，1982年。

所录朔书具是矣。世所传他事皆非也。"颜师古注云："谓如《东方朔别传》及俗用五行时日之书，皆非实事也。"① 可见班固以刘向《别录》为依据，将《别录》之外所传东方朔的作品确定为伪。对此，曹养吾指出："班固著《汉书》，在他的《儒林传》并《艺文志》中，我们并可发见正式辨斥伪书的记载"，"辨伪学到此，便稍露光辉了。"②

然而刘歆正是利用了这次校书机会，对古书进行了大规模的篡改。

被刘歆改篡最为严重的是《左传》。《汉书》卷三十六《楚元王传》载：

> 及歆校秘书，见古文《春秋左氏传》，歆大好之。时丞相史尹咸以能治《左氏》，与歆共校经传。歆略从咸及丞相翟方进受，质问大义。初《左氏传》多古字古言，学者传训故而已，及歆治《左氏》，引传文以解经，转相发明，由是章句义理备焉。……歆以为左丘明好恶与圣人同，亲见夫子，而公羊、穀梁在七十子后，传闻之与亲见之，其详略不同。……及歆亲近，欲建立《左氏春秋》及《毛诗》《逸礼》《古文尚书》皆列于学官。哀帝令歆与《五经》博士讲论其义，诸博士或不肯置对。

同篇所载刘歆《移让太常博士书》也云：

> 及《春秋》左氏丘明所修，皆古文旧书，多者二十余通，臧于秘府，伏而未发。孝成皇帝闵学残文缺，稍离其真，乃陈发秘臧，校理旧文。

以上两条记载，至少说明了两个问题：一是《左传》为古文旧书，"臧于秘府"，外人罕得见，刘歆校中秘书乃见之。二是"引传文以解经"自刘歆始，前此无有。刘歆既然"引传解经"，就不可能不对《左传》原文进行篡改，《左传》的章句、义理也多是由他发明。刘歆此举，立即遭到儒者群起而攻之，大多数儒学之士坚持"《左氏》为不传《春秋》"。③ 为此，刘歆遂作《移让太常博士书》，指责博士们是"犹欲保残守缺，挟恐见破之私意，而无从善服义之公心，或怀妒嫉，不考情实，雷同相从，随声是非"。④ 结果激起诸儒更大的怨恨。名儒光禄大夫龚胜"以歆移书上疏深自罪责，愿乞骸骨罢"。儒者大司空师丹"亦大怒，奏歆改乱旧章，非毁先帝所立"。⑤ 在"众儒所讪"，群情激愤的情况下，刘歆因惧怕而主动提出辞去京官，出任河内太守。

《周官》一书，据贾公彦《周礼疏序》云："《周官》，孝武之时始出，秘而不传。"荀悦《汉

---

① 班固：《汉书》卷六十五《东方朔传》，中华书局，1962年。
② 曹养吾：《辨伪学史》，见《古史辨》第二册下编，上海古籍出版社，1982年。
③ 班固：《汉书》卷三十六《楚元王传》载《移让太常博士书》，中华书局，1962年。
④ 班固：《汉书》卷三十六《楚元王传》载《移让太常博士书》，中华书局，1962年。
⑤ 班固：《汉书》卷三十六《楚元王传》载《移让太常博士书》，中华书局，1962年。

纪》又云："刘歆奏请《周官》六篇，列之于经，为《周礼》。"可见刘歆在校雠《周官》时，将其更名为《周礼》，其内容也不可避免地经过改篡。近人廖平、康有为则断言《周礼》为刘歆之伪造。

总之，刘歆此次较大规模的作伪，在当时和后世都产生了不良影响。直至东汉光武帝初年，尚书令韩歆请立《左传》博士，光武帝遂召集公卿学士于云台，令韩歆及太中大夫许淑与博士范升辩论，范升坚持己见，认为"左氏不祖于孔子而出于丘明，师徒相传又无其人，且非先帝所存，无因得立"。①辩论至日中方罢，接着陈元又上疏与范升抗辩，最终《左传》被立于学官。然而此举仍遭到群儒的强烈反对。"诸儒以《左氏》之立，论议欢哗，自公卿以下数廷争之。"②可见刘歆篡改《左传》实在是不得人心。关于《左传》作者、内容真伪的争讼延续了近千年之久，直到十九世纪初，刘逢禄、康有为、崔适等经过详密的论证，才将刘歆篡改《左传》一事基本确定下来。

此外，东汉初期谶纬的兴起，直接导致了大批纬书和谶书的出现。《隋书·经籍志》称：

《易》曰："河出图，洛出书。"然则圣人之受命也，必因积德累业，丰功厚利，诚着天地，泽被生人，万物之所归往，神明之所福飨，则有天命之应。盖龟龙衔负，出于河、洛，以纪易代之征，其理幽昧，穷极神道。先王恐其惑人，秘而不传。说者又云，孔子既叙六经，以明天人之道，知后世不能稽同其意，故别立纬及谶，以遗来世。

这一段论述交代了纬书的起源：一说为天授秘书，一说为孔子所作。实际上这两种说法都属无稽之谈。纬学与图谶属于孪生兄弟。纬学的特点是以谶说经，以经证谶，即假托经义，附会人事吉凶祸福，预言治乱兴衰。谶是指宣扬天命迷信的预言、秘籍。《隋书·经籍志》称谶纬"起王莽好符命，光武以图谶兴，遂盛行于世"。可见王莽为达到篡汉之目的，使人伪造符命，利用谶言作舆论准备，开启了纬学之端。到东汉，光武帝更是变本加厉地利用图谶之学为夺取政权和巩固政权做舆论工作。随之便产生了大量托古伪造的纬书和谶书，如《隋书·经籍志》所提到的《河图》《洛书》《七经纬》《尚书中候》《洛罪级》《五行传》等纬书。谶书有所谓《论语谶》《孔老谶》《老子河洛谶》《尹公谶》《刘向谶》等不下几十种，这些书至隋朝多已失传。今传纬书，多为后人辑佚之作。

纬书、谶书不仅内容虚妄，且托名古代圣贤。故成为后来辨伪学者考辨的主要对象之一。如东汉王充的《论衡》多有考辨纬书、谶书的言论，详见后文专节论述。东汉张衡在给汉顺帝奏疏中对纬书、谶书有一段精辟的论述：

谶书始出，盖知之者寡，自汉取秦，用兵力战，功成业遂，可谓大事。当此之时，

---

① 范晔：《后汉书》卷三十六《范升传》，中华书局，1973年。
② 范晔：《后汉书》卷六十六《陈元传》，中华书局，1973年。

莫或称谶。……刘向父子，领校秘书，阅定九流，亦无谶录。成、哀之后，乃始闻之。《尚书》云：尧使鲧理洪水，九载绩用不成，鲧则殛死，禹乃嗣兴，而《春秋谶》云：共工理水。凡谶皆云黄帝伐蚩尤，而《诗谶》独以为蚩尤败然后尧受命。《春秋元命包》中有公输班与墨翟，事见战国，非春秋时也。又言"别有益州"，益州之置，在于汉世。其名三辅诸陵，世数可知，至于图中，讫于成帝。一卷之书，互异数事，圣人之言，势无若是，殆必虚伪之徒，以要世取资。……此皆欺世罔俗，以昧势位，情伪较然，莫之纠禁。且律历、卦候、九宫、风角，数有征效，世莫肯学，而竟称不占之书，譬犹画工，恶图犬马而好作鬼魅，诚以实事难形，而虚伪不穷也。[1]

此段论述，首先指明谶纬之学"成、哀之后，乃始闻之"，交代了它的兴起时间。其次是以经书为依据，指出谶书之妄，以谶书记载的自相矛盾，说明它们记载之不可靠。再次是指出谶书中多记后世人名及地名，与所处时代相违背，最后得出"此皆欺世罔俗，以昧势位"之作的结论，揭露分析得极其深刻和透彻。此后，考辨纬书之伪的学者代有其人，如宋代的黄震、晁公武、陈振孙，明代的胡应麟，清代的崔述等，他们都有精辟的见解。

---

[1] 范晔：《后汉书》卷五十九《张衡传》，中华书局，1973年。

第六节

王充的"疾妄求实"思想及对伪说、伪书之考辨

王充（27—约96年），字仲任，会稽上虞（今浙江上虞）人。他自称出身"细族孤门"，后入洛阳太学，师事班彪。一生"仕数不耦"，只做过县郡掾功曹、从事之类的小官，一生精力主要用于著述。主要著作有《讥俗》、《节义》（十二篇）、《政务》、《论衡》（八十五篇）、《养生》（十六篇）等，其中唯有《论衡》传留至今（《招致》一篇有目无文）。

王充生活的时期主要是在东汉明帝和章帝的统治阶段，亦即东汉王朝的鼎盛时期。在这一时期，东汉统治阶级把儒经和谶纬公开结合起来，不断加强儒家神学思想的统治地位。当时的学术界弥漫着一种不辨真伪、盲目尊古的不良风气。于是针对这种不良风气，王充著《论衡》以考"伪书俗文"，以辨"虚妄之文"。《论衡·对作篇》有一段话道出了他作此书的旨意：

> 是故《论衡》之造也，起众书并失实，虚妄之言胜真美也。故虚妄之语不黜，则华文不见息；华文放流，则实事不见用。故《论衡》者，所以铨轻重之言，立真伪之平，非苟调文饰辞为奇伟之观也。其本皆起人间有非，故尽思极心，以讥世俗。世俗之性，好奇怪之说，说虚妄之文。何则？实事不能快意，而华虚惊耳动心也。是故才能之士，好谈论者增益其事，为美盛之语；用笔墨者造生空文，为虚妄之传。听者以为真然，说而不舍；览者以为实事，传而不绝。不绝，则文载竹帛之上；不舍，则误入贤者之耳。至或南面称师，赋奸伪之说；典城佩紫，读虚妄之书。明辨然否，疾心伤之，安能不论？……今吾不得已也！虚妄显于真，实诚乱于伪，世人不悟，是非不定，紫朱杂厕，瓦玉集糅。以情言之，岂吾心所能忍哉！……不得已，故为《论衡》。[①]

此段论述说明《论衡》的批判锋芒，主要指向当时盛行的谶纬迷信。对于俗儒穿凿附会的传记，乃至圣人凭空立说的经书，他也持怀疑的态度。作书的主要目的，是为了"铨轻重之言，立真伪之平"，"解释世俗之疑，辨照是非之理，使后进晓见然否之分"。[②]

王充的"疾妄求实"思想始终贯穿于《论衡》一书之中，主要体现在以下几个方面：

---

① 王充：《论衡》卷二十九《对作》，上海人民出版社，1974年。
② 王充：《论衡》卷二十九《对作》，上海人民出版社，1974年。

其一，对儒家经传中不实之词的考辨。

在王充所处的时代，儒家学说在思想界已取得绝对的支配地位，对所谓的圣贤之言是不能有任何异议的，正如王充所指出的：

> 世信虚妄之书，以为载于竹帛之上，皆贤圣所传，无不然之事，故信而是之，讽而读之。①

而王充却认为贤圣之言不能皆是，为此他在《论衡》中设有《书虚》《儒增》《艺增》等篇目，对儒家经传中所记不实之说进行了大胆的考辨。比如儒家经传常常美化尧、舜、周文王、周武王这些古代所谓的圣君明主，有的儒书甚至称"尧舜之德，至优至大，天下太平，一人不刑；又言文、武之隆，遗在成康，刑错不用四十余年"，而王充却认为"尧舜虽优，不能使一人不刑；文武虽盛，不能使刑不用，言其犯刑者少，用刑稀疏，可也，言其一人不刑，刑错不用，增之也"。②再如儒经为了美化周武王，称"武王伐纣，兵不血刃"。王充对此反驳说：一些史书常称商纣多力，能"索铁伸钩"，且有力士蜚廉、恶来之助，商纣在牧野之战中"虽为武王所擒，时亦宜杀伤十百人"。且《尚书·武成篇》称："牧野之战，血流漂杵，赤地千里。"由此看来，"而云取殷易，兵不血刃，美武王之德，增益其实也"。③

王充认为儒书在美化古代圣君明主的同时，也对商纣王之类的君主进行了故意的丑化。如有的儒书称："纣沉湎于酒，以糟为丘，以酒为池，牛饮者三千人，为长夜之饮，亡其甲子。"又言"纣悬肉以为林，令男女裸而相逐其间"。王充认为这些记载皆"非其实也"。④他反驳说："纣之所与相乐，非民，必臣也，非小臣，必大官，其数不能满三千人，传书家欲恶纣，故言三千人，增其实也。"又说："夫肉当内于口，口之所食，宜洁不辱。今言男女裸相逐其间，何其洁者？如以醉而不计洁辱，则当浴于酒中，而裸相逐于肉间者，何为不肯浴于酒中？以不言浴于酒，知不裸相逐于肉间。"⑤

王充认为儒书中出现这种"称美过其善，进恶没其罪"现象的原因是：

> 俗人好奇，不奇，言不用也。故誉人不增其美，则闻者不快其意；毁人不益其恶，则听者不惬于心。闻一增以为十，见百益以为千，使夫纯朴之事，十剖百判；审然之语，千反万畔。⑥

---

① 王充：《论衡》卷四《书虚》，上海人民出版社，1974年。
② 王充：《论衡》卷八《儒增》，上海人民出版社，1974年。
③ 王充：《论衡》卷七《语增》，上海人民出版社，1974年。
④ 王充：《论衡》卷七《语增》，上海人民出版社，1974年。
⑤ 王充：《论衡》卷七《语增》，上海人民出版社，1974年。
⑥ 王充：《论衡》卷八《艺增》，上海人民出版社，1974年。

针对这种不良风气，王充在《论衡》中对儒书所载史事进行了大量的"订其真伪，辨其实虚"的工作，其目的是"冀悟迷惑之心，使知虚实之分。实虚之分定，华伪之文灭。华伪之文灭，则纯诚之化日以孳矣"。[①]

其二，对圣贤言论的驳难。

自汉武帝时，董仲舒提出"罢黜百家，独尊儒术"的建议后，儒学被逐渐神化为儒教，儒家学说的创立者孔子、孟子也被抬高到至高无上的地位。如董仲舒的《春秋繁露·基义》称"圣人之道，同诸天地"，圣人知天地鬼神、人事成败。针对这种对儒学及孔孟的迷信，王充在《论衡》中专设有《问孔》《刺孟》等篇。他尖锐地指出："夫贤圣下笔造文，用意详审，尚未可谓尽得实，况仓卒吐言，安能皆是？"[②]为此，他对孔孟言论中"上下多相违"，"前后多相伐"的现象进行了大胆的揭露和批驳。

比如针对孔子的"死生有命，富贵在天"的论断，王充反驳说："夫人富贵在天命乎，在人知也？如在天命，知术求之不能得。"然而孔子在《论语·先进篇》中却称："赐不受命，而货殖焉，亿则屡中"，意即端木赐不受天命而去经商，因常常能够猜中行情而成为富商。这岂不是与前言"富贵在天"相反吗？[③]

再比如《论语·颜渊篇》记载：子贡问政。子曰："足食，足兵，民信之矣。"子贡曰："必不得已而去，于斯三者何先？"曰："去兵。"子贡曰："必不得已而去，于斯二者何先？"曰："去食。自古皆有死，民无信不立。"

对此王充反驳说：

> 使治国无食，民饿，弃礼义；礼义弃，信安所立？……春秋之时，战国饥饿，易子而食，析骸而炊，口饥不食，不暇顾恩义也。夫父子之恩，信矣。饥饿弃信，以子为食。孔子教子贡去食存信，如何？夫去信存食，虽不欲信，信自生矣；去食存信，虽欲为信，信不立矣。[④]

王充认为，孔子所谓"去食存信"的观点在现实生活中是根本行不通的。人民如果连饭也吃不上，还讲什么"信"呢？

在《问孔篇》中，王充列举了许多这样的例子，揭露孔子言论中的自相矛盾，批驳其谬误，并明确指出，治学之道就是要通过辩论来"论定是非"，因此他理直气壮地说："追难孔子，何伤于

---

① 王充：《论衡》卷二十九《对作》，上海人民出版社，1974年。
② 王充：《论衡》卷九《问孔》，上海人民出版社，1974年。
③ 王充：《论衡》卷九《问孔》，上海人民出版社，1974年。
④ 王充：《论衡》卷九《问孔》，上海人民出版社，1974年。

义?""伐孔子之说,何逆于理?"①

在《刺孟篇》中,王充同样列举了孟子言论中的谬误及自相矛盾之处,对这位儒家的"亚圣"进行了揭露和批判。

比如针对孟子提出的所谓"五百年有王者兴"的唯心史观和历史循环论,王充反驳说:

> 帝喾王者,而尧又王天下;尧传于舜,舜又王天下;舜传于禹,禹又王天下。四圣之王天下也,继踵而兴。禹至汤且千岁,汤至周亦然,始于文王,而卒传于武王。武王崩,成王、周公共治天下。由周至孟子之时,又七百岁而无王者。五百岁必有王者之验,在何世乎?

王充认为孟子这是"论不实事考验,信浮淫之语","与俗儒无殊"。②

在王充看来,无论是孔子还是孟子都不过是先秦诸子之一派,根本不是什么半人半神的圣人,他们的言论也不可能句句是真理,因此通过辩论来"论定是非"是非常必要的。然而王充这种实事求是的考辨却遭到后人的强烈批评和指责,如明儒胡应麟称其:

> 偏愎自是,放言不伦,稍不当心,上圣大贤,咸在诃斥。至于《问孔》《刺孟》等篇,而辟邪之功,不足以赎其横议之罪矣。③

清乾隆皇帝则指斥其:

> 为背经离道、好奇立异之人,而欲以言传者也。夫欲以言传者,不衷于圣贤,未有能传者也。孔、孟为千古圣贤,孟或可问而不可刺,充则刺孟,而且问孔矣。此与明末李贽之邪说何异?夫时命坎坷,当悔其所以自致坎坷耳,不宜怨天尤人,诬及圣贤。为激语以自表则已已,犯非圣无法之诛。④

总之,在封建帝王和封建学者看来,王充诽谤"至圣"的弥天大罪是不容宽恕的。然而正因为王充这种不盲从、不迷信、实事求是的精神,当时学术界那些死守章句、背诵章句的读书人不能不为之震惊,同时这也大大开拓了辨伪学者的思路。

其三,对儒书宣扬的瑞应理论和"天人感应论"的批驳。

---

① 王充:《论衡》卷九《问孔》,上海人民出版社,1974年。
② 王充:《论衡》卷十《刺孟》,上海人民出版社,1974年。
③ 胡应麟:《少室山房笔丛》卷二十八丙部《九流绪论》中,上海书店,2009年。
④ 乾隆:《御制读王充〈论衡〉》,见《四库全书》子部杂家类三《论衡》卷首。

东汉光武帝是凭借谶纬和符瑞得天下的，因此东汉王朝建立后，不断加强儒家神学思想的统治地位。汉代的一些儒学家无不大肆宣扬、制造祥瑞，为帝王歌功颂德，同时又竭力鼓吹"君权神授"和"天人感应论"。

对儒家宣扬的瑞应论，王充基本上是持反对态度的，虽然在《验符篇》《讲瑞篇》中也承认符瑞的存在，但在其他一些篇目中却力斥瑞应的虚妄。比如《史记·高祖本纪》中关于刘邦斩白蛇的一段描写，实际上是旨在宣扬赤帝继白帝受命的符验。对此，王充批驳说："汉祖斩大蛇之时，谁使斩者？岂有天道先至而乃敢斩之哉？勇气奋发，性自然也。"[1] 在王充看来，所谓斩蛇之事，只不过是刘邦过草莽时，遇白蛇横道，将之斩杀而已，这与"天意"是无关的。

王充还认为儒书经常渲染的凤凰、麒麟这些祥瑞，实际上并不是那么神乎其神，所谓凤凰只不过是一种"毛奇羽殊"的雉类，所谓麒麟不过是"戴角之獐"。[2] 他认为所谓的祥瑞，只不过是人事与自然现象的一种偶然的巧合。他说："天道自然，厥应偶合"[3]，"天道自然，吉凶偶会"。[4]

针对儒家所宣扬的"圣人之生，不因人气，更禀精于天"的唯心主义观点，王充指出：谶书所记尧母庆都野出与赤龙交感而生尧之言，《史记》所记刘邦母刘媪与蛟龙交感而生刘邦之类的传说，"如实论之，虚妄言也"，"天地之间，异类之物，相与交接，未之有也"。"今龙与人异类，何能感于人而施气"。[5] 这就从根本上戳穿了"帝王天生"、"君权神授"的谎言。王充还针对董仲舒宣扬的帝王受命于天，就要按照天的意志办事，否则"天生灾害以谴告之，谴告之而不知，乃见怪异以惊骇之，惊骇尚不知，其殃咎乃至"[6] 的"谴告说"，进行了具体的分析和批判。

比如当时的神学家认为天气寒温与统治者的喜怒有密切联系，提出所谓"人君喜则温，怒则寒"。王充反驳说："寒温，天地节气，非人所为"，"寒温之至，殆非政治所致"。他举例说："六国之时，秦汉之际，诸侯相伐，兵革满道，国有相攻之怒，将有相胜之志，夫有相杀之气，当时天下未必常寒也；太平之世，唐、虞之时，政得民安，人君常喜，弦歌鼓舞，比屋而有，当时天下未必常温也。"[7] 再如，当时神学家认为：日食、月食是上天对人君的"谴告"，王充反驳说："在天之变，日月薄蚀，四十二月日一食，五十六月月亦一食，食在常数，不在政治。"[8] 这样，王充就把各种自然现象和人事政教截然分离开来，从根本上动摇了"天人感应论"赖以存在的基础。

此外，《论衡》还批判了古书中宣扬的"人死为鬼"、"人死为神"、"人不死成仙"等各种唯心的迷信说法。

---

[1] 王充：《论衡》卷三《初禀》，上海人民出版社，1974年。
[2] 王充：《论衡》卷十六《讲瑞》，上海人民出版社，1974年。
[3] 王充：《论衡》卷十九《验符》，上海人民出版社，1974年。
[4] 王充：《论衡》卷十六《商虫》，上海人民出版社，1974年。
[5] 王充：《论衡》卷三《奇怪》，上海人民出版社，1974年。
[6] 董仲舒：《春秋繁露》卷八《必仁且知》第三十，中州古籍出版社，2010年。
[7] 王充：《论衡》卷十四《寒温》，上海人民出版社，1974年。
[8] 王充：《论衡》卷十七《治期》，上海人民出版社，1974年。

其四，对儒经真伪的考辨。

《论衡·正说篇》是考辨儒经真伪的专篇。该篇开头便指出：

> 儒者说五经，多失其实。前儒不见本末，空生虚说。后儒信前师之言，随旧述故，滑习辞语。苟名一师之学，趋为师教授，及时蚤仕，汲汲竞进，不暇留精用心，考实根核。故虚说传而不绝，实事没而不见，五经并失其实。①

因此，他在考辨五经真伪时，格外注意从作者、成书、流传等方面入手。

关于《尚书》，他认为伏生所传二十九篇今文《尚书》和鲁共王坏孔子壁所得百篇古文《尚书》是可靠的，而认为张霸所献"百两篇"古文《尚书》是伪造的。他指出：

> 说《尚书》者，或以为本百两篇，后遭秦燔《诗》《书》，遗在者二十九篇。夫言秦燔《诗》《书》是也；言本百两篇者，妄也。……至孝成皇帝时，征为古文《尚书》学，东海张霸案百篇之序，空造百两之篇，献之成帝。帝出秘百篇以校之，皆不相应，于是下霸于吏。吏白霸罪当至死。成帝高其才而不诛，亦惜其文而不灭。故百两之篇传在世间者，传见之人则谓《尚书》本有百两篇矣。②

在《佚文篇》中，他又指出："东海张霸通《左氏春秋》，案百篇书序，以《左氏》训诂，造作百两篇，具成奏上，成帝出秘《尚书》以考校之，无一字相应者。"③ 在此既指出了伪古文《尚书》的篇数与实际不符，又指出了作伪之凭借。他还针对关于《尚书》二十九篇的附会之说指出：

> 或说《尚书》二十九篇者，法四斗七宿也，四七二十八篇，其一曰斗矣，故二十九。夫《尚书》灭绝于秦，其见在者二十九篇，安得法乎？宣帝之时，得逸《尚书》及《易》《礼》各一篇，《礼》《易》篇数亦始足，焉得有法？案百篇之序，阙遗者七十一篇，独为二十九篇立法，如何？或说曰：孔子更选二十九篇，二十九篇独有法也。盖俗儒之说也，未必传记之明也。二十九篇残而不足，有传之者，因不足之数，立取法之说，失圣人之意，违古今之实。④

关于《春秋》，他主要批驳了一些关于《春秋》名称的含义、记事年代等附会之说。关于《春

---

① 王充：《论衡》卷二十八《正说》，上海人民出版社，1974年。
② 王充：《论衡》卷二十八《正说》，上海人民出版社，1974年。
③ 王充：《论衡》卷二十《佚文》，上海人民出版社，1974年。
④ 王充：《论衡》卷二十八《正说》，上海人民出版社，1974年。

秋》的名称，当时的俗儒作了这样的解释："春者岁之始，秋者其终也，《春秋》之经，可以奉始养终，故号为《春秋》。"王充则认为这是一种附会之说。他依据《孟子》所云："晋之《乘》，楚之《梼杌》，鲁之《春秋》，一也。"认为："若孟子之言，《春秋》者，鲁史记之名，《乘》《梼杌》同。孔子因旧故之名以号《春秋》之经，未必有奇说异意，深美之据也。……说《春秋》者失圣之意矣。"①又如《春秋》共记载了二百四十二年的历史，有人牵强附会地说："上寿九十，中寿八十，下寿七十，孔子据中寿三世而作，三八二十四，故二百四十年也。"王充则认为：

> 凡纪事言年月日者，详悉重之也。《洪范》五纪，岁月日星，纪事之文，非法象之言也。纪十二公享国之年，凡有二百四十二，凡此以立三世之说矣。（案：东汉何休分《春秋》为"三世"，分别是"所传闻世"，即孔子听前人传述下来的；"所闻世"，即孔子听人说的；"所见世"，即孔子亲自见到的。）实孔子纪十二公者，以为十二公事，适足以见王义邪？据三世，三世之数，适得十二公而足也。如据十二公，则二百四十二年不为三世见也。如据三世，取三八之数，二百四十年而已，何必取二？……夫《春秋》之有年也，犹《尚书》之有章，章以首义，年以纪事。谓《春秋》之年有据，是谓《尚书》之章亦有据也。②

关于《周易》，他相信"河出图，洛出书"之说，但不同意所谓"伏羲作八卦，文王演为六十四"的说法。他认为：

> 伏羲王，河图从河水中出，《易》卦是也。禹之时得《洛书》，书从洛水中出，《洪范》九章是也。故伏羲以卦治天下，禹案《洪范》以治洪水。……伏羲氏之王得河图，周人曰《周易》。其经卦皆六十四，文王、周公因象十八章究六爻。世之传说《易》者，言伏羲作八卦，不实其本，则谓伏羲真作八卦也。伏羲得八卦，非作之；文王得成六十四，非演之也。演作之言，生于俗传。苟信一文，使夫真是几灭不存。③

王充的这个观点显然还带有很大的局限性，他没有也不可能说清楚《周易》的本源究竟是什么，因此只能将其归结为"河出图，洛出书"之妄说。

关于《礼》，他认为重要的是要搞清它为何代之礼。他依据孔子所云"殷因于夏礼，所损益，可知也。周因于殷礼，所损益，可知也"，认为"夏、殷、周各自有礼。方今周礼邪？夏、殷也？

---

① 王充：《论衡》卷二十八《正说》，上海人民出版社，1974年。
② 王充：《论衡》卷二十八《正说》，上海人民出版社，1974年。
③ 王充：《论衡》卷二十八《正说》，上海人民出版社，1974年。

谓之周礼,《周礼》六典,案今《礼经》(即《仪礼》)不见六典。或时殷礼未绝,而六典之礼不传,世因谓此(指《仪礼》)为周礼也。案《周官》(即《周礼》)之法,不与今礼相应,然则《周礼》六典是也。其不传,犹古文《尚书》《春秋左氏》不兴矣"。[①]这里涉及《仪礼》《周礼》二书,对其成书年代提出了质疑。然以为《仪礼》为殷商之礼,《周礼》纯粹为周代之礼,则失之武断。

此外,他还议及"五经"之外的《论语》,认为《论语》篇目有亡佚,文字有讹误。

总之,他对经书是持怀疑态度的,他认为"经之传不可从,五经皆多失实之说"。[②]他认为造成这种情况的直接原因是秦始皇的焚书。他说:

> 使五经从孔门出,到今常令人不缺灭,谓之纯壹,信之可也。今五经遭亡秦之奢侈,触李斯之横议,燔烧禁防。伏生之休,抱经深藏。汉兴,收五经,经书缺灭而不明,篇章弃散而不具。晁错之辈,各以私意,分拆文字,师徒相因相授,不知何者为是。亡秦无道,败乱之也。[③]

王充"疾妄求实"的思想及辨伪之成就,对后来的辨伪学产生了很大的影响。五六百年后,唐代著名史学理论家刘知幾在撰写《史通》的过程中,完全继承了王充"疾妄求实"的精神,并使之贯穿于《史通》的始末。明儒胡应麟称刘知幾效法王充"犹李斯之学荀况矣"。[④]清儒周中孚认为:"(《史通》)《疑古》《惑经》二篇,排斥上圣,几上同于《论衡》之《问孔》《刺孟》矣。"[⑤]曹养吾也作出这样的评价:"王仲任博淹群书,腹笥洛阳之籍,对众流百家,一一能启其扃而洞其窍,愤俗儒矜吊诡侉曲,转相诋赝,乃创题铸意,著《论衡》十五卷二十余万言,大较旁引博证,释同异,正嫌疑,辨伪之总籍,此其嚆矢。"[⑥]足见王充《论衡》之影响。

---

① 王充:《论衡》卷二十八《正说》,上海人民出版社,1974年。
② 王充:《论衡》卷二十八《正说》,上海人民出版社,1974年。
③ 王充:《论衡》卷二十八《书解》,上海人民出版社,1974年。
④ 胡应麟:《少室山房笔丛》卷二十八丙部《九流绪论》中,上海书店,2009年。
⑤ 周中孚:《郑堂读书记》,北京图书馆出版社,2007年。
⑥ 曹养吾:《辨伪学史》,见《古史辨》第二册下编,上海古籍出版社,1982年。

第七节

魏晋南北朝的造伪与辨伪

从东汉末到隋初四百年间，除西晋短期统一外，大部分时间处于分裂和动荡不安的状态。朝代更易，战争频发，每一次战争兴起，书籍就要遭受一次厄运。比如西晋的"八王之乱"，战争延续了十六年，造成大量典籍毁于战火。十六国时，汉刘聪攻破洛阳和长安，西晋灭亡。"京师荡覆，渠阁文籍，靡有孑遗。"① 再如南朝梁的"侯景之乱"，使建康宫内藏书多化为灰烬。后梁元帝将文德殿等官、私藏书七万余卷，运至江陵。公元554年，西魏攻破江陵，梁元帝下令将藏书全部焚毁。而每一个新朝的建立，随之而来的就是访书、献书的高潮。在书籍的收集过程中，伪书就跟着出现了。比如西晋"永嘉之乱"后，文籍沦丧，东晋逃迁至江南后，就下令求书。当时豫章内史梅赜（一作梅颐）献了一部《古文尚书》，共五十八篇。其中包括西汉《今文尚书》二十八篇，但分为三十三篇（从《尧典》中分出下半为《舜典》，从《皋陶谟》中分出下半为《益稷》，《盘庚》仍为三篇，《顾命》中分出下半为《康王之诰》）。又从百篇《书序》中选取十八个篇名，从当时的古籍中搜集文句，连缀成二十二篇，其中《太甲》《说命》各三篇。并新撰伪《泰誓》三篇。以符合刘向、郑玄所说的古文五十八篇之数。另外在全书前伪造了一篇孔安国《序》，并伪造了孔安国为《古文尚书》作的传。这部伪书竟然登上了儒家经典的正统地位，直到宋代被朱熹等人看出破绽，经明代梅鷟和清代阎若璩、惠栋等的考辨，才定其为伪。

这部伪《古文尚书》究竟出自何人之手，历代学者说法不一。最初朱熹只说是晋、宋间文章，恐是魏、晋间人所作，没有提具体的人；明代梅鷟认为是皇甫谧作；清黄宗羲、阎若璩则认为是梅赜所作；臧琳、惠栋、戴震、江声、丁晏、皮锡瑞等人皆以为是魏王肃所作，近人顾颉刚也坚信为王肃所作，但至今很难形成定论。

此外，被指为王肃伪造的还有《论语》孔安国注和《古文孝经》孔安国传。清丁晏《尚书余论》有"王肃私造古文以难郑君，并《论语》孔注、《孝经》孔传，皆肃一手伪书"一节，称："《论语》孔注，亦系伪书，实出王肃之手，与《书传》（《尚书》孔安国传）一时所为也。"② 他还专作《论语孔注证伪》一书证其伪。另撰《孝经征文》，认为《古文孝经》孔安国传也为王肃所伪造。

《三国志·王肃传》云："肃善贾（逵）、马（融）之学，而不好郑氏（玄）。采会异同，为

---

① 《隋书》卷三十二《经籍志》，中华书局，1973年。
② 丁晏：《尚书余论》，清咸丰七年（1857年）刊本。

《尚书》《诗》《论语》、三《礼》、《左氏解》，及撰定父朗所作《易传》，皆列于学官。……肃作《圣证论》以讥短玄。"王肃在作《圣证论》的同时，为了给自己的经说提供更有力的证据，于是改纂了原来的《孔子家语》。《汉书·艺文志》载"《孔子家语》二十七卷"，颜师古注曰："非今所有《家语》也。"可知唐时所传《孔子家语》已非汉时旧本，是王肃所注之本。《孔子家语》托名孔子弟子集录，称后经孔安国"以事类相次，撰集为四十四篇"。为了取信于世人，王肃在《孔子家语序》中称：

> 郑氏学行，五十载矣。……寻文责实，考其上下，义理不安，违错者多，是以夺而易之。……孔子二十二世孙有孔猛者，家有其先人之书。昔相从学，顷还家，方取以来。与予所论，有若重规叠矩者。……今或者天未欲乱斯文，故令从予学，而予从猛得斯论，以明相与孔氏之无违也。斯皆圣人实事之论，而恐其将绝，故特为解以贻好事之君子。①

王肃在此申明此书出于孔子后人，书中所论与己说暗合，来证明己说之不谬。当时人对此书真伪已有怀疑。马昭称："《家语》王肃所增加，非郑（玄）所见。"②又称"《家语》之言，固所未信"。③宋以来，历代学者对此书多有考辨之论。如朱熹称："《家语》只是王肃编古录杂记。其书虽多疵，然非肃所作。"④王柏称："四十四篇之《家语》乃王肃自取《左传》《国语》《荀》《孟》、二《戴记》割裂织成之。孔衍之序，亦王肃自为也。"⑤明何孟春注《孔子家语》时，疑孔安国序为王肃所伪作。清儒姚际恒认为《家语》"即肃掇拾诸传记而为之，托名孔安国作序，即师古所谓今之《家语》是也"。⑥范家相撰《家语证伪》十卷，孙志祖撰《家语疏证》十卷，皆以《家语》为王肃伪作。

《孔丛子》托名陈胜博士孔鲋撰。宋洪迈始疑此书，称"今读其文，略无楚、汉间气骨，岂非齐、梁以来好事者所作乎?"⑦朱熹称："《孔丛子》乃其所注之人伪作"⑧，又说："《孔丛子》叙事至东汉，然词气卑近，亦非东汉人所作书。"⑨清儒臧琳《经义杂记》则称："尝疑《孔子家语》、孔安国《书传》《孔丛子》皆出于肃手，故其文往往互相祖述。盖三书皆托之孔氏，以希人之尊信，用以改郑说而申己意，驳郑氏非而证已是者，无不于此取之，故三书即肃之罪案也。"⑩《四库全书总

---

① 《孔子家语》影印本，上海古籍出版社，1990年。
② 孔颖达：《礼记正义·乐记》疏引马昭曰，四部丛刊三编本。
③ 郑樵：《通志》卷九十一引马昭曰，中华书局，1987年。
④ 《朱子语类》卷一百三十七，中文出版社，1970年。
⑤ 纪昀：《四库全书总目》"《孔子家语》提要"，中华书局，1997年。
⑥ 姚际恒：《古今伪书考》，《古籍考辨丛刊》，中华书局，1955年。
⑦ 洪迈：《容斋随笔·三笔》卷十"《孔丛子》"，中国社会科学出版社，2005年。
⑧ 《朱子语类》卷一百三十七，中文出版社，1970年。
⑨ 朱熹：《钦定四库全书·孝经刊误》，中国书店，2015年。
⑩ 臧琳著、梅军校补：《经义杂记校补》，中华书局，2020年。

目》"《孔子家语》提要"也称"《家语》出王肃依托,《隋志》既误以为真,则所云《孔丛》出孔氏所传者,亦未为确证。朱子所疑,盖非无见。即如《舜典》:'禋于六宗'何谓也?子曰:'所宗者,六皆洁祀之也;埋少牢于泰昭,所以祭时也;祖迎于坎坛,所以祭寒暑也;主于郊宫,所以祭日也;夜明,所以祭月也;幽禜,所以祭星也;雩禜,所以祭水旱也。禋于六宗,此之谓也。'其说与伪《孔传》、伪《家语》并同,是亦晚出之明证也"。近人顾实认为:"《孔丛子》《孔子家语》二书并出王肃伪托。……清儒多谓伪《古文尚书》及《孔氏传》亦出肃手。故《孔丛子·论书篇》……其说与伪孔传、伪《家语》并同,此即王肃伪造《孔丛》之证也。"①罗根泽在综合前人例证的基础上,补充了两条很重要的证据:一是"东汉各书不见征引;始征引者就谫陋所知,似乎始见王肃的《圣证论》。他说:'学者不知孟轲字,按《子思书》及《孔丛子》有孟子居,即是轲也。……'(见《太平御览》三百六十二)……肃因欲推翻郑康成,故先造《家语》《孔丛子》诸书,然后据以为佐证,反驳郑说。孟轲之字,《史记》本传、《汉志》与《风俗通义·穷通论》皆不著,赵岐《孟子题词》谓'字则未闻',是必肃所造。"二是"此书《隋志》已著录,其产生当在唐臣撰《隋书》以前。郦道元《水经注》曾引此书。……郦为北魏人,则此书当在北魏以前。……书内言及季彦之卒于延光三年,亦非如李嬂所言'季彦辈为之'。延光三年为安帝最末第二年,后经顺、冲、桓、灵四帝,至献帝,即王肃生长之时。此书既上不过安帝,下不至北魏,正在曹魏之时,又与此时作伪之王肃有关,故疑为肃造。"②可见《孔丛子》为王肃所伪造,基本可以形成定论了。

那么王肃伪造古书的目的和动机何在呢?正如梁启超所指出的:

> 中国人有好古的习气,愈古愈好,以为今人的见解无论如何不如古人高明。所以有许多学术上的争辩,徒恃口舌不能胜人,便造作伪书,或改窜古书,以为武器。……为争胜而作假,自西汉末刘歆起。……汉以后,至魏、晋间,有王肃出,师刘歆的故智,以为要打倒当时大经师郑康成,非假造伪书不可。所以有许多伪书,都由他一手造成的。伪《古文尚书》、孔安国《传》,据说是他改窜的,主名虽未完全确定,十成之中总有九成可信。《孔子家语》及《孔丛子》,几乎可以说完全由他一手造成,简直没有什么问题。③

南齐时又出了一个造伪的人,叫姚方兴。陆德明《经典释文·序录》上记载:

> 齐明帝建武中,吴兴姚方兴采马、王之注,造孔传《舜典》一篇,云于大航头买得,上之。梁武时为博士,议曰:"孔《序》称伏生误合五篇,皆文相承接,所以致误;《舜

---

① 顾实:《重考古今伪书考》,山西人民出版社,2014年。
② 罗根泽:《古史辨》第四册《孔丛子探源》,上海古籍出版社,1982年。
③ 梁启超:《古书真伪及其年代》第二章《伪书的种类及作伪的来历》,中华书局,1955年。

典》首有'曰若稽古',伏生虽昏耄,何容合之!遂不行。"①

刘知幾在《史通》中也说:

> 齐建武中,吴兴人姚方兴采马、王之义以造孔传《舜典》,云于大航购得,诣阙以献。举朝集议,咸以为非。(原注:梁武帝时,博士议曰:"《孔叙》称伏生误合五篇,盖文句相连,所以成合。《舜典》必有曰若稽古,伏生虽云昏耄,何容合之。")及江陵板荡,其文入北,中原学者得而异之,隋学士刘炫遂取此一篇列诸本第。故今人所习《尚书·舜典》,原出于姚氏者焉。②

据《梁书·武帝纪》,梁武帝萧衍未尝任博士。《经典释文》谓萧衍为博士时议《舜典》,显然有误,而刘知幾《古今正史篇》自注所云:梁武帝时,博士议姚本《舜典》不合为是。可见这篇伪《舜典》当时即被博士官看破,然而后来传到北方,却受到学者的重视,刘炫依篇目次序将其列入《尚书》中。

刘炫也是一位造伪专家。他曾伪造《连山易》《鲁史记》等书百余卷,录上送官,取赏而去。因此被人告官,险些丧命。(案:梁启超在《古书真伪及其年代》第二章中称:"刘炫因《周易》而想及《连山》《归藏》。书初上时,文帝大喜,后来知道是假的,以为大逆不道,就把刘炫杀了。一代大学者因为造假书被砍头,太不值得。"不知何据?《隋书·儒林传》明确记载:"后人讼之,经赦免死,坐除名,归于家,以教授为务",后遇战乱"冻馁而死",何从因造伪而死?显然梁先生记错了。)

总之,魏晋南北朝时期托古作伪之风盛行。然其间也不乏对古书考辨的学者。如北齐的颜之推在《颜氏家训·书证篇》中,对许多古书发疑并考辨。比如他指出:

> 《通俗文》,世间题云:"河南服虔字子慎造。"虔既是汉人,其《叙》乃引苏林、张揖;苏、张皆是魏人。且郑玄以前,全不解反语,《通俗》反音,其会近俗。阮孝绪又云李虔所造。河北此书,家藏一本,遂无作李虔者,《晋中经簿》及《七志》,并无其目,竟不得知谁制。然其文义允惬,实是高才。③

在此,颜氏已注意从作者所处时代、音韵、目录、文义等方面考察真伪。例如:

---

① 陆德明:《经典释文》"序录",上海古籍出版社,2012年。
② 刘知幾著、浦起龙注:《史通通释》外篇卷十二"古今正史"上海古籍出版社,2012年。
③ 颜之推:《颜氏家训·书证篇》,中州古籍出版社,2008年。

或问:"《山海经》,夏禹及益所记,则有长沙、零陵、桂阳、诸暨,如此郡县不少,以为何也?"答曰:"史之阙文,为日久矣;加复秦人灭学,董卓焚书,典籍错乱,非止于此。譬犹《本草》,神农所述,而有豫章、朱崖、赵国、常山、奉高、真定、临淄、冯翊等郡县名,出诸药物;《尔雅》周公所作,而云'张仲孝友'(案:张仲,周宣王时人);仲尼修《春秋》,而《经》书孔丘卒;《世本》左丘明所书,而有燕王喜、汉高祖;《汲冢琐语》,乃载《秦望碑》;《苍颉篇》李斯所造,而云'汉兼天下,海内并厕,豨黥韩覆,畔讨灭残';《列仙传》刘向所造,而《赞》云七十四人出佛经;《列女传》亦向所造,其子歆又作《颂》,终于赵悼后,而传有更始韩夫人、明德马后及梁夫人嫕:皆由后人所羼,非本文也。"①

在此,颜之推已经注意找出书中所出现的后世的地名、人名、史实来证明这些书籍之中有后人羼入的成分。但是他尚未敢彻底动摇这些伪书的地位,也未考定它们的成书年代。

针对汉魏以来谶纬书的出现,南朝梁刘勰指出:

按经验纬,其伪有四:盖纬之成经,其犹织综,丝麻不杂,布帛乃成。今经正纬奇,倍摘千里,其伪一矣;经显圣训也,纬隐神教也,圣训宜广,神教宜约,而今纬多于经,神理更繁,其伪二矣;有命自天,乃称符谶,而八十一篇皆托于孔子,则是尧造绿图,昌制丹书,其伪三矣;商周以前,图箓频见,春秋之末,群经方备,先纬后经,体乖织综,其伪四矣。伪既倍摘,则义异自明,经足训矣,纬何豫焉?②

他依据经书来考证纬书,认为有四点可证明纬书是伪托:一是用纬书来配经书,正和织布一样,用丝、麻制成的经线、纬线必须相互配合,才能织成布或帛。今经书是正常的,而纬书却很诡奇,彼此背迕,相距千里。二是经书彰显圣人的训诫,而纬书却隐用神秘的道理来说教。本来应该是经书文字篇幅多,而纬书文字篇幅小,而现在却是纬书多于经书。三是要由上天所降的旨意,才能称作"符谶",可是有人说八十一篇纬书(案:指河图九篇、洛书六篇、七经纬三十六篇、"自黄帝至周文王所受本文"三十篇,共计八十一篇),全是孔子所作。纬书中又说唐尧制造了绿图,周文王制造了丹书。四是在商周以前,符命占验已大量出现,但经书在春秋末年才齐全。如果是先有纬书而后有经书,这就违背了经纬相织的正常规律。这里通过比较经书和纬书的内容旨意、文字篇幅以及作者异同上,列举"四证",很有说服力。

他还根据各时代文体的不同,对当时流行的李陵、班婕妤的五言诗进行考辨,他指出:"至成

---

① 颜之推:《颜氏家训·书证篇》,中州古籍出版社,2008年。
② 刘勰:《文心雕龙·正纬》,中州古籍出版社,2008年。

帝品录,三百余篇,朝章国采,亦云周备。而辞人遗翰,莫见五言。所以李陵、班婕妤见疑于后代也。"[1]

此外如西晋的傅玄,他认为"《国语》非丘明所作"[2],又认为"《管子》之书,过半是后之好事者所加,乃管仲死后事,其《轻重篇》尤鄙俗"。[3]张固也认为这是有历史记载以来,第一次对管仲著作权问题提出怀疑。[4]再如南齐的陆澄曾怀疑过《孝经》。他说:"世有一《孝经》,题为郑玄注,观其用辞,不与注书相类。案玄自序所注众书,亦无《孝经》。"[5]这些只言片语仅是发疑而无考辨,然对后人考辨无疑将起到启迪的作用。

需要注意的是,随着佛经流传到中土,伪造佛经的情况随之出现。正如东晋道安所指出的:

（佛）经至晋土,其年未远,而喜事者以沙糅金,斌斌如也,而无括正,何以别真伪乎?农者禾草俱存,后稷为之叹息;金匮玉石同缄,卞和为之怀耻。安敢预学次,见泾渭杂流、龙蛇并进,岂不耻之![6]

为此他在编撰《综理众经目录》时,专设《疑经录》一卷,将"非佛经者"共二十六部列出。[7]梁启超评价道:

东晋的道安编《佛经目录》,把可疑的佛经,另外编入一门,叫做《疑经录》,因为他这样,所以后来编佛经的都很注意伪书了。[8]

道安之后的高僧僧祐也说:

昔安法师摘出伪经二十六部,又指慧达道人以为深戒。古既有之,今亦宜然矣。祐校阅群经,广集同异,约以经律,颇见所疑。夫真经体趣融然深远,假托之文辞意浅杂,玉石朱紫,无所逃形也。今区别所疑,注之于录,并近世妄撰,亦标于末,并依倚杂经而自制名题。进不闻远适外域,退不见承译西宾,"我闻"兴于户牖,印可出于胸怀,诳误

---

[1] 刘勰:《文心雕龙·明诗》,中州古籍出版社,2008年。
[2] 孔颖达:《春秋左传正义》哀公十三年"乃先晋人"句下引傅玄语,中华书局,1980年。
[3] 王应麟:《汉艺文志考证》,中华书局,2011年。
[4] 张固也:《管子研究》,齐鲁书社,2006年。
[5] 萧子显:《南齐书》卷三十九《陆澄传》,中华书局,2017年。
[6] 僧祐:《出三藏记集》卷五,中华书局,1995年。
[7] 僧祐:《出三藏记集》卷五"新集安公疑经录",中华书局,1995年。
[8] 梁启超:《古书真伪常识》,中华书局,2015年。

后学，良足寒心。既躬所见闻，宁敢默已。呜呼！来叶慎而察焉。[1]

《出三藏记集》卷五"新集疑经伪撰杂录"中收录了僧祐考证出来的伪托佛经。此后，隋沙门法经《大隋众经目录》有《疑惑》《伪妄》二录，唐释道宣《大唐内典录》有《历代所出疑伪经论录》，释智生《开元释教录》有《疑惑再详录》《伪妄乱真录》等。因此司马朝军称："魏晋南北朝时的辨伪成就主要是开创了佛经辨伪的先河。"[2]

纵观整个魏晋南北朝时期，尚无一部专司辨伪的书籍，但人们对古书的发疑和考辨却不绝如缕。

---

[1] 僧祐：《出三藏记集》卷五"新集疑经伪撰杂录"，中华书局，1995年。
[2] 司马朝军：《中国文献辨伪学史稿》第二章"魏晋南北朝的文献辨伪"，武汉大学出版社，2022年。

第二章

辨伪学的发展时期——唐宋

第一节
唐宋辨伪之概观

唐宋时期的辨伪较之汉魏、南北朝有了较大的发展。这一时期涌现了一批著名的辨伪学家，他们对经、子两类书籍进行了较为深入的考辨，并且取得了显著的成就。

过去人们一般认为初唐时期无辨伪可言。如梁启超认为："李唐一代，经学家笃守师法，不能自出别裁。……我们若想从中唐以前找一个切实的用科学精神来研究古书的人是不可能的，辨伪的学者更不必说了。"[①]曹养吾也说："李唐一代，辨伪的人亦可说是不多，但中叶以后也有几个人。"[②]实际上这种说法是值得商榷的。

唐初孔颖达所作《五经正义》，其中就不乏辨伪的内容。现条举一二为例，如疑"孔子删诗说"，他认为：

> 《史记·孔子世家》云："古者《诗》本三千余篇，去其重，取其可施于礼义者三百五篇"，是《诗》三百者，孔子定之。如《史记》之言，则孔子之前，诗篇多矣。案《书传》所引之诗，见在者多，亡佚者少，则孔子所录不容十分去九。马迁言古《诗》二千余篇，未可信也。[③]

虽然在此他只是否定司马迁所谓"古《诗》二千余篇"的说法，但他依据《书传》所引《诗》句，"见在者多，亡佚者少"，对孔子"删诗说"产生怀疑。

对于《尚书·舜典》，他指出：

> 昔东晋之初，豫章内史梅赜上孔氏传，犹阙《舜典》。……至齐萧鸾建武四年，吴兴姚方兴于大航头得孔氏传古文《舜典》，亦类太康中书，乃表上之。事未施行，方兴以罪致戮。至隋开皇初购求遗典，始得之。史将录舜之美，故为题目之辞曰，能顺而考案古道而行之者，是为帝舜也。[④]

[①] 梁启超：《古书真伪及其年代》第三章《辨伪学的发达》，中华书局，1955年。
[②] 曹养吾：《辨伪学史》，见《古史辨》第二册下编，上海古籍出版社，1982年。
[③] 孔颖达：《毛诗正义》"诗谱序"，见《十三经注疏》本，北京大学出版社，1999年。
[④] 孔颖达：《宋本尚书正义》卷三《舜典》，国家图书馆出版社，2017年。

同时指出：

> 虞史欲彰舜德，归过前人，《春秋》史克以宣公比尧，辞颇增甚。蛮夷猾夏，兴兵犯边。……唐尧之圣，协和万邦，不应末年顿至于此。盖少有其事，辞颇增甚。[1]

疑《世本》则云：

> 《世本》，尧是黄帝玄孙，舜是黄帝八代之孙，计尧女于舜之曾祖为四从姊妹，以之为妻，于义不可。《世本》之言，未可据信；或者古道质故也。[2]

辨《礼记·月令》本《吕氏春秋·十二月纪》之首章，他在阐发郑玄《三礼目录》旨意时指出：

> 吕不韦集诸儒士，著为十二月纪，合十余万言，名为《吕氏春秋》，篇首皆有《月令》，与此文同，是一证也。又周无太尉，唯秦官有太尉，而此《月令》云："乃命太尉"，此是官名不合周法，二证也。又秦以十月建亥为岁首，而《月令》云："为来岁授朔日"，即是九月为岁终，十月为授朔，此是时不合周法（案：周历以十一月为岁首），三证也。又，周有六冕，郊天迎气则用大裘，乘玉辂，建太常日月之章，而《月令》服饰、车旗并依时色，此是事不合周法，四证也。故郑（玄）云："其中官名、时事多不合周法。"然按秦始皇十二年吕不韦死，二十六年并天下，然后以十月为岁首；岁首用十月时，不韦已死十五年，而不韦不得以十月为正。又云："《周书》先有《月令》。"何得云不韦所造？又，秦并天下立郡，何得云诸侯？又，秦以好兵杀害，毒被天下，何能布德施惠、春不兴兵？既如此不同，郑必谓不韦作者，以《吕氏春秋》十二月纪正与此同，不过三五字别；且不韦集诸儒所作，为一代大典，亦采择善言之事，遵立旧章，但秦自不能依行，何怪不韦所作也。[3]

尽管他并不完全认同郑玄所以为的《月令》以十月为岁首，与周法不合的观点，认为吕不韦撰写《吕氏春秋》时，秦尚未统一天下，还尚未以十月为岁首。但他例举的官名、服饰、车旗等与周法不同的证据，用以考证《月令》甚至《礼记》不是周人所作，还是很有说服力的。

---

[1] 孔颖达：《宋本尚书正义》卷二《尧典》，国家图书馆出版社，2017年。
[2] 孔颖达：《宋本尚书正义》卷二《尧典》，国家图书馆出版社，2017年。
[3] 孔颖达：《礼记正义》卷十四"月令"疏，十三经注疏本，上海古籍出版社，2008年。

孔颖达还认为唐代《尚书·泰誓》非汉代伏生所传，他指出：

> 《史记》及《儒林传》皆云伏生独得二十九篇以教齐、鲁，则今之《泰誓》，非初伏生所得。案《马融传》云："《泰誓》后得"，郑玄《书论》亦云："民间得《泰誓》"，《别录》曰："武帝末，民有得《泰誓》书于壁内者，献之，与博士使读说之，数月，皆起传以教人"，则《泰誓》非伏生所传。①

此外，《五经正义》还疑及《周礼》《竹书纪年》《国语》《史记》《管子》《孔子家语》等。

唐初所撰《隋书·经籍志》虽不似《汉书·艺文志》对著录群书逐一进行辨伪，但也不乏辨伪的内容。如疑《归藏》"汉初已亡，案晋《中经》有之，唯载卜筮，不似圣人之旨。以本卦尚存，故取贯于《周易》之首，以备殷易之缺"。说明《归藏》是一部有问题的书，《隋书·经籍志》将其列在《周易》之前，只是聊备一目而已。疑《古文孝经》非古本，称："孔安国传，梁末亡佚，今疑非古本。"疑《孝经》孔传非出孔安国之手，称："安国之本亡于梁乱。……至隋，秘书监王劭于京师访得孔《传》，送至河间刘炫，炫因序其得丧，……儒者喧喧，皆云炫自作之，非孔旧本。"疑《孝经》郑玄注，"其立义与玄所注余书不同，故疑之"。疑道家类《广成子》云："商洛公撰，张太衡注，疑近人作。"又有《尚书中候》《洛罪级》《五行传》《诗推度灾》《氾历枢》《含神务》《孝经勾命决》《援神契》《杂谶》等书。汉代有郗氏、袁氏说。汉末，郎中郗萌集图纬谶杂占为五十篇，谓之《春秋灾异》。宋均、郑玄并为谶律（纬）之注。《隋书·经籍志》指出："然其文辞浅俗，颠倒舛谬，不类圣人之旨。相传疑世人造为之后，或者又加点窜，非其实录。"对题名子贡所作《越绝书》、后汉赵晔所作《吴越春秋》，《隋书·经籍志》指出："其属辞比事，皆不与《春秋》《史记》《汉书》相似，盖率尔而作，非史策之正也。"《隋书》编纂者认为自后汉以来，"学者多钞撮旧史，自为一书，或起自人皇，或断之近代，亦各其志，而体制不经。又有委巷之说，迂怪妄诞，真虚莫测"。②

唐初颜师古在《汉书注》中，疑及《中庸》，认为"亦非本礼经"。认为《汉志》著录《孔子家语》二十七卷，"非今所有《家语》"。③认为《西京杂记》"其书浅俗，出于里巷，多有妄说……盖绝知者之听"。④

此外，唐初陆德明在《经典释文》中，怀疑《尔雅》中有不少后人增益的成分，指出："《释诂》一篇，盖周公所作，《释言》以下，或言仲尼所增，子夏所足，叔孙通所益，梁文所补"。⑤对于郑

---

① 孔颖达：《宋本尚书正义》序，国家图书馆出版社，2017年。
② 《隋书》卷三十二《经籍志》，中华书局，1997年。
③ 班固：《汉书》卷三十《艺文志》颜师古注，中华书局，1962年。
④ 班固：《汉书》卷八十一《匡衡传》颜师古注，中华书局，1962年。
⑤ 陆德明：《经典释文》卷一"序录"，中华书局，1983年。

玄注《孝经》，陆德明认为"世所行郑注，相承以为郑玄，案《郑志》及《中经簿》无，唯中朝穆帝集讲《孝经》云以郑玄为主，检《孝经注》与康成注五经不同，未详是非"。①

总之，笼统地讲唐初无辨伪可言是不对的。然这一时期，尚无专司辨伪的学者和著作。但不可轻视的是，《五经正义》这部官修书对古书真伪的怀疑及考辨，从客观上鼓励和推动了唐及以后辨伪工作的发展。

在唐代，首倡辨伪的当数刘知幾。他继承并发扬了王充的疑古精神，在《史通》中对古史、古说多有考辨，并疑及《春秋》《论语》等儒经。稍后的啖助及其弟子赵匡、再传弟子陆淳，对《左传》的作者、内容多有辨正，开了《左传》疑辨之先河。再后的柳宗元是第一个开始考辨子书真伪的人。他的文集中收有七篇考辨诸子的文章，极大地影响了后世关于诸子的考辨。与之同时的韩愈也是一个具有疑古思想的人。他认为《诗序》的作者不是子夏，称：

> 子夏不序《诗》有三焉。知不及（案：指其智慧、学识达不到），一也；暴扬中冓之私（案：指闺门之内有伤风化的丑话），《春秋》所不道，二也；诸侯犹世，不敢以云（案：言子夏所处的时代，是分封诸侯的时代，《诗序》公然讥刺其先祖，或不被诸侯所容），三也。②

韩愈指出："察夫《诗序》，其汉之学者欲自显立其传，因籍之子夏，故其序大国详，小国略，斯可见矣。"③又认为"孟轲之书，非轲自著；轲既没，其徒万章、公孙丑相与记轲所言焉耳"。④

对此，顾颉刚评价称：

> 他虽没有留下多少具体的辨伪论述，但是由于他倡导古文运动和在古文上的杰出成就，他歌颂"《春秋》三传束高阁，独抱遗经究终始"（《寄卢仝》），以"识古书之真伪"（《答李翊书》）为年之进的辨伪精神对后世却有很大的影响。⑤

宋代庆历后，疑古辨伪的风气十分盛行。

王应麟云：

> 自汉儒至庆历间，谈经者守故训而不凿。《七经小传》（案：刘敞著）出而稍尚新奇

---

① 陆德明：《经典释文》卷一"序录"，中华书局，1983年。
② 杨慎：《升庵经说》卷四十二"诗小序"引韩愈《议诗序》，丛书集成初编本，商务印书馆，1936年。
③ 李樗、黄櫄：《毛诗集解》引韩愈《议诗序》，影印文渊阁《四库全书》本，上海古籍出版社，1987年。
④ 韩愈：《昌黎集》卷十四"答张籍书"，商务印书馆，1964年。
⑤ 顾颉刚：《秦汉的方士与儒生》附《中国辨伪史略》十五"唐代的辨伪"，上海古籍出版社，2005年。

矣；至《三经新义》（案：王安石著）行，视汉儒之学若土梗。……陆务观曰："唐及国初，学者不敢议孔安国、郑康成，况圣人乎？自庆历后，诸儒发明经旨，非前人所及。然排《系辞》（案：指欧阳修），毁《周礼》（案：指欧阳修、苏轼、苏辙），疑《孟子》（案：指李觏、司马光），讥《书》之《胤征》《顾命》（指苏轼），黜《诗》之序（案：指欧阳修），不难于议经，况传注乎？"斯言可以箴谈经者之膏肓。①

也如梁启超所指出的：

> 宋人为学的方法，根本和汉人不同，他们能够自出心裁去看古书，不肯墨守训诂，不肯专取守一先生之言的态度。他们的胆子很大，汉唐人所不敢说的话，他们敢说；前人已经论定的名言，他们必求一个可信不可信。在这种风气之下，产生了不少新见解。②

最先怀疑古书的宋人是欧阳修，他作了一篇《易童子问》，认为《系辞》非圣人之作，"十翼"之说不知起于何人。在他的其他著作中，他还疑及《周礼》《诗序》《尔雅》等。

司马光作《疑孟》，对孟子的"性善论""君臣观""王霸观"提出质疑。其中专就仁义立说，针对《孟子·尽心上》所载"瞽叟杀舜"之说进行质疑，传说尧禅让天下给舜之后，舜的父母还想杀舜，这是不可能的事，司马光认为这是间父里妪之说。

苏轼"尝疑（《庄子》）《盗跖》《渔父》则若直诋孔子者。至于《让王》《说剑》皆浅陋不入于道"，认为"皆出于世俗，非庄子本意"。③他还疑及李白诗集中有他人附益的篇目，指出：

> 今太白集中有《归来乎》《笑矣乎》及《赠怀素草书》数诗，决非太白作。盖唐末五代间贯休、齐己辈诗也。余旧在富阳见国清院太白诗绝凡近，过彭泽唐兴院又见太白诗，亦非是。良由太白豪俊语不甚择，集中往往有临时率然之句，故使妄庸敢尔，若杜子美，世岂复有伪撰者耶？④

苏辙疑《周礼》，认为：

> 言周公所以治周者，莫详于周礼。然以吾观之，秦汉诸儒以意损益之者众矣，非周公之完书也。何以言之？周之西都，今之关中也；其东都，今之洛阳也。二都居北山之

---

① 王应麟：《翁注困学纪闻》卷八"经说"，四部备要本，台湾"中华"书局，1965年。
② 梁启超：《古书真伪及其年代》第三章"辨伪学的发达"，中华书局，1955年。
③ 苏轼：《苏东坡全集》卷十二"庄子祠堂记"，北京燕山出版社，2009年。
④ 苏轼：《东坡题跋》"书《李白集》"，浙江人民美术出版社，2016年。

阳,南山之阴,其地东西长,南北短。短长相补,不过千里,古今一也。而《周礼》:王畿之大,四方相距千里,如画棋局,近郊远郊,甸地稍地,大都小都,相距皆百里。千里之方地,实无所容之,故其畿内远近诸法,类皆空言耳。此《周礼》之不可信者,一也。《书》称:"武王克商而反商政,列爵惟五,分土惟三。"故孟子曰:"天子之制,地方千里,公侯百里,伯七十里,子男五十里。不能五十里,不达于天子,附于诸侯,曰附庸。"郑子产亦云,古之言封建者盖若是。而《周礼》:诸公之地方五百里,诸侯四百里,诸伯三百里,诸子二百里,诸男百里,与古说异。郑氏知其不可,而为之说曰:"商爵三等,武王增以子、男,其地犹因商之故。周公斥大九州,始皆益之如周官之法。于是千乘之赋,自一成十里而出车一乘,千乘而千成,非公侯之国无以受之。"吾窃笑之。武王封之,周公大之,其势必有所并;有所并,必有所徙。一公之封,而子男之国为之徙者,十有六。封数大国,而天下尽扰。此书生之论,而有国者不为也。传有之曰:"方里而井,十井为乘。"故十里之邑而百乘,百里之国而千乘,千里之国而万乘,古之道也。不然,百乘之家,为方百里,万乘之国,为方数圻矣。古无是也。《语》曰:"千乘之国,摄乎大国之间。"千乘虽古之大国,而于衰周为小。然孔子犹曰:"安见方六七十,如五六十,而非邦也者?"然则虽衰周列国之强家,犹有不及五十里者矣。韩氏、羊舌氏,晋大夫也,其家赋九县,长毂九百,其余四十县,遗守四千。谓一县而百乘则可,谓一县而百里,则不可。此《周礼》之不可信者,二也。王畿之内,公邑为井田,乡遂为沟洫。此二者,一夫而受田百亩,五口而一夫为役,百亩而税之十一,举无异也。然而井田自一井而上,至于一同而方百里,其所以通水之利者,沟、洫、浍三。沟、洫之制,至于万夫,方三十二里有半,其所以通水之利者,遂、沟、洫、浍、川五,利害同而法制异,为地少而用力博。此亦有国者之所不为也。楚蒍掩为司马,町原防,井衍沃。盖平川广泽,可以为井者井之,原阜堤防之间,狭不可井,则町之。(杜预以町为小顷町。)皆因地以制广狭多少之异。井田、沟洫,盖亦然耳,非公邑必为井田,而乡遂必为沟洫。此《周礼》之不可信者,三也。三者既不可信,则凡《周礼》之诡异远于人情者,皆不足信也。[①]

苏辙通过比较古之周代都城的布局、封邑的面积、井田沟洫与《周礼》记载的不同,认为《周礼》"非周公之完书也","凡《周礼》之诡异远于人情者,皆不足信也"。

程颐对经、子也多有怀疑,他称"《尚书》文颠倒处多,如《金縢》尤不可信",认为周公欲代武王死事,"其辞则不可信,只是本有此事,后人自作文足此一篇"。[②]认为"《诗序》必是同时

[①] 苏辙:《栾城集·后集》卷七《历代论一》"周公",上海古籍出版社,2009年。
[②] 程颢、程颐:《河南程氏遗书》卷二十二上,山东人民出版社,2020年。

所作，然亦有后人添者"。①认为《老子》是集录众家之言，"其言自不相入"。②认为"《左传》非丘明作"。③此外，他还疑及《礼记》《孟子》，并匡正了儒经中一些不实之词。

晁说之针对人们认为"《序》与《诗》同作"的观点，指出："孟子、荀卿、左氏、贾谊、刘向、汉诸儒论说及《诗》多矣，未尝有一言以《诗序》为议者，则《序》之所作晚矣。"④他认为：

> 作《诗》者不必有《序》，夫既有《序》，而直陈其事，则《诗》可以不作矣。……序《诗》者于所刺不讳时君之恶而暴其私，无所不及，虽闾阎委巷之私亦不过是，岂特善骂云尔耶？亦自善讦，而余怒悉纾而罢矣，尚何托之鸟兽草木虫鱼，文之训诂，比之音声以成诗乎？吾君既治，一国之人皆美之也，吾何容心哉？犹然以廉肉节奏咏之扬之，是所以为先生先公之烈者也。序《诗》者于所美直而且倨，殆类考功所书县令最状，尚何托之鸟兽草木虫鱼，文之训诂，比之音声以成诗乎？孰谓诗可以观、可以群、可以怨乎？如《山有枢》之序曰："有财不能用，有钟鼓不能以自乐，有朝廷不能洒扫。"《车攻》之序曰："宣王能内修政事，外攘夷狄，复文武之境土，修车马，备器械，复会诸侯于东都，因田猎而选车徒焉。"《诗》无遗思矣。如此之类，一序而足，又何必《诗》之作邪？由是观之，《诗》之所《序》非当时之所作明矣。⑤

到了南宋，辨伪学已十分发达。南宋初年，吴棫作《书裨传》，对伪《古文尚书》首先发难，拉开了伪《古文尚书》考辨的序幕。正如四库馆臣所云："唐以来虽疑经惑古，如刘知幾之流，亦以《尚书》一家列之《史通》，未言古文之伪。自吴棫有异议，朱子亦稍稍疑之。"⑥郑樵著《诗辨妄》，指斥毛《序》之妄，同时也疑及《易经》的《彖》和《象》，认为"皆出仲尼之后，往往战国时人作"。⑦他还疑及"春秋三传"，称"虽三尺童子亦知《三传》之妄"。⑧

其后的洪迈在《容斋随笔》中，既辨伪说又辨伪书，他不仅考辨古史传说的荒谬，甚至连《史记》所记载的古代史事也持怀疑态度，指斥《史记》记载稷、契世次"慢诞不稽"，并指出："《史记》所纪帝王世次，最为不可考信。"⑨他不仅考辨《周礼》《诗序》的作者，还辨及《孔丛子》《孔子家语》《老杜事实》《开元天宝遗事》等书以及民间流传的《云仙杂记》等神仙类著述。与之同

---

① 程颢、程颐：《河南程氏遗书》卷六，山东人民出版社，2020年。
② 程颢、程颐：《河南程氏遗书》卷十八上，山东人民出版社，2020年。
③ 程颢、程颐：《河南程氏外书》卷十一，明弘治陈宣刻本。
④ 晁说之：《景迂生集》卷十一《诗之序论四》，吉林出版公司，2005年。
⑤ 晁说之：《景迂生集》卷十一《诗之序论一》，吉林出版公司，2005年。
⑥ 纪昀：《四库全书总目提要》卷十二经部十二书类二"《古文尚书疏证》提要"，海南出版社，1999年。
⑦ 顾颉刚：《诗辨妄》，见《古籍考辨丛刊》第二集，社会科学文献出版社，2009年。
⑧ 郑樵：《夹漈遗稿》卷二《寄方礼部书》，丛书集成初编本，中华书局，1985年。
⑨ 洪迈：《容斋随笔》卷一"《史记》世次"，中华书局，2005年。

时的程大昌著有《考古编》，其中也有辨伪的言论，其"虽亚于《容斋随笔》，要胜于郑樵辈之横议也"。①

到了朱熹，他的疑辨范围更广。他先作《诗序辨说》，认为《诗序》是严重违反《诗经》本意的叙述，继而作《孝经刊误》，证明《孝经》中有许多话是抄录《左传》而又抄得不像样的。他在吴棫疑《古文尚书》的启迪下，对《古文尚书》再次发难，揭露其不少疑点。同时还辨及诸子等古书。

曾跟随朱熹治学的赵汝谈，也是一个勇于疑古的人。《宋史·赵汝谈传》称其"尝从朱熹订疑义十数条，熹嗟异之"。又称其"其论《易》以为占者作，《书·尧舜》二典宜合为一，禹功只施于河、洛，《洪范》非箕子之作，《诗》不以《小序》为信，《礼记》杂出诸生之手，《周礼》宜傅会女主之书，要亦卓绝特立之见"。②他作了一部《南塘易说》三卷，专辨"十翼"非孔子作，比欧阳修的考辨还要彻底。又作《南塘书说》三卷（《宋史·艺文志》作二卷），疑《古文尚书》非真者五条，并抨击《今文尚书》之误。

稍后于朱熹的叶适，他作有《习学记言》，不仅疑及《周易》的《系辞》《彖辞》《象辞》等，而且疑及《周易》本身。他不承认孔子删诗、定书的说法。对《孔子家语》《管子》《握奇经》《六韬》《孙子》等古书也多有发疑和考辨。

朱熹的三传弟子王柏作有《诗疑》（一名《诗辨说》），内容分为"十辨"：一曰毛诗辨，二曰风雅辨，三曰王风辨，四曰二雅辨，五曰赋诗辨，六曰豳风辨，七曰风序辨，八曰鲁颂辨，九曰诗亡辨，十曰经传辨。辨及《诗》毛传、郑笺及卫宏的《诗序》。他认为《诗经》中有三十二篇是"淫奔之诗"，主张将其删掉。四库馆臣称："此书攻驳毛、郑不已，并本经而攻驳之。攻驳本经不已，又并本经而删削之"，"此自有六籍以来，第一怪变之事也"。③又作有《书疑》，疑《今文尚书》有口传意读之讹，错简脱简甚多。又疑《古文尚书》有汉儒作伪，故考证前人之说，断以己意，力图移易补缀，以复全经。如主张将《舜典》合并于《尧典》，并删除姚方兴所撰二十八字。合《益稷》于《皋陶谟》等。认为《大诰》《洛诰》等篇不足信。然而他的疑辨及主张往往过于武断和轻率。故四库馆臣称："其为师心杜撰，窜乱圣经，已不辨而可知矣。"④他还是第一个人提出《孔子家语》是伪书的人。他认为《孔子家语》是王肃自取《左传》《国语》《荀子》《孟子》，以及二戴《礼记》，割裂织成之，孔衍之序，也是王肃自为。

南宋末，王应麟著有《困学纪闻》，这是一部考据学名著，其中有不少关于古书辨伪的内容。比如他在考辨《考工记》真伪时指出：

---

① 纪昀：《四库全书总目提要》卷一百十八子部二十八"考古编提要"，海南出版社，1999年。
② 脱脱：《宋史》卷四百一十三《赵汝谈传》，中华书局，1985年。
③ 纪昀：《四库全书总目提要》卷十七经部《诗》类存目"《诗疑》提要"，海南出版社，1999年。
④ 纪昀：《四库全书总目提要》卷十三经部《书》类存目一"《书疑》提要"，海南出版社，1999年。

《考工记》或以为先秦书,而《礼记正义》云:"孝文时求得《周官》,不见《冬官》一篇,乃使博士作《考工记》补之。"马融云:"孝武开献书之路,《周官》出于山岩屋壁。"《汉书》谓河间献王得之,非孝文时也。序录云:"李氏上五篇,失《事(冬)官》一篇,取《考工记》补之。"《六艺论》云:"壁中得六篇。"误矣。(南朝)齐文惠太子镇雍州,有盗发楚王冢,获竹简书,青丝编简,广数分,长二尺。有得十余简以示王僧虔。僧虔曰:"是科斗书《考工记》,《周官》所阙文也。"汉时科斗书已废,则《记》非博士所作也。易氏云:"《考工记》非周书也,言周人上舆,而有梓匠之制,言周人明堂,而有世室重屋之制,言沟洫浍川非遂人之制,言旂旗旟旐,非大司马、司常巾车之制,视周典大不类。"①

在此他引用马融、班固、郑玄、易氏所论,说明《考工记》原本是先秦典籍,并非汉文帝时命博士所作以补《周官》所缺《冬官》,且《考工记》所记一些制度与周代典制绝不相类。

再如辨《中说》真伪时指出:"《中说》于文取陆机,于史取陈寿,自魏、晋而下言之也。"②辨《鹖冠子》时指出:"《鹖冠子·博选篇》用《战国策》郭隗之言,《王发篇》用《齐语》管子之言,不但用贾生《鵩赋》而已。柳子之辩,其知言哉!"③在柳宗元考辨《鹖冠子》的基础上,又增加了两条证据。

他还批评郑玄解释经书:

以纬书乱之,以臆说汩之,而圣人之微指晦焉。徐氏《微言》谓郑注误有三:《王制》,汉儒之书,今以释《周礼》,其误一;《司马法》,兵制也,今以证田制,其误二;汉官制皆袭秦,今引汉官以比周官。小宰乃汉御史大夫之职,谓小宰如今御史中丞,如此之类,其误三。鹤山谓:以末世弊法,释三代令典,如以汉算拟邦赋,以莽制拟国服。止斋谓:以《周礼》为非圣人之书者,以说之者之过也。④

继柳宗元之后,考辨子书真伪的有宋代的高似孙。他作有《子略》四卷,其中主要考辨《鬻子》《孔丛子》《曾子》《列子》《文子》《战国策》《尹文子》《亢桑子》《鬼谷子》凡九种子书。其中考辨《孔丛子》,在吸收前人考辨成果的基础上,专就《记问篇》进行论证,他指出:

《记问篇》载子思与孔子问答,如此,则孔子时子思其已长矣。然《孔子家语》后叙

---

① 王应麟:《困学纪闻》卷四,上海古籍出版社,2008年。
② 王应麟:《困学纪闻》卷十,上海古籍出版社,2008年。
③ 王应麟:《困学纪闻》卷十,上海古籍出版社,2008年。
④ 王应麟:《困学纪闻》卷四,上海古籍出版社,2008年。

及《孔子世家》皆言子思年止六十二，孟子以子思在鲁穆公时，固常师之，是为的然矣。按孔子没于哀公十六年，后十六年哀公卒，又悼公立三十七年，元公立二十一年，穆公既立，距孔子之没七十年矣，当是时，子思犹未生，则问答之事，安得有之耶？此又出于后人缀集之言，何其无所据若此！好古之癖，每有悦乎异帙奇篇，及观其辞、考其事，则往往差谬而同异。①

他考辨《列子》称：

观太史公《史》，殊不传列子，如《庄周》所载许由、务光之事，汉去古未远也，许由、务光往往可稽，迁犹疑之。所谓御寇之说，独见于寓言耳。迁于此讵得不致疑耶？周之末篇，叙墨翟、禽滑厘、慎到、田骈、关尹之徒，以及于周，而御寇独不在其列，岂御寇者其亦所谓鸿蒙列缺者欤？然则是书与《庄子》合者十七章，其间尤有浅近迂僻者，特出于后人荟萃而成之耳。至于"西方之人有圣者焉，不言而自信，不化而自行"，此固有及于佛，而世尤疑之。②

高氏首先从《史记》未著录列子之事入手发疑，其次是比较《列子》与《庄子》相合者十七章的内容文字，再次指出《列子》中出现了佛教用语，而佛教至汉代才传入中国，由此得出结论：此书"特出于后人荟萃而成之耳"。

南宋末年的黄震，作了一部《黄氏日抄》，其中有不少辨伪的文字。考辨以子书为主，也涉及经书、史书等。比如辨《文子》，他列出四条证据，指出：

文子者，云周平王时辛鈃之字，即范蠡之师计然。尝师老子，而作此书。……范蠡战国人，又安得尚师平王时之文子耶？此伪一也。老子所谈者清虚，而计然之所事者财利，此伪二也。其书述皇王帝霸，而霸乃伯字，后世转声为霸耳，平王时未有霸之名，此伪三也。相坐之法，咸爵之令，皆秦之事，而书以为老子之言，此伪四也。③

这四条证据的后三条为黄震的发现。

又如黄震辨《越绝书》，称："越绝之义，取勾践功成能绝人之恶，于理既无当矣。谓子贡所作，又疑（伍）子胥所作，而所载乃建武二十八年，何其自为矛盾耶？其书大抵祖袭《吴越春秋》，

---

① 高似孙：《子略》卷一，见《史略子略》，辽宁教育出版社，1998年。
② 高似孙：《子略》卷二，见《史略子略》，辽宁教育出版社，1998年。
③ 黄震：《黄氏日抄》卷五十五"撰读诸子一""文子"条，文渊阁《四库全书》子部儒家类，杭州出版社，2015年。

而文则杂而不伦矣。"①辨《管子》则称:"《管子》之书,不知谁所集,乃庞杂重复,似不出一人之手。"②此外,黄震还疑及《孔子家语》《曾子》《新语》《说苑》《鬻子》《老子》《关尹子》等子书,及《古文尚书》《左传》等经书。

另外,陈振孙的《直斋书录解题》、晁公武的《郡斋读书志》、王应麟的《汉书艺文志考证》等目录学著作,在论述中注意吸收前人的辨伪之说,并在此基础上多有发明,对指导人们辨别古书的真伪,正确地了解古书的基本情况起着很大的作用。

但是需要注意的是,宋代学者在整理古史时,往往"广搜杂家小说之说以见其博,因此宋代所编的古史,不仅没有把伪史剔出去,反而使伪史充斥其中"。③如刘恕《资治通鉴外纪》起自庖牺,止于周威烈王;司马光《稽古录》起自伏羲,终于宋治平;苏辙《古史》起自伏羲、神农,迄于秦始皇;胡宏《皇王大纪》,始于盘古氏,终于周末;等等。我们在阅读以上各书时,对其中古史的记载,需用辨伪的眼光来看待。

---

① 黄震:《黄氏日抄》卷五十二"撰读杂史二""越绝书"条,文渊阁《四库全书》子部儒家类,杭州出版社,2015年。
② 黄震:《黄氏日抄》卷五十五"撰读诸子一""管子"条,文渊阁《四库全书》子部儒家类,杭州出版社,2015年。
③ 顾颉刚:《秦汉的方士与儒生》附《中国辨伪史略》,上海古籍出版社,2005年。

第二节

刘知幾疑古惑经思想及对伪史、伪说、伪书的考辨

刘知幾（661—721年），字子玄，唐代彭城（今江苏省徐州市）人，是我国古代著名的史学理论家和辨伪学家。他出身于世代"簪缨之家"，自幼随父刘藏器（高宗朝任侍御史）学习《古文尚书》，深感其文辞佶屈聱牙，很难读懂。然喜读《左传》及其他史书，十一岁读完《左传》，十七岁前已将《史记》《汉书》《三国志》等汉以来各家史书"窥览略周"。在阅读史书的过程中，他养成了独立思考的习惯。在《史通·自叙》中他说：

> 至如一代之史，分为数家，其间杂记小书，又竞为异说，莫不钻研穿凿，尽其利害。加以自小观书，喜谈名理，其所悟者，皆得之襟腑，非由染习。故始在总角，读班、谢（承）两《汉》，便怪《前书》（《汉书》）不应有《古今人表》，《后书》（《后汉书》）宜为更始立纪。当时闻者，共责以为童子何知，而敢轻议前哲。于是赧然自失，无辞以对。其后见张衡、范晔集，果以二史为非。其有暗合于古人者，盖不可胜纪。始知流俗之士，难与之言，凡有异同，蓄诸方寸。①

正是这种独立思考的习惯，逐渐培养了他不迷信古人，勇于怀疑的精神。尤其是在读了东汉王充的《论衡》后，更是深受其启迪和影响。他在《史通·自叙》中，列举了对他影响最大的六部著作，其中一部，就是《论衡》。在《史通·惑经》中，他更是直言不讳地承认："昔王充设论，有《问孔》之篇，虽《论语》群言，多见指摘，而《春秋》杂义，曾未发明。是用广彼旧疑，增其新觉"②，故而作《疑古》《惑经》两篇。在《疑古篇》中，他提出了《尚书》可疑者十条，其中有一条谈到对尧的增美，一条说到对于桀、纣的增恶。这些在《论衡·艺增篇》中实际上已经论及，此外还有七条谈到二帝三王禅让征伐之事，其中部分《论衡》也已经论及。故而明代学者胡应麟称："《史通》之为书，其文刘勰也，而藻绘弗如；其识王充也，而轻诋殆过。"③

刘知幾疑古惑经的思想，集中表现在《疑古》和《惑经》两个专篇之中。《疑古》篇首先指出，

---

① 刘知幾著、浦起龙注：《史通通释》内篇"自叙"第三十六，上海古籍出版社，2012年。
② 刘知幾著、浦起龙注：《史通通释》外篇"惑经"第四，上海古籍出版社，2012年。
③ 胡应麟：《少室山房笔丛》卷十三乙部《史书占毕》一，上海书店，2009年。

孔子等圣人的某些说教是造成伪事、伪说产生的主要原因之一：

> 案《论语》曰："君子成人之美，不成人之恶。"又曰："成事不说，遂事不谏，既往不咎。"又曰："民可使由之，不可使知之。"夫圣人立教，其言若是。在于史籍，其义亦然。是以美者因其美而美之，虽有其恶，不加毁也；恶者因其恶而恶之，虽有其美，不加誉也。故孟子曰："尧、舜不胜其美，桀、纣不胜其恶。"……斯并曩贤精鉴，已有先觉。而拘于礼法，限以师训，虽口不能言，而心知其不可者，盖亦多矣。又案鲁史之有《春秋》也，外为贤者，内为本国，事靡洪纤，动皆隐讳。斯乃周公之格言。然何必《春秋》，在于六经，亦皆如此。故观夫子之刊书也，夏桀让汤，武王斩纣，其事甚著，而芟夷不存。观夫子之定礼也，隐、闵非命，恶视不终，而奋笔昌言，云"鲁无篡弑"。……斯验世人之饰智矜愚，爱憎由己者多矣。①

其后，刘知幾列举《尚书》《论语》等书所记十条可疑之事，一一进行辩驳。如《尚书·尧典》称尧"克明俊德"，陆贾《新语》又称："尧、舜之人，可比屋而封。"刘知幾依据《左传》文公十八年的记载认为：

> 高阳、高辛二氏各有才子八人，谓之"元"、"凯"。此十六族也。世济其美，不陨其名，以至于尧，尧不能举。帝鸿氏、少昊氏、颛顼氏各有不才子，谓之"浑沌"、"穷奇"、"梼杌"。此三族也。世济有凶，增其恶名，以至于尧，尧不能去。缙云氏亦有不才子，天下谓之"饕餮"，以比三族，俱称"四凶"。而尧亦不能去。斯则当尧之世、小人君子，比肩齐列，善恶不分，贤愚共贯。且《论语》有云：舜举咎繇，不仁者远。是则当咎繇未举，不仁甚多，弥验尧时，群小在位者矣。又安得谓之"克明俊德"、"比屋可封"者乎？②

再如他针对《论语》《尚书》自相矛盾的记载，尖锐地指出：

> 夫五经立言，千载犹仰，而求其前后，理甚相乖。何者？称周之盛也，则云三分有二，商纣为独夫；语殷之败也，又云纣有臣亿万人，其亡流血漂杵。斯则是非无准，向背不同者焉。又案武王为《泰誓》，数纣过失，亦犹近代之有吕相为晋绝秦，陈琳为袁檄

---
① 刘知幾著、浦起龙注：《史通通释》外篇"疑古"第三，上海古籍出版社，2012年。
② 刘知幾著、浦起龙注：《史通通释》外篇"疑古"第三，上海古籍出版社，2012年。

魏，欲加之罪，能无辞乎？而后来诸子，承其伪说，竟列纣罪，有倍五经。①

尧、舜禅让，千古传为美谈。而刘知幾则认为这是一种虚语、伪说。他依据《汲冢琐语》和《山海经》等的记载，证明舜是先废尧而立其子丹朱，然后再废丹朱而自立。禹之于舜，亦是如此，"禹黜舜而立商均"，最后又取而代之。刘知幾进一步指出其事与后代史书矫称帝王篡夺为禅让皆属虚妄。他说：

> 观近古有奸雄奋发，自号勤王，或废父而立其子，或黜兄而奉其弟，始则示相推戴，终亦成其篡夺。求诸历代，往往而有。必以古方今，千载一揆。斯则尧之授舜，其事难明，谓之让国，徒虚语耳。②

列举十疑后，他得出了这样的结论：

> 大抵自《春秋》以前，《尚书》之世，其作者述事如此。……夫远古之书，与近古之史，非唯繁约不类，固亦向背皆殊。何者？近古之史也，言唯详备，事罕甄择，使夫学者睹一邦之政，则善恶相参；观一主之才，而贤愚殆半。至于远古则不然。夫其所录也，略举纲维，务存褒讳，寻其终始，隐没者多。……若乃轮扁称其糟粕，孔氏述其传疑，孟子曰："尽信书，不如无书。《武成》之篇，吾取其二三简。"推此而言，则远古之书，其妄甚矣。③

《惑经》篇是专辨孔子删定的《春秋》的。在该篇中，刘知幾列举出《春秋》"所未谕"者十二，"虚美"者五，认为孔子修《春秋》"多为贤者讳"，或仅凭传闻，或缺载史事，或沿袭讹误，乃至造成了许多曲笔、失误之处。

比如鲁闵公二年（公元前660年）《春秋》记"狄入卫"。《穀梁传》范宁注："不言灭，而言入者，《春秋》为贤者讳。齐桓公不能攘夷狄，故为之讳。"鲁僖公二十八年（公元前632年），《春秋》又记："天王（周襄王姬郑）狩（巡察）于河阳"。《左传》："是会也，晋侯（文公）召王以诸侯见，且使王狩。仲尼曰：'以臣召君，不可以训。'故书云云，言非其地也，且明德也。"刘知幾通过"狄人入卫"、"天王狩河阳"两事，揭露《春秋》为贤者讳这一义例是违背史官据事直书之精神的。他指出"苟爱而知其丑，憎而知其善，善恶必书，斯为实录。观夫子修《春秋》也，多为贤

---

① 刘知幾著、浦起龙注：《史通通释》外篇"疑古"第三，上海古籍出版社，2012年。
② 刘知幾著、浦起龙注：《史通通释》外篇"疑古"第三，上海古籍出版社，2012年。
③ 刘知幾著、浦起龙注：《史通通释》外篇"疑古"第三，上海古籍出版社，2012年。

者讳。狄实灭卫，因桓耻而不书；河阳召王，成文美而称狩。斯则情兼向背，志怀彼我。苟书法其如是也，岂不使为人君者，靡惮宪章，虽玷白圭，无惭良史也乎？"①

再如他批评《春秋》对史料来源缺乏分析与选择时指出：

> 盖君子以博闻多识为工，良史以实录直书为贵。而《春秋》记他国之事，必凭来者之辞；而来者所言，多非其实。或兵败而不以败告，君弑而不以弑称，或宜以名而不以名，或应以氏而不以氏，或春崩而以夏闻，或秋葬而以冬赴。皆承其所说而书，遂使真伪莫分，是非相乱。②

从而揭示了《春秋》记事多凭别国不确切的讣告，致使史事真伪难辨、是非混淆的现象。

对于那些后来学者不加分辨地一味赞扬和盲目崇拜《春秋》的做法，刘知幾也一一作了批评，他首先指出：

> 世人以夫子固天攸纵，将圣多能，便谓所著《春秋》，善无不备。而审形者少，随声者多，相与雷同。莫之指实。③

接着，他对司马迁、左丘明、孟子、班固等人对《春秋》赞美的话一一进行了反驳。比如针对司马迁所说，孔子"为《春秋》，笔则笔，削则削，子夏之徒，不能赞一辞"，④他指出"夫子之所修者，但因其成事，就加雕饰，仍旧而已，有何力哉？加以史策有阙文，时月有失次，皆存而不正，无所用心，斯又不可得而弹说矣"。⑤他认为司马迁的话是虚美之言。最后，刘知幾还追根求源，指出虚美的根源在于儒家的偏私。"考兹众美，征其本源，良由达者相承，儒教传授，既欲神其事，故谈过其实。"⑥

刘知幾对于儒经的批评，还见于《史通》其他篇目中。这是对历来盲目崇拜古代、迷信圣人的观念的一次总的批判，因此遭到了封建正统派的指责，如最早写出专著来批判《史通》的柳璨称《史通》"妄诬圣哲，评汤之德为伪迹，论桀之恶为厚诬，谤周公云不臣，褒武庚以殉节，甚至弹劾仲尼"。⑦直到明清时期，一些封建学者仍不断指斥其"薄尧、禹而贷操、丕，惑《春秋》而信《汲

---

① 刘知幾著、浦起龙注：《史通通释》外篇"惑经"第四，上海古籍出版社，2012年。
② 刘知幾著、浦起龙注：《史通通释》外篇"惑经"第四，上海古籍出版社，2012年。
③ 刘知幾著、浦起龙注：《史通通释》外篇"惑经"第四，上海古籍出版社，2012年。
④ 司马迁：《史记》卷四十七《孔子世家》，中华书局，1975年。
⑤ 刘知幾著、浦起龙注：《史通通释》外篇"惑经"第四，上海古籍出版社，2012年。
⑥ 刘知幾著、浦起龙注：《史通通释》外篇"惑经"第四，上海古籍出版社，2012年。
⑦ 晁公武：《郡斋读书志》后志卷一"史评类"，四部丛刊三编本，上海书店，1985年。

家》","高自标榜,前无圣哲"。①清人黄叔琳甚至将《疑古》《惑经》称作是"非圣无法"的"邪说谣辞",并力主删去其中部分章节。②纪昀在《史通削繁》中则全部删去《疑古》等四篇文字,删去《惑经》中"五虚美"的大段文字。这从反面向我们说明了,在盲目崇拜古代、迷信圣人的封建社会中,敢于疑古惑经,需要多么大的勇气,要承受多么沉重的压力。

在对经书提出怀疑、作出批判的同时,刘知幾还本着实事求是的精神,对史书所记史事的真伪进行了考辨。在《史通·暗惑》中,他开门见山地指出:

> 夫人识有不烛,神有不明,则真伪莫分,邪正靡别。……而行之者伪成其事,受之者信以为然。故使见咎一时,取怨千载,夫史传叙事,亦多如此。③

继而,他列举了《史记》《汉书》《东观汉纪》《晋书》等史书中虚妄不足信从的记载,提醒世人"夫书彼竹帛,事非容易,凡为国史,可不慎诸"。④比如他举《史记·五帝本纪》所述瞽叟命舜掘井,"瞽叟与象共下土实井,舜从匿空出去"一例,认为"如《史记》云重华(即舜)入于井中,匿空而出,此则其意以舜是左慈(案:《后汉书·方术传》记其能幻化隐身)、刘根(案:《后汉书·方术传》记其能招鬼隐身)之类,非姬伯(即姬昌)、孔父(即孔子)之徒。若识事如斯,难以语夫圣道矣"。⑤

再如他又举《史记·仲尼弟子列传》所载"孔子既殁,有若状似孔子,弟子相与共立为师,师之如夫子也"为例,批评说:"如有若者,名不隶于四科,誉无偕于十哲。逮仲尼既殁,方取为师。……何肯公然自欺,诈相策奉?此乃儿童相戏,非复长老所为。观孟轲著书,首陈此说;马迁裁史,仍习其信。得自委巷,曾无先觉,悲夫!"⑥从而指出司马迁采撷史料时有择别不精之弊。

又如《东观汉记》卷二十三《刘盆子传》记:"赤眉遇光武军。……盆子及丞相徐宣以下二十余万人肉袒降,……贼皆输(交出)铠仗,积兵甲宜阳城西,与熊耳山(今河南省洛阳市宜阳县)齐。"刘知幾认为"赤眉降后,积甲与熊耳山齐"的记载属浮夸不实之词,他指出:"案盆子既亡,弃甲诚众。必与山比峻,则未之有也。昔《武成》云:'前徒倒戈','血流漂杵'。孔安国曰:'盖言之甚也。'如'积甲与熊耳山齐'者,抑亦'血流漂杵'之徒欤?"⑦

刘知幾认为,史书中之所以掺杂着大量的伪事、伪辞,是史官的曲笔讳饰、好异猎奇,多信小说寓言造成的。在《史通·采撰》篇中,他指出:

---

① 郭延年:《史通评释序》,见《史通通释》卷首,上海古籍出版社,2012年。
② 黄叔琳:《史通训诂补·书后》,见《续修四库全书》第四百四十七册,上海古籍出版社,1998年。
③ 刘知幾著、浦起龙注:《史通通释》外篇"暗惑"第十二,上海古籍出版社,2012年。
④ 刘知幾著、浦起龙注:《史通通释》外篇"暗惑"第十二,上海古籍出版社,2012年。
⑤ 刘知幾著、浦起龙注:《史通通释》外篇"暗惑"第十二,上海古籍出版社,2012年。
⑥ 刘知幾著、浦起龙注:《史通通释》外篇"暗惑"第十二,上海古籍出版社,2012年。
⑦ 刘知幾著、浦起龙注:《史通通释》外篇"暗惑"第十二,上海古籍出版社,2012年。

（中世作者）其失之者，则有苟出异端，虚益新事。至如禹生启石，伊产空桑，海客乘槎以登汉，姮娥窃药以奔月，如斯踳驳，不可殚论。……而嵇康《高士传》，好聚七国寓言，玄晏《帝王纪》，多采六经图谶，引书之误，其萌于此矣。……沈氏（约）著书，好诬先代，于晋则故造奇说，在宋则多出谤言，前史所载，已讥其谬矣。而魏收党附北朝，尤苦南国，承其诡妄，重以加诸。……晋世杂书，谅非一族，若《语林》《世说》《幽明录》《搜神记》之徒，其所载或恢谐小辨，或神鬼怪物。其事非圣，扬雄所不观；其言乱神，宣尼所不语。皇朝新撰《晋史》，多采以为书。……务多为美，聚博为功，虽取悦于小人，终见嗤于君子矣。①

然而他又说：

若吞燕卵而商生（见《诗·商颂·玄鸟》和《史记·殷本纪》），启龙漦而周灭（见《国语·郑语》及《史记·周本纪》），厉坏门以祸晋（见《左传》成公十年），鬼谋社而亡曹（见《左传》哀公七年），江使返璧于秦皇（见《汉书·五行志》），圯桥授书于汉相（见《史记·留侯世家》），此则事关军国，理涉兴亡，有而书之，以彰灵验，可也。②

主张史书中可以记一些"事关军国，理涉兴亡"的怪异诡妄之事，这暴露了他思想的局限性。

此外，刘知幾在《史通·五行志错误》《五行志杂驳》等篇中还集中批判了《汉书·五行志》中有关历史上"灾异"的神学学说。刘知幾认为，自然界的一些变化，如日食、山崩、水火、天旱、陨霜等与历史毫不相关，但有的史家硬是把它们写入史册，加以附会。他举例说，如《春秋》记："昭公九年，陈火。"而董仲舒却解释说："陈夏征舒弑君，楚严（庄）王托欲为陈讨贼，陈国辟门而待之，因灭陈。陈之臣子毒恨尤甚，极阴生阳，故致火灾。"对此，刘知幾反驳说：楚庄王灭陈后，又拥立陈成公为陈国国君，孔子对此曾称赞楚庄王之贤，怎能说"陈之臣子毒恨尤甚"呢？再者，楚灭陈共有三次，始为鲁宣公十一年陈被楚庄王所灭，次为鲁昭公八年被楚灵王所灭，后为鲁哀公十七年被楚惠王所灭。而董仲舒却误把昭王八年楚灵王灭陈当成了宣公十一年楚庄王灭陈，并牵强附会地把楚庄王灭陈解释为"陈火"的原因。刘知幾尖锐地批评董仲舒说："嗟乎！下帷三年，诚则勤矣。差之千里，何其阔哉！"③刘知幾对阴阳家们诸如此类"不凭章句，直取胸怀，或以前为后，以虚为实。移的就箭，曲取相谐"以及"前事已往，后来追证，课彼虚说，成此游词"④的做法深恶痛绝，表现了他大胆的"疾虚妄"的精神。

---

① 刘知幾著、浦起龙注：《史通通释》内篇"采撰"第十五，上海古籍出版社，2012年。
② 刘知幾著、浦起龙注：《史通通释》内篇"书事"第二十九，上海古籍出版社，2012年。
③ 刘知幾著、浦起龙注：《史通通释》外篇"五行志杂驳"第十一，上海古籍出版社，2012年。
④ 刘知幾著、浦起龙注：《史通通释》内篇"书志"第八，上海古籍出版社，2012年。

对祥瑞符命的认识，刘知幾和王充一样都没有从根本上否认它。他认为符瑞有真有伪。他说：

> 夫祥瑞者，所以发挥盛德，幽赞明王。至如凤凰来仪，嘉禾入献，秦得若雉，鲁获如麇，求诸《尚书》《春秋》，上下数千载，其可得言者，盖不过一二而已。①

在刘知幾看来，《尚书》《春秋》中所载的一些祥瑞是可信的。至于近古的所谓符瑞则大有疑问。他指出："爰及近古则不然，凡祥瑞之出，非关理乱，盖主上所惑，臣下相欺。故德弥少而瑞弥多，政逾劣而祥愈盛。"②对那种臣下为投君所好而故意编造出来的符瑞，刘知幾进行了深刻地揭露和批判。

除考辨经书、史书中伪事、伪说外，刘知幾还对一些古书本身进行了考辨。在《史通·古今正史》中，他在论及《古文尚书》时作了这样的论述：

> 《古文尚书》者，即孔惠之所藏，科斗之文字也。……至于后汉，孔氏之本遂绝。其有见于经典者，诸儒皆谓之逸书，王肃亦注《今文尚书》，而大与《古文》孔《传》相类，或肃私见其本而独秘之乎？晋元帝时，豫章内史梅赜始以孔《传》奏上，而缺《舜典》一篇，乃取肃之《尧典》，从"慎徽"以下分为《舜典》以续之。自是欧阳、大小夏侯家等学，马融、郑玄、王肃诸注废，而《古文》孔《传》独行，列于学官，永为世范。齐建武中，吴兴人姚方兴采马、王之义以造孔传《舜典》，云于大航购得，诣阙以献。举朝集议，皆以为非。及江陵板荡，其文入北，中原学者得而异之，隋博士刘炫遂取此一篇列诸本第。故今人所习《尚书·舜典》，元出于姚氏者焉。③

可见他对伪《古文尚书》基本是信而不疑的，但他对其中部分篇目如《舜典》，则明确指出是齐建武中姚方兴所伪造。对《泰誓》，他也是表示怀疑的。他说："宣帝时，复有河内女子，得《泰誓》一篇献之，与伏生所诵合三十篇，行之于世。其篇所载年月，不与序相符会，又与《左传》《国语》《孟子》所引《泰誓》不同，故汉、魏诸儒，咸疑其谬。"④

对当时通行的《孝经》郑氏注，他也颇持怀疑态度。他指出：

> 今俗所行《孝经》，题曰郑氏注，爰自近古，皆云郑即康成，而魏、晋之朝无有此说。至晋穆帝永和十一年及孝武帝太元元年，再聚群臣，其论经义；有荀昶者，撰集《孝

---

① 刘知幾著、浦起龙注：《史通通释》内篇"书事"第二十九，上海古籍出版社，2012年。
② 刘知幾著、浦起龙注：《史通通释》内篇"书事"第二十九，上海古籍出版社，2012年。
③ 刘知幾著、浦起龙注：《史通通释》外篇"古今正史"第二，上海古籍出版社，2012年。
④ 刘知幾著、浦起龙注：《史通通释》外篇"古今正史"第二，上海古籍出版社，2012年。

经》诸说，始以郑氏为宗。自齐、梁以来，多有异论，陆澄以为非玄所注，请不藏于秘省；王俭不依其请，遂得见传于时；魏、齐则立于学官，著在律令。盖由肤俗无识，故致斯讹舛。①

接着他列举了十二条证据以证明《孝经》非郑玄所注。主要证据可归纳为以下几点：一是郑玄自序及弟子追述其师著述，都不言郑玄注《孝经》；二是谢承、司马彪、袁山松等所著《后汉书·郑玄传》均无郑玄注《孝经》之记载；三是王肃《孝经传》首有司马宣王的奏疏，言诸儒注《孝经》，以王肃为长，而不言郑玄注；四是王肃注书，多言郑短，而《孝经传》没有任何攻击郑说之处；五是魏、晋间人士辩论时事，郑玄所注无不撮引，而没有一言引《孝经》之注。

对当时通行的《老子》河上公注，他也持怀疑态度。他指出：

其序云："河上公者，汉文帝时人，结草庵于河曲，乃以为号；以所注《老子》授文帝，因冲空上天。"此乃不经之鄙言，流俗之虚语。按《汉书·艺文志》注《老子》者三家，河上所释无闻焉尔，岂非注者欲神其事，故假造其说耶？其言鄙陋，其理乖讹。②

同时，他还疑及《周易》子夏注。他称：

《汉书·艺文志》《易》有十三家，而无子夏作传者；至梁阮氏（孝绪）《七录》而有《子夏易》六卷。……岂非后来假凭先哲，亦犹石崇谬称阮籍，郑璞滥名周宝。必欲行用，深以为疑。③

此外他还考辨了一些单篇的文章。如《史通·杂说下》称：

《李陵集》有"与苏武书"，词采壮丽，音句流靡。观其文体，不类西汉人，殆后来所为，假称陵作也。迁史（指《史记》）缺而不载，良有以焉。编于李集中，斯为谬矣。④

受此说影响，苏轼也认为《文选》所收数首传为李陵与苏武唱和之作的五言诗，以及所谓李陵《与苏武书》，皆不可信。他称：

---

① 王溥：《唐会要》卷七十七《论经义》，中华书局，1955年。
② 王溥：《唐会要》卷七十七《论经义》，中华书局，1955年。
③ 王溥：《唐会要》卷七十七《论经义》，中华书局，1955年。
④ 刘知幾著、浦起龙注：《史通通释》外篇"杂说下"第九，上海古籍出版社，2012年。

> 梁萧统集《文选》，世以为工，以轼观之，拙于文而陋于识者，莫若统也。……李陵、苏武赠别长安，而诗有"江汉"之语，及陵与武书，辞句儇浅，正齐、梁间小儿所拟作，决非西汉文而统不悟。①

由此，李陵《与苏武书》的真伪，遂成为后世争议的一个焦点。

由上可见，刘知幾在考辨伪书的过程中，已经注意从不同的角度、采用不同的方法进行考辨。如已经注意从著录传授上提出疑问，从同时代人是否称引或议及上指出疑点，从内容的虚妄上以驳其谬，从文体、文句与时代风格的不同上辨其真伪。而且多是发前人之所未发，对后世辨伪学的发展起了很大的推动作用。正如梁启超所指出的那样：

> 刘知幾罗列许多证据，指出《尚书》《春秋》《论语》《孟子》对于古史的妄测虚增或矛盾错谬，直接地笼统地攻击五经和上古之书真伪不分、贻惑后世。在那种辨伪学衰微已久的空气中，首先引导学者做自由的研究，开后来的风气的，刘知幾总是头一个，不能不令我们佩服。②

---

① 苏轼：《东坡先生文集》卷四十九"答刘沔都曹书"，明万历三十四年（1606年）文盛堂刻本。
② 梁启超：《古书真伪及其年代》第三章《辨伪学的发达》，中华书局，1955年。

第三节

啖助、赵匡对"春秋三传"的怀疑及考辨

啖助，字叔佐，赵州（今河北石家庄市赵县）人，后迁居关中。善治《春秋》及"春秋三传"。唐玄宗天宝末年，任临海县尉、润州丹杨主簿。任期届满，遂隐居，甘于清贫。耗十年之力，考辨"春秋三传"之长短，弥缝其缺漏，著写《春秋集传》。

赵匡，字伯循，河东（今山西永济市）人。曾任洋州刺史，为啖助之高足。

陆淳，字伯冲，吴郡（今江苏苏州市）人，《旧唐书》卷一百八十九本传称其"有经学，尤深于《春秋》，少师事赵匡，匡师啖助"。

啖助卒后，陆淳与啖助之子啖异裒录啖助所作《春秋集传总例》，请赵匡损益。陆淳本啖、赵之说作《春秋集传纂例》十卷，《春秋集传微旨》三卷，《春秋集传辨疑》十卷。啖、赵二氏关于"春秋三传"的考辨，特别是对《左传》的考辨，今见于《春秋集传纂例》。

其一，对"春秋三传"作者的考辨。

啖助认为："古之解说悉是口传，自汉以来乃为章句。如《本草》皆后汉时郡国，而题以神农。《山海经》广说殷时，而云夏禹所记。自余书籍，比比甚多。是知三传之义本皆口传，后之学者乃著竹帛，而以祖师之目题之。"又说："《公羊》《穀梁》，初亦口授，后人据其大义散配经文（注：传中犹称穀梁子，是其证也），故多乖谬，失其纲统。"①

他认为《左传》"盖左氏集诸国史以释《春秋》，后人谓左氏，便傅著丘明，非也"。②又指出：

> 予观《左氏传》，自周、晋、齐、宋、楚、郑等国之事最详：晋则每一出师，具列将佐；宋则每因兴废，备举六卿；故知史策之文，每国各异。左氏得此数国之史，以授门人，义则口传，未形竹帛；后代学者乃演而通之，总而合之，编次年月以为传记。又广采当时文籍，故兼与子产、晏子及诸国卿佐家传，并卜书、梦书及杂占书、纵横家、小说、讽谏等，杂在其中，故叙事虽多，释意殊少，是非交错，混然难证。其大略皆是左氏旧意。③

---

① 陆淳：《春秋集传纂例》卷一《三传得失义》第二，《四库全书》经部春秋类。
② 欧阳修、宋祁：《新唐书》卷二百《儒学下·啖助传》，中华书局，1975年。
③ 陆淳：《春秋集传纂例》卷一《三传得失义》第二，《四库全书》经部春秋类。

再如，关于《公羊传》的作者，徐彦《春秋公羊传疏》引东汉戴宏序曰："子夏传与公羊高，高传与其子平，平传与其子地，地传与其子敢，敢传与其子寿。至汉景帝时，寿乃与齐人胡毋子都著于竹帛。"徐彦又指出："公羊高五世相授，至胡毋生乃著竹帛，题其亲师，故曰'公羊传'。《穀梁传》亦是著竹帛者题其亲师，故曰：'穀梁传'，则又为传其学者所作。"①今《公羊传》中有"子公羊子曰"之文，明为弟子称其先师，又有"子沈子曰"、"司马子曰"、"子北宫子曰"、"子高子曰"、"鲁子曰"等，说明传授之先师亦不尽为公羊氏之子孙。对此，司马朝军指出：

> 前代之书，特别是先秦子书的名字经常是《某子》，很多学者根据此书的名字就认为该书作者为"某子"，如果《某子》中出现了"某子"身后之事，学者便认为该书是伪书，但啖助在上文中提到了某书在最开始时，往往并没有以文字的形式呈现出来，即"义则口传，未形竹帛"，其之所以最后成书，是因为"后代学者乃演而通之，总而合之"，即后代人整理而成。该书的名字"则以祖师之目题之"，即该书虽然是后学整理而成，但名字确是署该学说原创人的名字，但正是由于该书是后学整理而成，在书中除了有作者的思想外，难免会杂以后学对其事迹的演绎成分，这种观点自今视之，仍然具有很高的价值。②

赵匡则不同意其师啖助的观点。他说：

> 啖氏依旧说以左氏为丘明，受经于仲尼。今观左氏解经，浅于公、穀，诬谬实繁；若丘明才实过人，岂宜若此。推类而言，皆孔门后之门人。但公、穀守经，左氏通史，故其体异耳。……丘明者，盖夫子以前贤人，如史佚、迟任之流，见称于当时耳，焚书之后莫得详知；学者各信胸臆，见《传》及《国语》俱题左氏，遂引丘明为其人。此事既无明文，唯司马迁云："左邱丧明，厥有《国语》。"刘歆以为《春秋左氏传》是丘明所为。且迁书好奇多谬，故其书多为淮南所驳；刘歆则以私意所好，编之《七略》；班固因而不革，后世遂以为真。所谓传虚袭误，往而不返者也。③

他认为司马迁《报任安书》所云："不韦迁蜀，世传《吕览》"，与《史记·吕不韦列传》所云："不韦为秦相，集门客千人，著其所闻，集为八览、六论、十二纪，号曰《吕氏春秋》，悬之秦市"，"自相违背，若此之甚，其说丘明之谬，复何疑焉！"④

---

① 何休注、徐彦疏：《春秋公羊传注疏》隐公第一，上海古籍出版社，2014年。
② 司马朝军：《中国文献辨伪学史稿》第三章"唐代的文献辨伪"，武汉大学出版社，2022年。
③ 陆淳：《春秋集传纂例》卷一《赵氏损益义》第五，《四库全书》经部春秋类。
④ 陆淳：《春秋集传纂例》卷一《赵氏损益义》第五，《四库全书》经部春秋类。

他对司马迁所云《左传》《国语》均出自左丘明之手的说法也进行了反驳。他说：

> 且《左传》《国语》文体不伦，序事又多乖剌，定非一人所为也。盖左氏广集诸国之史以释《春秋》，传成之后，盖其弟子及门人见嘉谋事迹多不入传，或有虽入而复不同，故各随国编之而成此书，以广异闻尔。自古岂止有一丘明姓左乎？何乃见题左氏，悉称丘明？近代之儒又妄为记录云："丘明以授鲁曾申，申传吴起，起传其子期，期传楚人铎椒，椒传虞卿，卿传荀况，况传张苍，苍传贾谊。"（注：陆德明《经典释文序例》所引）此乃近世之儒欲尊崇《左氏》，妄为此记。向若传授分明如此，《汉书》《张苍》《贾谊》及《儒林传》何故不书？则其伪可知也。①

赵匡认为《公羊传》《穀梁传》"虽不记事迹，然其解经密于左氏，是知必孔门后之门人也，但不知师资几世耳。传记无明文，故三传先后亦莫可知也。先儒或云：'公羊名高，子夏弟子也。'或曰：'汉初人。'或曰：'穀梁亦子夏弟子，名赤。'或曰'秦孝公同时人。'或曰：'名俶，字元始。'皆为强说也。"②在赵匡看来，《公羊传》题名为公羊高所撰、《穀梁传》题名为穀梁赤所撰，均是不可信的。但可断定三传均为孔门后的门人所撰。他认为作《左传》的左氏不是左丘明，因为《论语》所提到的左丘明是孔子以前的人。这就打破了刘歆所谓"左氏好恶与圣人同，亲见夫子"的诳语，为清代今文学家刘逢禄、康有为等最终解决《左传》的相关问题，起了开辟先路的作用。

其二，关于"春秋三传"之"凡例"的考辨。

大凡研究《春秋》者，既要研究它的"微言大义"，又要研究它的书法"凡例"。比如《左传》解经的体例，杜预在《春秋经传集解》"自序"中将之归结为"发传之体有三，而为例之情有五"。此撮要条列如下。

传体有三：一是"发凡正例"，即杜预所云："经国之常制，周公之垂法，史书之旧章，仲尼从而修之，以成一经之通体"者。如《春秋》宣四年云："郑公子归生弑其君夷。"《左传》曰："凡弑君称君，君无道也；称臣，臣之罪也。"二是"起新变例"，杜预谓《左传》中但云"不书"、"先书"、"不言"、"不称"、"故书"等而不曰"凡"者，盖以起《春秋》之新意者，谓之"变例"。如《左传》隐公元年"不书即位，摄也"。《春秋》隐公元年"郑伯克段于鄢"，《左传》曰："段不弟，故不言弟；如二君，故曰克。"三是"归趣非例"，杜预谓"经无义例，因行事而言，则传直言其归趣而已，非例也"。这是指经文未有其义而传中记述的普通之事，称之"非例"。

为例有五：一是"微而显"，谓"文见于此，而起义在彼"者。如僖公十九年《春秋》书"梁亡"，传曰："不书其主，自取之也。"其主，谓灭梁之秦。二是"志而晦"，谓"约言示制，推以

---

① 陆淳：《春秋集传纂例》卷一《赵氏损益义》第五，《四库全书》经部春秋类。
② 陆淳：《春秋集传纂例》卷一《赵氏损益义》第五，《四库全书》经部春秋类。

知例"者。如《左传》宣公七年曰："夏,公会齐侯伐莱,不与谋也。凡师出,与谋曰'及',不与谋曰'会'。"三是"婉而成章",谓"曲从义训,以示大顺"者。如《左传》桓公元年曰"郑伯以璧假许田,为周公祊故也"。案曰许田为周公朝宿三邑,近于郑;祊田为郑武公在泰山的汤沐之邑,在鲁,皆周天子所封,本不应擅易。今郑以祊田加璧易许田,《春秋》讳之,故仅曰:"以璧假许田。"四是"尽而不污",谓"直书其事,具文见意"者。如《春秋》桓公十五年"天王使家父来求车",《左传》曰:"非礼也。诸侯不贡车服,天子不私求财。"五是"惩恶劝善",谓"求名而亡,欲盖而章"者。如《春秋》昭公二十年"盗杀卫侯之兄絷"。案曰齐豹忿卫侯之兄,杀之,欲求不畏强御之名,而《春秋》径称之曰"盗"。①

依杜预之见,《左传》确是解释《春秋》的传,其发凡起例非常严密。而啖助却不以为然,他认为《左传》的发凡起例有许多是"曲为其说"、"自相乖戾"的。

比如他据《穀梁传》《公羊传》（啖助认为《公羊》《穀梁》"其大指亦是子夏所传,故二传传经密于左氏"②）得出《春秋》之例一"凡先君遇弑,则嗣子废即位之礼"。如鲁庄公、鲁闵公、鲁僖公皆为继弑君而即位,而《左传》庄公元年记"不称即位,文姜出故也"。闵公元年记"不书即位,乱故也"。僖公元年"不称即位,公出故也"。明是鲁桓公在齐被彭生所弑,故庄公不称即位,《左传》却曲解为"文姜出故也"（案:文姜与鲁桓公如齐,文姜与其兄齐襄公私通,受到鲁桓公斥责。齐襄公派彭生弑鲁桓公）。明是庆父使圉人荦杀子般（案:鲁庄公死,立子般）,故闵公不书即位,《左传》却曲解为"乱故也"。明是鲁庆父弑闵公,故僖公不书即位,《左传》却曲解为"公出故也"（案:庆父弑闵公,闵公弟申出奔邾。后季友〔庄公弟〕回国立申,是为僖公）。啖助认为这些均为"左氏不达其意,曲为其说"之处。他指出:

> 其母以得罪去国,犹曰不忍,父为他国所弑,其情若何?不举其大而举其细,非通论也。且三月文姜方逊,何妨正月即位乎?故知解庄公不言即位,妄也。国有危难,岂妨行礼。故知解闵公不言即位,妄也。若君出讳而不书,昭公何以书乎?假如实出,亦当非时即位,如定公也。故知解僖公不言即位,妄也。③

再如他批评"春秋三传"以日月为例时指出:

> 《公》《穀》多以日月为例,或以书日为美,或以为恶。夫美恶在于事迹,见其文足以知其褒贬,日月之例复何为哉?假如书曰春正月叛逆,与言甲子之日叛逆,又何差异

---

① 杜预:《春秋经传集解》"自序",聚文书局,2008年。
② 陆淳:《春秋集传纂例》卷一《三传得失义》第二,《四库全书》经部春秋类。
③ 陆淳:《春秋集传纂例》卷二《公即位例》第十,《四库全书》经部春秋类。

乎？故知皆穿凿妄说也。假如用之，则踳驳至甚，无一事得通，明非《春秋》之意审矣。《左氏》唯卿卒以日月为例，亦自相乖戾。①

赵匡也列举不少例证，说明《左传》释《春秋》之例"于理不安"。比如他指出：

《左氏》云："凡诸侯同盟，故薨则赴以名"，此例于理不安；岂有臣子正当创剧痛深之日，乃忍称君之名？礼固不尔。且礼篇所录，亦云："寡君不禄"而已。凡曾同盟，会知其名，故于死时书之，以纪易代；《左氏》但见旧说，知有同盟书名之事，不察其理，遂妄发例尔。据《春秋》诸侯卒不同盟者凡五十二人，九人不书名，余并书名；《左氏》又云从赴而书，若未同盟，实不合赴以名；岂有如此众国越礼而称亡君父之名乎？《左氏》又云："凡诸侯同盟，于是称名，故薨则赴以名，告终称嗣，以继好息民。"据此意，乃以亡君父之名为求好之意，何诬鄙之甚，况于例之不合乎？《春秋》中唯有九人卒不书名，检寻事迹，并无朝会聘告处，所以不知其名耳，是其明证也。余则悉书名，检寻皆有往来事迹，则知不必同盟。②

他又指出：

《左氏》曰："有钟鼓曰伐，无曰侵。"前后凡书侵者，齐侯侵蔡、蔡侯侵楚之类，皆用大师而总数国；若无钟鼓，何以行师乎？又狄师亦称伐者，岂是能有钟鼓乎？则知《左氏》之例非矣。……《公羊》则云："觕者曰侵，精者曰伐。"此则以深者为精，浅者为觕。按前后有侵师至破其国，伐师不深者殊多，则《公羊》之例又非矣。《穀梁》则云："苞人民，殴牛马，曰侵；斩树木，坏宫室，曰伐。"齐桓伐楚，不战而服，无坏宫室、伐树木之事，又岂有二百四十二年行师，悉皆如此暴乱乎？则知《穀梁》亦非也。③

除此之外，啖助还指出《左传》存在前后倒文的现象，如：

《左氏传》事迹倒错者甚多：文十二年传言"杞伯请无绝婚"，当在成八年也。襄四年"夫人姒氏薨"，传曰："不殡于庙，无榇不虞"，宜在定十五年"姒氏卒"下。"吴侵陈"，传云："延州来季子帅师"，此传当在前数十年。如此类甚多，不可备举；皆由作传

---

① 陆淳：《春秋集传纂例》卷九《日月为例义》第三十五，《四库全书》经部春秋类。
② 陆淳：《春秋集传纂例》卷三《崩薨卒葬例》第十四，《四库全书》经部春秋类。
③ 陆淳：《春秋集传纂例》卷五《用兵例》第十七，《四库全书》经部春秋类。

之人采旧说既多，故不免有所交错。

他认为《公羊传》《穀梁传》中的此类情况也不少，如：

> 《公羊》例不言会，当在《公》经下而误在会下。《穀梁》"虞山林薮泽之利"，当在"筑鹿囿"之下，而误在"筑微"下。此例亦甚多，皆由传文本别为卷，后人散配经文，不免至差舛也。并略举例尔，其类甚多。①

综上所述，啖助、赵匡对《左传》作者、"春秋三传"的发凡起例的研究，均能发前人之所未发，给后世关于"春秋三传"的研究提供了不少有益的启迪。比如关于《左传》的作者，他们不迷信司马迁、班固、刘歆等前人之说，敢于发表自己的意见。如啖助认为《左传》"大略皆是左氏旧意"，然经后来学者的演义加工，遂"妄有附益，故多迂诞"。②赵匡则认为左丘明决非孔子同时代人，而是孔子以前的贤人，作《左传》的左氏不是左丘明，而是孔门后的门人。啖、赵二人的首难之功受到了南宋郑樵的肯定。他说：

> 刘歆曰："左氏丘明好恶与圣人同，亲见夫子；而公羊在七十子之后。"司马迁曰："孔子作《春秋》，丘明为之传。"班固《艺文志》曰："丘明与孔子观鲁史，而作《春秋》。"杜预序《左传》亦云："左丘明受经于仲尼。"详诸所说，皆以左氏为丘明无疑矣。至唐啖助、赵氏，独立说以破之。……使后世终不以丘明为左氏者，则自啖、赵始矣。③

《四库全书总目提要》也称："自刘向、刘歆、桓谭、班固，皆以《春秋传》出左丘明。左丘明受经于孔子，魏晋以来，儒者更无异议。至唐赵匡始谓左氏非丘明。……宋元诸儒，相继并起。"④如王安石曾撰《春秋解》一卷（或为托名王安石），证左氏非丘明十一事。郑樵的《六经奥论》卷四《左氏非丘明辨》也列举八条证据，证明"左氏非丘明，是为六国时人"。朱熹在《朱子语类》卷八十三也称"《左传》自是左姓人作。又如秦始有腊祭，而《左氏》谓：'虞不腊矣'，是秦时文字分明"。可见啖、赵发难，引发了后世关于《左传》作者的争议。同时，对于"春秋三传"的发凡起例，人们也从此换上了一种怀疑的眼光来审视、考辨。

---

① 陆淳：《春秋集传纂例》卷九《脱缪略》第三十六，《四库全书》经部春秋类。
② 陆淳：《春秋集传纂例》卷一《三传得失义》第二，《四库全书》经部春秋类。
③ 郑樵：《六经奥论》卷四《左氏非丘明辨》，《四库全书》经部七五经总义类。
④ 纪昀：《四库全书总目》经部春秋类一《春秋左传正义提要》，中华书局，1965年。

第四节
柳宗元与诸子及其他典籍的考辨

柳宗元（773—819年），字子厚，河东（今山西永济市）人。《新唐书》本传称他"少精敏绝伦，为文章卓伟精致，一时辈行推仰"。唐德宗贞元九年（793年）考中进士，授校书郎，不久调任蓝田尉。唐顺宗时，他因积极参与王叔文的革新，遭到守旧势力的强烈反对。革新失败后，柳宗元被贬为永州（今湖南零陵）司马，在永州度过了十年的贬谪生活。唐宪宗元和十年（815年），改任柳州刺史。四年后病死于柳州，年仅四十七岁。他的诗文多收入《柳河东集》中。

柳宗元曾师从陆淳而受学，因此深受啖助、赵匡、陆淳疑辨思想的影响。他继承了啖、赵、陆研究《春秋》的方法，并把这种方法活用于研究诸子。他是第一个从事子书年代考辨的人。在《柳河东全集》卷四中，有七篇考辨子书真伪的文章，这七篇文章分别是《辨列子》、《辨文子》、《论语辨》二篇、《辨鬼谷子》、《辨晏子春秋》、《辨亢仓子》、《辨鹖冠子》。这七篇辨伪专篇论著，无论是在所辨内容还是在辨伪方法上均有创新。现分别介绍如下。

其一，辨《列子》。

柳宗元首先从列子所处的时代辨起。他据刘向《别录》所云："列子者，郑人也，与郑缪（穆）公同时"[1]，考辨说：

> 穆公在孔子前几百岁，列子书言郑国，皆云子产、邓析，不知向何以言之如此？《史记》郑繻公二十四年，楚悼王四年，围郑，郑杀其相驷子阳，子阳正与列子同时。是岁周安王三年，……鲁穆公十年；不知向言鲁穆公时，遂误为郑耶？不然，何乖错至如是。

接着，他在刘向所云"至于《力命篇》一推分命，《杨子》之篇唯贵放逸，二义乖背，不似一家之书"，"且多寓言，与庄周相类"[2]的基础上，进一步论证说："其文辞类《庄子》，而尤质厚，少为作，好文者可废耶！其《杨朱》《力命》，疑其杨子书；其言魏牟、孔穿，皆出列子后，不可信。"[3]此说从文辞的仿佛、文章所表现的思想与列子不相符合等方面论证了《列子》一书非出列子

---

[1] 刘向：《别录·〈列子〉书录》，见姚振宗《快阁师石山房丛书》《别录》逸文，开明书店，1936年。
[2] 刘向：《别录·〈列子〉书录》，见姚振宗《快阁师石山房丛书》《别录》逸文，开明书店，1936年。
[3] 柳宗元：《柳河东全集》卷四"辨《列子》"，中国书店，1991年。

之手。

柳氏此论受到后人的重视。宋濂在《诸子辨》中称："柳宗元云'郑繻公在孔子前几百载，御寇书言郑杀其相驷子阳，则郑繻公二十四年，当鲁穆公之十年，向盖因鲁穆公而误为郑尔。'其说要为有据。"① 姚际恒在《古今伪书考》也肯定"柳之驳问诚是"，然而他不同意柳氏关于"鲁穆公"被讹误为"郑穆公"的推论。他说："若其谓因鲁而误为郑，则非也。向明云：'郑人'，故因言郑缪公，岂鲁缪公乎？况书中孔穿、魏牟亦在鲁缪公后，则又岂得为鲁缪公乎？"②

其二，辨《文子》。

柳宗元主要从书的内容上加以考辨。他说：

> 《文子》书十二篇，……其指意皆本《老子》，然考其书，盖驳书也。其浑而类者少，窃取他书以合之者多，凡孟、管辈数家皆见剽窃，峣然而出其类；其意绪文辞，又牙相抵而不合。不知人之增益之欤？或者众为聚敛以成其书欤？③

此说受到后人的肯定，胡应麟在《四部正讹》中称："《文子》九篇，……自柳子厚以为驳书，而黄东发（震）直以注者唐人徐灵府所撰。余以柳谓驳书是也，黄谓徐灵府撰则失于深考。"④ 姚际恒在《古今伪书考》中称赞道："案河东之辨《文子》可谓当矣。其书虽伪，然不全伪也；谓之'驳书'，良然。"⑤

其三，辨《论语》。

主要是考辨《论语》的作者。柳氏针对所谓《论语》是孔子弟子所记的观点考辨说：

> 孔子弟子，曾参最少，少孔子四十六岁，曾子老而死，是书记曾子之死，则去孔子也远矣。曾子之死，孔子弟子略无存者矣。吾意曾子弟子之为之也。何哉？且是书载弟子必以字，独曾子、有子不然，由是言之，弟子之号也。然则有子何以称子？曰：孔子之殁也，诸弟子以有子为似夫子，立而师之，其后不能对诸子之问，乃叱避而退，则固尝有师之号矣。今所记独曾子最后死，余是以知之。盖乐正子春、子思之徒与为之尔。或曰：孔子弟子尝杂记其言，然而卒成其书者，曾氏之徒也。⑥

---

① 宋濂：《诸子辨·列子》，见《宋濂全集》第一册，浙江古籍出版社，1999年。
② 姚际恒：《古今伪书考》之《列子》《鬼谷子》条，见《古籍考辨丛刊》第一集，中华书局，1955年。
③ 柳宗元：《柳河东全集》卷四"辨《文子》"，中国书店，1991年。
④ 胡应麟：《少室山房笔丛》《四部正讹》卷中"文子"，上海书店，2009年。
⑤ 姚际恒：《古今伪书考》之《文子》条，见《古籍考辨丛刊》第一集，中华书局，1955年。
⑥ 柳宗元：《柳河东全集》卷四"《论语》辨"，中国书店，1991年。

蒋伯潜在《十三经概论》中对柳氏这段话作了这样的评价：

> 柳氏之言，可谓甚辨。但所谓有子尝被推为师，因不能对问，被叱退避，盖本之《史记·仲尼弟子传》。《孟子·滕文公篇》曰："他日，子夏、子游、子张以有若似圣人，欲以所事孔子事之，强曾子，曾子不可。"所谓有若似圣人者，当如《檀弓》所记谓其言之似孔子耳。《史记》乃谓状似孔子，已属可笑。且所谓不能答弟子之问者，乃指不能答孔子何以预知天雨，预知商瞿后有五丈夫子。有子无以应。弟子起曰："有子避之，此非子之座也！"则其事竟类顽童之儿戏矣。孔门弟子，何至如此？窃疑子夏辈虽尝有推有子为师之议，终以曾子不可而止，而有子亦必谦让不遑，事遂作罢。则以有子为尝有师之号者，误也。故朱子《论语序说》引程子曰："《论语》之书，成于有子、曾子之门人，故二子独以子称。"则已就柳氏之说，加以修正矣。①

其四，辨《鬼谷子》。

主要从著录和内容上综合考察。柳宗元指出："汉时刘向、班固录书无《鬼谷子》，《鬼谷子》后出，而险戾峭薄，恐其妄言乱世，难信，学者宜其不道。而世之言纵横者，时葆其书，尤者晚乃益出七术，怪谬异甚，不可考校。"②自柳氏初步疑辨后，姚际恒在此基础上进一步论证，认为该书"是六朝所托无疑"。③后人则断为替《列子》作注的晋张湛所伪作。

其五，辨《晏子春秋》。

着重从思想观点上考辨。柳氏认为："墨好俭，晏子以俭名于世，故墨子之徒尊著其事，以增高为己术者。且其旨多尚同、兼爱、非乐、节用、非厚葬久丧者，是皆出《墨子》；又非孔子，好言鬼事；非儒、明鬼又出《墨子》；其言问枣及古冶子等，尤怪诞；又往往言墨子闻其道而称之，此甚显白者。"因此"疑其墨子之徒有齐人者为之"，"盖非齐人不能具其事，非墨子之徒则其言不若是"，故主张"后之录诸子书者，宜列之墨家"。④

柳氏这段考辨的文字，受到了后代学者的肯定。宋濂评价说："柳宗元谓墨氏之徒有齐人者为之，非晏所自著。诚哉是言也！"⑤梁启超称："柳宗元辨《晏子春秋》是最好的从思想上辨别的例，虽不很精，但已定《晏子春秋》是齐人治墨学者所假托。因书中有许多是墨子之言，而晏子是孔子前辈，如何能闻墨子之教？那自然不是晏子自作的书。"⑥

---

① 蒋伯潜：《十三经概论》第七编第一章《〈论语〉解题上》，上海古籍出版社，1983年。
② 柳宗元：《柳河东全集》卷四"辨《鬼谷子》"，中国书店，1991年。
③ 姚际恒：《古今伪书考》之《鬼谷子》条，见《古籍考辨丛刊》第一集，中华书局，1955年。
④ 柳宗元：《柳河东全集》卷四"辨《晏子春秋》"，中国书店，1991年。
⑤ 宋濂：《诸子辨·晏子》，见《宋濂全集》第一册，浙江古籍出版社，1999年。
⑥ 梁启超：《古书真伪及其年代》第四章《辨别伪书及考证年代的方法》，中华书局，1955年。

其六，辨《亢仓子》。

主要从著录、取材两方面综合考察。他指出：

> 太史公为《庄周列传》，称其为书，《畏累》《亢桑子》，皆空言无事实。今世有《亢桑子》书，其首篇出《庄子》，而益以庸言。盖周所云者尚不能有事实，又况取其语而益之者，其为空言尤也。刘向、班固录书无《亢仓子》，而今之为术者乃始为之传注以教于世，不亦惑乎！①

在柳氏考辨的基础上，宋高似孙则断为王褒（字士元）所作，认为其中"往往采诸《列子》《文子》，又采诸《吕氏春秋》《新序》《说苑》，又时采诸《戴氏礼》，源流不一，往往论殊而辞异，可谓杂而不纯，滥而不实者矣"。他又说："太史公作《庄周列传》，固尝言其语空而无实，而柳宗元又以为空言之尤，皆足以知其人，决其书。然柳氏所见必是王褒所作者。"②明胡应麟则称："《亢仓子》，赝书也，世无弗知。然而非赝也：《汉志》无《亢仓子》。唐号《亢仓子》'《洞灵真经》'，求弗获；而王士元取《庚桑楚篇》，杂引道家以补之。……河东之驳，允矣；失不考其实事，今犹纷纷以为赝书。"又说："《亢仓子》出王士元，尚有可疑。……则唐前固绝不闻此书，曷从而号之而访之？岂士元既补之后，明皇好道，特取而宠异其名，世遂相沿为实，子厚亦无从考与？"③

其七，辨《鹖冠子》。

主要从比较贾谊《鵩赋》与《鹖冠子》语句的异同上揭示其伪迹。柳宗元指出：

> 余读贾谊《鵩赋》，嘉其词，而学者以为尽出《鹖冠子》。余往来京师，求《鹖冠子》，无所见，至长沙，始得其书；读之，尽鄙浅言也。唯谊所引用为美，余无可者。吾意好事者伪为其书，反用《鵩赋》以文饰之，非谊有所取之，决也。……假令真有《鹖冠子》书，亦必不取《鵩赋》以充入之者。何以知其然耶？曰：不类。④

此说有后人从之者。如明胡应麟认为："盖贾谊《鵩赋》所云初非出《鹖冠子》，后世伪《鹖冠》者剽谊赋中语以文饰其陋。唐人不能辨，以《鹖冠》在谊前，遂指为谊所引。河东之说极得之。"同时又对柳宗元的考辨成就作了较为全面的评价："若抉邪摘伪，判别妄真，子厚之裁鉴，良不可诬。所论《国语》《列御寇》《晏婴》《鬼谷》《鹖冠》，皆洞见肝膈，厥有功斯文，亦不

---

① 柳宗元：《柳河东全集》卷四"辨《亢仓子》"，中国书店，1991年。
② 高似孙：《子略》"亢桑子"，文渊阁《四库全书》史部第674册，台湾商务印书馆，2008年。
③ 胡应麟：《少室山房笔丛》《四部正讹》卷中"亢仓子"，上海书店，2009年。
④ 柳宗元：《柳河东全集》卷四"辨《鹖冠子》"，中国书店，1991年。

细矣。"①

需要注意的是，在1973年长沙马王堆出土的帛书《老子》卷前佚书《黄帝书》中，有不少与《鹖冠子》相同或相似的语句，说明《鹖冠子》原文的著作年代不会晚于秦代，只是其中夹杂着后人附益的成分。

此外，柳宗元对《管子·牧民篇》所谓"礼、义、廉、耻"的"四维"说也持怀疑态度，他认为"廉耻自礼义中出，未有有礼义而无廉耻，有廉耻而无礼义"。"廉与耻，义之小节也，不得与义抗而为维。"因此他说："吾见其有二维，未见其所以为四也。"针对《牧民篇》所云："一维绝则倾，二维绝则危，三维绝则覆，四维绝则灭"，他认为"若义之绝，则廉与耻其果存乎？廉与耻存，则义果绝乎？人既蔽恶矣，苟得矣从枉矣，为非而无羞矣，则义果存乎？使管子庸人也，则为此言。管子而少知理道，则四维者，非管子之言也。"②

除考辨诸子外，柳宗元还对《礼记·月令》的作者、内容提出了疑问。《礼记正义》引郑玄《目录》曰："《月令》者，本《吕氏春秋·十二月纪》之首章，以礼家好事钞合之，后人因题之，名曰《礼记》，言周公所作。其中官名时事多不合周法。"③针对郑玄此说，柳宗元反驳说："汉儒论以为《月令》措诸礼以为大法焉。其言有十二月，七十有二候，迎日步气，以追寒暑之序，类其物宜而逆为之备，圣人之作也。然而圣人之道，不穷异以为神，不引天以为高，利于人，备于事，如斯而已矣。观《月令》之说，苟以合五事配五行而施其政令，离圣人之道不亦远乎？"他认为："凡政令之作，有俟时而行之者，有不俟时而行之者"，诸如春耕、夏耘、秋收、冬藏，"斯固俟时而行之，所谓敬授人时者也"，至于郊庙百祀、行爵出禄、决罪断刑、选士励兵之类，则属"不俟时而行之者"。他指出：

> 诚使古之为政者，非春无以布德和令，行庆施惠，养幼少，省囹圄，赐贫穷，礼贤者；非夏无以赞杰俊，遂贤良，举长大，行爵出禄，断薄刑，决小罪，节嗜欲，静百官；非秋无以选士励兵，任有功，诛暴慢，明好恶，修法制，养衰老，申严百刑，斩杀必当；非冬无以赏死事，恤孤寡，举阿党，易关市，来商旅，审门闾，正贵戚近习，罢官之无事者，去器之无用者，则其阙政亦以繁矣。斯固不俟时而行之者也。变天之道，绝地之理，乱人之纪，舍孟春则可以有事乎？作淫巧以荡上心，舍季春则可以为之者乎？夫如是，内不可以纳于君心，外不可以施于人事，勿书之可也。④

他认为，至于所说违反时令则有飘风暴雨、霜雪水潦、寇戎侵扰、边境不宁、土地分裂之类后

---

① 胡应麟：《少室山房笔丛》《四部正讹》卷中"鹖冠子"，上海书店，2009年。
② 柳宗元：《柳河东全集》卷三"四维论"，中国书店，1991年。
③ 孔颖达：《礼记正义》卷十四"月令"疏，十三经注疏本，上海古籍出版社，2008年。
④ 柳宗元：《柳河东全集》卷三"时令论上"，中国书店，1991年。

果的说法,"特瞽史之语,非出于圣人者也。然则夏后、周公之典(案:指《夏小正》《周时训》)逸矣"。① 据后来学者陈澔考辨定案,《月令》确为汉儒"杂举三代及秦事,礼家记事者抄合为此篇"。②

柳宗元还作有《非国语》六十七篇。他自称:

尝读《国语》,病其文胜而言尨,好诡以反伦,其道舛逆;而学者以其文也,咸嗜悦焉,伏膺呻吟者,至比六经,则溺其文必信其实,是圣人之道翳也。余勇不自制,以当后世之诮怒,辄乃黜其不臧,救世之谬,凡为六十七篇,命之曰《非国语》。③

又称:

左氏《国语》,其文深闳杰异,固世之所耽嗜而不已也。而其说多诬淫,不概于圣,余惧世之学者溺其文采,而沦于是非,是不得由中庸以入尧、舜之道,本诸理作《非国语》。④

当然,《非国语》的主旨是辨《国语》记载之是非虚实,不专主辨伪,但其中也有辨伪之内容。如文章最后称:

宋、卫、秦,皆诸侯之豪杰也。左氏忽弃不录其语,其谬耶?吴、越之事无他焉,举一国足以尽之,而反分为二篇,务以相乘。凡其繁芜蔓衍者甚众,背理去道,以务富其语,凡读吾书者,可以类取之也。越之下篇尤奇峻,而其事多杂,盖非出于左氏。⑤

柳宗元的辨伪眼光所及,已不仅限于书本,他还辨及出土的石文。他在给友人吕恭的信中谈到,他在得到一墓中石书后,对其进行了审慎的考辨。他说:

文章之形状,古今特异。……今视石文署其年曰永嘉,其书则今田野人所作也;虽支离其字,尤不能近古,为其"永"字等颇效王氏(羲之)变法,皆永嘉所未有。辞尤鄙近,若今所谓律诗者,晋时盖未尝为此声,大谬妄矣。又言植松乌擢之怪,而掘其土,得

---

① 柳宗元:《柳河东全集》卷三"时令论上",中国书店,1991年。
② 陈澔:《礼记集说》卷三"《月令》第六",凤凰出版社,2010年。
③ 柳宗元:《柳河东全集》卷三十一"与吕道州温论《非国语》书",中国书店,1991年。
④ 柳宗元:《柳河东全集》卷四十四"《非国语》上",中国书店,1991年。
⑤ 柳宗元:《柳河东全集》卷四十四"《非国语》上",中国书店,1991年。

石,尤不经难信。或者得无奸为之乎?"[1]

总之,柳宗元在辨伪史上开了考辨群书的先河。尽管他的论证尚不充分,有的论证尚有失误之处,但他敢于疑辨古书的勇气和在考辨诸子及其他典籍时所使用的辨伪方法,对后人产生了深刻的影响,特别体现在其直接影响了宋代辨伪工作的开展。正如张西堂所指出的:"欧阳修对于韩、柳'苦志探赜','至忘寝食'(《宋史·本传》),无怪乎他也敢排《系辞》,疑《周礼》。他所奖掖的后进,如王安石、苏氏父子,也是极有辨伪的精神的。经学上、文学上,宋儒都很受唐人的影响,蛛丝马迹,处处可寻,更无怪乎辨伪的潮流在两宋要变本加厉了。"[2]孙钦善称:"柳宗元在辨伪学史上已开辨群书之先河,且意见精当,方法多样,故对后世影响很大。"[3]郑良树在评价柳宗元在辨伪学上的地位时指出:"柳宗元在开拓古籍辨伪学的辨伪范围及方法上,都有相当卓越的贡献。"又称:"柳宗元着意于让古籍辨伪学成为一门独立的学问,而且意见精当,方法多面,对后世有很大的影响。"[4]

---

[1]《全唐文》卷五百七十四"柳宗元·与吕恭论墓中石书",上海古籍出版社,2019年。
[2] 张西堂:《唐人辨伪集语》"序",见《古籍考辨丛刊》第一集,中华书局,1955年。
[3] 孙钦善:《古代辨伪学概述》(中),《文献》第15辑,1983年。
[4] 郑良树:《古籍辨伪学》第三章"源流上",台湾学生书局,1986年。

第五节

欧阳修对儒家经传的考辨

欧阳修（1007—1072年），字永叔，号醉翁，晚年号六一居士，庐陵（今江西吉安）人。幼年丧父，家境贫困。宋仁宗天圣八年（1030年）考中进士，授将仕郎，试秘书省校书郎，充西京留守推官。历任大理评事兼监察御史、龙图阁直学士、河北都转运按察使，滁州、颍州知州等。晚年历任枢密副使、参知政事等要职。曾受诏修《新唐书》，并私修《新五代史》，其主要著述多收入《欧阳文忠公文集》中。

欧阳修所处的时代，辨伪之风非常盛行。正如司马光所说：

> 新进后生，未知臧否，口传耳剽，翕然成风，至有读《易》未识《卦》《爻》，已谓《十翼》非孔子之言；读《礼》未知篇数，已谓《周官》为战国之书；读《诗》未尽《周南》《召南》，已谓毛、郑为章句之学；读《春秋》未知十二公，已谓《三传》可束之高阁。①

受这种疑古思想的影响，欧阳修对一些儒家的经传也提出了大胆的怀疑和考辨。

关于《周易》，他相信本经《卦辞》《爻辞》及易传《彖辞》《象辞》，而怀疑《文言》《系辞》《说卦》《序卦》《杂卦》等。他在《易或问》中指出：

> 或问："《系辞》果非圣人之作，前世之大儒君子不论，何也？"曰："何止乎《系辞》，舜之涂廪、浚井，不载于六经，不道于孔子之徒，盖俚巷人之语也。及其传也久，孟子之徒道之。事固有出于缪妄之说，其初也大儒君子以世莫之信，置而不论，及其传之久也，后世反以谓更大儒君子而不非，是实不诬矣。由是曲学之士溺焉者多矣。自孔子殁，周益衰，王道丧而学废，接乎战国，百家之异端起，十翼之说，不知起于何人，自秦、汉以来大儒君子不论也"。②

---

① 司马光：《温国文正司马公文集》卷四十五《论风俗札子》，四部丛刊初编集部。
② 欧阳修：《欧阳修全集·居士外集》卷二十五《易童子问》卷三，中国书店，1986年。

在《易童子问》中，他又指出：

> 何独《系辞》焉，《文言》《说卦》而下，皆非圣人之作，而众说淆乱，亦非一人之言也。昔之学《易》者，杂取以资其讲说，而说非一家，是以或同或异，或是或非，其择而不精，至使害经而惑世也。然有附托圣经，其传已久，莫得究其所从来而核其真伪，故虽有明智之士，或贪其杂博之辩，溺其富丽之辞，或以为辩疑是正，君子所慎，是以未始措意于其间。①

在此，欧阳修分析了《系辞》《文言》《说卦》等篇之由来及长期无人辨其是非的原因。对此，赵光贤指出：

> 欧阳修撰《易童子问》，辨《系辞》《文言》以下非孔子作。其辨说的宗旨是：《系辞》等杂取众说，择之不精，显然非出于一人，不是圣人所作。这就从思想统一、内容统一的角度提出了辨伪的原则。②

欧阳修还列举了《文言》《说卦》《系辞》中种种"繁衍丛脞"之说，指出：

> 谓其说出于诸家，而昔之人杂取以释经，故择之不精，则不足怪也。谓其说出于一人，则是繁衍丛脞之言也。其遂以为圣人之作，则又大谬矣。孔子之文章，《易》《春秋》是已。其言愈简，其意愈深，吾不知圣人之作繁衍丛脞之如此也。③

同时他还揭露了《文言》《系辞》《说卦》中种种矛盾的说法，指出：

> 《文言》曰："元者，善之长也；亨者，嘉之会也；利者，义之和也；贞者，事之干也"，是谓《乾》之四德；又曰："《乾》元者，始而亨者也；利贞者，性情也"，则又非四德矣。谓此二说出于一人乎？则殆非人情也。《系辞》曰："河出图，洛出书，圣人则之"，所谓图者，八卦之文也，神马负之自河而出，以授于伏羲者也。盖八卦者，非人之所为，是天之所降也。又曰："包羲氏之王天下也，仰则观象于天，俯则观法于地，观鸟兽之文，与地之宜，近取诸身，远取诸物，于是始作八卦。"然则八卦者，是人之所为也，

---

① 欧阳修：《欧阳修全集·居士外集》卷二十五《易童子问》卷三，中国书店，1986年。
② 赵光贤：《中国历史研究法》，中国青年出版社，1988年。
③ 欧阳修：《欧阳修全集·居士外集》卷二十五《易童子问》卷三，中国书店，1986年。

河图不与焉。斯二说者，已不能相容矣。而《说卦》又曰："昔者圣人之作《易》也，幽赞于神明而生蓍，参天两地而倚数，观变于阴阳而立卦"，则卦又出于蓍矣。八卦之说如是，是果何从而出也？谓此三说出于一人乎？则殆非人情也。人情常患自是其偏见，而立言之士，莫不自信，其欲以垂乎后世，惟恐异说之攻之也，其肯自为二三之说以相抵牾而疑世，使人不信其书乎？故曰：非人情也。凡此五说者，自相乖戾，尚不可以为一人之说，其可以为圣人之作乎？①

欧阳修的这一考辨很有说服力。然而他尚未敢疑及《彖辞》《象辞》，这不能不说是一个缺憾，因为实际上，所谓"十翼"均非孔子所作。

关于《诗序》的作者，他指出：

或问"《诗》之《序》卜商作乎？卫宏作乎？非二人之作，则作者其谁乎？"应之曰："《书》《春秋》皆有《序》，而著其名氏，故可知其作者，《诗》之《序》不著其名氏，安得而知之乎？虽然，非子夏之作，则可以知也。"曰："何以知之？"应之曰："子夏亲受学于孔子，宜其得《诗》之大旨，其言风、雅有正变，而论《关雎》《鹊巢》系之周公、召公，使子夏而序《诗》，不为此言也。"②

欧阳修认为从学术传承上看，子夏学自孔子，对《诗》的旨义应得孔子真传。而《诗序》中言《风》《雅》有变有正，且将相传为文王所作的《关雎》《鹊巢》分系于周公、召公。这样的言论和孔子之意相悖，自然不是子夏应该说的话。他认为《周南》《召南》"其序多失，而《麟趾》《驺虞》所失尤甚，特不可以为信。疑此二篇之序，为讲师以己说汩之，不然安得谬论之如此也"。③

与此同时，欧阳修还对毛（苌、亨）《传》和郑（玄）《笺》进行了大胆的质疑。《毛传》《郑笺》在孔颖达《毛诗正义》对其进行疏解之后作为《诗经》学的权威，宋以后，学者多墨守毛、郑之说，不敢有所逾越。在《诗本义》所论及的114篇诗中，欧阳修除了在个别篇章中肯定了毛、郑的见解外，大多明确地指出了毛《传》、郑《笺》的谬误。如《静女》篇，他指出：

《静女》之诗，所以为刺也。毛、郑之说皆以为美，既非陈古以刺今，又非思得贤女以配君子，直言卫国有正静之女，其德可以配人君。考《序》及诗皆无此义。然则既失其大旨，而一篇之内随事为说，训解不通者，不足怪也。

---

① 欧阳修：《欧阳修全集·居士外集》卷二十五《易童子问》卷三，中国书店，1986年。
② 欧阳修：《毛诗本义·序问》，见《通志堂经解》本，台北大通书局，1969年。
③ 欧阳修：《诗本义》，见《通志堂经解》本，台北大通书局，1969年。

他认为："诗曰：'静女其姝，俟我于城隅，爱而不见，搔首踟蹰'，据文求义，是言静女有所待于城隅，不见而彷徨尔。其文显而义明，灼然易见。"而毛、郑偏要别出心裁，说："正静之女，自防如城隅。"欧阳修指斥此为"臆说"，并点明"此乃是述卫风俗男女淫奔之诗尔"。①

又如《氓》篇，欧阳修认为："一篇始终是女责其男之语。凡言'子'、言'尔'者，皆女谓其男也。……据诗所述，是女被弃逐，怨悔而追叙与男相得之初，殷勤之笃，而责其终始弃背之辞。"而郑《笺》于"尔卜尔筮"，认为是男子"告此妇人曰：'我卜汝，宜为室家'"。欧阳修对此批评说："上下之文初无男子之语，忽以此一句为男告女，岂成文理！"他又说：

"桑之未落，其叶沃若。于嗟鸠兮，无食桑葚。于嗟女兮，无与士耽"，皆是女被弃逐，因而自悔之辞。郑以为国之贤者，刺此妇人见诱，故于嗟而戒之。今据上文"以我贿迁"，下文"桑之落矣"，皆是女之自语，岂于其间独此数句为国之贤者之言。据《序》但言序其事以风，则是诗人序述女语尔，不知郑氏何从知为贤者之辞，盖臆说也。②

从而动摇了毛《传》和郑《笺》的权威性。四库馆臣称："自唐以来，说《诗》者莫敢议论毛、郑，虽老师宿儒，亦谨守《小序》。至宋而新议日增，旧说几废，推原所始，实发于修。"③

然而欧阳修总体上还是相信《诗序》的。他说："今考《毛诗》诸序与孟子说《诗》多合，故吾于《诗》常以序为证也。"④他认为《诗》小序的首句反映了美刺善恶、以为劝诫的"圣人之志"，这显然是不对的。

关于《周礼》，他认为：

自秦之焚书，六经尽矣。至汉而出者，皆其残脱颠倒，或传之老师昏耄之说，或取之冢墓屋壁之间，是以学者不明，异说纷起。况乎《周礼》，其出最后，然其为书备矣。其天地万物之统，制礼作乐，建国君民，养生事死；禁非道善，所以为治之法，皆有条理。三代之政美矣，而周之治迹，所以比二代而尤详见于后世者，《周礼》著之故也。然汉武以为渎乱不验之书，何休亦云六国阴谋之说，何也？然今考之，实有可疑者。夫内设公卿、大夫、士，下至府史、胥徒，以相副贰；外分九服，建五等，差尊卑以相统理，此《周礼》之大略也。而六官之属，略见于经者五万余人，而里闾县都之长、军师卒伍之徒不与焉，王畿千里之地，为田几井，容民几家，王官王族之国邑几数，民之贡赋几何？而又容五万人者于其间。其人耕而赋乎？如其不耕而赋，则何以给之。夫为治者故若是之烦

---

① 欧阳修：《诗本义》卷三，见《通志堂经解》本，台北大通书局，1969年。
② 欧阳修：《诗本义》卷三，见《通志堂经解》本，台北大通书局，1969年。
③ 纪昀：《四库全书总目提要》卷十五经部十五"《诗》类一""《毛诗本义》"，海南出版社，1999年。
④ 欧阳修：《毛诗本义·序问》，见《通志堂经解》本，台北大通书局，1969年。

乎。此其一可疑者也。秦既诽古，尽去古制。自汉以后，帝王称号、官府制度，皆袭秦故，以至于今，虽有因有革，然大抵皆秦制也，未尝有意于《周礼》者，岂其体大而难行乎？其果不可行乎？夫立法垂制，将以遗后也，使难行而万世莫能行，与不可行等尔。然则反秦制之不若也。脱有行者，亦莫能兴，或因以取乱，王莽、后周是也，则其不可用决矣。此又可疑也。①

在此，欧阳修从两个方面考辨《周礼》不合理之处。一是《周礼》设官的数目与当时国家的田土、户口、贡赋极不相称，有悖于情理。正如赵光贤指出的："他仔细地计算了六官之属见于经者达五万余人，这还不算下级官吏，这样庞大的统治机构在周代社会生产条件下，是无法供养的。"② 二是立法定制，《周礼》本是留给后世借鉴的，然秦不采用古制，而汉以后基本沿袭秦制，未尝采用《周礼》。后来王莽、后周采用《周礼》模式治国，反致败乱，说明《周礼》基本不被后世所用，揭露了《周礼》的可疑之处。苏轼也从周初地域狭小，而《周礼》所载地域广阔的矛盾处分析，指出《周礼》为"战国所增之文"。

关于《尔雅》，他认为"《尔雅》非圣人之书，考其文理，乃是秦汉之间，学《诗》者纂集说《诗》博士解诂之言"。③

在《帝王世次图序》中，他批评司马迁：

> 迁远出孔子之后，而乃上述黄帝以来，又详悉其世次，其不量力而务胜，宜其失之多也。迁所作《本纪》出于《大戴礼》《世本》诸书。今依其说，图而考之，尧、舜、夏、商、周，皆同出于黄帝。尧之崩也，下传其四世孙舜，舜之崩也，复上传其四世祖禹，而舜、禹皆寿百岁，稷、契于高辛为子，乃同父异母之兄弟。今以其世次而下之，汤与王季同世，汤下传十六世而为纣，王季下传一世而为文王，二世而为武王，是文王以十五世祖臣事十五世孙纣，而武王以十四世祖伐十四世孙而代之王，何其谬哉？④

他根据尧、舜、禹、夏、商、周各王的世次、寿数，指出《史记·五帝本纪》记载古代帝王世次之荒谬。他认为造成古代帝王世次之谬的原因是：

> 方孔子时，周衰学废，先王之道不明，而异端之说并起，孔子患之，乃修正《诗》《书》、史记，以止纷乱之说，而欲其传之信也，故略其远而详其近，于《书》，断自唐虞

---

① 欧阳修：《欧阳修全集·居士集》卷四十八《问进士策》，中国书店，1986年。
② 赵光贤：《中国历史研究法》，中国青年出版社，1988年。
③ 欧阳修：《诗本义》卷十《文王》，见《通志堂经解》本，台湾大通书局，1969年。
④ 欧阳修：《欧阳修全集·居士集》卷四十三《帝王世次图序》，中国书店，1986年。

以来，著其大事可以为世法者而已。至于三皇五帝君臣世次，皆未尝道者，以其世远而慎所不知也。

孔子既没，异端之说复兴。周室亦益衰乱，接乎战国，秦遂焚书，先王之道中绝，汉兴久之，《诗》《书》稍出而不完，当王道中绝之际，奇书异说，方充斥而盛行，其言往往反自托于孔子之徒，以取信于时。学者既不备见《诗》《书》之详，而习传盛行之异说。世无圣人以为质，而不自知其取舍真伪，至有博学好奇之士，务多闻以为胜者，于是尽集诸说而论次，初无所择而惟恐遗之也，如司马迁之《史记》是矣。①

在《泰誓论》中，他批驳了《尚书》及其他儒经中关于西伯姬昌"受命称王十年"的伪说。他指出：

西伯以征伐诸侯为职事，其伐黎而胜也，商人已疑其难制而恶之。使西伯赫然见其不臣之状，与商并立而称王，如此十年，商人反晏然不以为怪，其父师老臣，如祖伊、微子之徒，亦默然相与熟视而无一言，此岂近于人情邪？由是言之，谓西伯受命称王十年者，妄说也。

以纣之雄猜暴虐，尝醢九侯而脯鄂侯矣，西伯闻之窃叹，遂执而囚之，几不免死，至其叛己不臣而自王，乃反优容而不问者十年，此岂近于人情邪？由是言之，谓西伯受命称王十年者，妄说也。

孔子曰："三分天下有其二以服事商"，使西伯不称臣而称王，安能服事于商乎？且谓西伯称王者，起于何说？而孔子之言，万世之信也。由是言之，谓西伯受命称王十年者，妄说也。

伯夷、叔齐，古之知义之士也。方其让国而去，顾天下皆莫可归，闻西伯之贤，共往归之。当是时，纣虽无道，天子也。天子在上，诸侯不称臣而称王，是僭叛之国也。然二子不以为非，依之久而不去。至武王伐纣，始以为非而弃去。彼二子者，始顾天下莫可归，卒依僭叛之国而不去，不非其父而非其子，此岂近于人情邪？由是言之，谓西伯受命称王十年者，妄说也。②

欧阳修从四个方面考辨西伯姬昌"受命称王十年"之说。一是商王及诸臣不可能见到西伯和商并称王而无动于衷；二是西伯曾经仅因为窃叹纣王残暴就被纣王囚禁，岂会有犯背叛大罪而不被纣王追究之理；三是既然孔子言西伯"三分天下有其二而服事商"，说明西伯不曾称王，而是以臣子

---

① 欧阳修：《欧阳修全集·居士集》卷四十三《帝王世次图序》，中国书店，1986年。
② 欧阳修：《欧阳修全集·居士集》卷十八《泰誓论》，中国书店，1986年

身份继续服事殷商；四是伯夷、叔齐兄弟二人让国后闻西伯贤而共往归之，及武王伐纣乃以不义而去，若西伯早已称王，则伯夷、叔齐必不会等到武王伐纣时方才离去。由此论证了"西伯受命称王十年"是伪说。

此外欧阳修还反对谶纬之说，他曾上"论删去《九经正义》中谶纬札子"，主张删除唐太宗时撰写的《九经正义》中所引谶纬之书。他说：

> 至唐太宗时，始诏名儒撰定九经之疏，号为《正义》，凡数百篇。自尔以来，著为定论。凡不本《正义》者，谓之异端，则学者之宗师，百世之取信也。然其所载既博，所择不精，多引谶纬之书以相杂乱，怪奇诡僻，所谓非圣之书，异乎《正义》之名也。臣欲乞特诏名儒学官，悉取九经之疏，删去谶纬之文，使学者不为怪异之言惑乱，然后经义纯一，无所驳杂。①

总之，欧阳修是一个勇于疑古的人，他的疑辨主要集中在儒家的经传及各种伪说上。正如陈澧评论的那样：

> 欧阳子掊击经、传何其勇也！其于《易》，则以为《系辞》非圣人之作，又以为《十翼》之说不知起于何人，自秦汉以来大儒君子不论。其于《周礼》，则以为实有可疑，反秦制之不若。其于《中庸》，则以为其说有异于圣人，怠人而中止，无用之空言。其于《春秋三传》，则以为妄意圣人而惑学者，三子之过。至其通论诸经，则以为自秦之焚书，"六经"尽矣，至汉而出者皆其残脱颠倒，或传之老师昏耄之说，又以诸经所载凤皇、玄鸟、河图、洛书、龟、龙、六鹢、鹳鹆、麟暨驺虞，皆为语怪。启秦汉以来诸儒所述之荒虚怪诞。然则如欧阳子之说，"六经"真可焚矣！②

---

① 欧阳修：《欧阳修全集·奏议集》卷十六《论删去〈九经正义〉中谶纬札子》，中国书店，1986年。
② 陈澧：《陈澧集·东塾集》"序跋""跋欧阳文忠全集"，上海古籍出版社，2008年。

第六节
郑樵与《诗辨妄》

郑樵（1104—1162年），字渔仲，号夹漈，别号溪西遗民，福建兴化军莆田（今福建莆田）人，曾深居莆田西北夹漈山苦读治学三十年。他自称：

> 入山之初，结茅之日，其心苦矣，其志远矣。欲读古人之书，欲通百家之学，欲讨六艺之文，而为羽翼，如此一生，则无遗恨。忽忽三十年，不与人间流通事。①

在读书治学上，他始终本着求实的精神，反对"空言著书"，强调重视实践。在《通志·总序》"昆虫草木略序"中，他针对宋代理学家"操穷理尽性之说，以虚无为宗，实学置而不问"的学风，主张考据不能仅限于书本，还要注意与实际印证，提出"凡学之者，务在识真"。他自己身体力行，经常"与田夫野老往来，与夜鹤晓猿杂处，不问飞潜动植，皆欲究其情性"，"已得鸟兽草木之真，然后传《诗》，已得诗人之兴，然后释《尔雅》"。②这种务真求实的治学态度还直接导致了他对儒家宣扬的"五行说"、"灾异说"的怀疑和批判，引导他对儒家经典进行疑辨。

郑樵一生著述等身。他的主要代表作有《通志》《夹漈遗稿》《尔雅注》《诗辨妄》等流传下来，其他多已亡佚。据文献记载，他的著作有八十四种，一千多卷。绍兴三十一年（1161年），郑樵携《通志》诣阙献书，虽没有见到高宗，但高宗得知此事后，诏除枢密院编修官，不久又兼权检详诸房文字。后因遭人弹劾而罢职。绍兴三十二年（1162年）三月病逝，卒年五十九岁。

郑樵有关《诗经》辨伪的专著是《诗辨妄》，这是攻驳《毛诗》的一部重要著作，可惜它流传不久就散亡了。直至二十世纪二十年代初，顾颉刚在编辑《辨伪丛刊》的过程中，才将其从宋周孚《非诗辨妄》（见《四库全书》集部别集类《蠹斋铅刀编》卷三十一）等书中辑佚出许多条来，后由朴社1933年7月出版。尽管这个辑佚本已非全豹，但从中还是能看出他是怎样在《诗》的具体篇章上批驳《诗序》和毛传、郑笺的。

郑樵在《诗辨妄自序》中说：

---

① 郑樵：《夹漈遗稿·献皇帝书》，中华书局，1985年。
② 郑樵：《通志》卷七十五"昆虫草本略序"，中华书局，1987年。

《毛诗》自郑氏既笺之后,而学者笃信康成,故此诗专行,三家遂废。《齐诗》亡于魏,《鲁诗》亡于西晋。隋、唐之世,犹有《韩诗》可据。迨五代之后,《韩诗》亦亡,致令学者只凭毛氏,且以《序》为子夏所作,更不敢拟议。盖事无两造之辞,则狱有偏听之惑。今作《诗辨妄》六卷,可以见其得失。[①]

可见这是一部专攻毛传之妄、专辨《诗序》作者的辨伪专著。根据顾颉刚辑佚本,《诗辨妄》由"诗序辨"、"传笺辨"等几个部分构成。

《诗序辨》首先辨及《诗序》作者。郑樵认为传统上子夏作《诗序》的说法是靠不住的。他说:"设如有子夏所传之《序》,因何齐、鲁间先出,学者却不传,反出于赵也?《序》既晚出于赵,于何处而传此学?"[②]又说:"汉之言《诗》者三家耳。毛公(苌),赵人,最后出,不为当时所取信,乃诡诞其说,称其书传之子夏,盖本《论语》所谓'起予者商'也,始可与言《诗》已矣。"[③]崔述在《读风偶识》卷一中完全袭用了郑樵的观点。崔述指出:"子夏之门人在鲁者不乏矣,何以齐、鲁两家之诗均不知有此序,而独赵人得之乎?"[④]郑樵认为:"《诗序》……皆是村野妄人所作。"[⑤]但同时又有两三处说是东汉卫宏所作。他说:"刘歆《三统历》妄谓文王受命九年而崩,致误卫宏言'文王受命作周'也。"[⑥]又说"彼以《候人》为刺共公,共公之前则昭公也,故以《蜉蝣》为刺昭公。昭公之实无其迹,但不幸代次迫于共公,故为卫宏所置"。[⑦]

其次,辨及《诗序》的内容。他认为《诗序》与《诗》的内容有不少是自相矛盾的。比如《诗经》首篇《关雎》明明是古代男女恋歌,《小序》却说:"后妃之德也。风之始也。所以风天下而正夫妇也。"一首恋歌,居然被牵强附会臆造为赞颂后妃淑德、宣扬夫妇之道的诗歌。郑樵认为"后妃"一词就有问题,他说:"三代之后,天子之耦曰皇后,太子之耦曰妃,奈何合后世二人之号而以为古一人也。"再如《正月》这首诗,《小序》称"《正月》,大夫刺幽王也"。然而《诗》中云"赫赫宗周,褒姒灭之"。郑樵认为"平王东迁于王城,故以镐京为'宗周'",幽王时尚无"宗周"之概念。因此他认为这是一首"刺桓王诗"。又如《节南山》,《小序》言:"《节南山》,家父刺幽王也。"郑樵据《春秋》,说家父是东周桓王时人,不得仕于西周幽王之朝。再如《十月之交》,《小序》云:"《十月之交》,大夫刺幽王也。"然《诗》中云:"皇父孔圣,作都于向。"郑樵认为:"向,东都畿内地也。凡卿士采邑,必于天子畿内。则知此诗不为西周诗矣。"[⑧]关于《苤苢》,《诗

---

① 马端临:《文献通考》卷一百七十九"经籍考""夹漈《诗传》《辨妄》"条,中华书局,1986年。
② 郑樵著、顾颉刚辑:《诗辨妄》,朴社,1933年。
③ 郑樵著、顾颉刚辑:《诗辨妄》,朴社,1933年。
④ 崔述:《读风偶识》卷一,见顾颉刚编校《崔东壁遗书》,上海古籍出版社,1983年。
⑤ 朱熹:《朱子语类》卷八十"《诗》一",中华书局,1986年。
⑥ 郑樵著、顾颉刚辑:《诗辨妄》,朴社,1933年。
⑦ 郑樵著、顾颉刚辑:《诗辨妄》,朴社,1933年。
⑧ 郑樵著、顾颉刚辑:《诗辨妄》,朴社,1933年。

序》说这首诗是讲女人因为有了儿子而快乐。《小序》云:"《苤苢》,后妃之美也。和平则妇人乐有子矣。"郑樵认为:"据《苤苢》诗中,全无乐有子意。彼之言此者何哉?……且《苤苢》之作,兴采之也。如后人之采菱则为采菱之诗,采藕则为采藕之诗,以述一时所采之兴尔,何它义哉!"关于《简兮》,其诗云:"简兮简兮,方将万舞。日之方中,在前上处。硕人俣俣,公庭万舞。有力如虎,执辔如组。……彼美人兮,西方之人兮。"通篇没有讽刺的意思,而《小序》云:"刺不用贤也。卫之贤者仕于伶官,皆可以承事王者也。"郑樵认为:"《简兮》实美君子能射御歌舞,何得为刺诗?"①

郑樵还认为,"作《序》者有可经据则指言其人,无可经据则言其意",又说:"诸风皆有指言当代之某君者,惟《魏》《桧》二风无一篇指言某君者;以此二国,《史记》世家、年表、书、传不见有所说,故二风无指言也。"如《宛丘》《东门之枌》刺幽公,《衡门》谓刺僖公。幽、僖之迹无所据见,作序者但本谥法而言之"。再如《将仲子》,《诗序》言:"刺庄公也。不胜其母以害其弟,弟叔失道而公弗制,祭仲谏而公弗听,小不忍以致大乱焉。"郑樵认为这是作序者在曲解诗意,附会本事。他说:"此实淫奔之诗,无与于庄公、段叔事,《序》盖失之。而说者又从而巧为之说,以实其事,误亦甚矣。"②

郑樵此说受到后人的重视。朱熹说:"郑渔仲谓《诗小序》,只是后人将史传去拣,并看谥,却附会作《小序》美刺。"③朱熹的《诗序辨说》也多袭用郑说。如于《柏舟序》称:"依托名谥,凿空妄语";于《将仲子序》明引郑氏说:"无与于庄公、叔段之事";于《鸡鸣序》称"哀公未有所考,岂亦以恶谥而得之?"于《蟋蟀序》称"所谓刺僖公者,盖特以谥得之";于《宛邱序》称:"幽公特以谥恶,故得为游荡无度之诗",等等(以上本张西堂《诗辨妄》辑佚本"序"之说),所以王应麟称:"朱子《诗序辨说》多取郑渔仲《诗辨妄》。"④康有为《新学伪经考》也袭用郑说称:"《国风》小序于史有世家者,皆傅之恶谥;至《魏》《桧》之史无世家者,则但以为刺其君,刺某大夫,而无一谥号世次之可傅会。"⑤

郑樵还认为,有些《诗序》是作序者望文生义,穿凿诗题而作。比如《诗序》称《小雅·雨无正》是"刺幽王"之诗,郑樵认为:"凡《诗》皆取篇中之字以命题。《雨无正》取篇之中义。故作《序》者曰:'《雨无正》,雨自上下者也,众多如雨,而非所以为政也。'此何等语哉!"他又指出:"《召旻》诗首章言'旻天疾威',卒章言'有如召公',是取始卒章之一字合为题,更无他义。序者曰:'是(顾颉刚案:'是'疑'旻'误),闵也,闵天下无如召公之臣也。'《荡》是'荡荡上帝'者,谓天之荡荡然无涯也,故取'荡'名篇。彼亦不知所出,则曰:'天下荡荡无纲纪文章',

---

① 郑樵著、顾颉刚辑:《诗辨妄》,朴社,1933年。
② 郑樵著、顾颉刚辑:《诗辨妄》,朴社,1933年。
③ 朱熹:《朱子语类》卷八十"《诗》一",中华书局,1986年。
④ 王应麟:《困学纪闻》卷三《诗》,上海古籍出版社,2008年。
⑤ 康有为:《新学伪经考》卷十"《经典释文》纠谬",中华书局,1956年。

其乖脱有如此者！"①

总之，《诗序》的作者或附会史书，或附会谥号，或妄生美刺，或曲解诗意，或望文生义，经郑樵的点拨，其伪迹昭然若揭。

《诗辨妄》还考辨了《毛传》《郑笺》之误。如辨《关雎》之旨，称：

"关关雎鸠，在河之洲"，每思淑女之时，或兴见关雎在河之洲，或兴感雎鸠在河之洲。雎在河中洲上不可得也，以喻淑女不可致之义。何必以雎鸠而说淑女也！毛谓以喻后妃悦乐，君子之德无不和谐，何理？设若兴见鸳鹤，则言鸳鹤；兴见鸳凫，则言鸳凫。

再如《周南·葛覃》有一句："葛之覃兮，施于中谷，维叶萋萋。"郑玄解释说："葛延蔓于谷中，喻女在父母之家，形体浸浸日长大也。叶萋萋然，喻其容色美盛也。"郑樵称"'葛之覃矣，施于中谷'，此妇人急于成妇功之诗也。郑（玄）以谓（顾颉刚案：'谓'当作'为'）喻女在母家形体浸浸日长大也。此何等语哉！"又如辨《螽斯》，他指出"'《螽斯》'者，取二字以名篇尔，实无义也。言'螽斯羽'者，谓螽之此羽耳。何得谓螽斯为一物名。"②在此，郑氏把"斯"字释为"此"，认为"螽斯"并非为一动物名称。（案：周孚《非诗辨妄》认为"盖螽斯或谓之'斯螽'，《豳诗》曰：'五月斯螽动股'。"③此也可作一说。）郑樵指出："乱先王之典籍，而纷惑其说，使后学不知大道始，自汉儒始。"又说："郑（康成）所以不如毛者，以其书生家太泥于三《礼》刑名度数。"④

《六经奥论》始刻于明朝，今习见的版本为《通志堂经解》本和《四库全书》本，均出于明成化年间盱江人危邦辅藏本。该书"凡例"和明人黎温给该书写的"序"均标明郑樵著。清人吴骞、陆心源等皆认为《六经奥论》为改编署名"莆阳二郑先生"（郑樵和其从兄郑厚）的《六经雅言图辨》而成。然关于该书作者，朱彝尊《经义考》、全祖望《鲒埼亭集》及《四库提要》皆疑之。黄虞稷《千顷堂书目》题为车似庆著。顾颉刚则承吴骞、陆心源之说，认为：

郑氏作《诸经序》，及身未刻，身后为习举子业者所利用，窜易增删为《六经雅言图辨》，以其原本郑氏，故题"莆阳二郑先生"；又经车似庆之改编，遂为《六经奥论》。⑤

杨新勋经过考证则认为：

---

① 郑樵著、顾颉刚辑：《诗辨妄》，朴社，1933年。
② 郑樵著、顾颉刚辑：《诗辨妄》，朴社，1933年。
③ 周孚：《非诗辨妄》，《四库全书》集部别集类《蠹斋铅刀编》卷三十一"夹漈《诗传》《辨妄》"条。
④ 郑樵著、顾颉刚辑：《诗辨妄》，朴社，1933年。
⑤ 郑樵著、顾颉刚辑：《诗辨妄》附录三《六经奥论选录》前案语，朴社，1933年。

我们基本可以说：《六经雅言图辨》署名的"莆阳二郑先生"指的是郑厚和郑樵。《六经奥论》是改编《六经雅言图辨》而成，其中收有大量郑氏的言论，也有许多与之相关的内容。[①]

如果顾颉刚、杨新勋的推断为正确的话，那么《六经奥论》中关于《诗经》的考辨则可以弥补《诗辨妄》残缺的缺憾。其中，有以下几点值得注意。

其一，关于孔子"删诗"的考辨。

郑樵在《六经奥论》中认为："夫《诗》上自《商颂》祀成汤，下至《株林》刺陈灵公，上下千余年，而《诗》才三百五篇，有更十君而取一篇者，皆商周人所作。夫子并得之于鲁太师，编而录之，非有意于删也。"他举例说："夫'迢迢车乘，招我以弓。岂不欲往？畏我友朋'，如斯等语，亦不俚也，胡为而删之乎？《墙有茨》《桑中》等语至俚，又胡为而不删之乎？则知删《诗》之说，与《春秋》始隐终获麟之事，皆汉儒倡之也。"他还认为："大抵得其乡声则存，不得其声则不存也。周之列国，如滕、薛，如许、蔡，如邾、莒等国，夫岂无诗；但鲁人不识其音，则不得其详。季札聘鲁，鲁人以《雅》《颂》之外所得十五《国风》尽歌之。及观今《三百篇》，于季札所观与鲁人所存，无加损也。若夫夫子有意删《诗》，则当环辙之时必大搜而备索之，奚止十五国乎？"这一观点与《通志·乐略》所说基本一致。《乐略》称："乐以诗为本，诗以声为用。仲尼编《诗》，为燕享祭祀之时用以歌，非用以说义也；得诗而得声者三百篇，则系'风'、'雅'、'颂'；得诗而不得声者，则置之，谓之'逸诗'。"顾颉刚据此认为："郑氏对于孔子删《诗》是承认的。"[②]实际上，《乐略》说的是孔子"编《诗》"的标准，与《史记》所说"古者诗三千余篇，及至孔子，去其重，取其可施于礼、义，上采契、后稷，中述殷、周之盛，至幽、厉之缺"[③]的意思是两回事。因此可以认为郑樵还是主张孔子未尝删诗说的。

其二，关于《诗序》的考辨。

《六经奥论》"诗序辨"基本是持卫宏作"序"说。它认为所谓"《大序》（即《关雎》序）作于子夏，《小序》作于毛公。此说非也"。"又谓《大序》作于圣人，《小序》作于卫宏。谓《小序》作于卫宏，是也；谓《大序》作于圣人，非也。命篇《大序》，盖出于当时采诗太史之所题；而题下之序则卫宏从谢曼卿受师说而为之也"。他还举出数例说明卫宏之《序》"有专取诸书之文至数句者，有杂取诸家之说而辞不坚决者，有委曲宛转附经以成其义者"。比如"'情动于中而形于言，言之不足，故嗟叹之'，其文全出于《乐记》。'成王未知周公之志，公乃为诗以遗王'，其文全出于《金縢》。'自微子至于戴公，其间礼乐废坏'，其文全出于《国语》。'古者长民，衣服不贰，从容

---

① 杨新勋：《〈六经奥论〉作者与成书考辨》，《淮北煤炭师范学院学报》2006年第4期。
② 郑樵著、顾颉刚辑：《诗辨妄》，朴社，1933年。
③ 司马迁：《史记》卷四十七《孔子世家》第十七，中华书局，1982年。

有常，以齐其民'，其文全出于《公孙尼子》。则《诗序》之作实在于数书既传之后明矣。此所谓取诸书之文有至数句者，此也"。又如他辨《大序》说："《关雎》之序，既曰：'风之始也，所以风天下而正夫妇也'，意亦足矣；又曰：'风，风也，风以动之，上以风化下，下以风刺上'；又曰：'一国之事系一人之本，谓之风。'……此盖众说并传，卫氏得其美辞、美意，并录而不忍弃之。此所谓杂诸家之说而辞不坚决者也。"再如他辨《小序》说："《驺虞》之诗，先言：'人伦既正，朝廷既治，天下纯被文王之化'，而后继之'蒐田以时，仁如驺虞，则王道成'。《行苇》之诗，先言'国家忠厚，仁及草木'，然后继之以'内睦九族，外尊事黄耈养老乞言'。此所谓委曲宛转，附经以成其义者也。"他最后指出："宏《序》作于东汉，故汉世文字未有引《诗序》者。惟黄初四年有'曹共公远君子，近小人'之语。盖魏后于汉，而宏之《序》至是而始行也。"同时他还举例指出："如《荡》以'荡荡上帝'发语，而曰：'天下荡荡无纲纪文章'。《召旻》以'旻天疾威'发语，而曰：'旻天下无如召公之为臣'。《雨无止》乃大夫刺幽王也，而曰：'众多如雨，非所以为正也'。牵合为文而取讥于世，此不可不辨也。"①这些例证与《诗辨妄》所举例证完全相同，此也可作为《六经奥论》原本郑氏的一个佐证。

其三，关于《毛传》《郑笺》失误的考辨。

这恰恰也是《诗辨妄》的主要内容之一。《六经奥论》指出：

> 《何彼秾矣》之诗，平王以后之诗也。《注》以为武王之诗，而谓"平王"为平正之王，"齐侯"为齐一之侯。按《春秋》庄公元年，书"王姬归于齐"，乃桓王女，平王孙，下嫁于齐襄公，故《诗》曰："齐侯之子，平王之孙"，断无疑。《周颂》作于康王、成王之世，故称"成王"，"成、康"，今毛、郑以《颂》皆成王时作，不应得称成王、康王，故此《昊天有成命》云："成王不敢康"为"成此王功，不自安逸"；《执竞》之"不显成康"谓"成大功而安之"，《噫嘻》之"成王"谓"成是王事"。惟以《召南》为文武之诗，故不得不以"平王"为"平正之王"；惟以《周颂》为成王时作，故不得不以"成王"为"成此王功"也。②

在此批评了《毛传》《郑笺》的牵强附会。

总之，郑樵对《诗序》《毛传》《郑笺》的考辨很多是发前人之所未发。他在《诗辨妄》中指出："《诗》《书》可信，然不必字字可信。"这种大胆议论已经超出攻击《毛传》、《郑笺》的范围，超出了攻击《诗序》的界限，因此引起卫道士的恐慌。周孚为此专门作《非诗辨妄》，共列五十一条，逐条批驳郑樵的观点，其目的是维护经书神圣不可动摇的地位。他指出："自汉以来，六经之

---

① 郑樵著、顾颉刚辑：《诗辨妄》附录三《六经奥论选录》前案语，朴社，1933年。
② 郑樵：《六经奥论》卷三《毛郑之失》，清通志堂经解本。

纲维具矣，学者相传守之，虽圣人起，未易废也。而郑子乃欲尽废之，此予之所以不得已而有言也，故撮其害理之甚者，见于予书。"① 尽管如此，郑樵的观点仍然启迪和影响了后来的学者，如朱熹的《诗序辨说》、崔述的《读风偶识》，无不受郑樵观点的影响。正如黄震所说："晦庵先生因郑公之说，尽去美刺，探求古始，其说颇惊俗。"②《四库全书总目》也称："至宋，郑樵恃其才辨，无故而发难端。南渡诸儒始以掊击毛、郑为能事。"③ 胡培翚称："南宋郑渔仲始著书驳序，朱子作《集传》亦尝采用之。后之攻《序》者遂不遗余力。"④ 足见其影响之大。顾颉刚在评价《诗辨妄》和周孚《非诗辨妄》时指出："郑樵所说的话，勇往而少检点，错误的地方自然也有；但他见到的大体，自是不错的。周孚深恨他的胆大妄为，但竟不能从根本上把他驳了；他不能说出《诗》学何以必须服从汉儒，《序》《传》及《笺》何以一定可靠，他们受的圣人之意何以确切不移。他只会零零碎碎在六卷书中提出二千字的攻击。"⑤ 这个评价是十分中肯的。

---

① 周孚：《非诗辨妄》，见《丛书集成初编》本，商务印书馆，1991年。
② 黄震：《黄氏日抄》卷四"读《毛诗》"条，文渊阁《四库全书》子部儒家类，杭州出版社，2015年。
③ 纪昀：《四库全书总目》经部·诗类一《毛诗正义提要》，中华书局，1965年。
④ 胡培翚：《研六室文钞》"黄氏诗考序"，《续修四库全书》第1507册，上海古籍出版社，2002年。
⑤ 郑樵著、顾颉刚辑：《诗辨妄》书后附顾颉刚《非诗辨妄跋》，朴社，1933年。

第七节
洪迈对伪说、伪书的怀疑及考辨

洪迈（1123—1202年），字景庐，号容斋，又号野处，鄱阳（今江西鄱阳县）人。出身于官宦之家，其父洪皓为徽宗政和年间进士，曾以徽猷阁直学士假礼部尚书奉命使金，被金人扣押十多年，合议成，被放还。洪迈自幼聪颖，史称："幼读书日数千言，一过目辄不忘，博及载籍，虽稗官、虞初、释老傍行，靡不涉猎。"①绍兴十五年（1145年）以博学宏词科登第，授两浙转运司干办。入为敕令所删定官，累迁吏部郎兼礼部郎。绍兴三十二年（1162年）出使金，坚贞不屈，有其父之风范。又三年迁起居郎，拜中书舍人兼侍读直学士院。嘉泰二年（1202年），以端明殿学士致仕，谥文敏。《宋史》卷三百七十三有传。洪迈曾手抄《资治通鉴》三遍，"考阅典故，渔猎经史，极鬼神事物之变"，以其知识之渊博受到孝宗帝的青睐，称其"文备众体"。②所著有《容斋随笔》，共五集七十四卷，另有志怪小说集《夷坚志》等。

《容斋随笔》是南宋著名的学术笔记之一，内容非常庞杂。弘治间李瀚称其："搜悉异闻，考核经史，捃拾典故，值言之最者必札之，遇事之奇者必摘之，虽诗词、文翰、历谶、卜医，钩纂不遗，从而评之。参订品藻，论议雌黄，或加以辩证，或系以赞绎，天下事为，寓以正理，殆将毕载。"③南宋史绳祖誉称其"为近世笔记之冠冕"。④康熙朝洪璟称其："与沈存中（括）《梦溪笔谈》、王伯厚（应麟）《困学纪闻》等，后先并重于世。其书自经史典故、诸子百家之言，以及诗词文翰、医卜星历之类，无不纪载，而多所辨证。昔人尝称其考据精确，议论高简，如执权度而称量万物，不差累黍，欧、曾之徒所不及也。"⑤

《容斋随笔》的重要价值之一，是洪迈在读书的过程中往往秉持实事求是的态度，对古书记载的某些内容和流传下来的各类古书持一种怀疑的态度，并对此进行考辨。

首先，《容斋随笔》中对伪说的考辨主要有以下三类。

其一，考辨古史传说之荒谬。比如关于商、周始祖的传说，《史记·殷本纪》记载："简狄（传说高辛氏之次妃，商始祖契之母）行浴，见燕堕卵，取吞之，因生契"；《史记·周本纪》记载：

---
① 脱脱：《宋史》卷三百七十三《洪迈传》，中华书局，1977年。
② 脱脱：《宋史》卷三百七十三《洪迈传》，中华书局，1977年。
③ 李瀚：《容斋随笔》"旧序"，中华书局，2005年。
④ 史绳祖：《学斋占毕》卷四，《丛书集成初编》本，中华书局，1985年。
⑤ 洪璟：《容斋随笔》"重刻容斋随笔纪事二"，中华书局，2005年。

"姜嫄（传说高辛氏之妃，周始祖后稷之母）出野，见巨人迹，忻然践之，因生稷。"对此记载，洪迈指出："此二端之怪妄，先贤辞而辟之多矣。欧阳公谓稷、契非高辛之子。"生活在司马迁之前几十年的毛公在注《诗经·商颂·玄鸟》"天命玄鸟，降而生商"之句时，只是称："春分玄鸟降，简狄配高辛帝，帝与之祈于郊禖而生契，故本其为天所命，以玄鸟至而生焉。"意思是："春分时黑色燕子飞来，简狄配高辛帝，高辛帝与她在郊外祭神而生下契，所以契受命于天，在燕子飞来时出生。"到了东汉郑玄笺注时始称"鳦遗卵，简狄吞之而生契"。毛公注《诗经·大雅·生民》姜嫄生后稷"履帝武敏歆"之句曰："从于高辛帝而见于天也（意思是：跟从高辛帝而为天所见）。"而郑玄笺注曰："帝，上帝也。敏，拇也。祀郊禖时，有大人之迹，姜嫄履之，足不能满，履其拇指之处，心体歆歆然如有人道感己者，遂有身，后则生子。"郑玄此说本之于《史记》。洪迈指出：

> 夫适野而见巨迹，人将走避之不暇，岂复故欲践履，以求不可知之禨祥；飞鸟堕卵，知为何物，而遽取吞之。以古揆今，人情一也。今之愚人未必尔，而谓古圣人之后妃为之，不待辨而明矣。①

再如关于"舜事瞽叟"之事，《史记·五帝本纪》记载："瞽叟尚欲杀之，使舜上涂廪（修补粮仓），瞽叟从下纵火焚廪。舜乃以两笠自扞而下，去，得不死。""瞽叟又使舜穿井，舜穿井为匿空旁出。舜既入深，瞽叟与象共下土实井。舜从匿空出去。"此说大约沿用了《孟子·万章篇》的记载。在该篇中，孟子证明其弟子万章所问关于舜"完廪（修补粮仓）""浚井"以及象欲杀舜而想霸占其嫂的说法是正确的。对此洪迈不以为然，他赞同司马光、李觏、吕南公对此记载的疑惑。他指出：

> 《孟子》既自云尧使九男事之（舜），二女女焉，百官牛羊仓廪备，以事舜于畎亩之中。则井、廪贱役，岂不能使一夫任其事？尧为天子，象一民耳，处心积虑杀兄而据其妻，是为公朝无复有纪纲法制矣！②

其二，考《史记》某些记载之不可信。尽管洪迈对司马迁《史记》是颇为推崇的，他称其为"真天下之至文也。"③然而他能做到"爱而知其丑"。比如对《史记》所记古代帝王世系，他认为"最为不可考信"，他以稷、契为例，指出：

---

① 洪迈：《容斋随笔》卷七"姜嫄简狄"，中华书局，2005年。
② 洪迈：《容斋三笔》卷五"舜事瞽叟"，中华书局，2005年。
③ 洪迈：《容斋五笔》卷五《史记》简妙处"，中华书局，2005年。

二人皆帝喾子，同仕于唐虞。契之后为商，自契至成汤凡十三世，历五百余年。稷之后为周，自稷至武王凡十五世，历千一百余年。王季盖与汤为兄弟，而世之相去六百年，既已可疑，则周之先十五世，须每世皆在位七八十年，又皆暮年所生嗣君，乃合此数，则其所享寿皆当过百岁乃可。其为漫诞不稽，无足疑者。①

　　据《史记·三代世表》，商、周同出于黄帝之孙高辛（即帝喾）。商的先祖契与周的先祖后稷同辈分、同时代。商人的先祖契至商初的成汤已有十三世，而周人先祖后稷至商末的武王仅十五世，且《三代世表》将周武王的祖父季历与商汤列为同时代人，确实不可思议。他认为："盖世次之说，皆出于《世本》，故荒唐特甚。"②

　　又如针对《史记·孙子列传》记载孙膑胜庞涓之事，云："齐军入魏地为十万灶，明日为五万灶，又明日为二万灶。"兵家以为奇谋，而洪迈对此表示怀疑，他说：

　　方师行逐利，每夕而兴此役，不知以几何人给之，又必人人各一灶乎？庞涓行三日而大喜，曰："齐士卒亡者过半。"则是所过之处，必使人枚数之矣，是岂救急赴敌之师乎？又云："度其暮当至马陵，乃斫大树，白而书之，曰：'庞涓死于此树之下。'遂伏万弩，期日暮见火举而俱发。"涓果夜至斫木下，见白书，钻火烛之，读未毕，万弩俱发。夫军行迟速，既非他人所料，安能必其以暮至不差晷刻乎？古人坐于车中，既云暮矣，安知树间之有白书，且必举火读之乎？齐弩尚能俱发，而涓读八字未毕。皆深不可信。殆好事者为之而不精考耳。③

　　事实上关于庞涓在马陵之战（公元前341年）中，"乃知智穷兵败，乃自刭"的说法也是不可信的，临沂银雀山汉墓出土的《孙膑兵法》竹简中就有一篇"擒庞涓"的篇目，记载桂陵之战（公元前354年）中，齐军生擒了庞涓。庞涓既然被擒，又怎能在十多年后的马陵之战中指挥魏军作战呢？

　　再如针对《史记·仲尼弟子列传》云：

　　孔子没，弟子以若状似孔子，立以为师。他日，进问曰："昔夫子当行，使弟子持雨具，已而果雨。弟子问何以知之，夫子曰：《诗》不云乎？月离于毕，俾滂沱矣。昨暮月不宿毕乎？他日，月宿毕，竟不雨。商瞿年长无子，孔子曰瞿年四十后当有五丈夫子，已

---

① 洪迈：《容斋随笔》卷一"《史记》世次"，中华书局，2005年。
② 洪迈：《容斋随笔》卷七"姜嫄简狄"，中华书局，2005年。
③ 洪迈：《容斋随笔》卷十三"孙膑减灶"，中华书局，2005年。

而果然。敢问何以知此?"有若无以应。弟子起,曰:"有子避之,此非子之座也。"

洪迈认为"此两事殆近于星历卜祝之学,何足以为圣人而谓孔子言之乎?有若不能知,何所加损,而弟子遽以是斥退之乎?"根据《史记》记载,孔子去世之后师兄弟们因为有若的相貌长得像孔子,就拥立他作老师。后来弟子们去请教问题,有若没有回答上来,弟子们便辞去有若的老师之位。洪迈认为孔子弟子所问的两个问题接近于天文学和占卜学,只明白这些的也不值得当圣人,况且孔子不可能只传输这些知识。有若没能了解这些对他也无大碍,难道师兄弟仅仅因此就斥退他了吗?他指出:

《孟子》称子夏、子张、子游以(有)若似圣人,欲以所事孔子事之,曾子不可,但言"江汉秋阳不可尚"(案:曾子原话是"不可,江汉以濯之,秋阳以暴之,皓皓乎不可尚已"。意思是说"不可以,就像曾经用江汉的水清洗过,又在秋天的太阳下曝晒过,洁白无瑕,我们的老师是没有谁能够相比的")而已,未尝深诋也。《论语》记诸善言,以有子之言为第二章,在曾子之前,使有避坐之事,弟子肯如是哉?《檀弓》载有子闻曾子"丧欲速贫,死欲速朽"两语,以为"非君子之言",又以为"夫子有为言之",子游曰:"甚哉!有子之言似夫子也。"则其为门弟子所敬久矣。

由此得出结论:"太史公之书,于是为失矣。且门人所传者道也,岂应以状貌之似而师之邪!世所图《七十二贤画像》,其画有若遂与孔子略等,此又可笑也。"[①]在此说明所谓孔子死后,其弟子们因有若貌似孔子,立其为师的说法是不可信的。

其三,考野史及杂说之不可信。他认为:"野史杂说,多有得之传闻及好事者缘饰,故类多失实。"[②]他以宋真宗朝发生的三件事为例,一是魏泰《东轩录》所载:"真宗次澶渊(案:景德元年,辽军深入宋境,宋真宗至澶州督战),语寇莱公(准)曰:'虏骑未退,何人可守天雄军?'公言参知政事王钦若。退即召王于行府,谕以上意,授敕俾行。王未及有言,公遽酌大白饮之,命曰'上马杯',且曰:'参政勉之,回日即为同列也。'王驰骑入魏,越十一日,虏退,召为同中书门下平章事。或云王公数进疑词于上前,故莱公因事出之。"对此记载,洪迈表示怀疑,他指出:"澶渊之役乃景德元年九月,是时莱公为次相,钦若为参政。闰九月,钦若判天雄。二年四月,罢政。三年,莱公罢相,钦若复知枢密院,至天禧元年始拜相,距景德初元凡十四年。"[③]他从寇准的罢相和王钦若拜相时间的差距上,说明《东轩笔录》所载之失实。二是沈括《梦溪笔谈》所载:"向

---
① 洪迈:《容斋随笔》卷十五"有若",中华书局,2005年。
② 洪迈:《容斋随笔》卷四"野史不可信",中华书局,2005年。
③ 洪迈:《容斋随笔》卷四"野史不可信",中华书局,2005年。

文简（敏中）拜右仆射，真宗谓学士李昌武（宗谔）曰：'朕自即位以来，未尝除仆射，敏中应甚喜。'昌武退朝，往候之，门阑悄然。明日再对，上笑曰：'向敏中大耐官职。'"存中（沈括）自注云："向公拜仆射年月，未曾考于国史，因见中书记，是天禧元年八月，而是年二月王钦若亦加仆射。"对此记载，洪迈不以为然，他指出："真宗朝自敏中之前，拜仆射者六人：吕端、李沆、王旦皆自宰相转，陈尧叟以罢枢密使拜，张齐贤以故相拜，王钦若自枢密使转。及敏中转右仆射，与钦若加左仆射同日降制，是时李昌武死四年矣。昌武者，宗谔也。"①三是《梦溪笔谈》又载："时丁晋公（谓）从真宗巡幸，礼成，诏赐辅臣玉带。时辅臣八人，行在祗候库止有七带，尚衣有带，谓之'比玉'，价直数百万，上欲以足其数。公心欲之，而位在七人之下，度必不及己，乃谕有司：'某自小私带可服，候还京别赐可也。'既各受赐，而晋公一带仅如指阔，上顾近侍速易之，遂得尚衣御带。"对此洪迈考辨说：

> 景德元年真宗巡幸西京，大中祥符元年巡幸泰山，四年幸河中，丁谓皆为行在三司使，未登政府。七年，幸亳州，谓始以参知政事从。时辅臣六人，王旦、向敏中为宰相，王钦若、陈尧叟为枢密使，皆在谓上，谓之下尚有枢密副使马知节，即不与此说合。且既为玉带，而又名"比玉"，尤可笑。魏泰无足论，沈存中不应尔也。②

又如针对世俗所言"李太白在当涂采石，因醉泛舟于江，见月影俯而取之，遂溺死。"（案：据清王琦《李太白年谱》王注本卷三十五宝应元年条中引五代王定保《唐摭言》，"李白着宫锦袍，游采石江中，傲然自得，旁若无人，因醉入江中，捉月而死"。现行的《唐摭言》诸本中，不见这一记述。）他依据李阳冰所作太白《草堂集序》云："阳冰试弦歌（任县令）于当涂，公疾亟，草稿万卷，手集未修，枕上授简，俾为序。"又据李华作《太白墓志》所云："赋《临终歌》而卒。"得出结论："乃知俗传良不足信，盖与谓杜子美（甫）因食白酒牛炙而死者同也。"③他认为李白是因疾病而死，而所谓因醉捞月溺死的说法，跟民间传说杜甫因饥饿太久，吃了耒阳县令聂某送来的白酒牛炙而死的说法一样，都是不可信的民间流言。

再如，针对郑处诲所著《明皇杂录》所载："唐张嘉贞为并州长史、天兵军使，明皇欲相之，而忘其名，诏中书侍郎韦抗曰：'朕尝记其风操，今为北方大将，张姓而复名，卿为我思之。'抗曰：'非张齐丘乎？今为朔方节度使。'帝即使作诏以为相。夜阅大臣表疏，得嘉贞所献，遂相之。议者谓明皇欲大用人，而卤莽若是，非得嘉贞表疏，则误相齐丘矣。"洪迈对此则"大为不然"，他考辨说："开元八年，嘉贞为相，而齐丘以天宝八载始为朔方节度，相去三十年，安得如上所云者。

---

① 洪迈：《容斋随笔》卷四"野史不可信"，中华书局，2005年。
② 洪迈：《容斋随笔》卷四"野史不可信"，中华书局，2005年。
③ 洪迈：《容斋随笔》卷三"李太白"，中华书局，2005年。

又，是时明皇临御未久，方厉精为治，不应置相而不审其名位，盖郑处诲所著《明皇杂录》妄载其事，史家误采之也。《资治通鉴》弃不取云。"①

第二，《容斋随笔》中对伪书的考辨主要有以下几类成果。

他疑《周礼》作者称：

> 《周礼》一书，世谓周公所作，而非也，昔贤以为战国阴谋之书，考其实，盖出于刘歆之手。《汉书·儒林传》，尽载诸经专门师授，此独无传。至王莽时，歆为国师，始建立《周官经》以为《周礼》，且置博士。而河南杜子春受业于歆，还家以教门徒，好学之士郑兴，及其子众往师之，此书遂行。歆之处心积虑，用以济莽之恶，莽据以毒痛四海，如五均、六筦、市官、赊贷，诸所兴为，皆是也。故当其时，公孙禄既已斥歆颠倒《六经》毁师法矣。②

到了王安石变法时，把《周礼》与《诗经》《尚书》匹配，作《三经新义》，以为："其人足以任官，其官足以行法，莫盛乎成周之时；其法可施于后世，其文有见于载籍，莫具乎《周官》之书。"洪迈感叹称："二王（指王莽、王安石）托《周官》之名以为政，其归于祸民一也。"③

对《古文尚书·武成篇》的怀疑，始自孟子，孟子认为《武成篇》记载武王伐纣"血流漂杵"，"以至仁伐至不仁，不应如此"，因此称："吾于《武成》，取二三策而已矣。"④后人对该篇的真伪也多有考辨，在前人考辨的基础上，洪迈作了进一步论证，他依据孔子所云："周之德，其可谓至德也已矣。三分天下有其二，以服事殷"，认为"所谓服事者，美其能于纣之世尽臣道也"。然《武成篇》中云："大王（古公亶父）肇基王迹，文王诞膺天命，以抚方夏"，及武王自称曰："周王发"，他认为"（此）皆纣尚在位之辞，且大王居邠，尤为狄所迫逐，安有'肇基王迹'之事？文王但称西伯，焉得言'诞膺天命'乎？武王未代商，已称周王，可乎？则《武成》之书不可尽信，非止'血流漂杵'一端也。"⑤

关于《诗序》，他颇为赞同晁景迂的论述。晁氏"其论《诗序》云，作诗者不必有序。今之说者曰，《序》与《诗》同作，无乃惑欤！""孟子、荀卿、左氏、贾谊、刘向汉诸儒，论说及《诗》多矣，未尝有一言以《诗序》为议者，则《序》之所作晚矣。"⑥

关于《孔丛子》，他认为：

---

① 洪迈：《容斋随笔》卷三"张嘉贞"，中华书局，2005年。
② 洪迈：《容斋续笔》卷十六"《周礼》非周公书"，中华书局，2005年。
③ 洪迈：《容斋续笔》卷十六"《周礼》非周公书"，中华书局，2005年。
④ 杨伯峻：《孟子译注》卷十三"《尽心章句》"，中华书局，1962年。
⑤ 洪迈：《容斋三笔》卷一"《武成》之书"，中华书局，2005年。
⑥ 洪迈：《容斋三笔》卷一"晁景迂经说"，中华书局，2005年。

《孔丛子》一书，《汉·艺文志》不载，盖刘向父子所未见。但于儒家有《太常蓼侯孔臧》十篇，今此书之末，有《连丛子》上下二卷，云孔臧著书十篇，疑即是已。然所谓《丛子》者，本陈涉博士孔鲋子鱼所论集，凡二十一篇，为六卷。唐以前不为人所称，至嘉祐四年，宋咸始为注释以进，遂传于世。今读其文，略无楚、汉间气骨，岂非齐、梁以来好事者所作乎？①

而同时代的朱熹也认为：“《孔丛子》叙事至东汉，然其词气甚卑近，亦非东汉人作，所载孔臧兄弟往还书疏，正类《西京杂记》中伪造汉人文章，皆甚可笑。"②两位学者所见略同。

关于《列子》，他认为其中有些内容与佛经相参。比如《天瑞篇》载林类答子贡之言曰："死之与生，一往一反。故死于是者，安知不生于彼？故吾知其不相若矣，吾又安知吾今之死不愈昔之生乎？"再如《仲尼篇》载"商太宰问孔子：'三王五帝三皇圣者欤？'孔子皆曰：'弗知。'太宰曰：'然则孰者为圣？'孔子曰：'西方之人有圣者焉，不治而不乱，不言而自信，不化而自行，荡荡乎民无能名焉，丘疑其为圣。弗知真为圣欤，真不圣欤？'"这里所说的"西方圣人"应指释迦牟尼，此段孔子对商太宰的问答，应是在佛教传入中国后，假托孔子名义为宣传佛教而作。③

他认为民间流传的"《云仙散录》（案：又名《云仙杂记》，逸闻异事小说集，旧署后唐冯贽撰）《老杜事实》（案：陈振孙称其为《东坡杜诗故事》，亦属伪书，今佚）《开元天宝遗事》之属，皆绝可笑。然士大夫或信之，至以《老杜事实》为东坡所作者，今蜀本刻杜集，遂以入注。孔传续《六帖》（案：白居易撰有《六帖》一书，采择各书中的成语、典故等分类编次而成，宋人孔传依其例续撰之。约在南宋末年，两书合为一书，称《白孔六帖》），采摭唐事殊有工，而悉载《云仙录》中事，自秽其书。《开天遗事》托云王仁裕所著，仁裕五代时人，虽文章乏气骨，恐不至此"。为了证明《开元天宝遗事》记载之不可信，他列举四例以论证。其一云："姚元崇开元初作翰林学士，有步辇之召。"他指出："元崇自武后时已为宰相，及开元初三入辅矣。"其二云："郭元振少时美风姿，宰相张嘉贞欲纳为婿，遂牵红丝线，得第三女，果随夫贵达。"他指出："元振为睿宗宰相，明皇初年即贬死，后十年，嘉贞方作相。"其三云："杨国忠盛时，朝之文武，争附之以求富贵，惟张九龄未尝及门。"他指出："九龄去相位十年，国忠方得官耳。"其四云："张九龄览苏颋文卷，谓为文阵之雄师。"他指出："颋为相时，九龄尚未达也。"如此这般的年代与史事的舛误、颠倒，实属无知者编造无疑。他认为："此皆显显可言者，固鄙浅不足攻，然颇能疑误后生也。"④

此外，他还疑及古人所作神仙类著作，称这一类著作"大抵荒唐谬悠，殊不能略考引史策"。如记卫叔卿（案：传说中仙人，曾乘云车降临汉宫见汉武帝）事云："汉仪凤二年，孝武皇帝闲居

---

① 洪迈：《容斋三笔》卷十"《孔丛子》"，中华书局，2005年。
② 朱熹：《晦庵先生朱文公文集》卷六十六"《孝经》刊误"，国家图书馆出版社，2006年。
③ 洪迈：《容斋四笔》卷一"列子与佛经相参"，中华书局，2005年。
④ 洪迈：《容斋随笔》卷一"浅妄书"，中华书局，2005年。

殿上而见之。"记月支使者事云:"延和三年,武帝幸安定,而月支国遣使献香。"他指出:"仪凤乃唐高宗纪年名,延和乃魏太武、唐睿宗纪年名,而诞妄若是。自余山经地志,往往皆然。"①

再如他承前人之说,认为"《文选》编李陵、苏武诗,凡七篇,人多疑'俯观江、汉流'之语,以为苏武在长安所作,何为乃及江、汉?东坡云:'皆后人所拟也'。"在此基础上,他补充论证说:"予观李诗云'独有盈觞酒,与子结绸缪'。盈字正(汉)惠帝讳,汉法触讳者有罪,不应陵敢用之,益知坡公之言为可信也。"②从避讳的角度考辨李陵诗为伪,又为辨李陵诗伪增添了一有力的证据。

总之,洪迈继承了北宋以来学者们实事求是的治学精神,在研读各种书籍的过程中,能够辨伪求真,不仅敢于怀疑古书的记载,而且采取考据的方法,注意从考辨时间、思想的异同、所述史事的不合情理等不同的角度,展开论述,很有说服力。他所采用的考据方法对后世史家治学,尤其是对清代考据学产生了重要影响。梁启超就曾指出:

> 赵翼之《廿二史札记》,此书虽与钱大昕、王鸣盛之作齐名,然性质有绝异处。钱、王皆为狭义的考证,赵则教吾侪以搜求抽象的史料之法。昔人言"属辞比事,《春秋》之教",赵书盖最善于比事也。此法自宋洪迈《容斋随笔》渐解应用,至赵而其技益进焉。③

然而需要指出的是,洪迈在考辨古书真伪时,往往站在维护圣君明主的立场上来判断书的真伪,因此得出的结论有的是不可信的。比如他认为《汲冢周书》七十篇,"殊与《尚书》体不相类,所载事物亦多过实"。他认为其中《克殷解》所记载的"武王先入,适纣所在,射之三发,而后下车,击之以轻吕(剑名),斩之于黄钺,县诸大白。商二女既缢,又射之三发,击之以轻吕,斩之于玄钺,县诸小白","越六日,朝至于周,以三首先馘,入燎于周庙,又用纣于南郊",都是不真实的。他说:"夫武王之伐纣,应天顺人,不过杀之而已。纣既死,何至枭勤俘馘,且用之以祭乎?其不然者也。"④他认为武王伐纣不应如此残忍,据此怀疑《汲冢周书》记载的不真实,这显然是不能服人的。

---

① 洪迈:《容斋四笔》卷十四"仙传图志荒唐",中华书局,2005年。
② 洪迈:《容斋随笔》卷十四"李陵诗",中华书局,2005年。
③ 梁启超:《中国历史研究法》第五章,中华书局,1989年。
④ 洪迈:《容斋续笔》卷十三"《汲冢周书》",中华书局,2005年。

第八节
《郡斋读书志》《直斋书录解题》与书籍真伪的考辨

晁公武（1101—1180年），字子止，号昭德先生，是宋代著名的藏书家和目录学家。济州巨野（今山东菏泽巨野县）人。宋高宗绍兴二年（1132年）考中进士，成为四川转运副使井度的属官，总领四川宣抚司钱粮所，主管文字。深受井度的信任，得井度赠书五十箧，加之自家藏书，共有二万四千五百卷。后历任恭州、荣州、和州、泸州知州，四川安抚制置使等职。在荣州任上，"日夕躬以朱黄雠校舛误，终篇则撮其大旨论之"，①最终写成《郡斋读书志》。此外他还著有《易诂训传》《尚书诂训传》《毛诗诂训传》《春秋诂训传》《中庸大传》《稽古后录》《昭德堂稿》等著作，今惟有《郡斋读书志》（有衢本和袁本两种版本）流传下来。

陈振孙（1178—1261年），字伯玉，号直斋，是继晁公武之后著名的藏书家和目录学家。浙江安吉人。宋宁宗、理宗时期，先后担任江西南城县令、福建兴化军通判，晚年担任国子监司业，并开始编纂《直斋书录解题》。其书原本五十六卷，早已亡佚。现流传本是清修《四库全书》时，从《永乐大典》中辑录出来的，共有二十二卷。他还著有《氏族志》《书解》《易解》《史抄》《元真子渔歌碑传集》《吴兴人物志》等。

《郡斋读书志》和《直斋书录解题》被誉为宋代私家目录的"双璧"。马端临称：

> 近世昭德晁氏公武有《读书记》，直斋陈氏振孙有《书录解题》，皆聚其家藏之书而评之。今所录先以四代史志列其目，其存于近世而可考者，则采诸家书目所评，并旁搜史传、文集、杂说、诗话。凡议论所及，可以纪其著作之本末，考其流传之真伪，订其文理之纯驳者，则具载焉，俾览之者如入群玉之府，而阅木天之藏。不特有其书者，稍加研穷，即可以洞究旨趣；虽无其书者，味兹题品，亦可粗窥端倪，盖弹见洽闻之一也。②

两部书均按照经史子集四部分类法来著录书目。周密在《齐东野语》中直言陈振孙"仿《读书志》作《解题》，极其精详"。③实际上，两书还是存在不小差异的。《读书

---

① 晁公武：《昭德先生郡斋读书志序》，光绪六年（1880年）会稽章氏用艺芸书舍本。
② 马端临：《文献通考》"自序"，中华书局，1986年。
③ 周密：《齐东野语》卷十二，中华书局，1983年。

志》著录书籍一千四百九十二部，二万四千五百余卷。而《解题》著录书籍三千零六十五部，五万一千一百八十七卷，比《读书志》著录的书籍多出一倍有余。在目录分类上，《读书志》在传统史部目录上增加了"史评类"和"谱牒类"，《解题》设立了"杂史"和"别史"两个类目；在集部目录中，《解题》增设了诗集、歌辞、章奏、文史类等。两书尽管存有差异，但有一个共同特点，即他们均以审慎的态度对著录的部分书籍进行了必要的考辨。郑良树指出，"晁公武在《郡斋读书志》里怀疑了近六十种书，陈振孙在《直斋书录解题》内怀疑了近百种书。怀疑范围之广，几乎前无古人"。① 另据苏金侠统计，《读书志》共考辨了七十五部书籍，其中包括经书十二部，史书八部，子书三十八部，集部书十一部，此外还有道教类四部，佛教类二部。《解题》共考辨了九十八部书籍，其中包括经书十九部，史书十五部，子书四十三部，集部书十八部，道教类三部。② 现仅举数例如下：

比如辨经部《易》类书籍，如《易乾凿度》，旧题苍颉修，古籀文，郑玄注。晁氏指出：

按唐四库书目有郑玄注《书》《诗》《纬》，及有宋均注《易纬》，而无此书，其中多有不可晓者。……昔通儒谓纬书伪起哀、平，光武既以谶立，故笃信之。陋儒阿世学者甚众，郑玄、何休以之通经，曹褒以之定礼，历代革命之际，莫不引谶为符瑞，故桓谭、张衡之徒皆深嫉之。自苻坚之后，其学殆绝，就使其尚存，犹不足信，况此又非真也。③

在此，晁氏不仅依据唐四库书目没有著录此书而推定其为伪书，而且还追述了谶纬之学兴起的原因，以及其与相关伪书大批出现之间的关系。而对《坤凿度》，他则直言："按《隋》《唐志》及《崇文总目》皆无之，至元祐《田氏书目》始载焉，当是国朝人依托为之。"④ 再如《子夏易传》，陈振孙称："考《汉志》，初无此书。有孙坦者为《周易析蕴》，言此汉杜子夏也。未知何据？使其果然，何为不见于《汉志》，其为依托明也。隋唐时止二卷，残缺，今安得有十卷。且其经文、彖、象、爻辞相错。正用王弼本，决非汉世书，以陆德明所引求之今传，则皆无之，岂惟非汉时书，亦非隋唐所传书矣。其文辞浅俚，非古人语。"既而引晁景迂《传易堂记》所言："《崇文总目》知其为伪，而不知其所作之人。予知其为唐张弧之《易》也，晁之言云尔。张弧有《王道小疏》五卷，见《馆阁书目》云'唐大理评事'。亦不详何时人。"⑤ 在此，陈氏根据《汉书·艺文志》没有著录《子夏易传》而疑其为伪书，又从隋唐仅存两卷，至宋代却有十卷，断定其既非汉代书，也非隋唐书。继而引晁景迂所言，晁氏以为其是唐代张弧所伪作，对此陈氏并未轻信，称张弧"亦不详何

---

① 郑良树：《古籍辨伪学》第三章"源流上"，台湾学生书局，1986年。
② 苏金侠：《晁公武和陈振孙文献辨伪研究》，《图书馆建设》2017年第7期。
③ 晁公武：《郡斋读书志》卷一"《易》类""《易乾凿度》二卷"，见孙猛《郡斋读书志校证》，上海古籍出版社，1990年。
④ 晁公武：《郡斋读书志》卷一"《易》类""《坤凿度》二卷"，见孙猛《郡斋读书志校证》，上海古籍出版社，1990年。
⑤ 晁公武：《郡斋读书志》卷一"《易》类""《子夏易传》十卷"，见孙猛《郡斋读书志校证》，上海古籍出版社，1990年。

时人"。

对《尚书》类书籍的著录,陈振孙较晁公武作了更多的考辨。比如针对孔安国所注《古文尚书》,陈振孙认为:"两汉名儒皆未尝见孔氏《古文》也,岂惟两汉,魏晋犹然。凡杜征南(预)以前所注经传,有援《大禹谟》《五子之歌》《胤征》诸篇,皆云逸《书》,其援《泰誓》者则云:'今《泰誓》无此文'。盖伏生《书》亡《泰誓》,《泰誓》后出,或云武帝末民有献者,或云宣帝时河南女子得之,所载'白鱼活乌'之祥,实伪书也。"他认为马融、郑玄所注释的《古文尚书》也不是真古文。①再如对《汲冢周书》,陈氏直言:"相传以为孔子删《书》所余者,未必然也。文体与古《书》不类,似战国后人依仿为之者。"②对《古三坟书》,他明确指出:"元丰中,毛渐正仲奉使京西,得之唐州民舍,其辞诡诞不经,盖伪书也。"

关于《诗序》,晁氏颇赞同韩愈否定作者是子夏的观点,而不赞同王安石认为是诗人自制的看法。他指出:

> 按东汉《儒林传》曰"卫宏作《毛诗序》,善得风、雅之旨"。《隋·经籍志》曰"先儒相承谓《毛诗序》子夏所创,毛公及卫宏所润益"。愈之言盖本于此。

同时又指出:

> 《韩诗》序《茉苢》曰"伤夫也",《汉广》曰"悦人也"。《序》若诗人自制,《毛诗》犹《韩诗》也,不应不同若是,况文意繁杂,其出二人手甚明,不知介甫何以言之,殆臆论欤。③

晁、陈二氏考辨最多的是子部书和杂史、野史类。如托名于黄石公著的《素书》,晁氏直言:"其书言治国治家治身之道,而庞杂无统,盖采诸书以成之也。"④

又如《亢仓子》,晁氏在柳宗元考辨的基础上,作了进一步论证,指出:

> 按唐天宝元年诏号《亢桑子》为《洞灵真经》,然求之不获,襄阳处士王士元(褒)谓庄子作《庚桑子》,太史公《列传》作《亢桑子》,其实一也。取诸子文义类者补其亡。

---

① 陈振孙:《直斋书录解题》卷二"书类""《尚书》十二卷、《尚书注》十三卷",见徐小蛮、顾美华点校《直斋书录解题》,上海古籍出版社,1987年。
② 陈振孙:《直斋书录解题》卷二"书类""《汲冢周书》十卷",见徐小蛮、顾美华点校《直斋书录解题》,上海古籍出版社,1987年。
③ 晁公武:《郡斋读书志》卷二"诗类""《毛诗古训传》二十卷",见孙猛《郡斋读书志校证》,上海古籍出版社,1990年。
④ 晁公武:《郡斋读书志》卷十一"道家类""《素书》一卷",见孙猛《郡斋读书志校证》,上海古籍出版社,1990年。

今此书乃士元补亡者，宗元不知其故，而遽诋之，可见其锐于讥议也。其书多作古文奇字，岂内不足者必假外饰欤？①

明确指明是唐王褒伪作，此说多被后人认可。

再如《子华子》，托名晋人程本作。晁氏指出：

按《庄子》称子华子见韩昭侯，陆德明以为魏人，既不合，又《艺文志》不录《子华子》书，观其文辞，近世依托为之者也。其书有"子华子为赵简子不悦"，又有"秦襄公方启西戎，子华子观政于秦"，夫秦襄之卒在春秋前，而赵简子与孔子同时，相去几二百年，其抵牾类如此。且多用《字说》（案：王安石著），谬误浅陋，殆元丰以后举子所为耳。②

陈振孙也认为："考前世史志及诸家书目，并无此书，盖假托也。"他指出："《家语》有孔子遇程子，倾盖赠束帛之事，而《庄子》亦载子华子见（韩）昭僖侯一则，此其姓字之所从出。昭僖与孔子不同时也，《庄子》固寓言，而《家语》亦未可考信。班固《古今人表》亦无之，使果有其人，遇合于夫子，班固岂应见遗也。其文不古，然亦有可观者。当出于近世能言之流，为此以玩世尔。"③

又如《孔丛子》，旧题为孔子八世孙、陈胜时博士孔鲋所作，据《邯郸书目》云，《孔丛子》又名《盘盂》，至汉孔臧又以其所著赋与书谓之《连丛》，附于卷末，凡十篇。对此晁氏指出：

按《汉志》无《孔丛子》，而儒家有《孔臧》十篇，杂家有孔甲《盘盂》书二十六篇，其注谓：孔甲，黄帝史，或曰夏帝，疑皆非今。此书一名《盘盂》，《独治篇》又云：鲋或称孔甲《连丛》，又出孔臧意者。《孔丛子》即《汉志》孔甲《盘盂》书，而亡六篇。《连丛》即《汉志》孔臧书，而其子孙或续之也。④

在此说明《孔丛子》也就是《汉书·艺文志》所著录的孔甲《盘盂》，而附在卷末的《连丛》即孔臧书，其中有些内容可能是其子孙后续的。陈氏在考辨《孔丛子》时，认为是：

---

① 晁公武：《郡斋读书志》卷十一"道家类""亢仓子"二卷，见孙猛《郡斋读书志校证》，上海古籍出版社，1990年。
② 晁公武：《郡斋读书志》卷十二"杂家类""子华子"十卷，见孙猛《郡斋读书志校证》，上海古籍出版社，1990年。
③ 陈振孙：《直斋书录解题》卷十"杂家类""子华子"十卷，见徐小蛮、顾美华点校《直斋书录解题》，上海古籍出版社，1987年。
④ 晁公武：《郡斋读书志》卷十二"杂家类""孔丛子"七卷，见孙猛《郡斋读书志校证》，上海古籍出版社，1990年。

> 孔氏子孙杂记其先世系言行之书也。……《中兴书目》称汉孔鲋撰,一名《盘盂》。按《孔光传》,夫子八世孙鲋,魏相顺之子,为陈涉博士,死陈下,则固不得为汉人,而其书纪鲋之没,第七卷号《连丛子》者,又记太常臧而下数世,迄于延光三年季彦之卒,则又安得以为鲋撰。

他继而考辨说:

> 按《儒林传》所载为博士者,又曰孔甲,颜注曰:"将名鲋,而字甲也。"今考此书称子鱼名鲋,陈人,或谓之子鲋,或称孔甲,然则颜监未尝见此书耶?《艺文志》有孔甲《盘盂》二十六篇,本注谓"黄帝史,或曰夏帝孔甲",似皆非也。其书盖田蚡所学者,与孔鲋初不相涉也。《中兴书目》乃曰:一名《盘盂》,不知何据?岂以《汉志》所谓孔甲,即陈王博士孔甲邪?①

陈氏首先否定《中兴书目》所谓孔鲋为汉人的说法,又从《孔丛子》记载孔鲋之死,后附《连丛子》纪事迄于东汉安帝延光三年,说明《孔丛子》出自孔鲋之手的说法很不可信。他认为《汉书·艺文志》载录的孔甲《盘盂》与孔鲋毫不相关,应该是西汉丞相田蚡时好儒学者所作。至于《中兴书目》所谓《孔丛子》又名《盘盂》的说法也是没有根据的,大概是把《艺文志》所谓的孔甲与陈涉博士孔甲混为一谈了。

关于《尹文子》一书,陈氏考辨说:

> 按《汉志》有《关尹子》九篇,而《隋》《唐》《国史志》皆不著录,意其书亡久矣。徐藏子礼(案:南宋时人)得之于永嘉孙定,首载刘向校定序,篇末有葛洪后序,未知孙定从何传授,殆皆依托也。序亦不类向文。

从北宋以前正史经籍志或艺文志没有著录《尹文子》,而到南宋突然出现,且传授从何而来不明不白,加之所载所谓刘向校书序文也不像出自刘向之手,陈氏由此断定其为后人依托。

至于那些托名古代名人的书籍,晁、陈二氏更是一针见血地揭露其附会依托的真面目,并敏锐地意识到,一些小说类的作品往往出于政治目的,托名他人,以诋毁或谩骂政治对手。比如关于《周秦行纪》,晁氏指出:"唐牛僧孺自叙所遇异事,贾黄中(案:北宋初人)以为韦瓘所撰。瓘,

---

① 陈振孙:《直斋书录解题》卷九"儒家类""《孔丛子》七卷",见徐小蛮、顾美华点校《直斋书录解题》,上海古籍出版社,1987年。

李德裕门人，以此诬僧孺。"① 又如《补江总白猿传》记梁武帝大同末年，欧阳纥率兵至长乐，白猿精掳其妻至山洞而有孕，后救出，生一子欧阳询，模样猿猴，当时长孙无忌曾作诗嘲谑，陈氏指出："此传遂因其嘲，广以实其事，托言江总，必无名子所为也。"② 再如《碧云騢》，题梅尧臣撰，"所记载十余条，公卿多所毁污，虽范文正公（范仲淹）亦所不免。"陈氏指出："或云实魏泰所作，托之圣俞（梅尧臣）。"③

陈氏称《六韬》"其辞鄙俚，世俗所托也"；称《黄石公三略》"世传张子房受书圯上老人……然皆傅会依托有也"；称《黄石公素书》"亦依托也"；称《李卫公问对》"唐李靖对太宗，亦依托也"；④ 而对托名于东方朔的《神异经》《十洲记》，他指出："二书诡诞不经，皆假托也。《汉书》本传叙朔之辞，末言刘向所录朔书具是矣，世所传他事皆非也。赞又言，朔之谈谐，其事浮浅，行于众庶，而后世好事者因取奇言怪语附著之朔，故详录焉。"⑤

总之，宋代这两部私家目录著作在总结前人古籍辨伪成果的基础上，将宋及以前的历代著述进行了仔细的爬梳，对其中存有疑问的书籍进行了考辨。据苏金侠的统计，晁、陈二人共考辨了一百七十三种文献，其中晁氏考辨文献总数为七十五种，首创考辨文献三十七种，陈氏考辨文献总量为九十八种，首创考辨文献四十六种。二人首创考辨文献的比例分别为其考辨文献总量的一半左右，二人首创考辨文献数占了宋代首创考辨文献总量的一半左右。⑥ 足见二人在文献辨伪学上的成果之丰厚。两书不仅创了宋代学者考辨文献数量之最，而且对后世的目录学、版本学和文献辨伪学产生了重要影响。《四库全书总目》在"《文献通考》提要"中指出："《经籍志》卷帙虽繁，然但据晁、陈二家之目，参以诸家著录。"⑦ 在"《直斋书录解题》提要"中指出："然古书之不传于今者，得籍是以求其崖略；其传于今者，得籍是以辨其真伪，核其异同，亦考证之所必资，不可废也。"⑧ 郝润华、丁俊丽则指出："《四库全书总目》提要直接或间接采用《郡斋读书志》内容文字达三百余条，有些甚至是全部照录。"⑨

---

① 晁公武：《郡斋读书志》卷十三"小说类""《周秦行纪》一卷"，见孙猛《郡斋读书志校证》，上海古籍出版社，1990年。
② 陈振孙：《直斋书录解题》卷十一"小说家类"，"《补江总白猿传》一卷"，见徐小蛮、顾美华点校《直斋书录解题》，上海古籍出版社，1987年。
③ 陈振孙：《直斋书录解题》卷十一"小说家类"，"《碧云騢》一卷"，见徐小蛮、顾美华点校《直斋书录解题》，上海古籍出版社，1987年。
④ 陈振孙：《直斋书录解题》卷十二"兵书类"，见徐小蛮、顾美华点校《直斋书录解题》，上海古籍出版社，1987年。
⑤ 陈振孙：《直斋书录解题》卷十一"小说家类"，"《神异经》一卷、《十洲记》一卷"，见徐小蛮、顾美华点校《直斋书录解题》，上海古籍出版社，1987年。
⑥ 苏金侠：《晁公武和陈振孙文献辨伪研究》，《图书馆建设》2017年第7期。
⑦ 纪昀：《四库全书总目提要》卷八十一史部三十七政书类一"《文献通考》提要"，海南出版社，1999年。
⑧ 纪昀：《四库全书总目提要》卷八十八史部四十一目录类一"《直斋书录解题》提要"，海南出版社，1999年。
⑨ 郝润华、丁俊丽：《四库全书总目对郡斋读书志的接受与批评》，《图书馆杂志》2010年第8期。

第九节
朱熹考辨古书的成就、方法及影响

朱熹（1130—1200年），字元晦，晚年自称晦庵，别称紫阳，徽州婺源（今江西婺源县）人，是我国南宋时期著名的唯心主义哲学家。南宋高宗绍兴十八年（1148年）登第，赐同进士出身。历任泉州同安县主簿、枢密院编修官、漳州知州、焕章阁待制兼侍讲等职。他是一个十分博学的人，他自称："禅、道、文章、《楚辞》、兵法，事事要学。"[1]除了哲学方面的论著外，他还著有史学著作《通鉴纲目》、文学著作《楚辞集注》《诗集传》等。他的语录、文章和一些专著，被后人编辑为《朱子语类》《晦庵文集》《朱子遗书》和《四书集注》等。

朱熹与一般理学家不同，他既重义理，又不废传注、考据。他认为"穷理之要，必在于读书"，主张"博学之，审问之，谨思之，明辨之"。[2]因此他十分重视古书的考辨，具有非常敏锐的辨伪眼光。现将其辨伪的成就归纳为以下几个方面。

其一，关于伪《古文尚书》及伪《书序》、伪《孔传》的考辨。

最早对伪《古文尚书》提出疑问的是北宋末的吴棫（字才老），他著有《书裨传》十二卷，此书今不传。但据陈振孙《直斋书录解题》载，该书首卷为举要，依次为总说、书序、君辨、臣辨、考异、诂训、差牙、孔传八篇。又据《文献通考》引其要说云："安国所增多之书，今篇目具在，皆文从字顺，非若伏生之书，诘曲聱牙，至有不可读者。夫四代之书，作者不一，乃至二人之手，而遂定为二体乎？其亦难言矣。"[3]吴棫的发疑及考辨对朱熹产生了较大的影响。朱熹多次称赞吴棫，如在其《文集·答吕伯恭》中说："近看吴才老说《胤征》《康诰》《梓材》等篇，辨证极好。"同时又指出其不足："但已看破《小序》之失而不敢勇决，复为序文所牵，亦殊觉费力耳。"[4]

在吴棫发疑和考辨的基础上，朱熹发表了不少关于伪《书》、伪《书序》及伪《孔传》的疑辨意见。

汉代所传留下来的托名孔子所作的百篇《书序》本来汇为二卷或一卷，附在全书之末，梅赜所献《古文尚书》则将其按照时间先后分插在各篇之首尾，所以也称《小序》。而在全书前面有一篇以孔安国口气写的《尚书序》，则习惯称为《大序》。朱熹断言："《小序》决非孔门之旧，安国

---

[1] 朱熹：《朱子语类》卷一百零四"朱子一"，中华书局，1986年。
[2] 朱熹：《朱子语类》卷十八"大学五或问下"，中华书局，1986年。
[3] 马端临：《文献通考》卷一百七十七"《经籍考》四"，中华书局，1986年。
[4] 朱熹：《晦庵先生朱文公文集》卷三十四《答吕伯恭》，国家图书馆出版社，2006年。

《序》亦决非西汉文章。……孔氏《书序》与《孔丛子》《文中子》大略相似，所书孔臧不为宰相而礼赐如三公等事，皆无其实，而《通鉴》亦误信之，则考之不精甚矣！"①"《书序》恐只是经师所作，然亦无证可考。但决非夫子之言耳。"②又说："今按此百篇之序，出孔氏壁中。《汉书·艺文志》以为孔子纂《书》而为之《序》，言其作意。然以今考之，其于见存之篇，虽颇依文立义而亦无所发明。其间，如《康诰》《酒诰》《梓材》之属，则与经文又有自相戾者。其于已亡之篇，则伊阿简略，尤无所补。其非孔子所作，明甚。"③

同时他又认为"《书序》恐不是孔安国做。汉文粗枝大叶；今《书序》细腻，只似六朝时文字。《序》断不是孔子作"。④由于"诸序之文，或与经不合"，因此他在临漳刊印四经之一《尚书》时，便把原本放在篇首的《书序》置于经本文之后，目的是"使览者得见圣经之旧，而不乱乎诸儒之说"。⑤

关于伪《孔传》，他指出："《尚书注》并《序》，某疑非孔安国所作。盖文字善困，不类西汉人文章，亦非后汉之文。"⑥又认为"《尚书》孔安国传，此恐是魏晋间人所作，托安国为名，与毛公《诗传》大段不同"。⑦"汉儒训释文字多是如此，有疑则阙。今此却尽释之。岂有千百年前人说的话，收拾于灰烬屋壁中，与口传之余，更无一字讹舛，理会不得！"⑧

关于伪《尚书》本身，他指出：

孔壁所出《尚书》，如《禹谟》《五子之歌》《胤征》《泰誓》《武成》《冏命》《微子之命》《蔡仲之命》《君牙》等篇皆平易，伏生所传皆难读。如何伏生偏记得难的，至于易的全记不得，此不可晓。⑨

需要指出的是，朱熹在疑辨《书序》《孔传》及《古文尚书》的同时，又不愿或不敢彻底否定伪《书》，他说："或者以为记录之实语难工，而润色之雅词易好，故训、诰、誓、命有难易之不同，此为近之。"⑩"古人文字，有一般如今人书简说话，杂以方言，一时记录者；有一般是做出告戒之命者。疑《盘》《诰》之类是一时告语百姓，《盘庚》劝谕百姓迁都之类是出于记录。至于《蔡仲

---

① 朱熹：《晦庵先生朱文公文集》卷五十四《答孙季和》，国家图书馆出版社，2006年。
② 朱熹：《晦庵先生朱文公文集》卷五十一《答董叔重》，国家图书馆出版社，2006年。
③ 朱熹：《晦庵先生朱文公文集》卷六十五"《尚书》一"，国家图书馆出版社，2006年。
④ 朱熹：《朱子语类》卷七十八"《尚书》一"，中华书局，1986年。
⑤ 朱熹：《晦庵先生朱文公文集》卷八十二"《书临漳所刊四经后》"，国家图书馆出版社，2006年。
⑥ 朱熹：《朱子语类》卷七十八"《尚书》一"，中华书局，1986年。
⑦ 朱熹：《朱子语类》卷七十八"《尚书》一"，中华书局，1986年。
⑧ 朱熹：《朱子语类》卷七十八"《尚书》一"，中华书局，1986年。
⑨ 朱熹：《朱子语类》卷七十八"《尚书》一"，中华书局，1986年。
⑩ 朱熹：《晦庵先生朱文公文集》卷六十五"《尚书》序说"，国家图书馆出版社，2006年。

之命》《微子之命》《冏命》之属，或出当时做成的诏告文字，如后世朝廷词臣所为者。"① "《书》有二体，有极分晓者，有极难晓者。某恐如《盘庚》、周《诰》《多方》《多士》之类，是当时召之来而面命之，而教告之，自是当时一类说话。至于《旅獒》《毕命》《微子之命》《君陈》《君牙》《冏命》之属，则是当时修其词命。"②这显然是故意找理由来弥补自己已经发现的伪《书》的破绽。他的真正用意正如他自己所说："《书》中可疑诸篇，若一齐不信，恐倒了六经。"③他必须维护"六经"不可动摇的地位，因为他的理学正托生于伪《大禹谟》中所云"人心惟危，道心惟微，惟精惟一，允执厥中"，即"虞廷十六字"，宋理学各派均以此为道之起点。伪《书》一倒，他的理学就失去了根基。

即便如此，清人毛奇龄仍把朱熹视为《古文尚书》冤案的始作俑者，他称："《古文》之冤始于朱氏，朱熹曰：'某尝疑孔安国书是假书'，又曰：'孔书至东晋方出，前此诸儒皆未之见，可疑之甚。'（自注：此后元明间人皆以此语藉口凡数十家。）"又云："入明室至今，陋劣之徒，旁搜曲引，吹毛索瘢，锻炼成狱，古经之冤，至此极矣。"④由此足见朱熹对伪《古文尚书》发难之深远影响。

其二，关于《诗序》的发疑及考辨。

朱熹继刘敞、郑樵之后对《诗序》提出怀疑，他说：

《诗序》实不足信。向见郑渔仲有《诗辨妄》，力诋《诗序》。其间言语太甚，以为皆是村野妄人所作，始亦疑之。后来子细看一两篇，因质之《史记》《国语》，然后知《诗序》之果不足信。⑤

又说：

《诗序》多是后人妄意推想诗人之美刺，非古人之所作也。古人之诗难存，而意不可得。序《诗》者妄诞其说，但疑见其人如此，便以为是诗之美刺者必若人也。如庄姜之诗，却以为刺卫顷公。今观《史记》所述顷公竟无一事可纪，但言"某公卒，子某公立"而已，都无其事。顷公因亦是卫一不美之君，序《诗》者但见其诗有不美之迹便指为刺顷公之诗。此类甚多，皆是妄生美刺，初无其实。⑥

---

① 朱熹：《朱子语类》卷七十八"《尚书》一"，中华书局，1986年。
② 朱熹：《朱子语类》卷七十九"《尚书》二"，中华书局，1986年。
③ 朱熹：《朱子语类》卷七十九"《尚书》二"，中华书局，1986年。
④ 毛奇龄：《古文尚书冤词》三，见《毛西河先生全集》经集，嘉庆萧山陆凝瑞堂刻本。
⑤ 朱熹：《朱子语类》卷八十"《诗》一"，中华书局，1986年。
⑥ 朱熹：《朱子语类》卷八十"《诗》一"，中华书局，1986年。

朱熹认为："《诗序》，东汉《儒林传》分明说道是卫宏作。后来经意不明，都是被他坏了。某又看得，亦不是卫宏一手作，多是两三手合成一序，愈说愈疏。"①对于《诗小序》，他也持怀疑态度。他指出："《小序》大无义理，皆是后人杜撰，先后增益凑合而成，多就《诗》中采摭言语，更不能发明《诗》之大旨。"②但他认为其中有些篇目如《硕人》《定之方中》等小序，因"见于《左传》者，自可无疑"。③为了考辨《诗序》之真伪，他作《诗集传》时，又写成《诗序辨说》一册。

其三，关于《左传》的发疑。

对于左丘明其人，他颇相信郑樵所谓"左氏，楚人也，所见多矣，而其书皆齐人之语"④的说法，认为"左氏乃楚左史倚相之后，故载楚事极详"。⑤同时他列举《左传》所谓"虞不腊"的记载，说明"秦始有腊祭"，"是秦时文字分明"。⑥他还指出："《左传》是后来人作。为见陈氏有齐，所以言'八世之后，莫之与京'；见三家分晋，所以言'公侯子孙，必复其始'"。⑦并断言"看此等处，便见得是六卿分晋、田氏篡齐以后之书"。⑧

其四，关于《孝经》的考辨。

关于《孝经》的作者，司马迁在《史记·仲尼弟子列传》中这样记载："曾参，……少孔子四十六岁，孔子以为能通孝道，故授之业，作《孝经》。"以后基本沿用此说法，认为《孝经》为孔子所作。朱熹在研读《孝经》的基础上，认为《孝经》原有经文和传文两个部分，经文部分是曾子的门人记载孔子、曾子的问答之言，而后人所作解释经文的传文则被掺入经文之中。为此他专作有《孝经刊误》一文，将混入经文中的传文一一分辨出。比如，他认为《孝经》从"仲尼闲居，曾子侍坐"到"故自天子已下至于庶人，孝无终始；而患不及者，未之有也"，这一段孔子、曾子问答之言，为曾氏门人所记，"疑所谓《孝经》者，其本文止如此。其下，则或者杂引传记以释经文，乃《孝经》之传也。窃尝考之，传文固多附会，而经文亦不免有离析增加之失。顾自汉以来，诸儒传诵，莫知其非；至或以为孔子之所自著，则又可笑之尤者"。他认为这一段文字"首尾相应，次第相承，文势连属，脉络通贯，同是一时之言，无可疑者，而后人妄分以为六、七章，又增'子曰'及引《诗》《书》之文以杂乎其间，使其文意分断间隔，而读者不复得见圣言全体大义，为害不细"。⑨因此他将六、七章合为一章，删去"子曰"者二，引《书》者一，引《诗》者四，凡六十一字，以复经文之旧。

---

① 朱熹：《朱子语类》卷八十"《诗》一"，中华书局，1986年。
② 朱熹：《朱子语类》卷八十"《诗》一"，中华书局，1986年。
③ 朱熹：《朱子语类》卷八十"《诗》一"，中华书局，1986年。
④ 郑樵：《通志》"总序"，中华书局，1987年。
⑤ 朱熹：《朱子语类》卷八十三"《春秋》"，中华书局，1986年。
⑥ 朱熹：《朱子语类》卷八十三"《春秋》"，中华书局，1986年。
⑦ 朱熹：《朱子语类》卷八十三"《春秋》"，中华书局，1986年。
⑧ 朱熹：《朱子语类》卷一百二十二"吕伯恭"，中华书局，1986年。
⑨ 朱熹：《晦庵先生朱文公文集》卷六十六"《孝经》刊误"，国家图书馆出版社，2006年。

此外，他还找出《孝经》抄袭《左传》而露出的伪迹。比如，他指出《孝经》中所谓"子曰：'夫孝，天之经，地之义，民之行。天地之经，而民是则之。则天之明，因地之义'一段文字"皆是《春秋左氏传》所载子太叔为赵简子道子产之言，唯易'礼'字为'孝'字，而文势反不若彼之通贯，条目反不若彼之完备，明此袭彼，非彼取此，无疑也"。① 再如《孝经》中有所谓"子曰：……以顺则逆，民无则焉。不在于善，皆在于凶德。虽得之，君子所不贵。君子则不然，言斯可道，行斯可乐，德义可尊，作事可法，容止可观，进退可度，以临其民。是以其民畏而爱之，则而象之，故能成其德教而行其政令"。朱熹认为，这段话是"杂取《左传》所载季文子、北宫文子之言"而又进行了改篡。② 当有人问及"莫是《左氏》引《孝经》中言语否？"他回答说："不然。其言在《左氏传》《国语》中，即上下句文理相接，在《孝经》中却不成文理。见程沙随说，向时汪端明亦尝疑此书是后人伪为者。"③ 因此他怀疑《孝经》是"战国时人斗凑出的"。④

其五，对诸子的发疑。

如对《孔丛子》，他指出，"《孔丛子》说话多类东汉人文，其气软弱，又全不似西汉人文。兼西汉初。若有此等话，何故不略见于贾谊、董仲舒所述，恰限到东汉，方突出来？"⑤ "看《孔丛子》撰许多说话，极是陋。只看他撰说陈涉，那得许多说话，正史都无之，他却说道自好，陈涉不能从之。"⑥ "《孔丛子》鄙陋之甚，理既无足取，而词亦不足观"。⑦ 他认为"《孔丛子》乃其所注之人伪作。读其首几章，皆法《左传》句，已疑之。及读其后序，乃谓渠好《左传》，便可见"。⑧

如对《管子》，他指出：

> 《管子》之书杂。管子以功业著者，恐未必曾著书。如《弟子职》之为，全似《曲礼》。它篇有似庄、老。又有说得也卑、直是小意智处，不应管仲如此之陋。⑨

> 《管子》非仲所著。仲当时任齐国之政，事甚多，稍闲时又有三归之溺，决不是闲功夫著书的人。著书者是不见用之人也。其书，老、庄说话亦有之。想只是战国时人收拾仲当时行事、言语之类著之，并附以它书。⑩

再如对《子华子》，他指出：

---

① 朱熹：《晦庵先生朱文公文集》卷六十六"《孝经》刊误"，国家图书馆出版社，2006年。
② 朱熹：《晦庵先生朱文公文集》卷六十六"《孝经》刊误"，国家图书馆出版社，2006年。
③ 朱熹：《晦庵先生朱文公文集》卷六十六"《孝经》刊误"，国家图书馆出版社，2006年。
④ 朱熹：《朱子语类》卷八十二"《孝经》"，中华书局，1986年。
⑤ 朱熹：《朱子语类》卷一百二十五"老氏"，中华书局，1986年。
⑥ 朱熹：《朱子语类》卷一百二十五"老氏"，中华书局，1986年。
⑦ 朱熹：《朱子语类》卷一百三十七"战国汉唐诸子"，中华书局，1986年。
⑧ 朱熹：《朱子语类》卷一百三十七"战国汉唐诸子"，中华书局，1986年。
⑨ 朱熹：《朱子语类》卷一百三十七"战国汉唐诸子"，中华书局，1986年。
⑩ 朱熹：《朱子语类》卷一百三十七"战国汉唐诸子"，中华书局，1986年。

会稽官书版本有《子华子》者，云是程本字子华者所作，即孔子所与倾盖而语者。好奇之士多称之。以予观之，其词故为艰涩，而理实浅近；其体务为高古，而气实轻浮；其理多取佛、老、医、卜之言；其语多用《左传》、班史中字；其粉饰涂泽，俯仰态度，但如近年后生，巧于模拟变撰者所为；不惟决非先秦古书，亦非百十年前文字也。原其所以，只因《家语》等书有孔子与程子倾盖而语一事，而不见其所语者为何说，故好事者妄意此人既为先圣所予，必是当时贤者，可以假托声势，眩惑世人，遂伪造此书以附合之。①

此外，朱熹还疑及《归藏》《麻衣心易》《春秋繁露》《世本》《中说》《握奇经》《潜虚》《阴符经》《龙虎经》等书，以及《维摩诘经》《楞严经》《传灯录》等佛、道著作。他的疑辨范围之广，大大超过了前人。

朱熹在考辨伪书的过程中，能注意总结并灵活地运用多种辨伪方法。他在《答袁机仲〈枢〉》中说：

熹窃谓生于今世而读古人之书，所以能别其真伪者，一则以其义理之所当否而知之，二则以其左验之异同而质之。未有舍此两途而能直以臆度悬断之者也。②

他认为考辨伪书主要有两种方法：一是从理论上看其"义之所当否"；二是从证据上看其"左验之异同"。而在具体的考证过程中，他注意从多角度采用不同的方法对伪书进行考辨，归结起来，主要有以下几点。

第一，从一般常识上来推断。

如他对伪《古书尚书》的推测：

盖《书》有古文，有今文。今文乃伏生口传，古文乃壁中之书。《禹谟》《说命》《高宗肜日》《西伯戡黎》《泰誓》等篇，凡易读者皆古文；况又是科斗书，以伏生《书》字文考之，方读得。岂有数百年壁中之物，安得不讹损一字？又却是伏生记得者难读，此尤可疑。③

今文多艰涩而古文反平易。……然伏生倍文暗诵，乃偏得其所难，而安国考定于科

---

① 朱熹：《晦庵先生朱文公文集》卷七十一"偶读漫记"，国家图书馆出版社，2006年。
② 朱熹：《晦庵先生朱文公文集》卷三十八"《论语》二十"，国家图书馆出版社，2006年。
③ 朱熹：《朱子语类》卷七十八"《尚书》一"，中华书局，1986年。

斗古书错乱磨灭之余，反专得其所易，则又有不可晓者。①

第二，从语言文字、文章风格上考辨。

如他在考辨托名五代麻衣所著的《麻衣心易》时指出：

> 《麻衣心易》，顷岁尝略见之，固已疑其词意凡近，不类一二百年前文字。……如所谓"雷自天下而发"，"山自天上而坠"之类，皆无理之妄谈。所谓"一阳生于子月而应在卯月"之类，乃术家之小数。所谓"由破体炼之乃成全体"，则炉火之末技。所谓"人家万事悉是假合"，又佛者之幻语耳。其他，此比非一，不容悉举。要必近年术数末流，道听途说，摭拾老、佛、医、卜诸说之陋者，以成其书。……此书所谓"落处"、"活法"、"心地"等语，皆出近年，且复不成文理，计其伪作，不过四五十年间事耳。②

又称：

> 《麻衣易说》，熹旧见之，尝疑其文字言语不类五代国初时体制，而其义理尤多浅俗。意恐只是近三五十年以来人收拾佛、老、术数绪余所造。③

再如他考辨《尚书序》时指出：

> 《尚书序》不似孔安国作。其文软弱，不似西汉人文：西汉文粗豪；也不似东汉人文：东汉人文有骨肋；也不似东晋人文：东晋如孔坦疏，也自得。他文是大段弱，读来却宛顺，是作《孔丛子》的人一手作。④

第三，从材料抄袭和拼凑上考辨。

如考辨《古文孝经》，他指出：

> 《古文孝经》亦有可疑处。自《天子章》到"孝无终始，而患不及者，未之有也"。便是合下与曾子说的通为一段。只逐章除了后人所添前面"子曰"及后面引《诗》，便有首尾，一段文义都活。自此后，却似不晓事人写出来，多是《左传》中语。如"以顺则

---

① 朱熹：《晦庵先生朱文公文集》卷六十五"《尚书序》说"，国家图书馆出版社，2006年。
② 朱熹：《晦庵先生朱文公文集》卷八十一"书《麻衣心易》后"，国家图书馆出版社，2006年。
③ 朱熹：《晦庵先生朱文公文集》卷三十七"答李寿翁"，国家图书馆出版社，2006年。
④ 朱熹：《朱子语类》卷一百二十五"老氏"，中华书局，1986年。

逆，民无则焉，不在于善而皆在于凶德"，是季文子之辞；却云："虽得之，君子所不贵。"不知论孝，却得个甚的？全无交涉。如"言斯可道，行斯可乐"一段，是北宫文子论令尹之威仪；在《左传》中自有首尾，载于《孝经》都不接续，全无意思。只是杂史传中胡乱写出来，全无义理，疑是战国时人斗凑出者。①

第四，从书的内容与事实不符上考辨。
如考辨《书解》时指出：

胡安定（瑗）《书解》，未必是安定所注。《行实》之类不载，但《言行录》上有少许，不多，不见有全部。专破古说，似不是胡平日意。又间引东坡说，东坡不及见安定，必是伪书。②

第五，从书中观点与所托作者思想不符上考察。
如辨《孝经》时他指出："如下面说：'孝莫大于严父，严父莫大于配天'，则岂不害理？倘如此，则须是如武王、周公方能尽孝道，寻常人都无分尽孝道也。岂不启人僭乱之心？"③又说："《孝经》，疑非圣人之言。且如'先王有至德要道'，此是说得好处。然下面都不曾说得切要处著，但说得孝之效如此。如《论语》中说孝，皆亲切有味，都不如此。"④

第六，确知作伪者是谁，而定其书为伪。
如辨《孟子疏》，称："《孟子疏》乃邵武士人假作，蔡季通识其人。"⑤辨《东坡事实》，指出："章国华过予山间，出所集注《杜诗》示予。其用力勤矣。然其所引《东坡事实》者，非苏公作；闻之长老，乃闽中郑昂尚明伪为之。所引事，皆无根据。"⑥辨《省心录》，称："《省心录》乃沈道原作，非林和靖也。"⑦辨《握奇经》称："《握奇经》等文字恐非黄帝作，唐李筌为之。"⑧辨《麻衣易》，称："乃是南康戴主簿（案：名绍韩）作，某知南康时，尚见此人，已垂老，却也读书博记。一日访之，见他案有册子，问是甚文字，渠云：'是某有见抄录。'因借归看，内中言语文势，大率与《麻衣易》相似，已自捉破。又因问彼处人，《麻衣易》从何处传来，皆云：'从前不曾见，只见戴主簿传与人。'又可知矣。……后来戴主簿死了，某又就渠家借所作《易图》看，皆与《麻衣易》

---

① 朱熹：《朱子语类》卷八十二 "《孝经》"，中华书局，1986年。
② 朱熹：《朱子语类》卷七十八 "《尚书》"，中华书局，1986年。
③ 朱熹：《朱子语类》卷八十二 "《孝经》"，中华书局，1986年。
④ 朱熹：《朱子语类》卷八十二 "《孝经》"，中华书局，1986年。
⑤ 朱熹：《朱子语类》卷十九 "《论语》一"，中华书局，1986年。
⑥ 朱熹：《晦庵先生朱文公文集》卷八十四 "跋章国华所集注杜诗"，国家图书馆出版社，2006年。
⑦ 朱熹：《朱子语类》卷一百三十八 "杂类"，中华书局，1986年。
⑧ 朱熹：《朱子语类》卷一百三十八 "杂类"，中华书局，1986年。

言语相应"。①

朱熹所运用的辨伪方法较之于辨伪学兴盛时期所采用的较为系统的辨伪方法，还显得十分简单。但正如白寿彝先生所指出的：

> 在当时能提出一种辨伪书的具体方案，并能应用这样多的方法的人，恐怕还是要推朱熹为第一人了。他辨伪书的话虽大半过于简单，但在简单的话里，颇有一些精彩的见解，给后来辨伪书的人不少的刺激。②

但朱熹作为一个封建"道统"的继承者，他一方面要维护封建的伦理纲常，不敢也不愿彻底否定一些伪经内容的真实性。比如他已经找出伪《古文尚书》的破绽，但是又极力去修补它。他对欺世已久的《河图》《洛书》坚信不疑，自称"熹于《河图》《洛书》之旧，所以不敢不信者，正以其义理不悖，而验证不差也"。③另一方面，他又反对封建统治者为了维护自身的利益而假托圣人言论来骗取人民信仰的做法。总结来看，他对伪书的发疑和考辨是具有一定进步意义的，同时也表现了他实事求是的治学态度。

朱熹对伪书的发疑和考辨，还直接影响了当时及后世辨伪学的发展。最直接受他影响的是他的学生蔡沈。朱熹在去世的前一年（1199年），嘱咐蔡沈继承宋代研究《尚书》的成果，广收博览，撰写《书集传》。蔡沈继承了朱熹对伪《书》、伪《孔传》、伪《书序》的疑辨成果，将《书序》单独集中附于书后辨析之，又将伪孔安国序列后，也全篇予以疑辨。但仍保存伪孔本五十八篇经文，不过在每篇篇题下注明了"今文古文皆有"或"今文无古文有"。这就暗示了"今文有"的是汉代真《尚书》，"今文无"的则是晚出的。

此外，深受朱熹影响的还有赵汝谈。《宋史·赵汝谈传》称："尝从朱熹订疑义十数条，熹嗟异之。"据《直斋书录解题》载，他曾作有《南塘易说》三卷，"专辨《十翼》非夫子作，其说亦多自得之见"，还作有《南塘书说》三卷，"疑《古文》非真者五条，朱文公尝疑之而未若此之决也。然于伏生所传诸篇，亦多所掊击抵排，则似过甚"。《宋史》本传还称："其论《易》以为占者作，《书》《尧》《舜》二典宜合为一，禹功只施于河、洛，《洪范》非箕子之作，《诗》不以《小序》为信，《礼记》杂出诸生之手，《周礼》宜附会女主之书，要亦卓绝特立之见。"④可见他的疑辨范围之广，考辨之深透。

朱熹对伪《古文》、伪《孔传》、伪《书序》的疑辨还直接影响了明清时期学者们对此问题的深入考辨，如明代的梅鷟在其《尚书考异》中就专设《朱子语录》一条，并多次引用朱熹考辨《古

---

① 朱熹：《朱子语类》卷六十七"《易》三"，中华书局，1986年。
② 白寿彝：《朱熹辨伪书语序》，见《古籍考辨丛刊》第一集，中华书局，1955年。
③ 朱熹：《晦庵先生朱文公文集》卷八十三"答袁机仲"，国家图书馆出版社，2006年。
④ 脱脱：《宋史》卷一百七十二《赵汝谈传》，中华书局，1985年。

文尚书》的言论。清代阎若璩在作《尚书古文疏证》时也经常引用朱熹之语，同时还命其子阎咏辑录朱熹疑伪《书》之语为《书疑》一卷，附在自己的著作后。

清代学者毛奇龄指出：

> 独新安朱熹斥（梅赜所献《古文尚书》）为伪书……而元吴澄、明郝敬、归有光辈俱竞起攻辨，迨无遗力。吴澄作《书纂言》，则但存今文二十八篇，直削去古文，以示毁黜伪书之意。……然渐闻开国以来，其攻之者遍天下，无论知与不知，公然著书以行世，且有踵明代梅鷟谩骂《古文》之书，效罗喻义《（尚书）是正》一编，专刻今文经，而去古文者，展转煽惑，其言周诞不可闻。①

由此足见朱熹疑辨伪《古文尚书》的影响。

顾颉刚也指出：

> 他在吴棫的疑《古文尚书》的启发下，又屡次辨《古文尚书》，说："……为什么伏生口传的都难读，而藏在壁中断烂难认的偏又易读"，他提出这个问题确实使得伪《古文尚书》受到了致命伤的打击。……朱熹又揭破所谓孔安国所作的《传》和《序》（即所谓《书大序》）的伪，说西汉人文字粗枝大叶，哪会这般软郎当地，牵连及于《孔丛子》，说它正和这个孔安国的文字一致，这就启发了清代学者来判定王肃作伪的案子。②

赵贞信称："自朱子以来，《书序》的作者问题到此得一大改变。近年学术界颇多相信这一说。推倒孔子作的发动人是朱（熹）、蔡（沈）。"③顾、赵二人都充分肯定了朱熹在伪《古文尚书》等考辨过程中的发难作用及对后世的影响。实际上朱熹的疑辨思想的影响不仅仅限于后世对伪《书》的考辨上。更重要的是，它大大鼓励了后世学者对古书疑辨的勇气，扩大了人们对伪书的考辨视野。

---

① 毛奇龄：《古文尚书冤词》一，见《毛西河先生全集》经集，嘉庆萧山陆凝瑞堂刻本。
② 顾颉刚：《秦汉的方士与儒生》附《中国辨伪史略》十六"宋代辨伪的发展"，上海古籍出版社，2005年。
③ 赵贞信：《书序辨序》，见顾颉刚编《古籍考辨丛书》第一集，中华书局，1955年。

第十节

叶适与《习学记言》

叶适（1150—1223年），字正则，温州永嘉（今浙江永嘉）人。自幼勤奋好学，师从永嘉学派的著名学者薛季宣、陈傅良等，二十四岁时入临安太学就读，二十九岁考中进士，赐进士及第第二名，授职平江节度推官，后改任武昌军节度推官、浙西提刑司干办公事。三十五岁时，被召至临安，授太学学正，不久改为太学博士。此间与陈亮、朱熹、陈傅良书信往来甚密，并针对林栗对朱熹因脚疾而未就任兵部郎官提出弹劾一事，专门上奏《辩兵部郎官朱元晦状》，为朱熹辩护。光宗朝，历任蕲州（今湖北蕲春）知州、兼提举淮西铁冶司、尚书左选郎官。宁宗朝，他离开朝廷赴镇江任总领淮东军马钱粮一职。庆元党禁（1195年）中，他被弹劾罢官，回故乡永嘉隐居。宁宗嘉泰二年（1202年）弛党禁，叶适在此前一年起为湖南转运判官，至此改任泉州知州。次年，应召由泉州回临安，宁宗授其权兵部侍郎之职。开禧北伐前，他力主坚守淮、汉，巩固后方，反对轻举妄动。北伐中，他负责镇守建康，挡住金兵主力的攻势，扭转败局，迫使金兵退却。后任宝文阁待制兼江淮制置使，经营屯田，安集流民，筹划两淮防务。然不久遭到投降派的弹劾，罢职回到永嘉，自此开始专心从事学术研究，直至逝世。

叶适的主要著作收入《水心文集》《水心别集》中（1961年，中华书局将《水心文集》与《水心别集》合编为《叶适集》分三册出版）。他的《习学记言》是一部评论历代学术著作的专著，其中有不少辨伪的内容。

叶适是著名的永嘉学派的代表人物之一。他在治学的过程中，深受南宋学术界敢于怀疑旧说、创立新说风气的影响。因此在《习学记言》中"所论喜为新奇，不屑摭拾陈语"，"讲学析理，多异先儒"。[1]其中对经、子、史作了认真研究，提出了自己独到的见解，同时也不乏考辨的内容。现将其对古书的疑辨及取得的成就归纳为以下几个方面。

其一，对《周易》及"十翼"的考辨。

叶适对传统的"文王演《周易》"之说是持怀疑态度的。他说："然则《周易》果文王所改作，而后世臣子不以严宗庙，参《典》《谟》，顾乃藏之于太祝，等之于卜筮，何媟嫚其先君若是哉？"[2]他认为若《周易》果真是文王所作，不应该被后世臣子等同于藏于太祝的占筮之书。因此他认为

---

[1] 纪昀：《四库全书总目》子部杂家类一《习学记言提要》，中华书局，1965年。
[2] 叶适：《习学记言》卷七，上海古籍出版社，1992年。

"《周易》者，知道者所为，而周有司所用也"，"《易》不知何人所作"。①他对所谓"伏羲画八卦"、"文王演为六十四卦"的说法是持否定态度的。他认为所谓"伏羲文王作卦重爻"的说法"盖出于相传浮说，不可信"。②又说："后世之言易者，乃曰：'伏羲始画八卦'，又曰：'以代结绳之政'，神于野而诞于朴，非学者所宜述也。"③

关于《易传》（也称"十翼"），北宋欧阳修《易童子问》已怀疑其是否为孔子所作。叶适在前人疑辨的基础上作了进一步考辨。他说："言孔氏为之《彖》《象》《系辞》《文言》《序卦》之属，亦无明据。《论语》但言：'加我数年，五十以学《易》'而已，《易》学之成与其讲论问答，乃无所见，所谓《彖》《象》《系辞》作于孔氏者，亦未敢从也。"④然而他又说："（《彖》《象》）其辞意劲厉，截然著明，正与《论语》相出入，然后信《彖》《象》《系辞》为孔氏作无疑。"⑤显然这两说是自相矛盾的，前者认为"十翼"为孔子所作实"无明据"，"未敢从也"；后者又以为《彖》《象》《系辞》"为孔氏作无疑"。可见其论证并不严密。至于其余八篇，他认为均不是孔子所作："其余《文言》、上下《系（辞）》《说卦》诸篇，所著之人，或在孔子前，或在孔子后，或与孔子同时，习《易》者会为一书，后世不深考，以为皆孔子作也。"⑥这就推翻了《汉书·艺文志》所说："孔氏为之《彖》《象》《系辞》《文言》《序卦》之属十篇"，《易纬》《乾凿度》所云："仲尼五十究《易》，作'十翼'"等说法，把《易传》从"经"的地位上拉了下来。

其二，辨孔子"纂《书》"、"作序"、"删《诗》"说。

关于孔子"纂《书》"、"作序"说，始出自班固《汉书·艺文志》所云："《易》曰：'河出图，洛出书，圣人则之。'故《书》之所起远矣，至孔子纂焉，上断于尧，下讫于秦，凡百篇，而为之序，言其作意。"⑦叶适认为此为不实之词。他指出：

> 文字章，义理著，自《典》《谟》始。此古圣贤所择以为法言，非史家系日月之泛文也。自是以后，代有诠叙，尊于朝廷，藏于史官，孔氏得之，知其为统纪之宗，致道成德之要者也，何所不足而加损于其间，以为孔氏之书欤？⑧

对孔子作《书序》的说法，他是持否定态度的。他说："《书序》亦旧史所述，明记当时之事，以见其《书》之意，非孔子作也。"他的根据是《序》中记载如"升自陑"、"放太甲"、"杀受"等

---

① 叶适：《习学记言》卷四十九，上海古籍出版社，1992年。
② 叶适：《习学记言》卷三，上海古籍出版社，1992年。
③ 叶适：《习学记言》卷四，上海古籍出版社，1992年。
④ 叶适：《习学记言》卷三，上海古籍出版社，1992年。
⑤ 叶适：《习学记言》卷三，上海古籍出版社，1992年。
⑥ 叶适：《习学记言》卷四十九，上海古籍出版社，1992年。
⑦ 班固：《汉书》卷三十《艺文志》，中华书局，1962年。
⑧ 叶适：《习学记言》卷五，上海古籍出版社，1992年。

当时之事,"皆其《书》所无有,孔子胡断然录之哉?"①他认为"春秋以后,游士浸盛,虽然不因孔氏而获见《书》之全者寡矣,又况屋壁之中乎?其尽归之孔氏,不足怪也"。②

所谓孔子"删诗"说,始见于《史记·孔子世家》中,"古者诗三千余篇。及至孔子,去其重,取可施于礼、义,上采契、后稷,中述殷、周之盛,至幽、厉之缺……三百五篇。"《汉书·艺文志》也说:"孔子纯取周诗,上采殷、下取鲁,凡三百五篇。"唐孔颖达首先对此说提出怀疑,他说:"《书传》所引之诗,见存者多,亡佚者少。"叶适在前人疑辨的基础上提出三条论据,以证明孔子并未"删诗"。第一,"按《诗》,周及诸侯用为乐章,今载于《左氏》者,皆史官先所采定,就有逸诗,殊少矣。"既然言孔子删十而取一,那么十分之九的大量逸诗为何不被《左传》等所称引呢?第二,"《论语》称:'《诗》三百',本谓古人已具之《诗》,不应指其自删者言之也。"《论语》既言"《诗》三百",则其素所诵习,似止此数,非所自删。第三,"周以《诗》为教,置学立师,比辑义类,以本朝廷,况《颂》者乃其宗庙之乐乎。诸侯之风,上及京师,列于学官,其所去取,亦皆当时朝廷之意。……孔子生远数百年后,无位于王朝,而以一代所教之《诗》,删落高下,十不存一为皆出其手,岂非学者随声承误,失于考订而然乎?"他认为孔子不可能把作为"一代之教"的《诗》删得十不存一。因此他得出结论:"《诗三百》,皆史官先所采定也,不因孔子而后删。"③他又认为:

> 孔子之先,非无达人。《六经》大义,源深流远,取舍予夺,要有所承。使皆荒废讹杂,则仲尼将安取斯?今尽掩前闻,一归孔氏,后世所以尊孔氏者,固已至矣。推孔子之所以承先圣者,则未为得也。……鲁、卫旧家,往往变坏……孔子于时力足以正之,使复其旧而已,非谓尽取而纷更之也。后世赖孔子一时是正之力,得以垂于无穷,而谓凡孔子以前者,皆其去取,盖失之……固非删定《诗》《书》之比也。④

就是说,孔子只是"复其旧",即整理旧的典籍,恢复其原貌,而非删订去取。在此,叶适批评了那种把一切都归功于孔子,而抹杀孔子之前"先圣者"贡献的做法。

其三,对其他经史子书的考辨。

如辨《周礼》,他认为"《周官》独藏于成周,孔子未之言,晚始出秦汉之际,故学者疑信不一。好之甚者以为周公所自为,此固妄耳"。但他又认为,该书"其简不失,其繁不溢,则虽不必周公所自为,而非如周公者亦不能为也"。⑤

---

① 叶适:《习学记言》卷五,上海古籍出版社,1992年。
② 叶适:《习学记言》卷五,上海古籍出版社,1992年。
③ 叶适:《习学记言》卷六,上海古籍出版社,1992年。
④ 叶适:《习学记言》卷六,上海古籍出版社,1992年。
⑤ 叶适:《习学记言》卷七,上海古籍出版社,1992年。

又如辨《老子》一书作者，他指出："司马迁记孔子见老聃，叹其犹龙，遁周藏史，至关，关令尹喜强之著书，乃著上下篇，言道德之意，非礼家儒者所传也。以庄周言考之，谓关尹、老聃，古之博大真人，亦言孔子赞其为龙，则是为黄老学者借孔子以重其师之辞也。"①又说："老聃本周史官，而其书尽遗万事而特言道，凡其形貌朕兆，眇忽微妙，无不悉具。余尝疑其非聃所著，或隐者之词也。"②

再如疑《管子》，叶适指出：

《管子》非一人之笔，亦非一时之书，莫知谁所为，以其言毛嫱、西施、吴王好剑，推之当是春秋末年，又持满、定倾、不为人客等语，亦种、蠡所遵用也。

从其书言身后人或事指出其决非管仲所作，也非一人之作。他又从制度上切入，指出《管子》之所以取名《管子》，是因为它记载了"齐桓、管仲相与谋议唯诺之辞"，而这些"相与谋议唯诺之辞"主要体现在"三匡"（案：即《大匡》《中匡》《小匡》三篇，主要记载齐国居民组织、军事编制、人事和土地制度、外交政策等）。他说："所以为《管子》者，在'三匡'二卷，杂乱重复，叙事颇与《左氏》不异，而《国语》又削除其复杂以就简，知此书之出在《左氏》后，《国语》成在此书后。"③他以《小匡》为例，称："《小匡》乃言管仲制国为二十一乡，商、工六，士、农十五，纵横杂乱，尤不近理。盖非一人之笔。"他推断："当是春秋末年……山林处士妄意窥测，借以自名，王术始变，而后世信之，转相疏剔，幽蹊曲径，遂与道绝，而此书方为申（不害）、韩（非子）之先驱，（商）鞅、（李）斯之初觉，民罹其祸而不传其福也，哀哉！"④

《中庸》原为《礼记》中之一篇，宋代理学家一般认为该书"是孔门传授，成于子思"。⑤叶适反驳说："若以《中庸》为孔子遗言，是颜、闵犹无是告，而独閟其家，非是；若子思所自作，则高者极高，深者极深，宜非上世所传也。然则言孔子传曾子，曾子传子思，必有谬误。"⑥叶适认为："汉人虽称《中庸》子思所著，今以其书考之，疑不专出于子思也。"⑦在此，叶适认为孔子在《论语》中只有"中庸之德民鲜能"一句提到中庸，说明中庸并不占有重要地位。如果说《中庸》是孔子的遗言，为何不对其弟子颜回、闵子骞讲，而"独閟其家"呢？

叶适还对传统上认为《国语》与《左传》的作者同为一人的说法提出怀疑。他指出："以《国语》《左氏》二书参较，《左氏》虽有全用《国语》文字者，然所采次仅十一而已。至齐《语》不复

---

① 叶适：《习学记言》卷十五，上海古籍出版社，1992年。
② 叶适：《习学记言》卷七，上海古籍出版社，1992年。
③ 叶适：《习学记言》卷四十五，上海古籍出版社，1992年。
④ 叶适：《习学记言》卷四十五，上海古籍出版社，1992年。
⑤ 《河南程氏遗书》卷十五，山东人民出版社，2020年。
⑥ 叶适：《习学记言》卷四十九，上海古籍出版社，1992年。
⑦ 叶适：《习学记言》卷八，上海古籍出版社，1992年。

用，吴、越《语》则采用绝少，盖徒空文，非事实也。"①他认为："《左氏》之取义广，叙事实，兼新旧，通简策，虽名曰《传》，其实史也。"②"左氏合诸国记载成一家之言，工拙烦简，自应若此，惜他书不存，无以遍观也。而汉魏相传，乃以《左氏》《国语》一人所为。《左氏》雅志未尽，故别著外传，余人为此语不足怪，若贾谊、司马迁、刘向不加订正乃异事尔。"③而《国语》记事，往往有"谬妄不足信"之处。虽然《左传》有袭用《国语》文字者，但《国语》与《左传》的作者，决非一人，"盖《国语》出于辨士浮夸之词"。④

对《孔子家语》，他与王柏观点不同。他认为，《孔子家语》"虽孔安国撰次，按后序，实孔氏诸弟子旧所集录，与《论语》《孝经》并时，取其正实而切事者别为《论语》，其余则都集录之，名曰《孔子家语》"。又说："《孔子家语》汉初已流布人间，又经安国撰定。"⑤他并不认为此是王肃所伪造，但也看出"集《家语》往往在《左氏》后，则固本之《左氏》，而《左氏》不本《家语》"。"或者皆非本其真而相传以为说，穷乡委巷之人所以道圣贤之事，与夫当世之鄙儒求以自附于圣贤之名者，无不在焉。"⑥

对《孔丛子》，他虽然没有直言其伪，但已发现所记内容的不可信。他指出："载苌、弘言孔子，浅矣诞矣。""载子思岁月全不可考。按子思年十六适宋，乐朔与之言，尚书不悦而退，曰：'孺子辱吾'，其徒请攻之，遂围子思，宋君闻之，不待驾而救子思。子思既免，曰：'文王厄于羑里作《周易》，祖君厄于陈、蔡作《春秋》，吾困于宋，可无作乎？'于是撰《中庸》之书四十九篇。详此，则《中庸》之作远在孔子殁后，而子思不逮事王父矣。"他称："《孔丛子》自载子思从夫子于郯，遇程子而谓十六著《中庸》，此何愚乎？""按《家语》世次子思年六十二卒，又《左氏》仲尼见郯子学官，名在昭公十七年之后，年二十八九矣。"他指出："虽其子孙自记家事，而于子思之岁月尚讹舛如此，况其他乎？"⑦

此外，他还疑及《握奇经》《六韬》《孙子》《司马法》《神农本草》《黄帝内经》等兵书、医书等。其中一些观点颇有见地，然而他对《子华子》却"笃信推崇之，以为真与孔子同时，可与六经并考，而不悟其为伪也"。他既然知道"其书甚古而文与今人相近"⑧，却没有认定其为伪书，说明他在考辨的过程中还没有完全做到实事求是。再如考辨《孙子》，他认为《左传》中没有提及孙武，《孙子兵法》是"春秋末战国初山林处士所为，其言得用于吴者，其徒夸大之说也"。"凡谓（司马）

---

① 叶适：《习学记言》卷十二，上海古籍出版社，1992年。
② 叶适：《习学记言》卷十一，上海古籍出版社，1992年。
③ 叶适：《习学记言》卷十二，上海古籍出版社，1992年。
④ 叶适：《习学记言》卷十二，上海古籍出版社，1992年。
⑤ 叶适：《习学记言》卷十七，上海古籍出版社，1992年。
⑥ 叶适著、刘公纯点校：《叶适集·水心别集》卷六"《孔子家语》"条，中华书局，1961年。
⑦ 叶适：《习学记言》卷十七《孔丛子》，上海古籍出版社1992年。
⑧ 陈振孙：《直斋书录解题》卷十"《习学记言序目》卷十五"，武英殿聚珍版，江西书局同治十三年（1874年）刻本。

穰苴、孙武者，皆辩士妄相标指，非事实。其言阖闾试以妇人，尤为奇险，不足信。"①公然否定有孙子其人以及《孙子兵法》，更不相信司马迁在《孙子列传》中，孙武以妇人列队，试以兵法以约束队伍的记载。事实上，临沂银雀山汉墓出土的竹简上就有"孙武以'妇人'试行列阵"的记述，②可见叶适实在是疑古太过。

总之，叶适在治学的过程中，始终坚持"考索必归于至实"③的实事求是精神。他评价孔子，不是把他作为神圣不可侵犯的"至圣先师"，而是把他作为历史人物来看待，反对后儒把一切功绩都加在孔子身上的做法。他研究六经，敢于提出疑问和非难，破除"浮称虚论"，对诸子等古书也多有怀疑和考辨。他的一些论证虽然还不一定充分、确切，有时还有些武断，但他"喜为新奇，不屑摭拾陈语"的论证确实使当时的人们耳目一新，并且直接影响了后人对伪说、伪书的考辨。

---

① 叶适：《习学记言》卷四十六"《孙子》"，上海古籍出版社，1992年。
② 詹立波：《略谈临沂汉墓竹简孙子兵法》，《文物》1974年第12期。
③ 叶适：《习学记言》卷九"《春秋》隐至庄"，上海古籍出版社，1992年。

第三章

辨伪学的成熟时期——元明清及近代

第一节
元明清近代辨伪之概观

元、明、清及近代是辨伪学的成熟时期。这一时期的辨伪学家们在认真总结前人辨伪方法和经验的基础上，不仅对辨伪学进行了理论性的探讨，而且在实践中勇于探索，敢于创新，解决了历史上一些悬而未决的问题。

首先值得一提的是马端临，他是宋元之际人。早在南宋度宗咸淳九年（1273年）他就着手准备编纂《文献通考》，元世祖至元二十七年（1290年）开始动笔撰写，直到元英宗至治二年（1322年）才完成该书的撰写。该书的《经籍考》著录的书籍达到四千二百种，[①]马氏在总结前人考辨书籍真伪成果的基础上，做了大量辑录、剪裁、汇聚相关资料的工作。重点辑录了晁公武、陈振孙、洪迈、朱熹、叶梦得、郑樵、高似孙等学者关于典籍考辨的论述，比如考辨《孔丛子》，他先后例举晁公武《郡斋读书志》、陈振孙《直斋书录解题》、陈骙《中兴馆阁续书目》、高似孙《子略》、李道传《朱子语录》中的考辨语，汇录了宋代学者考辨《孔丛子》真伪的论述。在此基础上，马氏通过"按语"的形式，对相关书籍进行考辨，并发表自己的见解。如《李卫公问对》（《武经七书》之一），晁公武、陈振孙均以为是宋阮逸伪撰，并附益了《通典》中抄录的《问对》的内容，而马端临认为：

> 按《四朝国史·兵志》，神宗熙宁间，诏枢密院曰："唐李靖《兵法》，世无全书，杂见《通典》，离析讹舛，又官号物名，与今称谓不同，武人将佐，多不能通其意，令枢密院检详官与王震、曾敏、王白、郭逢原等校正，分类解释，令今可行。"岂即此《问答》（即《问对》）三卷邪？或别有其书也？然晁、陈二家以为阮逸取《通典》所载附益之，则似即此书，然神宗诏王震等校正之说既明见于《国史》，则非逸之假托也。[②]

在此，马氏以宋神宗诏令为证，说明《问对》并非阮逸伪作。

据连凡的统计，"在《经籍考》全文中发现与'真伪考辨'相关的段落有214处之多"[③]。其中

---

① 连凡：《论〈文献通考·经籍考〉的内容结构及其书目》，《南昌师范学院学报》2017年第5期。
② 马端临：《文献通考·经籍考》"《李卫公问对》"，中华书局，1986年。
③ 连凡：《论〈文献通考·经籍考〉的内容结构及其书目》，《南昌师范学院学报》2017年第5期。

有不少论述不仅探索伪书产生的原因、过程，而且还勾勒出伪书兴衰的历史。比如关于谶纬书的考辨，他指出：

> 其书出于前汉，有《河图》九篇，《洛书》六篇，云自黄帝至周文王所受本文，又别有三十篇，云自初起至于孔子，九圣之所增演，以广其意。又有《七经纬》三十六篇，并为孔子所作，并前合为八十一篇，而又有《尚书中候》《洛书纬》《五行传》《诗推度灾》《纪历枢》《含神雾》《孝经勾命决》《援神契》《杂谶》等书。汉代有郗氏、袁氏说，汉末，郎中郗萌，集图纬谶杂占为五十篇，谓之《春秋灾异》，宋均、郑玄并为谶律之注，然其文辞浅俗，颠倒舛谬，不类圣人之旨，相传疑世人造为之后，或者又加点窜，非其实录，起王莽好符命，光武以图谶兴，遂盛行于世。汉时，又诏东平王苍，正五经章句，皆命从谶，俗儒趋时，益为其学，篇卷第目，转加增广。言五经者，皆凭谶为说，唯孔安国、毛公、王璜、贾逵之徒独非之，相承以为妖妄，乱中庸之典。故因汉鲁恭王、河间献王所得古文，参而考之，以成其义，谓之古学。当世之儒，又非毁之，竟不得行，魏代王肃，推引古学，以难其义。王弼、杜预从而明之，自是古学稍立。至宋大明中，始禁图谶。梁天监以后，又重其制，及高祖受禅，禁之逾切。炀帝即位，乃发使四出，搜天下书籍与谶纬相涉者，皆焚之，为吏所纠者至死，自是无复其学，秘府之内，亦多散亡。①

他认为谶纬书的出现，是因为"王莽好符命，光武以图谶兴"。汉光武时诏令刘苍正五经章句，"皆命从谶"，"凭谶为说"，导致谶纬书的兴盛。到南朝宋大明年间，"始禁图谶"，至梁、陈"禁之逾切"。隋炀帝时焚毁与谶纬相关的书籍，至此谶纬之学败落，而谶纬之书也多散亡。在此，马氏勾勒了谶纬学和谶纬书兴衰的简史。

《文献通考·经籍考》的编纂，直接影响了后世古籍辨伪学的发展。顾颉刚曾指出：

> 元代马端临把唐宋人考辨诸子的文字一起编入他所著的《文献通考·经籍考》，这些讨论的材料既被积聚在一起，就使得各种子书的伪迹大明，宋濂因之而作《诸子辨》。②

宋末元初的金石学家吾丘衍在其《学古编》中，也多有考辨古书、古碑文论述。他称："《三坟书》，此伪本，大不可信，言词俗谬，字法非古。""《古文尚书》系后人不知篆者，以夏竦韵（案：指宋夏竦《古文四声韵》）集成，亦有不合古处。"又考辨保存在镇江丹阳（一说在江阴申港）的季札墓碑文，称：

---

① 马端临：《文献通考·经籍考》，中华书局，1986年。
② 顾颉刚：《古籍考辨丛刊》第一集"后记"，社会科学文献出版社，2009年。

延陵季子《十字碑》在镇江，人谓孔子书，文曰："呜呼！有吴延陵君子之墓。"按《古法帖》上止云"呜呼！有吴君子"而已，篆法敦古，似乎可信。今此碑，妄增"延陵之墓"四字，除"之"外三字，是汉人方篆，不与前六字合，借夫子以欺后人，罪莫大于此。又且因"君"字作"季"字。汉器"蜀郡"洗字半边，正与此"君"字同，用此法也。以"季"字音，显见其谬，比干墓前有汉人篆碑，亦有此说。盖洪氏（适）《隶释》《汉隶字源》辨之甚明，此不复具。①

他依据《古法帖》所载，认为原碑文只有"呜呼！有吴君子"六字，《十字碑》增加了"延陵之墓"四字，此四字除"之"字外，其余三字均是汉代方篆字体，与原碑文字体不同。此外，又把"君子"改为"季子"。

元代著名学者吴师道在考辨伪书、伪说方面也下了不少工夫。在他的文集"题跋"类中，对《古三坟书》《子华子》《潜虚》《文中子》等书籍都进行了考辨。比如对《古三坟书》（相传包括伏羲撰写的《连山易》、神农撰写的《归藏易》和黄帝撰写的《坤乾易》），他颇为赞同晁公武的观点，他说：

按：晁公武云"张商英伪撰"，盖得其实矣。既明其伪，固不足深辨。略举一二，以见撰者之谬。《（易）大传》曰："《易》有太极，是生两仪，两仪生四象，四象生八卦。"先儒不知先天之义，故多误解。今其言曰："混沌为太始，其数一，一为太极，天地之父母，一极易，天高明而清，地博厚而浊，谓之太易，为天地之变。太易之数二，二为两仪，阴阳之形，谓之太初，为天地之交。太初之数四，四盈易，四象变而成万物，谓之太素，为三才之始。太素之数三，三盈易，天地孕而生男女，谓之三才。三才者，天地之备也"。其言颠倒错戾，漫无纪统，而自比于《易》，可乎？②

在此他例举了《古三坟书》中《太古河图代姓纪》中的论述，认为"其言颠倒错戾，漫无纪统"，怎能与《易经》相比呢？

他还对传说中的"三皇"发疑，他指出：

三皇之名经始见于《周官》，未尝称其人以实之也。孔安国序《书》以伏羲、神农、黄帝为三皇，或谓本《易大传》，然《大传》曰："伏羲氏没，神农氏作，神农氏没，黄帝、尧、舜氏作。"亦无明文也。司马迁《史记》以轩辕下属之五帝，而小司马（司马贞）

---

① 吾丘衍：《学古编》"辨谬品六则"，明天启二年（1622年）沈延铨校刻本。
② 吴师道：《吴礼部文集》卷十六"题跋"《古三坟书》后题，国家图书馆清抄本。

补记则以伏羲、女娲、神农为三皇，又有天皇、地皇、人皇之号，大与此异，二说出于谶纬《杂记》，其果可取以为据乎？①

元代理学家吴澄信从南宋吴棫、朱熹的观点，对《尚书》中的伪古文经表示怀疑，作《书纂言》，只注释真古文，而将伪古文置于旁列，不加注释，还把《孔传序》附在全书之后，以示其不可信。此外他还怀疑《庄子》之《骈拇》《胠箧》等五篇为周秦文士所作。

元末明初的宋濂，他一方面宣扬"六经皆心学"的观点，鄙视考据与训诂，另一方面又在辨伪方面表现出考据学风。他凭借元代马端临所著《文献通考·经籍考》中关于唐宋学者考辨诸子的言论辑录，加上他本人的发明，作《诸子辨》。这是我国辨伪学史上首部专著一书以考辨群书的著作，该书考辨了从先秦到宋代约四十四种子书的真伪。

辨伪学家梅鷟在宋吴棫、朱熹和元吴澄等考辨《古文尚书》的基础上，撰《尚书考异》和《尚书谱》，对孔安国的《书序》、伪《古文尚书》及孔安国传从不同的角度进行了翔实的考辨。他的考辨成果直接影响了清代学者对伪《书》的考辨及定案。

晚明的胡应麟在他的辨伪学专著《四部正讹》一书中，第一次对辨伪学进行了理论上的总结。他不仅系统地总结了伪书产生的原因，还总结了辨伪的方法，并从宏观上分析了伪书的范围、种类，以及伪的程度。这部辨伪学专著的问世，标志着我国辨伪学的成立。

明代除宋濂、梅鷟、胡应麟三位著名的辨伪学家外，还有以下两位学者值得一提。

一是明正德、嘉靖年间的杨慎。他一方面勇于疑古，另一方面又伪造古书以证己说。例如他怀疑孟子所谓尧授舜天下，"舜避尧之子"的说法。他批评说：

> 天下非私也，何避之有？……至谓益避禹之子，尤为无稽，禹未尝禅于益。孟子尝曰："唐、虞禅夏后，殷、周继矣"，何其言之自相戾乎？孟子于《武成》取二、三策。善观孟子者，例是可也。②

他怀疑《鬻子》是赝书，指出："鬻子，文王时人，著书二十二篇，子书莫先焉。今其存者十四篇，皆无可取。似后人赝本无疑也。"③他主要依据贾谊《新书》引《鬻子》七条，今本皆无，断定其为伪书。他怀疑《穆天子传》，认为其中所载"西王母歌词"，"出于后人粉饰，且《山海经》载西王母虎首鸟爪，形既殊异，音亦不同，何其歌词悉似《国风》乎？……音韵与汉无异，愈可疑也……究其文笔，与当时翰苑何差？言语不通之国，未必能集老庄之玄言，习徐庾之丽句

---

① 吴师道：《吴礼部文集》卷十九"策问""国学策问四十道"，国家图书馆清抄本。
② 杨慎：《升庵集》卷四十五"舜避尧之子"条，上海古籍出版社，1993年。
③ 杨慎：《杨子卮言》卷二"《鬻子》"，明嘉靖四十三年（1564年）刘大昌刻本。

也。"①

然而他"论说考证，往往恃其强识，不及检核原书，致多疏舛，又恃气求胜，每说有窒碍，辄造古书以实之"。②据《四库全书总目提要》，他伪造的书籍有《石鼓文音释》《异鱼图赞》《汉杂事秘辛》《东坡石鼓文全本》《广夷坚志》等。因此陈耀文曾作《正杨》四卷（见《四库全书》第856册），罗列一百六十五条，纠正杨慎引证材料之误，揭发其伪造古书之过，批驳其论证之失，弥补其论证之不足。其后王世贞、胡应麟、焦竑、方以智等均对杨慎著作中的错误进行过驳正。

二是嘉靖、万历年间的王世贞。他也是一个既辨伪又造伪的人。如在其《艺苑卮言》卷二中，他怀疑《木兰辞》和《胡笳十八拍》的作者，指出："《木兰》……要其本色，自是梁、陈及唐人手段。《胡笳十八拍》，软语似出闺襜，而中杂唐调，非文姬笔也，与《木兰》颇类。"他怀疑题名蔡邕所作的《琴操》："余读《琴操》，所称记舜、禹、孔子诗，咸浅易不足道。《拘幽》（案：题名文王所作，列为《琴操》第十二操），文王在系也（案：指西伯被商纣王拘于羑里），而曰：'殷道溷溷侵浊烦，朱紫相合不别分，迷乱声色信谗言'。即无论其词已非内文明外柔顺，蒙难者固如是乎？'瞻天案图殷将亡'，岂三分服事至德人语？"③

他论证《子华子》为伪书，从各篇所言之理、所记之事、语言文字的来源等方面加以考辨。他指出：

> 《阳城胥渠章》颇言阴阳之理，亦有大致语，而风轮、水枢之说，亦微近穿凿；其辨黄帝鼎成升遐事甚详，然似是公孙卿（案：汉武帝时齐国方士）以后语；驳郑子（案：春秋时郑国国君）礼亦正然，似是《左氏》以后语；辞赵简子（案：春秋末晋卿）聘章，则摹《檀》《左》文也；晏子之事景公也，不治阿（东阿）且其言阿，则烹与封之说（案：指齐威王烹阿大夫而封即墨大夫）也，谓仲尼天也；又曰辙迹病矣（案：《子华子·虎会问》"季沈曰：自吾从于夫子也，辙迹不遗于四国，未有终岁以处也。夫子亦勤且病矣。"），则门弟子之说也；《大道章》颇言身中之造化，时时及养生，《北宫意章》则及医矣，是岐黄之说也。凡《子华子》所言理，在春秋时最近，而文则广有所剽拟，诵之可也，采而益我可也，然不可以为真《子华子》。④

同时他又肯定被人怀疑的一些书籍并非伪书。如他认为"《孔丛子》，吾夫子之世家乘也，征

---

① 杨慎：《丹铅总录校证》卷十二"古人伪作外夷文字"，中华书局，2019年。
② 纪昀：《四库全书总目》卷一百七十二《升庵集提要》，中华书局，1965年。
③ 王世贞：《弇州山人四部稿》卷一百四十五"说部"《艺苑卮言》卷二，上海古籍出版社，2021年。
④ 王世贞：《弇州山人读书后》卷一"读《子华子》"，国家图书馆出版社，2014年。

献而文亦寓焉",则其并不是伪书。①《尹文子》"其言刑名者,真能言刑名家者也",也非伪书。②

然而他有一个嗜好,即喜欢模仿古书的文体而作伪。如他曾模仿《左传》而作《左逸》三十条,而在《序》中称:"峄阳之梧,爨樵者穷其根,获石箧焉,以为伏藏物也,出之,有竹简漆书古文,即《左氏传》,读之,中有小抵牾者凡三十五则,余得而录之。"③说得煞有介事,颇能迷惑人。

在其《弇州山人四部稿》说部卷142和卷143中,收有他模仿《战国策》所作《短长》二卷。其"序"云:

> 耕于齐之野者,地坟,得大篆竹册一帙,曰《短长》,其文无足取,其事则时时与史抵牾云。按刘向叙《战国策》一名《国事》,一名《短长》,一名《长书》,一名《修书》,所谓《短长》者,岂战国遗策欤? 然岁载秦及汉初事,意亦文、景之世好奇之士假托以撰者。余怪其往往称嬴、项,薄炎德,诞而不理,至谓四皓为建成侯伪饰,淮阴毋反状,乃庶几矣,因录之,以佐稗官。④

后来,凌稚隆竟然把此《短长》放在了《史记评林》卷首。对此,顾颉刚指出:

> 王氏的奇遇为什么会得这般多:峄阳的樵者得石箧,他看见;齐野的农夫得竹册,他又看见。这二千年的古物一旦发现,正是学术上的一大宝物,为什么仅"以佐稗官"呢?……幸而清朝人不上他的当,倘使他早生了数百年,一班愚人作起史来,信以为真,把他抱不平的念头(淮阴毋反状),与猜想中的事实(四皓为建成侯伪饰)在史书上照改了,岂不大糟!⑤

明代造伪的风气颇为兴盛。著名的大藏书家丰坊也是一个大造伪者。如他先后伪造过《古书世学》、子贡《诗传》、申培《诗说》、伪《石经大学》等。明万历以后伪造书籍已蔚为风气。正如王士禛所云:"万历间学士多撰伪书以欺世,如《天禄阁外史》之类,人多知之。今类书中所刻唐韩鄂《岁华纪丽》,乃海盐胡震亨孝辕所造。《於陵子》,其友姚士粦叔祥作也。"⑥这些伪书有的出于学者,有的出于书贾,贻害不浅。但这些伪书多被当时及后世的学者揭露其伪迹,并确定了其作伪

---

① 王世贞:《弇州山人读书后》卷一"读《孔丛子》",国家图书馆出版社,2014年。
② 王世贞:《弇州山人读书后》卷一"读《尹文子》",国家图书馆出版社,2014年。
③ 王世贞:《弇州山人四部稿》卷一百四十一"说部"《左逸》,上海古籍出版社,2021年。
④ 王世贞:《弇州山人四部稿》"序",上海古籍出版社,2021年。
⑤ 顾颉刚:《秦汉的方士与儒生》附《中国辨伪史略》十七"明代的造伪与辨伪",上海古籍出版社,2005年。
⑥ 王士禛:《居易录》卷六,《四库全书》子部杂家类。

的年代及作者。

明朝永乐后，随着革除之禁的松弛，为了恢复建文朝历史的记载，表彰忠烈之士，掀起了建文朝史的编纂热潮，涌现了一大批史书，其中鱼龙混杂，真伪难辨。最具影响力的两部史书《致身录》和《从亡随笔》，引起许多学者的关注，或信而从之，或怀疑其真伪。以沈德符、钱谦益、潘柽章、潘耒为代表的一些学者相继对其进行了考辨，基本确定其为伪书。

清初，受宋、明以来疑辨风气的影响，一些大学问家如顾炎武、黄宗羲等都十分重视伪书的考辨。顾氏虽无辨伪的专著，但在他的《日知录》中对宋人伪造的《易图》、伪《古文尚书》《诗序》《春秋》《左传》都进行了考辨。比如他认为"左氏之书，成之者非一人，录之者非一世"，"采列国之史而作者也"。①"《公》《穀》二传，相传受之子夏，其宏纲大指，得圣人之深意者凡数十条，然而齐、鲁之间，人自为师，穷乡多异，曲学多辨，其穿凿以误后人者亦不少矣"。②他指出："汉人好以自作之书而托为古人，张霸《百二尚书》、卫宏《诗序》之类是也。晋以下人则有以他人之书而窃为己作，郭象《庄子注》、何法盛《晋中兴书》之类是也。若有明一代之人，其所著书无非窃盗而已。"③凡此皆能继前人之说而有所发明。黄宗羲著有《易学象数论》，以图廓清汉以来不断增益妄作的象数之学，启迪了后来胡渭《易图明辨》的创作。他还著有《授书随笔》，是回答阎若璩询问有关《尚书》问题的笔记，对阎氏考辨《古文尚书》产生了重大的影响。

此外尚有万斯同所著《群书疑辨》。该书虽不是专主辨伪，但其中对《诗》及《诗序》《尚书》《周礼》等书都提出了疑问。其说《诗》，谓自秦焚书，五经皆毁，《诗》之存于今者，非圣人删定之本，乃为众人所集，汉初诸儒习闻《诗》三百篇，故当汉定之后，各以平时所记忆皆笔之简册，足成三百篇之数，又自以己意分为风、雅、颂，以为孔子之遗书。其论《诗序》，谓《诗》无所谓大小《序》，世所传《大序》，即《关雎》一篇之序，作者特以全经大旨，总序于首篇，《葛覃》以下，则以次序之，不同意先儒以《关雎》之序为《大序》，而分《葛覃》以下诸序为《小序》的观点。其辨古文《尚书》，不相信其伪，而认为伏生所传《今文尚书》非《尚书》原本。还有朱彝尊撰《经义考》，其中对《尚书》等儒经多有考辨真伪的内容。他还考辨过丰坊伪造的《鲁诗世学》《子贡诗传》等伪书，考论过题名郑樵的《六经奥论》非出郑樵之手。万斯大撰有《周官辨非》，从制度和古书不合方面立论，力攻《周礼》之伪，历引诸经之相抵牾者以相诘难。他认为《周官》非周公之书，乃后人之假托。万氏举其可疑者五十五则加以辩驳，皆持之有故，言之有理。但需要指出的是，万氏考辨《周礼》并非仅仅是为了辨其真伪，而是出于政治目的。他认为前有西汉刘歆借《周礼》以"媚（王）莽"，后有王安石"至谓其法可施于后世"，"欲尽举而见诸立政造事"。④

如果不辨其为伪书，而尊之为圣经，又怎能保证后世没有刘歆、王安石这样的人假借其用于实

---

① 顾炎武著、黄汝成释：《日知录集解》卷四"《春秋》阙疑之书"，上海古籍出版社，2006年。
② 顾炎武著、黄汝成释：《日知录集解》卷四"陨石于宋五"，上海古籍出版社，2006年。
③ 顾炎武著、黄汝成释：《日知录集解》卷十八"窃书"，上海古籍出版社，2006年。
④ 李邺嗣：《周官辨非》"序"，见万斯大《经学五书》（下），清乾隆二十三年（1758年）辨志堂本。

事，进而危害国家和人民呢？

　　以上列举明末清初诸人在学术上并不专主古书的辨伪。专主辨伪并且作出突出贡献的当数姚际恒、阎若璩、胡渭等。姚氏著有《九经通论》，其中《尚书通论》中关于伪《古文尚书》的考辨成果多为阎若璩所吸收；《礼经通论》辨及《周礼》及《礼记》；《诗经通论》辨及《诗序》。可惜《九经通论》的书稿多已亡佚。他的另一部辨伪学专著《古今伪书考》辨及经、史、子三类书籍九十一种，论辩多采汉唐以来前人之说，其中也多有对前人成说进行补充考证的。阎若璩的辨伪代表作是《尚书古文疏证》，全书列举了一百二十八条（其中有目无文者十二条，目文全缺者十七条）证据，正式宣判了伪《古文尚书》的"死刑"。

　　胡渭的辨伪代表作是《易图明辨》，专辨宋人伪造之《易图》。在该书中，他广列元明以来历代学者考辨伪《易图》的论述，并在此基础上用种种方法证明宋代所传的《太极图》《河图》《洛书》是宋初时道士陈抟东拉西扯、胡乱凑成的，与周公、孔子全无关系。梁启超认为该书考辨《易图》意义重大，他指出："须知所谓'无极'、'太极'，所谓《河图》《洛书》，实组织'宋学'之主要根核。宋儒言理、言气、言数、言命、言心、言性，无不从此衍出。……渭之此书，以《易》还诸羲、文、周、孔，以《图》还诸陈（抟）、邵（雍），并不为过情之抨击，而宋学已受致命伤。"① 郑良树也认为："《易图明辨》一经流传，宋人讲《周易》所凭借的图书，立即宣判死刑，而宋人理学渊薮之一的易学，也顿失藩篱；胡渭《易图明辨》影响之大，实不亚于阎若璩的《尚书古文疏证》。"②

　　乾嘉时期，许多学者把精力放在考据上，好古而不肯怀疑古书，但也有一些学者受清初辨伪风气的影响，继续致力于伪书的考辨。如"吴派"的代表人物惠栋，他著有《古文尚书考》二卷，论述了伪《古文》和伪《孔传》作伪的证据，并谓东晋晚出之二十五篇与汉之孔壁真古文不合，可决为伪，而郑玄所传之二十四篇，即孔壁真古文。惠栋将伪古文二十五篇按篇寻出其文句所剽袭的出处，并分别注明抄窃何处，以补充阎若璩论证的不足，进一步证实孔传《古文尚书》是一部伪书。此外，孙志祖著有《家语疏证》，认为《孔子家语》是王肃为反对郑玄而作的一本伪书。孙氏博集群书，凡王肃所剽窃者，皆"疏通证明之"。他还考证出《孔丛子》和《小尔雅》也是王肃伪作。范家相著有《家语正伪》，把王肃伪造《孔子家语》一事基本定了案。而被梁启超称作是"名声很小的辨伪大家"的崔述，作了一部《考信录》，"专以辨其虚实为先务"，把战国、秦汉间所记载的有关上古、三代及孔孟的有关事情全部进行了考辨。崔述还作有《古文尚书辨伪》二卷，以"六证"、"六驳"考辨二十五篇《古文尚书》之伪。他还疑及《诗序》《论语》《孟子》等。崔述的弟弟崔迈也著有《书经辨说》（见《讷庵笔谈》卷一）和《古文尚书考》（今附《崔东壁遗书》后），分别辩驳《书序》、伪古文与宋人经说，并就《尚书》源流而辨《孔疏》《隋志》《释文》所言孔氏

---

① 梁启超：《清代学术概论》五"阎若璩和胡渭"，上海古籍出版社，1998年。
② 郑良树：《古籍辨伪学》第四章"源流下"，台湾学生书局，1986年。

古文之误，考定东晋梅赜所献者之伪。

尤其值得重视的是，在乾隆年间编纂《四库全书》的同时，以纪昀为首的四库馆臣将"著录书"3503种、"存目书"6793种逐一撰写"提要"，最后汇编为《四库全书总目提要》。这是我国古代官修最大的目录学著作。该书十分注意对古籍真伪及其成书年代的考辨。该书"凡例"之一称：

> 《七略》所著古书，即多依托，班固《汉书·艺文志注》可覆按也。迁流洎于明季，讹妄弥增，鱼目混珠，猝难究诘。今一一详核并斥而存目，兼辨正其非；其有本属伪书，流传已久，或掇拾残剩，真赝相参，历代词人已引为故实，未可概为捐弃，则姑录存而辨别之。大抵灼为原帙者，则题曰"某代某人撰"；灼为赝造者，则题曰"旧本题某代某人撰"；其踵误传讹，如吕本中《春秋传》，旧本称吕祖谦之类，其例亦同。至于其书虽历代著录而实一无可取，如《燕丹子》、陶潜《圣贤群辅录》之类，经圣鉴洞烛其妄者，则亦斥而存目，不使滥登。①

梁启超认为其中"明斥其伪或疑其伪者"有：《子夏易传》，全伪；《古文尚书》及孔安国传，全伪；《尚书大传》，疑非伏生著；《诗序》，疑撰人；《古文孝经孔安国传》，全伪；《方言》，疑撰人；《竹书纪年》，今本伪，古本未定；《晏子春秋》疑撰人及年代；《孔子家语》，断为王肃依托；《孔丛子》，同上；陆贾《新语》，断为后人纂集；王通《文中子中说》，疑其书并疑其人；《风后握奇经》，全伪；太公《六韬》，全伪；司马穰苴《司马法》，全伪；《黄石公三略》及《素书》，全伪；《管子》，疑非管子作；《商子》，疑非商鞅作；《黄帝素问》，断为周秦间人作；《灵枢经》，疑唐王冰依托；《黄帝宅经》，全伪；郭璞《葬书》，全伪；《鹖冠子》，全伪；《墨子》，疑非墨翟作；《子华子》，全伪；《鬼谷子》，全伪；刘歆《西京杂记》，断为梁吴均依托；《山海经》，断为非夏禹、伯益所作；东方朔《神异经》及《海内十洲记》，全伪；班固《汉武故事》及《武帝内传》，全伪；干宝《搜神记》，陶潜《搜神后记》，全伪；张华《博物志》，全伪；任昉《述异记》，全伪；《关尹子》，全伪；河上公《老子注》，全伪；《列子》，疑撰人；刘向《列女传》，全伪。②当然《四库全书总目提要》涉及辨伪的书籍远不止这四十多种。据佟大群统计，该书考辨存在真伪问题的文献共713种（篇、部），对于这类文献，它既辨其伪，也论其非伪，同时也有述而不论，或阙疑待考者。③司马朝军称："《总目》在辨伪方法方面继承了前人的成果，前人所用之法，几乎都可以在《总目》中找到例证。《总目》在集大成的同时，也对前人辨伪的某些辨伪方法作了修正，如避讳证伪法，卷数证伪法，文词证伪法。"他将《四库全书总目提要》中运用的辨伪方法归纳为八类（即：

---

① 纪昀：《四库全书总目提要》"凡例"，海南出版社，1999年。
② 梁启超：《中国近三百年学术史》第十四讲"清代学者整理旧学之总成绩"，东方出版社，1996年。
③ 佟大群：《四库全书总目提要文献辨伪学成就研究》，见《明清论丛》第十二辑，故宫出版社，2012年。

文本、作者、著录、比勘、佚文、编例、名物制度、情理及其他）三十二种。[①]

嘉庆以后，经今文派兴起，疑古的精神再次高涨。一些学者站在经今文学的立场上力求打败经古文学，于是掀起了长达百年之久的考辨高潮，涌现出一批辨伪学者。如刘逢禄治《公羊》之学，认为《春秋公羊传》是可靠的，而《左传》是伪书。他作了一部《左氏春秋考证》，对《左传》的名称、体例、传授系统，以及《左传》与《春秋》的关系等进行了详密的考辨。龚自珍在其《六经正名》中从根本上否定"六经"为孔子所作。他还作有《大誓答问》，认为伪《古文尚书》中并非全伪，其中与今文相符的篇目及百篇《书序》是可靠的，其他篇多为后人妄造和妄析而成。魏源在其所作《诗古微》中，认为《毛诗》的本义多被后来治《毛诗》者所增益歪曲，主张将其本义与后人增益歪曲之义区别开来。他还作有《书古微》，不仅考辨了梅赜所献《古文尚书》之伪，而且认为东汉杜林所得漆书《古文尚书》也系"向壁虚造"。廖平是一位上承龚自珍、魏源，下启康有为的今文经学家。他在其辨伪代表作《古学考》中，提出了"古学始于刘歆"说。他认为《周礼》是刘歆本于《逸礼》，掺入己见，糅合而成，而后刘歆弟子推其书以说《诗》《书》《孝经》《论语》，至东汉马融时，古学才自成一家。同时他认为，刘歆等为了掩盖自己作伪的痕迹，于是把《史记》《汉书》《后汉书》中有关古经的文字也进行了篡改和增补。这个观点直接启迪并影响了康有为的《新学伪经考》的诞生。《新学伪经考》承袭了廖平《古学考》的观点，并在此基础上提出"秦焚六经未尝亡缺"的观点，认为西汉立于学官的今文经书都是足本，并无残缺。同时认为《左传》出于《国语》，为刘歆所伪造，认为《尔雅》、《乐经》、《毛诗》、古文《论语》、古文《孝经》等皆为刘歆伪篡，这一说法使当时的思想界和学术界都受到强烈的震动。今文经学家皮锡瑞在其《经学通论》中也多有疑辨儒经真伪的论述，比如论《尚书》有"论《尚书》中伪中作伪，屡出不已，其故有二，一则因秦燔亡失而篇名多伪，一则因秦燔亡失而文字多伪"，"论伪孔经传前人辨之已明，阎若璩、毛奇龄两家之书互有得失，当分别观之"；论《诗经》有"论《诗序》与《书序》同有可信有不可信，今文可信，古文不可尽信"、"论三百篇为全经，不可增删改窜"；论《左传》有"论赵匡、郑樵辨左氏非邱明，《左氏传》文实有后人附益"，"论《春秋》是经，《左氏》是史，必欲强合为一，反致信传疑经"。诸如此类，不一而足。[②]

从学术上直接受康有为影响的是崔适。他依据《新学伪经考》的某些观点，作了一部《史记探源》，谓《史记》本属今文经学，由于刘歆窜乱，乃杂有古文说。他认为司马迁时"无所谓《左传》也，刘歆破散《国语》，并自造诞妄之辞与释经之语，编入《春秋》逐年之下，托之出自中秘书，命曰《春秋古文》，亦曰《春秋左氏传》"。[③] 又认为凡《史记》中出于《左传》的内容，皆为刘歆窜入。其作被人们称作是"扬真汰伪，执简御繁"，"是真二千年来不可无一、不能有二之书矣"。[④]

---

① 司马朝军：《〈四库全书总目〉研究》第六章"《四库全书总目》与辨伪学"，社会科学文献出版社，2004年。
② 皮锡瑞：《经学通论》，中华书局，1954年。
③ 崔适：《史记探源》卷一《序证》《春秋古文》，中华书局，1986年。
④ 施茂华：《史记探源序》，见《史记探源》，中华书局，1986年。

受康有为疑辨思想影响的还有梁启超。他的辨伪代表作是《古书真伪及其年代》。在该书中，他系统地总结并论述了"辨伪及考证年代的必要"、"伪书的种类及作伪的来历"、"辨别伪书及考证年代的方法"等辨伪学理论问题，并对前人的辨伪成就进行了理论上的总结。可以说，《古书真伪及其年代》是一部较为系统的辨伪学理论著作。

总之，清及近代辨伪的主流是企图把从战国到三国的许多古籍的真伪和它们的著作年代考辨清楚。顾颉刚对这一时期辨伪学者们作了这样的评价：

> 他们的优点是不受传统的束缚，敢于触犯当时的"离经叛道，非圣无法"的禁条，来打破封建统治阶级为了自己的利益而歪曲造成的历史，所用的方法也是接近于科学的。他们的缺点是受了时代的限制，还不能完全摆脱圣道的观念，所用的方法也有武断主观的成分。①

这个评价是颇为正确的。

---

① 顾颉刚：《秦汉的方士与儒生》附《中国辨伪史略》十八"清代的辨伪"，上海古籍出版社，2005年。

第二节

宋濂与《诸子辨》

宋濂（1310—1381年），字景濂，号潜溪，浦江（今浙江浦江）人。年少时曾受业于元末古文家吴莱、柳贯等人，勤奋读书，以文章闻名于世。元至正中，荐授翰林院编修，不就，入龙门山著书。明初，明太祖征聘他到应天（今南京），任江南儒学提举，给太子讲经。以后历任纂修《元史》总裁官、国子司业、安远知县、礼部主事、侍讲学士等职，最后官至翰林院学士承制知制诰。洪武十年（1377年），辞官归乡。洪武十三年（1380年）因长孙宋慎牵涉胡惟庸党案，全家被流放到茂州（今四川茂县），病死于途中。其著作由后人编为《宋文宪公全集》及《宋学士文集》。

宋濂是我国辨伪学史上专著一书以考辨群书的第一人。他的辨伪代表作是《诸子辨》。该书始作于元顺帝至正十八年（1358年）三月，至六月脱稿，写作不满三个月。因当时正值战乱，宋濂遣妻孥到勾无山中避难，自己独留浦江，于是便把平日积蓄的意见写成此书。由于当时家室屡次迁徙，没有书籍可资参考，仅凭记忆，因此写得不很详细。

该书又名《龙门子》（收入《宋文宪公全集》卷三十六）。卷首"自序"交代了该书的宗旨：

> 《诸子辨》者何？辨诸子也。通谓之诸子何？周秦以来，作者不一姓也。作者不一姓而其立言何？人人殊也。先王之世，道术咸出于一轨，此其人人殊何？各备私知而或蠹大道也。由或蠹大道也，其书虽亡，世复有依仿而托之者也。然则子将奈何？辞而辨之也。曷为辨之？解惑也。[①]

可见此书以考辨真伪为主，兼辨立说之是非。兼辨立说之是非，主要是以儒家思想作为衡量诸子思想的尺度，来定出或取或弃的标准。

宋濂是以马端临《文献通考·经籍考》所收唐宋代学者考辨诸子的文字为依据撰写该书的。该书考辨了从先秦到宋代约四十四种子书的真伪，其中多采用唐宋学者如柳宗元、朱熹、高似孙、晁公武、黄震等旧说，但往往在旧说的基础上，有所发明、补充或驳正。现将其考辨的特点、方法归结为以下几个方面。

其一，承袭旧说而又有所发明。

[①] 宋濂：《诸子辨》"自序"，见《古籍考辨丛刊》第一集，中华书局，1955年。

如辨《管子》，他称：

> 是书非仲自著也。其中有绝似《曲礼》者，有近似《老》《庄》者，有论伯术而极精微者，或小智自私而其言至卑污者，疑战国时人采掇仲之言行，附以他书成之。

此说基本沿袭朱熹旧说，然在朱子基础上，他又提出"'毛嫱、西施'，'吴王好剑'，'威公之死，五公子之乱'，事皆出仲后，不应预载之也"①等新的证据。

再如辨《列子》，他在沿袭柳宗元、高似孙旧说的基础上，对其内容又做了进一步考辨。他说：

> 间尝熟读其书，又与浮屠言合。所谓"内外进矣，而后眼如耳，耳如鼻，鼻如口，无弗同也；心凝形释，骨肉都融，不觉形之所倚，足之所履"，非"大乘圆行说"乎？"鲵旋之潘为渊，止水之潘为渊，流水之潘为渊，滥水之潘为渊，沃水之潘不渊，沈水之潘为渊，雍水之潘为渊，汧水之潘为渊，肥水之潘为渊"，非"修习教观说"乎？"有生之气，有形之状，尽幻也：造化之所始，阴阳之所变者，谓之生，谓之死；穷数达变、因形移易者，谓之化，谓之幻；造物者，其功妙，其功深，故难穷难终；因形者，其巧显，其功浅，故随起随灭：知幻化之不异生死也，始可以学幻"，非"幻化生灭说"乎？"厥昭生乎湿，醯鸡生乎酒，羊奚比乎不笋，久竹生青宁，青宁生程，程生马，马生人；人久入于机；万物皆出于机，皆入于机"，非"轮回不息说"乎？"人胥知生之乐，未知生之苦；知死之恶，未知死之息"，非"寂灭为乐说"乎？"精神入其门，骨骸反其根，我尚何存？"非"圆觉四大说"乎？中国之与西竺，相去一二万里，而其说若合符节，何也？岂其得于心者亦有同然欤？近世大儒谓华、梵译师皆窃庄、列之精微以文西域之卑陋者，恐未为至论也。②

此就《列子》中之言论与佛教之言论进行比较，指出《列子》袭用佛教之说。较之高似孙的《子略》所论，找出了更多的证据，论述更加充分有力。

其二，从新的角度，采用新的方法考辨其伪。

比如考辨《亢仓子》，柳宗元、高似孙主要从文字材料来源及著录上考辨其伪。宋濂则从典制、避讳的角度考辨其伪。他指出：

> 其言曰："危代以文章取士，则剪巧绮缋益至，而正雅典实益藏。"夫文章取士，近

---

① 宋濂：《诸子辨》"《管子》"，见《古籍考辨丛刊》第一集，中华书局，1955年。
② 宋濂：《诸子辨》"《列子》"，见《古籍考辨丛刊》第一集，中华书局，1955年。

代之制，战国之时无有也。其中又以"人"易"民"，以"代"易"世"。世民，太宗讳也，伪之者其唐士乎？予犹存疑而未决也。后读他书，果谓天宝初，诏号《亢桑子》为《洞灵真经》，求之不获，襄阳处士王士元采诸子文义类者撰而献之。其说颇与予所见合。①

再如辨《子华子》，他从四个方面揭露其伪迹，指出：

予尝考其书，有云："秦襄公方启西戎，子华子观政于秦"，又稽庄周所载子华子事，则云："见韩昭僖侯。"夫秦襄公之卒在春秋前，而昭僖之事在春秋后，前后相去二百余年，子华子何其寿也？其不可知者一。《孔子家语》言："孔子遭齐程子于郑"，程子，盖齐人。今子华子自谓"程之宗君受封于周，后十一世国并于温"。程本商季文王之所宅，在西周当为畿内小国。温者，周司寇苏忿生之所封；周襄王举河内温，原以赐晋文公，温固晋邑也。孰谓西周之程而顾并于河内之温乎？地之远迩，亦在可疑。其不可知者二。《后序》称子华子为鬼谷子师，鬼谷，战国纵横家也。今书绝不似之，乃反类道家言；又颇剽浮屠、老子、庄周、列御寇、孟轲、荀卿、《黄帝内经》、《春秋外传》、司马迁、班固等书而成。其不可知者三。刘向校定诸书咸有序，皆渊懿明整，而此文独不类。其不可知者四。以此观之，其为伪书无疑。②

这段论述从《子华子》所载内容与事实的矛盾及文章的风格等方面断定其伪，较之朱熹等人的考辨更加详尽，方法也较新颖。

又如辨《文子》，他在柳宗元、高似孙等考辨的基础上，进一步考辨该书旨意的本源及其作者。他指出：

予尝考其言，壹祖老聃，大概《道德经》之义疏尔。所谓"体道者不怒不喜，其坐无虑，寝而不梦，见物而名，事至而应"，即"载营魄抱一，专气致柔，涤除玄览"也。所谓"上士先避患而后就利，先远辱而后求名，故圣人常从事于无形之外而不留心于已成之内，是以祸患无由至，非誉不能尘垢"，即"知白守黑，知雄守雌，知荣守辱"之义也。所谓"静则同，虚则通，至德无为，万物皆容"，即"道常无为而无不为，侯王若能守，万物将自化"也。所谓"道，可以弱，可以强，可以柔，可以刚，可以阴，可以阳，可以幽，可以明，可以包裹天地，可以应待无方"，即"道，冲而用之或不盈，渊乎似万

---

① 宋濂：《诸子辨》《亢桑子》，见《古籍考辨丛刊》第一集，中华书局，1955年。
② 宋濂：《诸子辨》《子华子》，见《古籍考辨丛刊》第一集，中华书局，1955年。

物之宗"也。其他可以类推。盖老子之言宏而博，故是书杂以黄、老、名、法、儒、墨之言以明之，毋怪其驳且杂也。

同时，他认为此书决非像一些人所说的是计然所著。他指出："计然与范蠡言皆权谋、术数，具载于书，绝与此异；予固知非著是书者也。……其殆文姓之人祖老聃而托之者欤？"①

再如辨《关尹子》，他注意从语言上进行考辨，他指出：

《关尹子》一卷，周关令尹喜所撰。喜与老聃同时，著书九篇。……间读其书，多法释氏及神仙方技家，而藉吾儒言文之。如"变识为智"，"一息得道"，"婴儿、蕊女、金楼、绛宫、青蛟、白虎、宝鼎、红炉"，"诵咒土偶"之类，聃之时无是言也。其为假托，盖无疑者。②

其三，驳正旧说，阐发己见。

如辨《列子》，他认为"高氏（似孙）以其书多寓言而并其人疑之，'所谓御寇者有如鸿蒙、列缺之属'，误也"。他认为列御寇确有其人，然现传《列子》"决非御寇自著，必后人荟萃而成之，中载孔穿、魏公子牟及'西方圣人'之事，皆出御寇后。《天瑞》《黄帝》二篇虽多设辞，而其'离形去智，泊然虚无，飘然与大化游'，实道家之要言。至于《杨朱》《力命》则'为我'之意多；疑即古杨朱书，其未亡者剟附于此。御寇先庄周，周著书多取其说"。③

又如辨《慎子》，他据《史记·孟子荀卿列传》所云"慎到，赵人"，指出"《中兴馆阁书目》乃曰浏阳人。浏阳在今潭州，吴时始置县，与赵南北了不涉也，误也"。④从而订正《中兴馆阁书目》关于慎子籍贯的讹误。

再如辨《孙子兵法》，他指出：

《孙子》一卷，吴孙武撰，魏武帝注。自《始计》至《用间》，凡十三篇。《艺文志》乃言八十二篇。杜牧信之，遂以为武书数十万言，魏武削其繁剩，笔其精粹，以成此书。按《史记》，阖闾谓武曰："子之十三篇，吾尽观之"，其数与此正合。《汉志》出《史记》后，牧之言要非是。武，齐人，吴阖闾用以为将，西破强楚，入郢，北威齐、晋，显名诸侯。叶适以不见载于《左传》，疑其书乃春秋末战国初山林处士之所为。予独不敢谓然。春秋时，列国之事赴告者则书于策，不然则否。二百四十二年之间，大国若秦、楚，小国

---

① 宋濂：《诸子辨》"《文子》"，见《古籍考辨丛刊》第一集，中华书局，1955年。
② 宋濂：《诸子辨》"《关尹子》"，见《古籍考辨丛刊》第一集，中华书局，1955年。
③ 宋濂：《诸子辨》"《列子》"，见《古籍考辨丛刊》第一集，中华书局，1955年。
④ 宋濂：《诸子辨》"《慎子》"，见《古籍考辨丛刊》第一集，中华书局，1955年。

若越、燕，其行事不见于经传者有矣，何独武哉！①

此段论述首先驳正杜牧之说，认为民间流传《孙子》十三篇与《史记》所载篇目正吻合，并非经曹操笔削，存其精粹而形成的。早在孙武之时，已有"十三篇"流传。这个论述已被1972年山东临沂银雀山汉墓出土的《孙子兵法》所证实。出土的《孙子兵法》逸文上有两处提到了"十三篇"，可见"十三篇"早已单独流传于世。其次驳正了叶适关于《孙子兵法》为春秋末战国初山林处士之所为的荒谬观点。

其四，揭示古书作伪之规律。

在辨《言子》时，他指出：

> 大抵古书之存于今者多出于后人之手。如《孔子家语》谓为孔安国所录壁中之文，往往多抄《左传》《礼记》诸书，特稍异其辞耳，善读者固不敢与之。世传《贾谊新书》谓谊所作，亦不过因《过秦论》《吊湘赋》而杂以《汉书》中语足之，似非谊本书也。此犹有所附丽而然。《古三坟书》亡已久，宋毛渐特出之；《山坟》则言君臣、民物、阴阳、兵家，谓之《连山》；《气坟》则言归藏、生动、长育、止杀，谓之《归藏》；《形坟》则言天地、日月、山川、云气，谓之《乾坤》。与先儒所言"三易"大异。《阴符》古无是书，唐李筌特出之，以为黄帝所作，皆取兵家谲诞不经语而文以奇涩之辞；又妄说太公、范蠡、鬼谷、张良、诸葛亮等训注，皆凿空扇虚以惑世，尤使人惊愕不止。②

在此，宋濂揭示了作伪的两种类型：一是"有所附丽"，即有所依傍；二是"凿空扇虚"，即凭空造作。这对于指导后人的辨伪，很有作用。

应该指出的是，《诸子辨》在考证方面，还有许多浅陋的地方。如首篇辨《鹖子》为伪书，理由仅是"其文质，其义弘"。他不信《化书》为宋齐丘所作，而其理由只是"使齐丘知此，则何为不得其死也？"宋濂在辨立说之是非时，更是暴露了他的思想局限性。他以儒家思想为尺度，来衡量、评判诸子之是非与得失。如他在评论《庄子》时指出：

> 《庄子》十卷，战国时蒙人漆园吏庄周撰。……盖仿佛所谓"古之狂者"。惜其与孟轲氏同时不一见，而闻孔子之大道；苟闻之，则其损过就中岂在轲之下哉。呜呼，周不足语此也！孔子百代之标准，周何人，敢掊击之，又从而狎侮之！自古著书之士虽甚无顾忌亦不至是也。周纵日见轲，其能幡然改辙乎？不幸其书盛传，世之乐放肆而惮拘检者莫不

---

① 宋濂：《诸子辨》"《孙子》"，见《古籍考辨丛刊》第一集，中华书局，1955年。
② 宋濂：《诸子辨》"《言子》"，见《古籍考辨丛刊》第一集，中华书局，1955年。

指周以藉口，遂至礼义陵迟，彝伦斁败，卒踣人之家国。不亦悲乎！"①

再如他评论孙武称："古之谈兵者有仁义，有节制，至武一趋于权术变诈，流毒至于今未已也。然则武者固兵家之祖，亦兵家之祸首欤？"②评论商鞅称："鞅好刑名之学，秦孝公用之，遂致富强，后卒以反诛。今观其术，以劝耕、督战为先务，垦草之令，农战之法，至严至峻也。然不贵学问以愚民，不令豪杰务学《诗》《书》。其毒流至嬴政，遂大焚《诗》《书》、百家语以愚天下黔首，鞅实启之，非特李斯过也。"③评论韩非称："非，惨激人也：君臣、父子、夫妇之间一任以法，其视仁义蔑如也；法之所及，虽刀锯日加，不以为寡恩也。其无忌惮，至谓'孔子未知孝悌忠信之道'；谓'贤尧、舜、汤、武乃天下乱术'；谓'父有贤子，君有贤臣，适足以为害'；谓'人君藏术胸中，以倡众端而潜御群臣'。噫，是何言欤！是何言欤！是亦足以杀其身矣！"④这种唯儒独尊的成见，使他对诸子的评论十分偏颇。正如顾颉刚所指出的："他简直是董仲舒请罢百家的口气。他恨不使庄子受孟子的教诲，恨不强葛洪改学六艺，恨不把《公孙龙子》烧毁了。"⑤因此有人称"《诸子辨》一书，在宗旨上并无辨伪之意，它所讲的'辨'，并非真伪之辨，而是儒家正宗思想与诸子'邪说'之辨，是以儒家思想为旨归，决定对诸子的存留取舍，使道术咸出于一轨"。⑥

除考辨诸子外，宋濂还对宋代陈抟伪造之《易图》及前人关于《河图》《洛书》之说进行考辨。但他仍然相信"河出图、洛出书"的说法，暴露了他迷信经传的局限性。

---

① 宋濂：《诸子辨》"《庄子》"，见《古籍考辨丛刊》第一集，中华书局，1955年。
② 宋濂：《诸子辨》"《孙子》"，见《古籍考辨丛刊》第一集，中华书局，1955年。
③ 宋濂：《诸子辨》"《商子》"，见《古籍考辨丛刊》第一集，中华书局，1955年。
④ 宋濂：《诸子辨》"《韩子》"，见《古籍考辨丛刊》第一集，中华书局，1955年。
⑤ 顾颉刚：《诸子辨序》，见《古籍考辨丛刊》第一集，中华书局，1955年。
⑥ 王嘉川：《布衣与学术：胡应麟与中国学术史研究》第四章"胡应麟与中国文献辨伪学研究"，商务印书馆，2005年。

第三节
梅鷟与《尚书考异》

梅鷟（生卒年月不详），字鸣歧，别号致斋，旌德（今安徽旌德）人。明正德八年（1513年）举人，历任南京国子监学正、盐科司云南白盐井提举。其兄梅鹗，为正德年间进士，著述颇丰，曾经怀疑伪《古文尚书》，认为《大禹谟》中所谓"人心惟危，道心惟微"句本出于《道经》。[①]在《尚书考异》卷二《大禹谟》中，梅鷟也以较多篇幅论述"人心"、"道心"实出自《荀子·解蔽篇》所引《道经》的说法，可见兄弟俩志趣一致，有些观点也相同。甚至有人认为《尚书考异》是其兄弟俩的共同作品。梅鷟辨伪代表作有《尚书谱》《尚书考异》等。

梅鷟之前，宋代学者如吴棫、朱熹多就古文今文有难易之别而发疑，认为《古文尚书》多文从字顺，而伏生今文反倒佶屈聱牙。到了元代的吴澄，他不仅敢于发疑，更是敢于断然勇决。他认为：

> 梅赜所增二十五篇，体制如出一手，采集补缀，虽无一字无所本，而平缓卑弱，殊不类先汉以前之文。夫千年古书最晚乃出，而字画略无脱误，文势略无龃龉，不亦大可疑乎？……而断断然不敢信此二十五篇之为古《书》。[②]

吴澄在此指出二十五篇"采集补缀，虽无一字无所本"，确实是有识之见，他直接启发了梅鷟及后来的阎若璩、惠栋等人追索二十五篇之"所本"。

梅鷟在吸取前人考辨伪《古文尚书》所取得成果的基础上，以更加科学的态度，多角度、多层面地广泛搜集证据，把伪《古文尚书》的考辨推向了一个新的层次，并为清代阎若璩、惠栋的科学考辨起了"导夫先路"的作用。

梅鷟的《尚书考异》是一部承上启下的考辨伪《古文尚书》的名著。该书"至谓孔安国并序多之二十五篇，悉杂取传记中语以成文，则指摘皆有依据"。[③]全书共分六卷，其中前五卷为辨伪，主要考辨二十五篇《古文尚书》、孔安国《书序》及伏生《今文尚书》二十九篇等，后一卷为考异文。

---

① 阎若璩：《尚书古文疏证》第三十一引《旌德县志》，上海古籍出版社，1987年。
② 吴澄：《书纂言》目录后识语，《四库全书》经部书类。
③ 纪昀：《四库全书总目提要》卷十二经部十二书类二"《尚书考异》提要"，海南出版社，1999年。

前五卷主要从以下几个角度论证二十五篇《古文尚书》及孔安国《书序》等之伪。

其一，考辨《尚书》的传授系统。

关于《今文尚书》二十九篇的来源及传授系统，《史记·儒林列传》作了详尽的记述：

> 孝文时，欲求能治《尚书》者，天下无有，乃闻伏生能治，欲召之，是时伏生年九十余，老不能行，于是乃诏太常使掌故晁错往受之。秦时焚书，伏生壁藏之，其后兵大起，流亡。汉定，伏生求其书，亡数十篇，独得二十九篇。即以教于齐、鲁之间，学者由是颇能言《尚书》，诸山东大师无不涉《尚书》以教矣。伏生教济南张生及欧阳生，欧阳生教千乘倪宽。……自此之后，鲁周霸、孔安国、洛阳贾嘉，颇能言《尚书》事。孔氏有《古文尚书》，而安国以今文读之，因以起其家，逸《书》得十余篇。盖《尚书》滋多于此矣。①

梅鷟认为：

> 太史公当汉武帝时，伪说未滋，故其言多可信。……然则汉文帝时，非无《尚书》也，求能治《尚书》者耳。山东诸大师非无治《尚书》者，皆伏生弟子，而推隆于宗师云耳。晋人不知，遂创为失其本经，口以传授，其诞妄不足信可知矣。今伏生书见在，古今所引者皆如此，昭然日星之明。失其本经者何篇？以意属读者何章何句也邪？又太史公未尝言安国《古文》出于壁藏。既曰颇能言，又曰盖《尚书》滋多于此矣。其言容有抑扬哉。②

梅鷟还将《汉书·艺文志》关于《尚书》的记载与《史记·儒林传》记载作了对比，指出：

> 今按《汉书》与《史记》异者数处：《古文经》四十六卷，《史记》无此句；孔子纂书凡百篇而为之序，《史记》无此句；鲁共王坏宅以书还孔氏事，《史记》不载；孔安国得《古文尚书》，多十六篇，安国献之，遭巫蛊事，未列于学官，《史记》不载；二十九卷，《史记》作二十九篇，盖一篇为一卷也。《汉书》与《史记》不同者若此，宜从《史记》为当。然百篇之序，《史记》班班可考，但孟坚以为孔子为之，晦翁（案：指朱熹）不可也。③

---

① 司马迁：《史记》卷一百二十一《儒林列传》，中华书局，1982年。
② 梅鷟：《尚书考异》卷一"《后汉书·儒林传》"，文渊阁《四库全书》经部十二书类二，台湾商务印书馆，2008年。
③ 梅鷟：《尚书考异》卷一"《汉书·艺文志》"，文渊阁《四库全书》经部十二书类二，台湾商务印书馆，2008年。

梅鷟认为《后汉书·儒林传》关于《今文尚书》《古文尚书》传授系统的记载较为可信。他说：

> 范蔚宗历述伏生《今文书》及安国《古文书》传授颠末，较然可寻，遂尽除去诞妄不经之说，使人得有所考，有以知晋人《古文》二十五篇，决非安国所传之本，何其精详而简当也哉！……今观安国传之数世至孔僖，世传《古文尚书》，则其子孙之传者也。都尉朝、庸谭、尹敏、盖豫、周防、丁鸿、杨伦、杜林、贾逵、马融、郑元（玄），则其弟子之相传者也。虽不得立之学官，而其家传及弟子之相传，正为先汉之伪古文（案：指张霸伪百两篇《古文尚书》），而非晋人始出之古文、明矣。①

他认为《隋书·经籍志》"虽约《史记》、两《汉书》而为之，然其言时与《史》《汉书》乖戾者多"。他列其八失：第一，称伏生口传二十八篇，又河内女子得《泰誓》一篇，以《泰誓》足二十九篇之数，遂使后人承讹踵误；第二，不志倪宽诣博士受业孔安国；第三，不书尹敏初习欧阳《尚书》，后受古文，不书周防师事盖豫，受《古文尚书》；第四，不书孔僖鲁国鲁人也，自安国以下，世传《古文尚书》；第五，于扶风杜林传《古文尚书》，同郡贾逵为之作训，马融作传，郑玄亦为之注，"由是《古文尚书》遂显于世"（案：《后汉书·儒林传》有此语）；第六，其下遂变文云："然其所传惟二十九篇，又杂以今文，非孔旧本，自余绝无师说"（案：《隋志》"郑元（玄）亦为之注"下接"然其所传惟二十九篇"）；第七，又云晋世秘府所存，有《古文尚书》经文，今无有传者；第八，不书王肃得见安国《古文尚书》，及皇甫谧、梁柳、郑冲等所传安国《古文尚书》次第。他认为《隋志》记载之所以出现以上八条失误，"盖不知二十九篇本以序言，而非伪《泰誓》，又不知都尉朝、庸生、倪宽、尹敏、盖豫、周防、孔僖、杜林、贾逵、马融、郑元（玄）所传《古文》，同一张霸所作者，遂误以都尉朝、庸生所传者为东晋梅赜所上"。②

总而言之，梅鷟认为《史记·儒林传》和《后汉书·儒林传》的记载较为可信，而《汉志》《隋志》的记载多有可疑及失误之处。经过考辨，他得出这样的结论：

> 先汉之古文，实为安国之家传，而东晋之古文，乃自皇甫谧而突出，……后乎谧而上之者曰梅赜。③

这里所说伪《古文尚书》的作者是皇甫谧，此结论尚为证据不足。但梅鷟已经将孔安国家传之《古文尚书》与东晋梅赜所献之《古文尚书》分辨开来。他批驳了晁公武所谓"安国《古文尚书》

---

① 梅鷟：《尚书考异》卷一"《后汉书·儒林传》"，文渊阁《四库全书》经部十二书类二，台湾商务印书馆，2008年。
② 梅鷟：《尚书考异》卷一"《隋书·经籍志》"，文渊阁《四库全书》经部十二书类二，台湾商务印书馆，2008年。
③ 梅鷟：《尚书考异》卷一"孔安国《尚书注》十三卷"，文渊阁《四库全书》经部十二书类二，台湾商务印书馆，2008年。

至晋齐间始显,是以晋人伪安国之《古文》,即为先汉真安国之《古文》也"的说法,认为"其言谬甚,论其义理,则先汉之《古文》不如东晋之《古文》尤为近理,何者?先汉之伪,纰漏显然,其失易见。东晋之伪,无一书不搜茸,无一字无所本。是非英才闲世之大贤,不能以出于一手置其疑,不能以平缓卑弱斥其非"。①

其二,揭露二十五篇《古文尚书》是杂取先秦文献中语句而写成。

梅鷟既然认为"东晋之伪,无一书不搜茸,无一字无所本",因此他在考辨过程中非常注意找出伪《书》剽窃的出处。

比如考辨《大禹谟》,他认为"'后克艰厥后'之言,于《皋陶谟》'允迪厥德'用其意,于孔子《论语》用其辞;后即君之别名,艰则难之换字也。'臣克艰厥臣',于《皋陶谟》'谟明弼谐'用其意,于孔子《论语》用其辞"。"乃圣乃神"之文出自《吕氏春秋》;"任贤勿贰,去邪勿疑"两句出自《战国策》赵武灵王引《书》所云;"戒之用休,董之用威,劝之以九歌,俾勿坏"几句出自《左传》文公七年郤缺言于宣子引《夏书》云;"降水儆予"句见《孟子》;"成允成功"句见《左传》襄公五年;"汝惟不矜,天下莫与汝争能;汝惟不伐,天下莫与汝争功"是化用《老子》之言;"人心惟危,道心惟微"出自《荀子·解蔽篇》所引《道经》等。②

又如考辨《五子之歌》,他指出:

> 此盖晋人搜罗逸《书》以补此篇。见襄四年,魏绛曰:"夏训有之,有穷后羿,遂窃后羿之田以为太康之田"。曰"有穷后羿"一句,全用《左传》文也;"因民"一句,《左传》"因夏民以代夏政"也;"弗忍"二字,用《左传》"其子不忍食诸"二字反用之也;"畋于"二字,用《左传》"虞羿于田"之意也;"十旬弗反",用《左传》"淫于原兽"之意也。③

再如,他认为《胤征》中"火炎昆冈,玉石俱焚"两句出自晋人语,如《晋书》袁宏"三国名臣赞"所云"沧海横流,玉石同碎",《刘琨传》所云"火炎昆冈"等。④《仲虺之诰》中所云"成汤放桀于南巢,惟有惭德,曰:'予恐来世,以台为口实'"数句,是杂糅《孟子》"汤放桀",《史记》"放之于南巢",《左传》襄二十九年"季札见舞韶濩者,曰:'圣人之宏也,而犹有惭德,圣人之难也'",襄二十二年"公孙侨对晋人曰:'若不恤其患而以为口实'"等语句而成。⑤《泰誓》中

---

① 梅鷟:《尚书考异》卷一"孔安国《尚书注》十三卷",文渊阁《四库全书》经部十二书类二,台湾商务印书馆,2008年。
② 梅鷟:《尚书考异》卷二"《大禹谟》",文渊阁《四库全书》经部十二书类二,台湾商务印书馆,2008年。
③ 梅鷟:《尚书考异》卷二"《五子之歌》",文渊阁《四库全书》经部十二书类二,台湾商务印书馆,2008年。
④ 梅鷟:《尚书考异》卷一"《胤征》",文渊阁《四库全书》经部十二书类二,台湾商务印书馆,2008年。
⑤ 梅鷟:《尚书考异》卷三"《仲虺之诰》",文渊阁《四库全书》经部十二书类二,台湾商务印书馆,2008年。

所云"惟天地，万物父母；惟人，万物之灵。亶聪明作元后，元后作民父母"。梅鷟认为："此一节，全出《后汉书·刘陶传》。陶上疏曰：'臣闻人非天地，无以为生，天地非人，无以为灵，是故帝非人不立，人非帝不宁'。其曰'人非天地无以为生'即'天地万物父母'一句之所从出也；'天地非人无以为灵'即'惟人万物之灵'一句之所从出也；'帝非人不立'即'亶聪明作元后'二句之所从出也；'人非帝不宁'，即'元后作民父母'一句之所从出也。此人收葺逸《书》，见陶疏下文有云：'目不视鸣条之师，耳不闻檀车之声'，遂攘此而点化成文。……《古文尚书》直至东晋时出，刘陶、范晔实未尝见《古文》，非刘陶、范晔之蹈袭明甚。"①

其他篇目如《伊训》《太甲》《咸有一德》《说命》《武成》《旅獒》《微子之命》《蔡仲之命》《周官》《君陈》《毕命》《君牙》《冏命》等篇中的一些语句，梅鷟也一一找出它剽窃的出处，有力地揭露了伪《古文尚书》的真相。

其三，从文章体例、句法特点、文字风格上揭示其作伪之迹。

梅鷟在考辨《大禹谟》时指出：

> 变乱圣经之体者，《大禹谟》是也。凡伏生《书》，典则典，谟则谟，誓则誓，典、谟、誓杂者，未之有也。今此篇，自篇首至"万世永赖，时乃功"，谟之体也；自"帝曰格汝禹"至"率百官若帝之初"，典之体也；自"帝曰咨禹惟时有苗弗率"，至"七旬有苗格"，誓之体也。混三体而成一篇，吾故曰：变乱圣经之体者，《大禹谟》是也。②

他又说：

> 二十五篇之中，独《禹谟》一篇，长且多于他篇，……最所用心者在此篇，最为纰缪者亦在此篇，故杂三体而为一。原其初意，专为禹受禅而作，恃《尧曰》首章而发意，嫌其太寂寞，故首之以谟，终之以誓。自今观之，《皋陶谟》内已备载禹之谟矣，而又有《大禹谟》篇，岂得不为长文哉。③

在此，梅氏从文体上指出《大禹谟》"混三体而成一篇"，从而揭示该篇作伪之迹。

梅鷟还注意从句法特点上揭示其作伪之迹。比如辨《汤诰》"肆台小子，将天命明威，不敢赦，敢用元（玄）牡，敢诏告于上天神后，请罪有夏，聿求元（玄）圣，与之戮力，以与尔有众请命"数句时指出：

---

① 梅鷟：《尚书考异》卷一"《泰誓》上"，文渊阁《四库全书》经部十二书类二，台湾商务印书馆，2008年。
② 梅鷟：《尚书考异》卷二"《大禹谟》"，文渊阁《四库全书》经部十二书类二，台湾商务印书馆，2008年。
③ 梅鷟：《尚书考异》卷二"《大禹谟》"，文渊阁《四库全书》经部十二书类二，台湾商务印书馆，2008年。

《汤誓》"非台小子";《皋陶谟》曰:"天明威",上文"天命有德";《多士》"我有周佑命,将天命明威,致王罚";《论语》"予小子履,敢用元(玄)牡,敢昭告于皇皇后帝,有罪不敢赦"。今皆不通文理,妄为改窜,以"不敢赦"移居"敢用元(玄)牡"之上,又以"有罪"变作"请罪"字,于下称伊尹为元(玄)圣。遍考古今帝王之辞,无若然者。①

又如辨《大禹谟》"曰若稽古大禹,曰文命敷于四海,祗承于帝"时指出:

首句仿《尧典》《皋陶谟》,虽两仿之,而仿《皋陶谟》之意多,故不曰帝禹,而曰大禹。盖此篇以"谟"称故也。虽曰以"谟"称,然事体莫重于受禅,主意尤注于拟"典",故即以"文命"二字效"放勋"二字,又恐人得以蹑其迹,下文"后克艰"二句复转而效《皋陶谟》也。夫其变见出没至于如此,学者岂得容易窥之哉?"文命"二字,《史记》以为禹名,而此不从之,以"敷于四海"缀其下者,亦此人善变见之一端也。……"敷于四海",约《禹贡》"东渐"数句之旨而成之。"祗承于帝"之语,王耕野曰:"当合下节曰字点句",而此句效《周语》"灵承于旅"之句,其意必曰:"灵字固新奇,犹不若我祗字为精切",且同彼用灵字则蹈袭易见,故换作祗字,即后世作诗夺胎换骨之法也。②

梅鷟还注意从文字风格上考辨《古文尚书》之伪。在《尚书考异》卷一《古文二十五篇》中,他引宋吴棫曰:"安国所增多之书,今篇目具在,皆文从字顺,非若伏生之书,佶屈聱牙,至有不可读者。"又引朱熹曰:"伏生所传皆难读,如何伏生偏记其所难,而易者全不能记也。""《书序》伏生时无之,其文甚弱,亦不是前汉人文字,只似后汉末人。""孔传并序,皆不类西京文字气象,与《孔丛子》同是一手伪书。"又引元吴澄曰:"梅赜所增二十五篇,体制如出一手,采辑补缀虽无一字无所本,而平缓卑弱,殊不类先汉以前之文。"梅鷟虽未直接发表意见,但他所引吴棫、朱熹、吴澄三大儒之论,说明他颇为重视从文字风格上辨伪。

其四,从史实上考辨《孔传》之伪。

如考辨东晋伪《书序》所云,孔安国"承诏为五十九篇作传,会巫蛊事,经籍道息,用不复以闻,传之子孙以贻后代"时指出:

《史记》言"孔氏有《古文尚书》,而安国以今文读之,因以起其家,逸《书》得十余篇。盖《尚书》滋多于此"。而未尝言二十五篇也。至《汉书》始言"安国献之,遭巫

---

① 梅鷟:《尚书考异》卷三"《汤诰》",文渊阁《四库全书》经部十二书类二,台湾商务印书馆,2008年。
② 梅鷟:《尚书考异》卷二"《大禹谟》",文渊阁《四库全书》经部十二书类二,台湾商务印书馆,2008年。

蛊事,未列于学官",而未尝言承诏作传也。至东晋伪《序》始云:"悉上送官,藏之书府",此语与《汉书》合。又云:"承诏为五十九篇作传,会巫蛊事,经籍道息,用不复以闻,传之子孙以贻后代。"此其言将以取信于我后之人,而不知其不可信者显然也。夫云遭巫蛊,未列于学官,然已悉上送官,藏之书府,故刘歆移书太常,请立学官,谆切不已。但云《古文尚书》十六篇,正与《史记》所载逸《书》得十余篇者合。既未尝以为二十五篇,亦未尝以为五十九篇也。由是观之,谓五十九篇未列于学官,史迁所不载者,此妄说也。既云"承诏为五十九篇作传",汉武虽暴,未至有焚书禁学之令,颁行天下,安国岂得废阁诏令,《书》传成而不复以闻者哉。安国既不以闻矣,其后都尉朝,安国之弟子也,庸生辈受业于朝之弟子也,亦寂然未尝言有安国之传何也?由是观之,谓安国承诏作传不复以闻者,又妄说也。①

又如揭露孔安国传《禹贡》地理的失误时指出:

又如谓瀍水出谷城县,两《汉志》并同,晋始省谷城入河南,而《孔传》乃云出河南北山。积石山在西南羌中,汉昭帝始元六年始置金城郡,而《孔传》乃云积石山在金城西南。孔安国卒于汉武时,载在《史记》,则犹在司马迁以前,安得知此地名乎?②

这两条意见后被阎若璩吸收到《尚书古文疏证》中,并作了进一步的考证(见《疏证》第八十七"言汉金城郡乃昭帝置安国传突出";第八十八"言晋省谷城入河南安国传已然")。这些都是足以判定《孔传》之伪的铁证。

梅鷟《尚书考异》所采用的辨伪方法及考辨之成果,对伪《古文尚书》的考辨及定案起了非常重要的作用。朱琳在《尚书考异跋》中认为"后儒阎百诗《尚书古文疏证》、惠定宇《古文尚书考》其门径皆自先生开之"。顾广圻称:"予尝求鷟所撰《考异》,读之,叹其绝有佳者,盖元吴氏澄虽有采辑补缀,无一字无所本之论,而罗列书传以相证验,实至鷟乃始近密","往往精确不磨,切中伪《古文》膏肓,卓然可传也。"③孙星衍则作了这样的评价:"明梅氏鷟创为《考异》,就伪书本文,究其据撷错误之处,条举件系,加总论于前,存旧文于后,于是阎氏若璩推广为《疏证》,惠氏栋、宋氏鉴皆相继辩驳,世儒方信廿五篇《孔传》之不可杂于二十九篇矣。"④阎若璩在《尚书古文疏证》中还直接吸收了梅鷟的不少观点。比如第三十一"言'人心惟危,道心惟微'纯出《荀

---

① 梅鷟:《尚书考异》卷一"孔安国《尚书序》",文渊阁《四库全书》经部十二书类二,台湾商务印书馆,2008年。
② 纪昀:《四库全书总目》卷十二"《尚书考异》提要"引梅鷟说,中华书局,1965年。
③ 顾广圻:《思适斋集》卷七"校定《尚书考异》序",道光上海徐氏校刊本。
④ 孙星衍:《校定尚书考异序》,见《平津馆丛书》已集《尚书考异》六卷,光绪十一年(1885年)吴县朱氏槐庐家塾刻本。

子》所引《道经》"条，第六十四"言《胤征》有'玉石俱焚'语为出魏晋间"条，第六十五"言今《尧典》《舜典》本一为姚方兴二十八字所横断"等基本是沿袭梅氏观点。卷三从第三十三"言《大禹谟》句句有本"条到第四十八条（从第四十二条到四十八条无录无书，已全阙），其中多有采取梅鷟之观点。正如孙星衍所指出的：

> 《疏证》第三卷言《大禹谟》《泰誓》《武成》句句有本，言袭用《论语》《孝经》《易》《书》《诗》《周礼》《礼记》《左》《国》《尔雅》《孟》《荀》《老》《文》《列》《庄》，其中采鷟语必多。①

马雍对此评价称：

> 梅鷟所进行的揭发工作规模相当广泛，方法很周到，有许多证据是非常有力的。我们可以说，他已经初步给伪书下了结论。……他已经找到了主要的证据，并为后继者开辟了途径，这种创造性的功绩是不可埋没的。②

然而由于梅鷟"见闻稍狭，搜集未周"③，因此他的考辨还带有一定的局限性。如他断言二十五篇《古文尚书》为东晋皇甫谧伪造，显然证据不足。又如他误信孔颖达《五经正义》之说，以孔壁真《古文》十六篇，为张霸百两篇伪《古文尚书》；又承东汉马融之误，误以真《泰誓》为伪作等。但瑕不掩瑜，《尚书考异》所反映出的科学的考辨思想和方法，对后人来说无疑是一笔宝贵的精神财富。

---

① 孙星衍：《校定尚书考异序》，见《平津馆丛书》已集《尚书考异》六卷，光绪十一年（1885年）吴县朱氏槐庐家塾刻本。
② 马雍：《尚书史话》四"《尚书》的辨伪工作"，中华书局，1982年。
③ 纪昀：《四库全书总目》卷十二"《尚书考异》提要"引梅鷟说，中华书局，1965年。

第四节

胡应麟对伪书的考辨及对辨伪学理论的总结

胡应麟（1551—1602年），字元瑞，又字明瑞，自号少室山人，兰溪（今浙江兰溪）人。万历四年（1576年）二十五岁时中举，但一生没有做官，嗜好收藏图书，藏书多达四万余卷。三十八岁前已著书十八种，是一位多产的学者。四库馆臣在评价其《少室山房笔丛》时指出："明自万历以后，心学横流，儒风大坏，不复以稽古为事。应麟独研索旧文，参校疑义，以成是编，虽利钝互陈，而可资考证者亦不少，朱彝尊称其不失读书种子，诚公论也。"[①]他的主要著作有《少室山房笔丛》《诗薮》《少室山房类稿》等。他的辨伪代表作是《四部正讹》（见《少室山房笔丛》卷三十至卷三十二），他对伪说、伪史、伪书的考辨还散见于《史书占毕》《九流绪论》等著作中。

《四部正讹》的成书，后于宋濂《诸子辨》约一百三十年，该书较之《诸子辨》进步的地方，正如顾颉刚所指出的：

> 第一，宋氏专论诸子，他则扩充其义例，遍及四部，所论书有一百余种，视宋氏多出了一倍。第二，《诸子辨》所谓"辨"，乃是辨其"各奋私知而或戾大道"的殊说，其目的欲使"道术咸出于一轨"。这是求善，不是求真；固然里边有许多辨伪的话，但只是旁及的，他的目的总在"罢斥百家"，还是董仲舒的心胸。《四部正讹》则较能客观，很少卫道的议论，它是以辨伪为正业的。[②]

《四部正讹》分为上、中、下三卷。上卷以辨经传及谶纬的书为主；中卷以考辨诸子为主；下卷以考辨杂史、文集等为主。

上卷除了考辨前人已经辨及的《连山易》《归藏易》《子夏易》《古文尚书》等经书外，还以较多的篇幅考辨了《乾凿度》《乾坤凿度》及各种谶纬书籍。其中颇有一些发明和创见。他首先指出：

> 《周易乾凿度》二卷，又《乾坤凿度》二卷，今合为一，实二书也。《乾坤凿度》称黄帝撰，而《乾凿度》皆假孔子为言，其伪固无容辨说，然亦匪《凿度》本书也。案诸

[①] 纪昀：《四库全书总目提要》卷一百二十四"《少室山房笔丛》提要"，中华书局，1965年。
[②] 顾颉刚：《四部正讹序》，见《古籍考辨丛刊》第一集，中华书局，1955年。

纬，《汉·艺文志》决不经见，《隋志》始备详之。盖哀、平末其端已兆；光武《赤伏》定基，魏、晋以还，禅受亡不援藉符命。自隋文禁绝，其目犹数十家。宋世但七纬传，说者咸以好事掇拾类书补缀而成，非汉、魏之旧。今七纬又仅《凿度》传，余读之信矣。王子充（袆）《丛录》所见正同，则元末已亡久也。（自注：是书余尚疑为近人掇拾者，读《黄氏日抄》详载其言，政与今传本合，乃信其为宋世书。）

胡氏在此据宋人黄震《黄氏日抄》载文以证《乾凿度》为宋代书，然而他认为其中有的内容并非全是宋人伪撰。他指出：

《乾凿度》曰："求卦主岁术，常以太岁为岁纪。岁七十六为一纪，二十纪为一蔀首。即置积蔀首岁数，加所入纪岁数，以三十二除之，不足除者，以《乾》《坤》始数二卦而得一岁，未算即主岁之卦也。"案，此条见《后汉书·黄琼传注》中，盖非宋人伪撰者，要之，亦魏、晋之文也。

接着他又指出：

又《乾坤凿度》云："有太易，有太初，有太始，有太素。太易者，未见气也。太初者，气之始也。太始者，形之始也。太素者，质之始也。气、形、质具而未离，故曰浑沦。浑沦者，育万物相浑成而未相离，视之不见，听之不闻，故曰易也。易变而为一，一变而为七，七变而为九。九者，气变之究也，乃复变而为一。一者，形变之始。清轻者上为天，浊重者下为地。"右俱《凿度》中孔子所云，实全写《列子·天瑞》一节，稍增损数字，遂不成语言。又《列子》"重浊者下为地"之后，有"冲和气者为人，故天地合精，万物化生"三语，意乃完足，今划去后三语，而以"物有始，有壮，有究，故三画成《乾》"接之，文义顿断缺，可笑！盖《元包》《洞极》之类，犹是稍能文者所为。此特荒陋俚儒伪撰耳。[①]

在此，胡氏从材料的来源上断定《乾坤凿度》的有些内容是抄写《列子》而又断章取义的，断定该书是"荒陋俚儒伪撰耳"。

他认为："谶纬之说，盖起于河洛图书。当西汉末，符命盛行，俗儒增益，舛讹日繁。其学自隋文二主禁绝，世不复传，稍可见者惟类书一二援引，及诸家书目具名而已。"为此他将围绕《易》《书》《诗》《礼》《乐》《春秋》《论语》《孝经》等经书伪造的各种谶纬书名——列出："尽录以资博

---

① 胡应麟：《少室山房笔丛》卷三十《四部正讹》卷上，上海书店，2009年。

雅，且俾知书亡已久，即好事家藏、秘本间见，皆伪中之伪，无万一之征也。"①

中卷在考辨诸子时既注意吸取前人的考辨成果，又有自己的见解。如考辨《鹖冠子》时，他认为"道家固实有《鹖冠子》"，《列子》的《天瑞》《力命》《杨朱》都曾引用过《鹖冠子》的话，然"今《鹖冠子》非道家言"。他指出：

> 《鹖冠子》，前辈去取殊不一，宋太史（濂）谓"其文质，其义弘"，余读之信然。第如王长公所称"七大夫"，其名姓诚有可疑者，决匪商末、周初文字，黄东发（震）以战国依托，近之。今所传《鹖冠子》十四篇，有文王问而及三监、曲阜事，人率疑之。然伊尹、太公年俱百数十岁。考《竹书》太公没尚在康王世。熊以九十遇西伯，而管、蔡之叛，周公之薨，俱在成王时，律以太公，则谈及二事亡足怪。但其书体兼儒、杂，既决不类《列子》所引语，而《列》所引语亦略不见篇中，故知其决匪道家。然亦未必小说家之旧。大概后人摭拾残剩，而补苴缀缉之功亡万一焉，故其章次、篇名皆混淆错乱，视他子书特寥落无足观。自宋李仁父已疑之，而王长公尤极言其伪。乃余则以不惟其书可疑，熊之遇西伯亦伪也，盖因太公事附会。若《列》所引鹖熊，自是当时有道者，不必据文王言。（自注：《史记》称鹖熊事文王者，早天，故封其子孙为楚祖。而此以九十遇文，可笑至此。盖二鹖熊明甚。）②

胡氏在高似孙《子略》和宋濂《诸子辨》考辨的基础上，补充了新的论据，否定了宋濂所云"其文质，其义弘，实为古书无疑"③的观点，认为黄震所云"疑为战国处士所托"的观点比较正确。此外，他还反驳了高似孙认为子书起于鹖熊的观点，他说：

> 高似孙谓子书起于鹖熊，此不然。《汉志》道家有《伊尹》五十一篇，黄帝书四种共三十八篇，《力牧》二十八篇；杂家有《孔甲》二十六篇，《大禹》三十七篇；农家有《神农》二十篇；小说家有《伊尹》二十七篇；皆鹖熊前子书，率伪书也。惟以"子"称者似起于熊，而小说有《务成子》，亦熊前。若今传子书，故当首此耳。④

又如辨《阴符经》的作者及成书年代。《崇文总目》疑其是后人依托。朱熹怀疑为唐李筌所为。胡应麟指出：

---

① 胡应麟：《少室山房笔丛》卷三十《四部正讹》卷上，上海书店，2009年。
② 胡应麟：《少室山房笔丛》卷三十一《四部正讹》卷中，上海书店，2009年。
③ 宋濂：《诸子辨》"《鹖冠子》"，见《宋濂全集》第一册，浙江古籍出版社，1999年。
④ 胡应麟：《少室山房笔丛》卷三十一《四部正讹》卷中，上海书店，2009年。

《阴符经》，称黄帝，唐李筌之伪也。筌嗜道，好著述，得《阴符》注之，而托于骊山老母以神其说。杨用修（慎）直云筌作，非也。或以唐永徽初褚遂良尝写一百本，今墨迹尚存，夫曰遂良书则既盛行当世，筌何得托于轩辕？意世无传本，遂良奉敕录于秘书，人不恒睹也。余按《国策》，苏秦干诸侯不遂，因读《阴符》，至刺股，则此书自战国以前有之。而《汉·艺文志》不载，盖毁于兵火，故《隋志》有《太公阴符钤录》一卷，又《周书阴符》九卷，未知孰是，当居一于斯。或疑季子所攻必权术，而《阴符》兼养生。夫《阴符》实兵家之祖，非养生可概也。此书固匪黄帝，亦匪太公，其为苏子所读则了然；而前人无取证者，故余首发之，俟博雅士定焉。①

胡氏认为《阴符》一书，为兵书之祖，战国时已有，即苏秦头悬梁、锥刺股而揣摩的兵书，而《汉书·艺文志》没有载录，大概是毁于战火了。因此他怀疑《隋书·经籍志》所载录的《太公阴符钤录》一卷，又《周书阴符》九卷，两者之中当有一种是《阴符经》，但不知是哪一种。至于褚遂良所写"一百本"，既盛行当世，李筌作注时，又怎能托名于黄帝呢？

再如辨《鬼谷子》，他指出：

《鬼谷》，纵横之书也。余读之，浅而陋矣。即仪、秦之师，其术宜不至猥下如是。柳宗元谓刘氏《七略》所无，盖后世伪为之者，学者宜其不道。而高似孙辈辄取而尊信之，近世之耽好之者又往往而是也。甚矣，邪说之易于入人也。宋景濂氏曰：《鬼谷》所言捭阖、钩箝、揣摩等术，皆小夫蛇鼠之智，家用之则家亡，国用之则国债，天下用之则失天下，其中虽有"知性寡累"等语，亦庸言耳。学士大夫所宜唾去；而宋人爱且慕之，何也？其论甚卓，足破千古之讹。②

在此，他认为高似孙在《子略》中夸赞《鬼谷子》，称其为"穷天之用，贼人之私，而阴谋诡秘有《金匮》《韬》《略》之所不可该者，而鬼谷尽得而泄之，其亦一代之雄乎"，是一种盲目的尊信。而他对宋濂关于《鬼谷子》的评价则持完全肯定的态度。在此基础上，他下了这样的断语：

《鬼谷子》，《汉志》绝无其书，文体亦不类战国。晋皇甫谧序传之。案《汉志》纵横家有《苏秦》三十一篇，《张仪》十篇；《隋·经籍志》已亡。盖东汉人本二书之言，荟萃附益为此。或即谧手所成而托名鬼谷，若子虚、亡是云耳。③

---

① 胡应麟：《少室山房笔丛》卷三十一《四部正讹》卷中，上海书店，2009年。
② 胡应麟：《少室山房笔丛》卷三十一《四部正讹》卷中，上海书店，2009年。
③ 胡应麟：《少室山房笔丛》卷三十一《四部正讹》卷中，上海书店，2009年。

这个结论从《汉志》没有著录，文体不类战国两个方面推断其非出于战国时鬼谷子。但他推断该书是东汉人依据《苏秦》《张仪》二书"荟萃附益"为此。据余嘉锡考证，刘向《说苑·善说篇》曾引及《鬼谷子》，说明西汉时，已有《鬼谷子》，胡应麟所谓"或即谲手所成"，东汉人"荟萃附益为此"的说法是"不足据矣"。① 余氏认为："是必六朝以前相传之古本矣。然其非黄帝之书。""李筌盖偶得旧本，遂注而传之，特故神其说，妄言遇骊山老母传授微旨耳。此虽近于臆测，而其决非筌所伪托，则可断言也。"②

下卷在考辨杂史、文集时也多有发明。如考辨《山海经》时指出：

> 《山海经》，古今语怪之祖。刘歆谓夏后、伯翳撰；无论其事，即其文与《典》《谟》《禹贡》迥不类也。余尝疑战国好奇之士本《穆天子传》之文与事而侈大博极之，杂傅以汲冢《纪年》之异闻，《周书·王会》之诡物，《离骚》《天问》之遐旨，《南华》、郑圃（案：代指《列子》）之寓言，以成此书。而其叙述高简，词义淳质，名号俶诡，绝自成家。故虽本荟萃诸书，而读之反若诸书之取证乎此者，而实弗然也。《穆天子传》至晋始出，而此书汉世独完，缘是前代文人率未能定其先后。余首发之于此，俟大雅君子商焉。

又说：

> 始余读《山海经》，而疑其本《穆天子传》，杂录《离骚》《庄》《列》傅会以成者，然以出于先秦，未敢自信。载读《楚辞辨证》云："古今说《天问》者皆本《山海经》《淮南子》，今以文意考之，疑此二书皆缘《天问》而作"，则紫阳（朱熹）已先得之矣。然《经》所纪山川神鬼，凡《离骚》《九歌》《远游》、二《招》中稍涉奇怪者，悉为说以实之，不独《天问》也，而其文体特类《穆天子传》，故余断以为战国好奇之士取《穆王传》，杂录《庄》《列》《离骚》《周书》《晋乘》以成者。自非熟读诸书及此经本末，不易信也。后世必有以余为知言者。③

在此，胡氏对传统上认为《离骚》《天问》《穆天子传》皆本之于《山海经》的观点持反对态度，他认为《山海经》是战国好奇之士以《穆天子传》为本，杂录《庄子》《列子》《离骚》《天问》等而写成。

在《史书占毕》《九流绪论》中，胡应麟也多有考辨伪史、伪书之说。

---

① 余嘉锡：《古书通例》，见《目录学发微·古书通例》，中华书局，2007年。
② 余嘉锡：《四库提要辨证》卷十九《阴符经解》，云南人民出版社，2004年。
③ 胡应麟：《少室山房笔丛》卷三十二《四部正讹》卷下，上海书店，2009年。

比如关于伯夷、叔齐叩马谏阻武王伐纣之事，他认为是不足为信的。理由是：

> 夫三代之书，（司马）迁所取证者，六经、孔、孟之外，《国语》《短长》（即《战国策》）《庄》《荀》《韩》《吕》数子已而。孔子于（伯）夷则贤之矣，孟子于夷则圣之矣，而未尝概叩马之事也。孔子于夷称其饿矣，孟子于夷述其清矣，而未尝概叩马之言也。……先秦之文，详于识文、武者，宜莫逾《左氏》，勇于非汤、武者，宜莫逾庄周。而《左》《国》诸书言者弗引，《庄》《列》诸书引而弗言。书出于汉之后而足以证周之前者《汲冢》，而《汲冢》诸篇，又始终亡一语及之。然则叩马之谏，太史公所采据果何书也？夫三代之书，其传于后世常寡，而三代之迹，其轶于上古常多。至圣贤大节，未有不具载于六经而互见于子史者。若之何合六经、诸子、诸史，而茫亡一证也？故吾断以为夷、齐无叩马之说也。然斯语非迁创之，盖战国游谈之口而迁信之太果也。夫战国之谈，其起于见夷、齐之逊位而遂疑武王之有争，闻夷、齐之居而遂疑伐纣之当沮，因委曲附会而为是与？①

又如他考辨兵书时称：

> 兵家，秦汉至众，今传于世而称经者，黄帝、风后、太公、黄石、诸葛、李靖等率依托也。《孙》《吴》《尉缭》，当是战国本书，总之皆权谋、形势，以概于三代之师，亡万一近似焉。②

又称：

> 《孙武》十三篇，百代谭兵之祖。考《汉·艺文志》有八十二篇，杜牧以曹公（操）芟其繁芜，笔其精粹，以此成书。然太史《武传》（案：指《史记·孙子列传》），固有十三篇之目，而其文章之妙绝出古今，非魏晋所能润削。意十三篇者，如后世所称卷轴，而八十二篇者，则其卷中之篇，即《始计》《用间》之类也。后人不解太史所云，或武书汉末篇次失亡，故止存十三以合于太史，而八十二篇之旧遂湮没不可复睹，抑曹公因太史所云止存十三之目，余尽芟辑以入新书与？③

---

① 胡应麟：《少室山房笔丛》卷十五《史书占毕》三，上海书店，2009年。
② 胡应麟：《少室山房笔丛》卷二十七《九流绪论》上，上海书店，2009年。
③ 胡应麟：《少室山房笔丛》卷二十七《九流绪论》上，上海书店，2009年。

尽管胡氏推论未必完全符实,但他充分肯定十三篇"其文章之妙,绝出古今,非魏晋所能润削",则是很有眼光的。1972年山东临沂银雀山汉墓出土的《孙子兵法》逸文中,有两处提到了"十三篇"的语句,可见孙武除有十三篇兵法外,还有不少论兵、论政的专篇,足见胡氏的推论是有一定道理的。

再如辨《春秋繁露》,他认为:

> 自宋以来读者咸以为疑而莫能定其真伪。案刘氏《七略》春秋类,惟《公羊治狱》十六篇称仲舒而决无《繁露》之目。《隋·经籍志》始有之,或以即《公羊治狱》十六篇,非也。余读《汉·艺文志》,儒家有《仲舒》百二十三篇,而东《汉志》不可考。《隋志》西京诸子,凡贾谊、桓宽、扬雄、刘向,篇帙往往具存,独《仲舒》百二十三篇略不著录。而"春秋类"特出《繁露》一十七篇。今读其书,为《春秋》发者仅仅十之四五,自余《王道》《天道》《天容》《天辨》等章,率泛论性术治体,至其他阴阳五行、沴胜生克之谈尤众,皆与《春秋》大不相蒙。盖不特《繁露》冠篇为可疑,并所命春秋之名亦匪实录也。余意此八十二篇之文,即《汉志》儒家百二十者,仲舒之学究极天人,且好明灾异,据诸篇见解,其为董氏居然。必东京而后章次残缺,好事因以《公羊治狱》十六篇合于此书,又妄取班氏所记《繁露》之称系之,而儒家之董子世遂无知者。后人既不察百二十篇所以亡,又不深究八十二篇所从出,徒纷纷聚讼篇目间,故咸失之。当析其论《春秋》者,复其名曰《董子》可也。①

胡氏认为《汉志》儒家著录《董仲舒》百二十三篇,然而东《汉志》和《隋志》均未著录。而《隋志》春秋类却著录《春秋繁露》十七篇,注明是汉胶西相董仲舒撰。然而其"为《春秋》发者仅仅十之四五",许多篇目的内容"皆与《春秋》大不相蒙"。因此怀疑《春秋繁露》书名为伪。他认为今传《春秋繁露》八十二篇,就是《汉志》儒家著录《董仲舒》百二十三篇,由于东汉后其篇章残缺,好事者将其《公羊治狱》十六篇合于此书。故胡应麟将其列入"书非伪而书名伪"之类。

又如辨《汉武故事》(与晚出的《汉武帝内传》内容多同),他在"诸家咸以王俭造"的基础上进一步论证说:

> 考其文颇衰苶,不类孟坚,是六朝人作也。《史记》公孙弘谏征伐,不从自杀,而钩弋夫人以病终,非武帝杀之,皆与史大异。吾以弘断不能自杀,知钩弋之说为六朝之妄无疑也。②

---

① 胡应麟:《少室山房笔丛》卷二十八《九流绪论》中,上海书店,2009年。
② 胡应麟:《少室山房笔丛》卷二十九《九流绪论》下,上海书店,2009年。

通过二则事例与《史记》记载的不同，证明此书非出于班固之手而成于六朝。余嘉锡则在此基础上考证其书为东晋葛洪所依托。①

胡应麟在考辨伪史、伪书的过程中，也暴露出了他的某些局限性。如他怀疑经书，仅限于怀疑几部前人已经考辨过的《连山易》《归藏易》《子夏易》《古文尚书》等，而对前人已经指出伪迹的经书，如《左传》《周礼》《诗序》《孝经》等则没有进行考辨，可见他的疑经是有局限的。他批评王充《论衡·问孔篇》"特其偏愎自是，放言不伦，稍不当心，上圣大贤咸在诃斥，至于《问孔》《刺孟》等篇而辟邪之功不足以赎其横议之罪矣"。又称："词间伤直，旨或过求，此充罪也。"②批评刘知幾"不能详察，遽从而效之以讥诋圣人，至尧、舜、禹、汤，咸弗能免，犹李斯之学荀况矣"。③可见他是站在维护圣君明主、圣人的立场上进行考辨工作的。此外，他的考证也有疏漏，例如陈振孙记《关尹子》，谓"徐藏子礼得于永嘉孙定"，胡氏因徐藏之名不甚见人称引，遂谓"藏、定二子尚非如阮逸、宋咸辈实有其人，或俱子虚乌有，未可知也"。④顾颉刚先生据康熙《吴县志》（卷四十四）载"徐藏，字子礼，林子。知饶州。以居吴，去亲远，奏易旁小州，便养。乾道初，改知江阴军。新庙学，刊书籍。……五年，知秀州。藏有学，尤善汉隶书"，证明"徐藏是实有其人的"，⑤指出其疏漏。

在论述胡应麟对辨伪学的贡献时，决不能仅仅限于总结他对伪说、伪书的考辨所作的具体工作上，更为重要的是，应该认识到他是第一个对中国辨伪学理论进行系统归纳总结的人。正如梁启超所指出的："专著一书去辨别一切伪书，有原理、有方法的，胡应麟著《四部正讹》是第一次。"⑥

由此，可以总结《四部正讹》一书的主要贡献在于以下三大方面。

其一，首次总结了伪书产生的原因及伪书的种类。胡氏在吸收前人研究成果的基础上，将伪书产生的原因及伪书的种类归结为二十一种。

1. "有伪作于前代而世率知之者，风后之《握奇》、岐伯之《素问》是也。"（案：《朱子语类》卷一百二十五认为《握奇》"唐李筌为之"；又案：姚际恒《古今伪书考》认为《黄帝素问》"当是秦人作"。）

2. "有伪作于近代而世反惑之者，卜商之《易传》、毛渐之《连山》是也。"（案：陈振孙《直斋书录解题》云，"《汉志》无卜氏《易》，始有《易》二卷，其为依托甚明。"又案：《北史·刘炫传》云，"隋文搜访图籍，炫因伪造《连山》及《鲁史记》上之"。）

3. "有掇古人之事而伪者，仲尼倾盖而有《子华》，柱史出关而有《尹喜》，是也。"（案：朱

---

① 余嘉锡：《四库提要辨证》卷十八《汉武帝内传》，云南人民出版社，2004年。
② 胡应麟：《少室山房笔丛》卷二十八《九流绪论》中，上海书店，2009年。
③ 胡应麟：《少室山房笔丛》卷二十八《九流绪论》中，上海书店，2009年。
④ 胡应麟：《少室山房笔丛》卷三十一《四部正讹》中，上海书店，2009年。
⑤ 顾颉刚：《四部正讹序》，见《古籍考辨丛刊》第一集，中华书局，1955年。
⑥ 梁启超：《古书真伪及其年代》卷一《总论》第三章《辨伪学的发达》，见陈引驰编校《梁启超国学讲录二种》，中国社会科学出版社，1997年。

熹《偶读漫记》云，"会稽官书版本有《子华子》者，云是程本字子华者所作，即孔子所与倾盖而语者。……其理多取佛、老、医卜之言；其语多用《左传》、班史中字；其粉饰涂泽，俯仰态度，但如近年后生，巧于模拟变撰者所为。"[①] 又案：《史记·老子韩非列传》记老子离周至关，遇关令尹喜，后人据此伪作《关尹子》，其中多法释氏及神仙方技家，而借儒家语言进行文饰。）

4. "有挟古人之文而伪者，伍员著书而有《越绝》，贾谊赋鹏而有《鹖冠》，是也。"（案：《越绝书》为汉更始、建武之际袁康所作，书后隐语"以去为姓，得衣乃成，厥名有米，覆之以庚"为证。又案：柳宗元《辨鹖冠子》云"吾意好事者伪为其书，用《鹏赋》以文饰之。"）

5. "有傅古人之名而伪者，尹负鼎而《汤液》闻，戚饭牛而《相经》著，是也。"（案：《史记·殷本纪》记，伊尹欲见汤而无由，"乃为有莘氏媵臣，负鼎俎以滋味说汤，致于王道"。后人据此假托伊尹作《汤液》一书。又案：《吕氏春秋》卷二十三"贵直论"《直谏篇》记宁戚喂牛而歌，齐桓公闻而举贤。后人假托宁戚作《相经》。）

6. 有蹈古书之名而伪者，汲冢发而《师春》补，《梼杌》记而楚史传。（案：西晋汲郡人不准盗发魏王墓，发现一批竹简古书，其中有《师春》，此书久逸，后有人蹈名伪托。又案：《孟子·离娄下》记"楚之《梼杌》"，元人吾衍袭其名而伪作楚史。陶宗仪《辍耕录》明载之。）

7. "有惮于自名而伪者，魏泰《笔录》之类是也。"（案：魏泰著有《东轩笔录》，未假他人之名。此当指魏泰假名张师正作《志怪集》《括异记》等。）

8. "有耻于自名而伪者，和氏《香奁》之类是也。"（案：唐和凝年少时作《香奁集》，多收艳体诗，显贵后，感觉有失庄重，遂题名"韩偓"撰。）

9. "有袭取于人而伪者，法盛《晋书》之类是也。"（案：何法盛《晋书》窃郗绍《晋中兴书》而成。）

10. "有假重于人而伪者，子瞻《杜解》之类是也。"（案：《杜解》题名苏轼作，实借重其名。）

11. "有恶其人，伪以祸之者，（牛）僧孺《行纪》之类是也。"（案：唐李德裕门人韦瓘借牛僧孺之名伪造《周秦行纪》，内有"沈婆儿作天子语"，以图陷害牛僧孺。）

12. "有恶其人，伪以诬之者，（梅）圣俞《碧云》之类是也。"（案：魏泰假梅尧臣之名作《碧云騢》，议及范仲淹。）

13. "有本非伪，人托之而伪者，《阴符》不言三皇而李筌称黄帝之类是也。"（案：《战国策·秦策一》载苏秦干诸侯不遂，因读《阴符》，至刺股。后传之《阴符经》称黄帝，唐李筌之伪作。）

14. "有书本伪，人补之而益伪者，《乾凿度》及诸纬书类是也。"（案：《乾凿度》伪托孔子作。姚际恒《古今伪书考》以为"纬书自隋末禁绝，宋世犹传《七纬》，今传者仅《乾凿度》而已，然亦宋人掇拾类书而成，非本书也"。）

[①] 朱熹：《晦庵先生朱文公文集》卷七十一"偶读漫记"，国家图书馆出版社，2006年。

15."又有伪而非伪者,《洞灵真经》本王士元所补而以伪《亢仓》,《西京杂记》本葛稚川(洪)所传而以伪刘歆之类是也。"(案:唐开元间称《亢仓子》为《洞灵真经》,求而弗获,王士元取《庄子》《列子》《文子》等补缀而成。又案:《西京杂记》世以为葛洪伪撰,托名刘歆,或以为吴均伪撰。)

16."又有非伪而曰伪者,《文子》载于刘歆《七略》,历梁、隋皆有其目,而黄东发(震)以为徐灵府。《抱朴》纪于勾漏本传,历唐宋皆志其书,而黄东发以非葛稚川之类是也。"(案:《汉书·艺文志》著录《文子》九篇,注云,"老子弟子,与孔子同时;而称周平王问,似依托者"。《隋书·经籍志》也著录此书十二篇。可见从汉至唐未尝亡。宋黄震却以为是唐人徐灵府所撰。又案:《晋书·葛洪传》明言洪作《抱朴》诸篇,黄震则以为此书非洪所作。)

17."又有非伪而实伪者,《化书》本谭峭所著而宋齐丘窃而序传之;《庄注》本向秀而作而郭子玄(象)取而点定之之类是也。"(案:《化书》又名《齐丘子》,宋濂以为是终南山隐者谭峭所作,齐丘窃之也。《庄子注》为向秀注,郭象剽窃为己有。)

18."又有当时知其伪而后世弗传者,刘炫《鲁史》之类是也。"(案:刘炫,隋文帝时人,因伪造《连山》《归藏》《鲁史记》等,被隋文帝以为大逆不道,险以丧命。)

19."又有当时记其伪而后人弗悟者,司马(光)《潜虚》之类是也。"(案:《潜虚》,为司马光未成之作,后人赝补行世。朱熹《朱子语录》、黄震《黄氏日抄》已记其伪。)

20."又有本无撰人,后人因近似而伪托者,《山海》称大禹之类是也。"(案:《山海经》本书不言大禹、伯益所撰,刘歆校定,以为"禹任土作贡,而益等类物善恶,著《山海经》"。)

21."又有本无撰人,后人因亡佚而伪题者,《正训》称陆机之类是也。"(案:《崇文总目》录有《正训》十卷,不著撰者名氏。《唐志》有《正训》二十卷,辛德源撰。此书疑为辛德源所著,后亡佚,残留十卷,被题名陆机撰。)[①]

胡应麟总结的这二十一条,条分缕析,差不多将伪书的种类及作伪之原因都加以概括了。明代著名藏书家祁承煠在其《澹生堂藏书约·鉴书》中归纳古代伪书的类型基本沿袭胡氏归纳的二十一条。但这"二十一条"尚有遗漏,如王嘉川指出:

> 胡应麟对伪书类例的归纳,虽然条分缕析,有的还分得相当细密,但还不能说含括了各种伪书的情状,例如魏王肃为在学术上压倒郑玄,竟造伪书以自助,……这种为学术争胜而造伪之类,胡应麟就没有提到。[②]

其后,梁启超在论述"伪书的种类及作伪的来历"时基本沿用其说,将伪书分为十类,又将作

---

① 胡应麟:《少室山房笔丛》卷三十《四部正讹》上,上海书店,2009年。
② 王嘉川:《布衣与学术:胡应麟与中国学术史研究》第四章"胡应麟与中国文献辨伪学研究",商务印书馆,2005年。

伪之动机和原因归结为：托古、邀赏、争胜、炫名、诬善、掠美等十数种（详见《古书真伪及其年代》卷一《总论》），梁氏的分类和归纳较之胡应麟更加缜密，其中也不乏创见，然其说脱胎于胡应麟则昭然若揭。

其二，第一次系统总结了辨伪方法。

在《四部正讹》中，胡应麟在总结前人辨伪成就的基础上，将辨伪方法归纳为八种。

1. "核之《七略》，以观其源"（即检查最早的目录书，看该考辨之书的来源情况）。
2. "核之群志，以观其绪"（即检查历代史志目录，看该书在何时代见于著录，以明了其流传情况）。
3. "核之并世之言，以观其称"（即检查与作者同时代人的著作，看有无谈到或称引该书的地方）。
4. "核之异世之言，以观其述"（即检查后人的著作，看有无发挥或引申该书的言论）。
5. "核之文，以观其体"（即检查该书的文字，看它的笔调是否与作者所处时代的文体相合）。
6. "核之事，以观其时"（即检查该书的内容，看它的记载是否与作者所处时代的事实相符）。
7. "核之撰者，以观其托"（即检查该书所标作者的姓名，看它是否出于托名古人）。
8. "核之传者，以观其人"（即检查首先传播该书的是什么人）。[①]

这八种方法，实际上可以归纳为四个方面：一是从此前目录著录的情况来考辨其书的真伪；二是通过同时代或后世书中有无称引或发挥其书的内容来考辨其真伪；三是从书中所反映的时代文体的特色和事实上来考辨其真伪；四是从所题作者及首先传播者的情况来考辨其书真伪。

"辨伪八法"对后来的辨伪工作具有很强的指导意义，在辨伪学史上具有划时代的意义。三百多年后，梁启超在此基础上，提出了辨伪书的十二条公例（见《中国历史研究法》第五章），其中所提出的"其书前代从未著录，或决无人征引而忽然出现者，十有九皆伪"；"其书虽前代有著录，然久经散逸，乃忽有一异本突出，篇数及内容与旧本完全不同者，十有九皆伪"；"其书流传之绪，从他方面可以考见，而因以证明今本题某人旧撰为不确的"。这三条公例实际上是对胡氏"辨伪八法"第一、二两种方法的阐发。所谓"其书原本，经前人称引确有左证，而今本与之歧异者，则今本必伪"，则是对"辨伪八法"中第四种方法的阐述。所谓"书中所言确与事实相反者，则其书必伪"，则是对第六种方法的阐述。如将梁启超"辨伪十二公例"与胡应麟"辨伪八法"比较，就不难发现除"公例"第十一条"若某书中所言时代之状态与情理相去悬绝者，即可断为伪"和第十二条"若某书中所表现之思想与其时代不相衔接者，即可断为伪"为梁启超发明外，其余均是沿袭胡氏旧说。此外，胡适也曾将审定真伪的证据归纳为史事、文字、文体、思想、旁证五种，其中也沿

[①] 胡应麟：《少室山房笔丛》卷三十二《四部正讹》下，上海书店，2009年。

用"辨伪八法"的某些内容。正如孙钦善所指出的：

> 近人谈辨伪方法者又有数家，虽各有补充和发展，但其说皆脱胎于此（即"辨伪八法"），如胡适在《中国哲学史大纲》中将审定真伪的证据归纳为史事、文字、文体、思想、旁证五种，除文字、思想外，余皆为胡应麟所有。又如梁启超在《中国历史研究法》中提出辨伪书的十二条公例，除第十一条"各时代之社会形态"及第十二条"各时代之思想"两条外，余亦皆为胡应麟所有。①

其三，从宏观上分析了伪书的范围和伪的程度。

在《四部正讹》结尾部分，胡应麟在考辨各种伪书的基础上，作了一个概括性的结论。他说：

> 凡四部书之伪者，子为盛，经次之，史又次之，集差寡。凡经之伪，《易》为盛，纬候次之。凡史之伪，杂传记为盛，琐说次之。凡子之伪，道为盛，兵及诸家次之。凡集，全伪者寡，而单篇列什借名窜匿甚众。②

这个结论从宏观上分析了伪书的范围，对后来的辨伪工作具有重要的指导意义。

在分析伪书程度时，他又指出：

> 大率汉、秦以还，书若《三易》（《连山》《归藏》《子夏》）、《三坟》、《六韬》、七纬、《关尹》、《子华》、《素书》、《洞极》、《李靖问答》、《麻衣心法》、武侯诸策、王氏诸经，全伪者也。《列御寇》《司马法》《通玄经》真错以伪者也。《黄石公》《鹖冠子》《燕丹子》，伪错以真者也。《管仲》《晏婴》《文中》，真伪错者也。《元包》《孔丛》《潜虚》，真伪疑者也。《鹖冠》，残也，《亢仓》，补也，《繁露》，讹也，皆不得言其伪也。《素问》《握奇》《阴符》《山海》，其名讹也，其书非伪也。《穆天子传》《周书》《纪年》，其出晚也，其书非伪也。即以伪乎，非战国后也。③

这种分析极其细密，虽然其中有些观点尚值得商榷，但总的来说，还是较为真实地反映了伪书伪的程度及不同情况。胡应麟在此虽然没有直接言及对伪书的态度，但客观上却告诉人们，对待伪

---

① 孙钦善：《古代辨伪学概述》（上），见《文献》第14辑，书目文献出版社，1982年。
② 胡应麟：《少室山房笔丛》卷三十二《四部正讹》卷下，上海书店，2009年。
③ 胡应麟：《少室山房笔丛》卷三十二《四部正讹》卷下，上海书店，2009年。

书要具体分析,不可一概而论,更不可笼统地加以摒弃。因此可以说,《四部正讹》是我国辨伪学史上的一个里程碑。它的问世,标志着辨伪学的成立。正如梁启超所指出的那样:"全书发明了许多原理、原则,首尾完备,条理整齐,真是辨伪学以来的第一部著作。我们也可以说,辨伪学到了此时,才成为一种学问。"①

---

① 梁启超:《古书真伪及其年代》卷一"总论"第三章《辨伪学的发达》,中华书局,1955年。

第五节

明末清初学者对《致身录》《从亡随笔》的考辨

"靖难"之役后，明成祖发布诏令，革除建文年号，改建文元年为洪武三十一年，且不为建文帝修实录，有关建文朝的史书自然难以编纂。正所谓："太宗靖内难，其后史臣不记建文君事，遂使建文数年朝廷政事及当时忠于所事者皆湮没不传。"[①]朱棣死后，革除之禁逐渐放松，民间言谈涉及建文史事渐多。尤其是万历帝即位之初，万历帝就下诏褒扬建文朝死节诸忠臣，并为之建祠。由此鼓舞了学者们修纂建文史的热情，出现了众多关于建文朝的史书，据黄虞稷《千顷堂书目》所载建文朝史籍就多达五十九种，其中鱼龙混杂，真伪难辨。正如钱谦益所言："大抵革除事迹，既无实录可考，而野史真赝错出，莫可辨证。"[②]当时人们最关注的是建文帝的下落，他到底是阖宫自焚而死还是出逃？若是出逃，又隐居何地？随从几人？据《明太宗实录》，建文帝系阖宫自焚而死，且备礼安葬于南京，但南京并无建文帝陵墓，因此人们怀疑此说的可信性。后人著书，或因好奇心使然，或以补史考实自命。如张朝瑞《表忠汇录》主张建文帝逊国之说，但不信其天顺中由滇归京之事，故卷六《考误》专门辩驳此事。周镳《逊国忠记》笃信诸臣从亡之事。钱士升《皇明表忠记》、张铨《国史纪闻》、尹守衡《皇明史窃》等也主建文帝出亡之说。薛应旂《宪章录》主张建文帝出亡，老佛入京之说。诸如此类，不一而足。关于建文帝的出亡及从亡诸臣之事，多有学者进行过考辨。

伴随着众多建文史籍的问世，这一时期也出现了一些伪书，如托名史仲彬所撰的《致身录》、托名程济所撰的《从亡随笔》，以及题名"玉海子刘琳著"的《拊膝录》（记建文君臣之事）。这三部书皆被钱士升收入《逊国逸书四种》中，而影响最大者当数《致身录》与《从亡随笔》。正如清初朱彝尊所言：

> 逊国群书，可信者绝少，十九皆作伪无稽，尤可怪者，《从亡随笔》之程济、《致身录》之史仲彬，欺人欺天，莫此甚矣。[③]

---

① 何乔新：《嘉议大夫吏部右侍郎兼詹事府丞谥文懿杨公守陈墓志铭》，见焦竑《国朝献征录》卷二十六，《续修四库全书》第526册。
② 钱谦益：《牧斋初学集》卷二十二"书《致身录考》后"，上海古籍出版社，1985年。
③ 朱彝尊：《曝书亭集》卷四十五"明史提纲跋"，世界书局，1937年。

以后，赵士喆《建文年谱》、刘廷峦《建文逊国之际月表》、曹参芳《逊国正气纪》、邵远平《建文帝后纪》等皆信其为真，并以二书为依据，可见其信从者之多，影响之大。

这些伪书的出现并不是突兀的，关于建文朝历史的造假早已有之。潘柽章指出：

> 逊国诸书，真赝杂出。盖作俑者，王诏之《奇秘录》，而效尤者史彬之《致身录》也。二书皆浅陋不经，而《致身录》以缘饰从亡事，尤为流俗所歆艳。①

所谓王诏的《奇秘录》，据《明史》记载："松阳王诏游治平寺（案：在今苏州市上方山下），于转轮藏上得书一卷，载建文亡臣二十余人事迹。楮墨断烂，可识者仅九人。……缙云郑僖纪其事，为《忠贤奇秘录》，传于世。"②加之人们普遍存在这样的心理，即"革除之际，忠臣义士，骈首接踵，而身名湮没，天下之所悲也，与其过而削之，宁过而存之"。③因此野史丛出，真伪莫辨，也就不足为奇了。

这些伪书问世之后，信者有之，疑者亦复不少，产生的影响也不容忽视。针对这些疑窦丛生的伪书，明末清初的学者也作了相应的考辨，颇具求实精神。

其一，《致身录》的出现及相应的考辨。

《致身录》之命名，盖取"事君致身"之义，以表彰从亡诸臣节义为目的，故又名《奇忠志》。焦竑《致身录序》云：

> 往岁戊辰（案：隆庆二年），予同二三友人薄游茅山。会淫雨连旬，兀坐一室，老道以所藏杂文供翻阅，竟日无可意者，最后得史翰林（仲彬）《致身录》，读而抚掌曰："革除多疑事，读史者深不决之悲，得此足发覆矣。"询其得之由，则成、弘间史之裔孙携以游，道士窥而窃之者也。袖之归，寻亦失去，今阅五十余年，于敝箧中得之，完好如故。④

据此可知，《致身录》最初发现的时间，应在隆庆二年（1568年），但不久又失去，五十年后，大约在万历末年，焦竑在敝箧中又发现了此书，立即刊刻并为之作序。《致身录》的发现颇具传奇色彩，所谓茅山道书之说难免有来历不明之嫌。且此序究竟是否确为焦竑所作也存有疑问。

此书为纲目体，共十八条。记事起洪武三十一年（1398年），迄洪熙元年（1425年），托名史仲彬所作。所记不外乎史仲彬得建文帝赏识、助建文帝出亡之事。关于史仲彬其人，《明史》无传，

---

① 潘柽章：《国史考异》卷四"让皇帝"十九，《续修四库全书》第452册。
② 张廷玉：《明史》卷一百四十三，中华书局，1974年。
③ 钱谦益：《牧斋初学集》卷二十二《书〈致身录〉考后》，上海古籍出版社，2009年。
④ 见赵士喆《建文年谱》卷下，清初刻本。

在《致身录》之前，与逊国之事相关之史籍皆未见其名。史仲彬之生平经历仅见于史鉴所作《曾祖考清远府君行状》及成化年间吴宽《清远史府君墓表》，然亦无从亡之记载。

大约在万历末年，沈德符对当时刻印的《致身录》就持怀疑态度，他指出：

> 近日此中乃有刻《致身录》者，谓其先世曾为建文功臣，因侍从潜遁为僧，假称师徒，遍历海内，且幸其家数度。此时苏、嘉二府逼近金陵，何以往来自由？又赓和篇什，徜徉山水，无一识察者？况胡忠安公（濙）之出使也（案：胡濙曾奉成祖之命，寻找朱允炆下落），自丁亥至丙申，遍行天下，凡十年而始报命。观《忠安传》中云："穷乡下邑，无不毕至。"胡为常州人，去此地仅三舍，且往来孔道也，岂建文君臣，能罗公远（案：唐道士）隐身法耶？所幸伪撰之人，不晓本期典制，所称官秩，皆国初所无。且妄创俚谈，自呈败缺。①

沈氏所言，可概括为两点，其一，建文君臣若如书中所言往来自由，难逃胡濙之寻访，此与事理不合；其二，书中所记官秩与明初实际不符。

崇祯年间，南京科臣欧阳调律将《致身录》上之朝廷，"欲为请谥立祠，附方（孝孺）、铁（铉）诸公之后"。为此，钱谦益认为不仅史仲彬身份有问题，《致身录》也大有可疑之处。他首先交代该书出现的背景：

> 成化间，吴江处士史鉴明古与长洲吴文定公（宽）为友，尝请文定公表其曾祖讳彬字仲质之墓，今《匏庵集》中所载《清远史》《府君墓表》是也。万历中，吴中盛传《致身录》，称建文元年，彬以明经征入翰林为侍书，壬午之事，从亡者三十二人，而彬与焉。彬后数访帝于滇、于楚、于蜀、于浪穹，帝亦间行数至彬家。诸从亡者，氏名踪迹，皆可考证。前有金陵焦修撰（竑）序，谓得之茅山道书中，好奇慕义之士，见是录也，相与唏嘘太息，彷徨凭吊，一以为必有，一以为未必无。②

为此，钱氏以《府君墓表》与《致身录》进行比较，列举十条"必无者"以论证《致身录》之伪。

第一，《墓表》"称彬幼跌宕不羁，国初与诸少年缚贪纵吏献阙下，赐食与钞，给舟遣还，恭谨力田，为粮长，税入居最。每条上利害，多所罢行，乡人赖之"。假使史彬果然是逊国遗臣，他在从亡访主过程中，应该多所讳忌，不应当称曾受太祖辟召。即使不是这样，也只是一个老明经也，

---

① 沈德符：《万历野获编》卷一"建文君出亡"条，中华书局，1959年。
② 钱谦益：《牧斋初学集》卷二十二"《致身录》考"，上海古籍出版社，2009年。

其生平读书写文章，何以没有一点记载呢？其必无者一也。

第二，《墓表》称其"每治水诸使行县，县官以为能，推使前对，反复辨论，无所畏"。钱氏认为："彬既从亡间归，尚敢邛首伸眉，领诸父老抗论使者前，独不畏人物色乎？县官岂无耳者，独不知为故翰林侍书，推使前对使者乎？"其必无者二也。

第三，《墓表》记彬"生平自缚吏诣阙，足迹不出里闬"。而《致身录》载其"间关访主，廿年之间，遍走海内"，这是多么矛盾呀。洪熙初，彬奉诏籍报民间废田，减邑税若干石。然以《致身录》考之，彬方访帝于滇南，何暇顾及籍报民间废田，减税之事？其必无者三也。

第四，《墓表》言彬"重然诺，遇事不计利害，至死不悔"。而《致身录》云"以从亡为仇家所中，死于狱"。钱氏认为："彬实未曾死狱，而云以从亡死狱，甚其词以觊恤也。"《墓表》称其卒之日宣德二年三月十日，而《致身录》云后三日，书其年六十有二，而《致身录》云六十七，卒之年与日皆舛误。"其必无者四也。

第五，钱氏认为："从亡徇志之臣，或生扞牧圉，或死膏草野，或湮灭而渊沉，或鸟集而兽散，身家漂荡，名迹漫漶，安有晏坐记别，从容题拂（品评褒扬），曰某为补锅匠，某为葛衣翁，某为东湖樵，比太学之标榜，拟期门之会集哉？野史壬午（崇祯十五年）七月，有樵夫闻诏，自湛（沉）于乐清之东湖，今则以为从亡之牛景先，岂湛湖者一樵，从亡者又一樵耶？其必无者五也。"

第六，《致身录》载"彬入官后（建文）元年谏改官制，四年请坚守，请诛（徐）增寿"，钱氏认为"皆剽窃建文时政，以彬事傅致之也。不然，何逊国诸书，一时论谏皆详载，而独于彬削之耶？其必无者六也"。

第七，《致身录》后有："洪武二十四年八月廿五日，东湖史仲彬缚贪纵官吏，见上于奉天门，赐酒馔宝钞，次日陛辞，朱给事吉祖（钱行）之秦淮，王文学彝、张待制羽、布衣解缙赋诗赠行，而给事中黄钺记其事。"钱氏考辨称："按朱吉墓记，洪武二十三年，辞荐不起，廿五年，以明经能书荐入中书，书诏敕。二十七年，授户科给事中，是年吉正辞疾里居，尚未入官，何得称给事中祖饯秦淮也？张羽为太常司丞，谪岭南，半道召还，自沉于龙江，此洪武初年也，王彝与魏观、高启同诛。洪武七年也，解缙二十三年除江西道监察御史，旋放归，是年缙不在朝，又不当称布衣也。黄钺建文元年以宜章县典史中湖广乡试，次年中胡广榜进士，授刑科给事中，安得洪武中先官给事也？作是录者以钺同郡人，又死于壬午，故假钺以重彬，而不知其舛驳若是，其必无者七也。"

第八，《致身录》云："吴江县丞到彬家问：'建文君在否？'彬曰：'未也。'微哂而去。"钱氏认为："当时严革除奸党，罪至殊死，何物县丞，敢与彬开笑口相向乎？此乡里小儿不解事之语，其必无者八也。"

第九，当史鉴时，革除之禁已经松弛，史鉴的朋友，除吴宽外，如沈周、王济之辈，著书多讼言革除，为何唯独忌讳史鉴之祖史彬之事而不书？史鉴曾为姚善、周是修（德）、王观（案：三人均为建文朝臣）立传，具在《西村集》中，大书特书，一无避忌，为何独忌讳其祖史彬事迹，而不加记载呢？其必无者九也。

第十,"郑端简(晓)载(从亡之臣)梁田玉等九人,松阳王诏得之治平寺转藏上,彼云转藏,此云道书,其傅会明矣。序文芜陋,亦非修撰笔也,其必无者十也。"①

钱氏以成化年间吴宽为史仲彬所作墓表为依据,考辨墓表与《致身录》相互矛盾之处,谓史仲彬无从亡访主、遍走海内、被害死狱,也无史仲彬缚贪吏后返家,朱吉、王彝、张羽、解缙、黄钺诸人为之饯行事,更无史仲彬在家中与来访县丞"笑口相向"对白事。同时认为所谓焦竑"序"文"荒陋",决非出自焦竑。钱氏此论,理据皎然,经此考辨,《致身录》之伪几成定案。

南明弘光中,准备襃录逊国诸臣,礼部疏列史彬名,工科给事中李清受钱谦益观点的影响,在上疏中怀疑史彬身份和《致身录》的真伪。他分析其书内容说:

> 以王良之抱印赴火,矢节甚烈。文皇(永乐帝)不云乎?朝廷印信,良擅毁,不得无罪,而今忽云从亡,岂捐一身以殉国,又分一身以依主,一也。以杨应能度牒,为高皇藏,而让皇(建文帝)启,遂祝发以出,此稗官私记耳。而今忽云从亡,方疑其事,何遽实其人。且实其人,不过借其事,二也。以蔡运之坐奸党论死,牛景先之走萧寺死,梁田玉中节之为僧道死,宋何、郭节之同卖卜客死。俱杂载诸书,较若列眉,而今忽皆云从亡,将死者为谁?遁者为谁?从亡者又为谁?三也。以雪庵和尚之疑为叶希贤,见于本传。而今忽云郭节以衣葛河西佣,与冯翁之初无姓名,而今忽指衣葛为赵天泰,冯翁为冯淮,事愈详而名益多,四也。

他从书中所记从亡诸臣之事与事实的矛盾上得出结论:"夫为是书者尚赝,而书中所列之姓名,其赝可知也。"② 最终,史仲彬遂不得襃录。

与此同时,潘柽章也认为所谓史仲彬撰《致身录》是有问题的,他指出:

> 史鉴,字明古,曾祖彬以高赀为税长,有任侠名,坐累死秀水狱。或云即仲彬,建文时为翰林侍书,有《致身录》记从亡事,甚异,不见于他书,不立传。

因为涉及史仲彬《致身录》的真伪问题,所以潘柽章在篇后指出:

> 余读史氏《致身录》曰:异哉所闻。以吴文定公(宽)所撰墓志及明古家状考之,乃知彬以税长,洪熙中尝上书阙下,盖富而好侠者也。且未曾入仕,何论从亡。余少时尝见明古所草县志,于仲彬事亦绝无记载,或以为畏祸故讳之耳,乃《西村集》(史鉴撰)于

---

① 以上所引均出自钱谦益:《牧斋初学集》卷二十二"《致身录》考",上海古籍出版社,2009年。
② 潘柽章:《国史考异》卷四"让皇帝下"十九引,《续修四库全书》第452册。

姚善、周是修（案：两人均为建文朝臣）之死，皆为立传，无所避忌，顾独于先世之隐德没而不书，且并其官阀而削之，有是理耶？况孝庙时法禁已弛，吴文定固贤者，又以著述自命，不宜汶汶若是。夫为人子孙者，其先祖有是善而弗传，是悖也，无是善而强名之，是诬也。然则为此书者，不惟诬仲彬，且诬明古矣，余不敢信为实录也。①

潘氏依据史鉴所做的行状，认为史彬只是"富而好侠"的税长，未曾做官，何谈从亡？史鉴撰《西村集》为建文朝臣立传，为何却不为先祖立传？因此断定《致身录》是一部伪书。

然而朱鹤龄并不相信《致身录》所记诸事为子虚乌有。他指出：

然吾邑（案：朱与史鉴均为苏州吴江人）二百年以来，父老相传，谓建文尝居史氏，今所遗水月观匾额，是建文篆书，其说必有自来，非可凿空为之者。或谓建文既出，必深潜远引，不当近伏畿甸。是不然，方金川失守之时，遗臣多亡命三吴，密谋举义，事虽不成，建文深得人心，其间岂无悲感故君阴相翼卫者？况仲彬为人素仗气任侠，鱼服（案：喻指帝王微服）暂留，然后为冥飞寥廓之计，此亦事理之所宜有。即尔时法网严峻，然吾邑如杨任之匿黄子澄、吴贵三之庇袁杞山，率破千金湛七族而不顾，安得谓仲彬之必非其人乎？

但他认为书中有后人增益附会的地方。他指出：

特《（致身）录》中所云神乐观环坐与往来滇南等语，则出后裔之缘饰傅会，未可据为然耳。夫建文逊国本末，《实录》未有明文，诸臣从亡不过得之野老之传闻、稗编之笔录，其间影响失实者固多矣。②

查继佐考辨《致身录》，则并建文出亡之事亦不信。查氏以"十六疑"证明《致身录》之伪，他指出：

史仲彬《致身录》诬诡益甚，余有十六辨曰：帝子出走，何事而五六十人闻之，后此无一败？疑一；鬼门可出，水关何必复导？疑二；金川既启，廷臣惊惧，不知所出，在外小臣，安敢遽入大内？小臣能入，而帝不能出？疑三；兵势汹汹，此何时而神乐道士惓惓梦中之言叙身待命？疑四；且二十二人信宿王昇处也，疑五；遁野亦多人，而必以为尽

---

① 潘柽章：《松陵文献》献集卷十"人物志"十《史鉴传》，《续修四库全书》史部传记类。
② 朱鹤龄：《愚庵小集》卷十四"书史仲彬事"，上海古籍出版社，1979年。

与帝周旋？疑六；亡名者必诬之以名，疑七；仲彬家吴，吴之人无踪迹取功名乎？疑八；得相聚，疑九；革谙救，亦早此系逆案，而邑丞之但身临史氏也？疑十；既疑仲彬匿帝，必大索，能哂而去之？疑十一；期襄阳，胡遂弗后？疑十二；一再迹云南，必晤帝？疑十三；帝既目善冠盖，而万里复走仲彬者再，疑十四；岂不闻胡濙之出，又奚乎天台，疑十五；间关晤接，无他言，而琐及所献，疑十六。

此说多以事理不合言之，其目的都是为了说明"出亡无其实"。①

据康熙《吴江县志》卷三十四"史仲彬"条所载，到了史仲彬九世孙史在相时重刻校订《致身录》，史氏为了能使史仲彬进入乡贤祠，利用此次重刻，再次作伪。为此潘柽章的弟弟潘耒在前人考辨的基础上再次辨伪。他指出："（史）仲彬始终一粮长，本无从亡事，因万历间议褒恤逊国诸臣，史氏不无歆羡，故伪造《致身录》以欺世，然以他书及《墓表》《行状》验之，纰漏百出，故钱牧斋（谦益）、李映碧（清）皆昌言排击，而先兄（柽章）《国史考异》《松陵文献》中辨之尤详。""仲彬未尝从亡，乃断断无疑者。"然而"今重刻《致身录》多所增饰，益复谬悠"。②为此他提出"四谬"、"三妄"以辨其伪。

所谓"四谬"：

一曰出身无征。他指出："《（致身）录》言仲彬于让皇嗣位之年，以明经廷试。明初有荐举，有岁贡，考莫、徐二志（案：指弘治初年刊印的莫旦《吴江志》和嘉靖年间徐师曾编纂的《吴江县志》），此两途中并无仲彬姓名。若以革除故不载，则萧谭、徐世英、曾坚具列科贡中，何独于仲彬而遗之。"接着他又列举两证说明所谓"明经廷试"缺少依据。一是《致身录》称"试《四书疑》一道，注云：吏部尚书张纮监试。考《列卿表》，洪武、建文时尚书无张纮，若以为张紞，则是年十二月，茹瑺免尚书，紞以云南布政使擢任，不应十一月间先监试也"。二是《致身录》又云："彬家藏《仪礼》十八篇，御史刘有年上之于朝，荐彬明经。刘有年上《仪礼》事见《成祖实录》，今乃移之建文时，而以为彬家所藏耶。至言高皇帝尝命主政户部，访治道，称旨，则益荒诞，不足辨矣。"

二曰官爵之不伦。他指出："《（致身）录》云廷试后，授翰林院侍书，秩正九品，建文二年五月改徐王府宾辅，仍兼原官。考之诸书，是年六月丙午始置各王府官属宾辅二员，正三品，仲彬安得于五月先改官，且有何奇绩，而自九品骤升三品，亦无以三品下兼九品之事。新注复添'直文渊阁'四字，益复不经。是时徐王止十二岁，甚幼，未必置官属。……又云四年三月口授翰林院侍读学士，侍读学士正五品，以三品改五品是降也，非升也。且二年八月，已改讲读学士，为文学博士。方孝孺正为其官。仲彬何人，遂与孝孺比肩。……作此《录》者，徒欲大仲彬之官以觊厚恤，

---

① 查继佐：《罪惟录》志卷三十二《列朝诸臣逸传·建文逸记》，《续修四库全书》第321册史部别史类。
② 潘耒：《遂初堂文集》卷五"与徐虹亭"，见《清代诗文集汇编》第170册，上海古籍出版社，2010年。

而不考官秩尊卑，任意迁改，且不知馆阁要职，载籍犁然，非如九品侍书，漫无稽考也。"

三曰敕命之失体。他指出："《（致身）录》载三年十一月，皇少子生，京官考满者一百五十三人，仲彬预焉。帝亲撰制词发中书科誊写。夫覃恩敕命皆出词臣代言，安有天子亲撰之理。制词芜陋不必言，尤舛错者，官为三品之宾辅，而阶止六品之承德郎，且己身与父母同为一敕者，（案：《致身录》载建文帝敕书中有"阶（官阶）尔承德郎，妻沈氏为安人"，"追厥所自父母，有教育之恩，尔父居仁从尔阶，尔母黄氏从尔妻阶"语。）安有三品而止一敕之理。作《录》者既思欺世，曷不略考朝章国故，而在在纳败阙乎？"

四曰宦绩之全虚。他认为："仲彬既为禁近之臣，在帝左右，岂无建白设施独自表见者？今徒剽袭他事，傅会己事，而事事不实。"比如建文初年，御史魏冕请诛杀徐增寿，"（《录》）则言彬与同请，然同请者邹瑾也，非彬也"。再如寿州训导刘亨上疏请改官制，"今钞撮其语以为彬疏之"。诸如此类，不一而足。潘耒认为，"即此四谬，仲彬未尝入仕，断断无疑"。

所谓"三妄"：

一是"矫造制词"。在新刻《致身录》中，史鉴称史仲彬为忠献公，他明知弘光中未曾赠谥于他，于是采用伪撰建文帝恤典制文，追谥史仲彬为"忠献"。潘耒认为："方是时，帝已着袈裟，遁山谷，匿影畏入，而犹俨然帝制自为发纶言，以修易名之典。岂犹崖山碙州一小朝廷（案：指南宋末代皇帝赵昺）行事耶？"又据《致身录》末史晟所叙述，仲彬死后，建文帝绝无音信，并未言建文帝赐谥。

二是"擅改表状"。潘耒认为史鉴《府君行状》直叙其平生，吴宽据此作《府君墓表》，史仲彬"止一勤俭有为之税长耳，无溢美，无枝辞"，然而再次作伪者改篡《墓表》，增损《行状》要么增添字句，要么删削文句，以掩盖其新刻《致身录》再次作伪的痕迹。

三是"伪撰序文"。新刻《致身录》除载有焦竑"序"外，还载有其他人序文、跋语三十余篇。其中包括一些著名学者如陈懿典、李日华、陈继儒、李维桢、文震孟、钱士升、张溥等所作的序文。

潘耒认为：

> 文人好奇，节义事更乐为表扬，史氏又善于干请，固多应之者，而伪撰亦不少。即如周忠毅公（宗建）一序，文气卑靡，决非忠毅笔。……史氏倚公重名，辄相假托而不知措词之谬也。他如李本宁（维桢）、张天如（溥）等叙，皆未必真。[①]

又说：

[①] 潘耒：《遂初堂文集》卷十一"重刻《致身录》辨"，见《清代诗文集汇编》第170册，上海古籍出版社，2010年。

> 按今史氏重刻《致身录》中诸序，多出假托。焦（竑）序，牧斋已言其荒陋，非太史笔。李氏（维桢）《大泌山房集》初无此序，周忠毅公遗文具在，何尝有此一篇？①

经过明末清初几位学者的不断考辨，《致身录》以及新刻《致身录》的伪迹被彻底揭穿。即便如此，后世仍有信其为真者。

其二，《从亡随笔》的出现及相应的考辨。

《从亡随笔》一卷，又名《从亡日记》，托名程济撰。史籍中有关程济的记载要比史仲彬相对丰富一些，《革朝志》《建文朝野汇编》等都保存其详细的生平经历，但并未提到《从亡随笔》。史载，程济，朝邑人，有道术，洪武末为岳池教谕。所谓道术之说，颇涉玄怪，如《明史》所言，建文帝出亡每遇险，几不能免，以济术竟得脱去。如此之类，恐系后人附会演绎而已。

至于《从亡随笔》的问世年代，亦不能确指，大致应出于崇祯年间。沈德符曾质疑《致身录》，然并未谈及此书，亦可证明其为世人所熟知当在《致身录》之后。钱士升辑《逊国逸书》，云得之于江右徐若谷。（案：徐若谷，即徐良彦，字季良，今江西省新建县人，崇祯朝曾任工部右侍郎，亦明季忠烈之一。）其流传脉络亦难考明。此书记事起于建文四年（1402年）金川门破，至正统五年（1440年）建文帝被迎归大内止，大致内容即建文帝出亡之经历。

在《从亡随笔》出现之后，钱谦益最早对其进行了考辨。他指出：

> 余作《致身录考》，客又持程济《从亡日记》示余，余掩口曰：陋哉！此又妄庸小人，踵《致身录》之伪而为之者也。
>
> 作《致身录》者，涉猎革除野史，借从亡脱险之程济，傅合时事，伪造彬与济往还之迹，以欺天下，而又伪造济此书。若将疏通证明之者，此其本怀也。《致身录》之初出也，夫已氏者，言于文宫庶文起曰："当时程济亦有私记，载建文君出亡始末，惜其不传耳"，文起叙备载其语，亡何而《日记》亦出矣。济之从亡，仅见于野史，其曾有私记，出何典故？夫已氏何从而前知之？此二书者，不先不后，若期会而出，汲冢之古文，不闻发冢，江左之异书，谁秘帐中？《日记》出而《致身录》之伪愈不可掩矣，甚矣，作伪者之愚而可笑也，大抵革除事迹，既无实录可考，而野史真赝错出，莫可辨证。②

钱氏实因考辨《致身录》而附带言及此书，且仅就其来历而发议论，并详考其具体内容。钱氏之意，盖以为《致身录》之伪既已明了，则《从亡随笔》亦无足深辨，故以寥寥数笔一带而过。然此二书差异处亦较明显，如《从亡随笔》记载建文帝最终被迎入大内供养，此为《致身录》所无。

---

① 潘耒：《遂初堂文集》卷五"再与徐虹亭书"，见《清代诗文集汇编》第170册，上海古籍出版社，2010年。
② 钱谦益：《牧斋初学集》卷二十二《书〈致身录〉考后》，上海古籍出版社，2009年。

又如雪庵和尚、河西佣、补锅匠等化名，《致身录》以为分别是郭节、赵天泰、王之臣，而《从亡随笔》则以为是吴成学、王之臣、黄直，如此之类，皆舛驳不一，究竟以何为准，明人也有自己的看法。据《从亡随笔》所记，建文出亡期间，程济始终追随，因此在赵士喆等人看来，此书更为可信，"程从君于白龙浪穹之间，昕夕不离，而史侍书往来通信，所见闻未必周悉。且诸人晦迹逃名，即与于从亡之约者，未必尽知。总之出程书者近是，故是编以《随笔》为主。"① 其实，经过后人考辨，二书同属伪撰，皆不可信。

钱谦益之后，潘柽章则对《从亡随笔》进行了较为详细的考辨。他指出：

> 近世有撰《从亡随笔》者，谓庚申夏，师题诗寺壁，有僧冒之，自诡为帝。藩司以闻，诏械入京，同寓寺者皆逮，师（指建文帝）预焉。九月至京师，御史鞫僧，年不合，僧名杨应祥，均州白沙里人。以不实论死，余各戍边。师不得已，遂陈其实。御史上闻，命中官旧侍者吴亮谛视，密返奏，诏迎入大内，称老佛云。此又因杨行祥事为人所共知，而更端以欺世耳。使建文帝果预同谋十二人之数，则当会鞫之初，何不自陈，而待具狱遣戍之时邪？且谓有僧冒其诗，牵连逮讯，行数千里，阅十余月，默默不自明，而惟吴亮能识之，又事理之必无者也。②

这段文字专就《从亡随笔》所记建文帝被迎归大内之事而论，认为与事理不合。接下来，潘氏又以程济其人为中心予以辨析，其言曰：

> 然世言程济为人多怪，故多事者多托之。近有《从亡日记》一书，诡云济笔。自金川出奔，以至迎入大内，年月历历可征。若以《实录》考之，则永乐四年，济不出京师，即《日记》所述偕雪和尚居重庆之岁也。或疑济尝寝食朝邑，而治岳池学事不废，如张芹所录。则之燕之蜀，何所不可。果尔，则济特王乔、左慈（指汉代方士）之徒耳，而又何以明犯夜禁也。况《日记》浅谬，不止一端。③

按《明太宗实录》永乐四年二月记载，唐府长史程济犯夜禁，而按照《从亡随笔》的说法，程济正随建文帝逃亡，二者显然龃龉不合，由此亦可证《从亡随笔》之不可信。

对《从亡随笔》的质疑考辨，以钱、潘二人为主，但相较于《致身录》而言，要简略得多。康

---

① 赵士喆：《建文年谱》卷下，商务印书馆，1934年。钱士升亦云："从亡二十二人，惟程编修与能、贤朝夕随侍，始终周旋，所记岁月，往返历历在目，与《致身》《拊膝》二录间有矛盾，而要之不离《随笔》者近是。"（钱士升：《从亡随笔叙》，《逊国逸书•从亡随笔》卷首，四库全书存目丛书史部第55册。）
② 潘柽章：《国史考异》卷四"让皇帝下"十七，《续修四库全书》第452册。
③ 潘柽章：《国史考异》卷五"文皇帝上"十九，《续修四库全书》第452册。

熙年间朱彝尊亦曾怀疑此书所记之事与情理不合，但只是因考辨靖难史事而偶然涉及，并未详细言之。[①]其原因正如上文所述。

总之，《致身录》《从亡随笔》等有关建文朝史的书，不但来历可疑，而且所记史事多不合情理，与其他史籍相校，矛盾百出。经过明末清初学者们的不断考辨，基本可以确定为伪书。

[①] 朱彝尊曰："《从亡随笔》称太祖预贮红箧于奉先殿侧，四围以铁锢之，锁二，亦灌以铁汁，程济破之，得三度牒，济为帝祝发。既扶帝出聚宝门矣，不应复折而至神乐观。"引自《曝书亭集》卷三十二。

第六节

姚际恒考辨古书的成就及影响

姚际恒（1647—约1715年），字立方，一字善夫，号首源，祖籍安徽新安（今安徽休宁），久居仁和（今浙江杭州）。吴振棫所编《杭郡诗辑》称他"博究群书，撑肠万卷"。五十岁后专力治经，历十四年写成《九经通论》。又著有《庸言录》，杂论经、史、理学，书末附《古今伪书考》。吴氏称他"持论极严核"。[1]毛奇龄《西河诗话》卷四称："亡兄大千为仁和广文，尝曰：'仁和只一学者，犹是新安人'，谓姚际恒也。予尝作《何氏存心堂藏书序》以似兄，兄曰：'何氏藏书有几，不过如姚立方腹箧已耳！'"[2]姚之骃也称"予世父首源先生束发受书，已能沉酣故籍。乃一生坎壈，兀兀穷年，惟日手一编枯坐。先世既有藏书，乃□（更）搜之市肆，布□（函）巾箱，□□（汗牛）充栋；久之而插架者与腹笥俱富矣。然则千古之多藏而善读者孰如首源先生哉！"[3]可见他是一个极其刻苦博学的人。他一生著述等身，可惜大部分著作已经亡佚，只有《九经通论》中的《诗经通论》《古今伪书考》以及《好古堂书画记》完整地流传下来。他的《礼记通论》散见于杭世骏《续礼记集说》中，《古文尚书通论》散见于朱彝尊《经义考》，也散见于阎若璩《尚书古文疏证》中。又据顾颉刚《古今伪书考序》记述，伦哲如（明）曾购得残写本《春秋通论》，杭州崔家藏有抄本《仪礼通论》，顾颉刚他们曾借抄过。

姚际恒是清初最勇于疑古的学者之一，他继承了前人的考辨成就，并在此基础上有所发明。他的辨伪成就主要表现在以下几个方面。

其一，对伪《古文尚书》的考辨。

姚际恒撰有《古文尚书通论》十卷（《经义考》在书名后多"别伪例"三字），专攻伪《古文尚书》。康熙三年（1694年），他与阎若璩相遇，并出示其书，阎氏阅后认为此书"亦有失有得。失与上梅氏（鷟）、郝氏（敬）同，得则多超人意见外"。[4]故而手自缮写，散见于《尚书古文疏证》各条之中。（案：孙钦善《中国古文献学史》第七章称，"查考阎书，明引姚说者凡十九处"。）直接影响了阎若璩关于伪《古文尚书》的考辨定案。然而四库馆臣却出于偏见，称：

---

[1] 吴颢辑、吴振棫重编：《国朝杭郡诗辑》，国家图书馆出版社，2020年。
[2] 毛奇龄：《西河先生全集》"诗话"卷四，国家图书馆萧山陆凝瑞堂藏本。
[3] 姚际恒：《好古堂书目》卷首姚之骃"序"，民国十七年（1928年）中社影印本。原文多脱字，此据顾颉刚《古今伪书考序》所引增改。
[4] 阎若璩：《尚书古文疏证》卷八，上海古籍出版社，1987年。

际恒生于国朝初，多从诸耆宿游，故往往剽其绪论。其说经也，如辟《图》《书》之伪则本之黄宗羲，辟《古文尚书》之伪则本之阎若璩，辟《周礼》之伪则本之万斯同，论小学之为书数则本之毛奇龄，而持论弥加恣肆。①

这完全是本末倒置，明明是姚书写成在前，并有不少精辟之见被阎氏所取，却被说成是剽窃阎书。《武林道古录》说得十分明白："时山阳阎若璩力辨晚出《古文》之伪，际恒持论多不谋而合。若璩撰《古文尚书疏证》，屡引其说以自坚。"②

从阎书所引用的姚氏的《尚书通论》各条来看，姚际恒对伪《古文尚书》、伪《孔传》的考辨主要作了以下工作：

1. 从取材上考明伪《古文尚书》各篇袭用各种古籍及其引文。如辨《舜典》，姚氏指出：

"濬（浚）哲文明、温恭允塞"八字袭《诗》与《易》，夫人知之。独不知王延寿《鲁灵光赋》云"粤若稽古，帝汉祖濬（浚）哲钦明"，王粲《七释》云"稽若古则睿哲文明，允恭玄塞"，（姚）方兴所上较延寿赋易"钦"为"文"、粲《七释》易"睿"为"濬"，"允"为"温"，而"玄"字乃移用于下，则是皆袭前人之文，又不得谓袭《诗》与《易》也。夫《舜典》出于南齐，延寿汉人，粲汉魏人，何由皆与《舜典》增加之字预相暗合耶？其为（姚）方兴所袭自明。③

在此指明《舜典》八字为南齐姚方兴袭用《鲁灵光赋》及《七释》语而又有所改易。

再如辨《毕命》，称：

今《毕命》较《三统历》所引增"至于丰"者。案宅洛系大事，须告文王之庙，故言至于丰。命毕公何必尔？且君陈、毕公等果至丰告庙，两人自当一例，而独毕公云然者，盖因逸《书·毕命》有"丰刑"二字，（案：《汉书·律历志下》云，"翌日乙丑，成王崩。康王十二年六月戊辰朔，三日庚午，故《毕命丰刑》曰：'惟十［月］［有］二年六月庚午朏，王命作策《丰刑》。'"）既不可解，故就用"丰"字附会以为"至于丰"，亦犹今《伊训》以逸《书·伊训》"方明"作"乃明"耳。④

在此，指明《毕命》是据《尚书》逸文附会成篇。

---

① 纪昀：《四库全书总目》卷一百二十九"《庸言录》提要"，中华书局，1965年。
② 《武林道古录》，见郑澐修、邵晋涵等纂《（乾隆）杭州府志》卷九十《儒林传》中，《续修四库全书》本。
③ 阎若璩：《尚书古文疏证》卷八第一百一十六条，上海古籍出版社，1987年。
④ 阎若璩：《尚书古文疏证》卷五第六十八条，上海古籍出版社，1987年。

2. 从典制上考辨其伪。如辨伪《古文尚书·周官》，姚氏称：

> 周家想三年一朝，故叔向曰："明王之制，使诸侯间朝以讲礼。"杜注谓："十二年有四朝"是也，逮春秋降文、襄世，霸简之，至五岁而朝，子大叔称其不烦诸侯。果如伪书（案：指《周官》）六年一朝，子大叔不妄语乎？且上云六服，此云五服，少却一服，则多却一年，又不知如何分年作朝法耳。①

案伪《书·周官》云："六年五服一朝。"所谓"五服"即侯、甸、男、采、卫，代指京畿之外的诸侯。周制为三年一朝，至春秋时改为五年一朝，而伪《周官》却称："六年五服一朝"，显然与事实不符。在姚氏之前，南宋蔡沈《书集传》卷六《周官》"序"中就曾指出："此言六年五服一朝，而《周礼》六服诸侯有一岁一见者，二岁一见者，三岁一见者，亦与此不合。是固可疑。"然而他没有怀疑伪《周官》，反而认为："然《周礼》非圣人不能作也，意周公方条治事之官，而未及师保之职，所谓未及者，郑重而未及言之也。书未成而公亡。其间法制有未施用，故与此异。"②姚氏是否受蔡沈启发，也未可知。

在阎若璩《尚书古文疏证》第一百二十一条中，阎氏还专列《姚际恒攻伪〈古文〉有胜余数条载于篇》，足见姚际恒对阎氏的影响。阎氏在《疏证》第一百一十四条中指出："姚际恒立方亦以经与传同出一手，伪则俱伪，笑世人但知辨伪传而不知辨伪经，未免触处成碍耳。"可见二人在考辨伪《书》、伪《孔传》上的意见是完全一致的。

其二，对《诗序》的考辨。

关于《诗序》作者，异说甚多。萧统《昭明文选》以为子夏作；《隋书·经籍志》以为子夏所创，毛公、卫宏加以润色；王安石以为诗人自制；程颐以为《小序》为国史旧文，《大序》为孔子作；郑樵《诗辨妄》则直斥为村野妄人所作；朱熹则认为《诗序》为卫宏作，但掺入好事者附会的内容。姚际恒在《诗经通论》中则对《诗序》的作者进行了深入的考辨。

在《诗经论旨》篇中，他指出：

> 《毛传》不释《序》，且其言亦全不知有《序》者。毛苌，文帝时人，卫宏，后汉人，距毛公甚远。大抵《序》之首一语为卫宏讲师传（自注：即谢曼卿之属），而其下则宏所自为也。毛公不见《序》，从来人罕言之，何也？则以有郑氏之说。郑氏曰："《大序》是子夏作，《小序》是子夏、毛公合作。"自有此说，人方以为毛公亦作《序》，又何不见之有乎！嗟乎，世人读书卤莽，未尝细心审究，故甘为古人所愚耳。兹摘一篇言之：

---

① 阎若璩：《尚书古文疏证》卷四补遗第六十二条，上海古籍出版社，1987年。
② 蔡沈：《书集传》卷六《周官》"序"，凤凰出版社，2010年。

《郑风·出其东门》，《小序》谓"闵乱，思保其家"，《毛传》谓"缟衣，男服；綦巾，女服。愿为室家相乐"，此绝不同。余可类推。今而知《诗序》既与子夏无干，亦与毛公不涉矣。①

在《诗经通论·自序》中他又指出："间观《周颂·潜》之序曰：'季冬荐鱼，春献鲔'，本于（吕）不韦《月令》，明为汉人所作，奈何玷我西河（子夏）！世人固可晓然分别观之，无事凛遵矣。"②此外，姚氏还详细考辨了《诗经》各篇之《小序》与《大序》（首句称《小序》，下文称《大序》）之间自相矛盾处。如辨《周南·关雎》之序说：

《小序》谓"后妃之德"，《大序》曰："乐得淑女以配君子，忧在进贤，不淫其色。哀窈窕，思贤才，而无伤善之心焉。"因"德"字衍为此说，则是以为后妃自咏，以淑女指妾媵。其不可通者四：雎鸠，雌雄和鸣，有夫妇之象，故托以起兴，今以妾媵为与君和鸣，不可通一也。"淑女"、"君子"，的的妙对，今以媵妾与君对，不可通二也。"逑"、"仇"同，反之为"匹"，今以妾媵匹君，不可通三也。《棠棣》篇曰："妻子好合，如鼓琴瑟"，今云"琴瑟友"，正是夫妇之义。若以妾媵为与君琴瑟友则僭乱，以后妃为与妾媵琴瑟友，未闻后与妾媵可以琴瑟喻者也。③

通过辨《小序》与《大序》之间的矛盾以证《诗序》之妄，颇具说服力。

其三，对群书的考辨。

姚际恒所作的《古今伪书考》是一部考辨经、史、子群书的著作。它本来依附在《庸言录》后，后来鲍廷博为了同乡的关系将其分析出来，刻在《知不足斋丛书》里，后单独流传于世。

在书前的《小叙》中，姚氏自述了作该书的宗旨：

造伪书者，古今代出其人，故伪书滋多于世。学者于此，真伪莫辨，而尚可谓之读书乎？是必取而明辨之，此读书第一义也。予辄不自量，以世所传伪书分经、史、子三类，考证于后。明宋濂有《诸子辨》，予合经、史、子而辨之。凡今世不传者，与夫琐细无多者，皆不录焉。其有前人辨论精确者，悉载于前，以见非予之私说云。四部有集，集者、别集人难以伪，古集间有一二附益伪撰，不足称数，故不之及。④

---

① 姚际恒著、顾颉刚点校：《诗经通论》"《诗经论旨》"，中华书局，1958年。
② 姚际恒著、顾颉刚点校：《诗经通论》"自序"，中华书局，1958年。
③ 姚际恒著、顾颉刚点校：《诗经通论》"自序"，中华书局，1958年。
④ 姚际恒：《古今伪书考》"小叙"，见《古籍考辨丛刊》第一集，中华书局，1955年。

可见他主要考辨经、史、子三类书籍。考辨时，将前人的考辨之说，尽载于前，然后加案语阐发己见。他把所考书籍分为"有真书杂以伪者"、"有本非伪书而后人妄托其人之名者"、"有两人共此一书名今传者不知为何人作者"、"有书非伪而书名伪者"、"有未足定其著书之人者"等几类。

关于经书的考辨，凡《九经通论》中辨及的内容，在《古今伪书考》中一概从略。如辨《易传》，他列举了宋王开祖《儒志编》、欧阳修《易童子问》、陈振孙《直斋书录解题》等说后，称："予别有《易传通论》六卷，兹亦不详。"辨《古文尚书》称："予别有《通论》十卷，兹不更详。"辨《周礼》称："出于西汉之末。予别有《通论》十卷，兹不更详。"对经类书籍的考辨，姚氏多集前人之说，他本人的意见又多见于《九经通论》中，因此《古今伪书考》中关于经部书籍的考辨多无甚价值，唯辨《子贡诗传》《申培诗说》能发前人之所未发。他指出：

> 以上二书，明丰坊伪撰。钱牧斋《列朝诗集》记丰坊曰："子贡《诗传》，即其伪撰也"，钱未及《诗说》耳。从未闻有子贡《诗传》，徒以孔子有"可与言《诗》"一语，遂附会为此，其诞妄固不必言。若申培者，《汉志》有《鲁故》《鲁说》，《隋志》云："《鲁诗》亡于西晋"，则亡佚久矣。坊之作此，名为二书，实则相辅而行，彼此互证，若合一辙；中多暗袭朱子《集传》以与《诗序》异者，又袭《诗序》为朱之所不辨者。其他自创，虽不无一二合理，然妄托古人以欺世，其罪大矣。嘉靖中，庐陵郭相奎家忽出此二书，以为得之香山黄佐；佐所得为晋虞喜于秘阁石本传摹者，故其书有篆、隶诸体。坊善书，其所优为也。于是当时人几于一哄之市：张元平刻之成都，李本宁刻之白下，凌濛初为《传诗适冢》，邹忠彻为《诗传阐》，姚允恭为《传说合参》，使得以尽售其欺，可叹也夫！①

此段论述从著录、取材、流传的情况等多方面详尽分析了二书伪作及流传的情况。

在考辨《孝经》时，他不苟同前人之说，能发前人之所未发。他指出：

> 是书来历出于汉儒，不惟非孔子作，并非周、秦之言也。其《三才章》："夫孝，天之经"至"因地之义"，袭《左传》子太叔述子产之言，惟易"礼"字为"孝"字。《圣治章》"以顺则递"至"凶德"，袭《左传》季文子对鲁宣公之言。"君子则不然"以下，袭《左传》北宫文子论仪之言。《事君章》"进思尽忠"二语，袭《左传》士贞子谏晋景公之言。《左传》自张禹所传后始渐行于世，则《孝经》者，盖其时之人所为也。勘其文义，绝类《戴记》中诸篇，如《曾子问》《哀公问》《仲尼燕居》《孔子闲居》之类，同为汉儒之作。后儒以其言孝，特为撮出，因名以《孝经》耳。

---

① 姚际恒：《古今伪书考》"子贡诗传申培诗说"，见《古籍考辨丛刊》第一集，中华书局，1955年。

在此一一指明《孝经》袭用《左传》语言,为汉儒所伪作。接着,姚氏又从《孝经》名称上指出其伪:

诸经古不系以"经"字,惟曰《易》、曰《诗》、曰《书》,其经字乃俗所加也。此名《孝经》,自可知非否;若去"经"字,又非如《易》《诗》《书》之可以一字名者矣。班固似亦知之,曰:"夫孝,天之经,地之义,民之行也。举大者言,故曰《孝经》。"此曲说也。安有取"天之经""经"字,配"孝"字以名书,而遗去"天"字,且遗去"地之义"诸句之字者乎?书名取章首之字或有之,况此又为第七章中语耶!

姚氏还批评朱熹《孝经刊误》是"疑信相参,妄以意分经、传,皆附会牵合。其不能牵合者,则曰:'此不解经,别发一义',可笑也"。①

在史部书籍的考辨中,姚氏也多袭用前人之说。如辨《穆天子传》称:"本《左传》'穆王欲肆其心,周行天下,将皆有车辙马迹焉',又本《史·秦纪》'造父为穆王得骥、温骊、骅骝、騄耳之驷,西巡狩,乐而忘归'诸说,以为之也。"实为袭用晁公武《郡斋读书志》之论述。又称"其体制亦似起居注。起居注者,始于明德马皇后,故知为汉后人作",也为袭用陈振孙《直斋书录解题》之语。但考辨中也时有一些补充考证。如辨《汲冢周书》,他指明:

其《序》全仿《书序》。又《克殷》《度邑》等篇袭《史记》;《时训篇》袭不韦《月令》;《明堂篇》袭《明堂位》;《职方篇》袭《周礼·职方氏》;《王会篇》尤怪诞不经。陈直斋(振孙)曰:"相传以为孔子删《书》所余,未必然;似战国后人仿效为之。"李巽岩曰:"战国处士私相缉缀。"恒案:不止此,殆汉后人所为也。②

关于子部书籍的考辨,也多集列柳宗元、高似孙、宋濂、胡应麟的旧说,偶尔也阐述己见。如辨《列子》先引柳宗元、高似孙之说,继而阐述自己的看法,他说:

后人不察,咸以《列子》中有《庄子》,谓庄子用《列子》,不知实《列子》用《庄子》也。庄子之书,洋洋自恣,独有千古,岂蹈袭人作者?其为文,舒徐曼衍中仍寓拗折奇变,不可方物,《列子》则明媚近人,气脉降矣。又《庄》之叙事,回环郁勃,不即了了,故为真古文。《列》之叙事,简净有法,是名作家耳。后人反言《列》愈于《庄》。柳子厚曰:"《列》较《庄》尤质厚。"洪景庐曰:"《列

---

① 姚际恒:《古今伪书考》"《孝经》",见《古籍考辨丛刊》第一集,中华书局,1955年。
② 姚际恒:《古今伪书考》"《汲冢周书》",见《古籍考辨丛刊》第一集,中华书局,1955年。

于》书事,简劲宏妙,多出《庄子》之右。"宋景濂曰:"《列子》书简劲宏妙,似胜于周。"王元美曰:"《列子》与《庄子》同叙事,而简劲有力。"如此之类,代代相仍,依声学舌。噫,以诸公号能文者而于文字尚不能尽知,况识别古书乎?又况其下者乎!①

在此从文辞上辨《列子》袭用《庄子》。然姚氏以文辞之工拙定书之真伪,认为"战国时本有其书,或庄子之徒依托为之者,但自无多,其余尽后人所附益也",并将《列子》列入"真书杂以伪者"之类,显然是不当的。

再如辨《孙子》,他在前人发疑的基础上,提出二疑:

一则名之不见《左传》也。《史记》载孙武,齐人,而用于吴,在阖闾时,破楚入郢,有大功。《左传》于吴事最详,其功灼灼如是,不应遗之也。……一则篇数之不侔也。史迁称《孙子》十三篇,而《汉志》有八十二篇。后应少于前,何以反多于前乎?杜牧《注》所传者十三篇,后少于前矣,然何以又适符于前之前耶?杜牧谓武书数十万言,魏武削其繁剩,笔其精粹,以成此书,然则仍是《汉志》之八十二篇,而非迁《传》之十三篇矣。故曰可疑也。

他甚而怀疑"孙武者,其有耶?其无耶?其有之而不必如史迁之所云耶?其书自为耶?抑其后之徒为之耶?皆不可得而知也"。②故而将《孙子》列入"未足定其著书之人"的类别。实际上,宋濂已就叶适以孙子不见载于《左传》,疑其书为春秋末、战国初山林处士之所为的观点进行过驳正。他说:"春秋时,列国之事赴告者则书于策,不然则否。二百四十二年之间,大国若秦、楚,小国若越、燕,其行事不见于经传者有矣,何独武哉!"③然姚际恒不采宋说而信叶说,直疑孙武是否有其人,实在是疑古太勇。1972年山东临沂银雀山汉墓同时出土了《孙子兵法》《孙膑兵法》,且《孙子兵法》逸文中有两处提及"十三篇",姚氏的发疑可不驳自明。

《古今伪书考》共考辨了经、史、子共九十一种书籍,其中多采汉唐以来前人旧说,间或对前人之说进行补充、驳正,但论辨多较简略,编次和论辨也有一些不当之处。如将《忠经》(案:托名马融,张溥辑《汉魏六朝文集》,列入马融集中)编入经部,将《天禄阁外史》(案:称汉黄宪撰,为明王逢年伪撰)编入史部,此为不察其内容性质,仅观其名而胡乱归类。论辨中也有一些自相矛盾的地方。如辨《文中子》,他据《挥麈录》证实王通确有其人,并说"予谓既有其人,又其

---

① 姚际恒:《古今伪书考》"《列子》",见《古籍考辨丛刊》第一集,中华书局,1955年。
② 姚际恒:《古今伪书考》"《孙子》",见《古籍考辨丛刊》第一集,中华书局,1955年。
③ 宋濂:《诸子辨》"《孙子》",见《宋濂全集》第一册,浙江古籍出版社,1999年。

书为所作,则适见通一妄夫耳"。继而又采纳别说,认为该书出于其子福郊、福畤之所为或阮逸之伪造。所以又持模棱两可之说,称:"通耶?郊、畤耶?逸耶?吾不得而知之。"[①]诸如此类,不一而足。所以梁启超称其"体例颇凌杂,篇帙亦太简单,未能尽其辞,所断亦不必尽当。但他所认为有问题的书,我们总有点不敢轻信罢了"。[②]顾颉刚也称其"或微折衷,不尽证实,弗能谓博议无遗也"。然而他又认为,姚际恒"敢于把人们不敢疑的经书(《易传》《孝经》《尔雅》等)一起放在伪书里,使得初学者对着一大堆材料,茫无别择,最易陷于轻信的时候,骤然听到一个大声的警告,知道故纸堆里有无数记载不是真话,又有无数问题未经解决,则这本书实在具有振聋发聩的功效"。[③]曹养吾也认为:"姚际恒著《九经通论》及《古今伪书考》二书,尤能为有清辨伪学家生色,而《古今伪书考》一书尤能与《诸子辨》《四部正讹》鼎足,是辨伪学界三大杰作。"[④]

  由于姚际恒勇于疑辨古书,尤其疑辨儒经,因此他的著作唯有一部《庸言录》被《四库全书》存目,其他著作如《九经通论》是被人为禁毁,还是自然散逸,不得而知。但从现存著作中,我们不难看出他是一个在经书考辨方面颇有建树的学者。在史、子类书籍的考辨中,他颇注意吸收前人的考辨成果,也不乏创见,绝非像某些人所说的《古今伪书考》是抄撮《文献通考·经籍考》等略加变通而成。

[①] 姚际恒:《古今伪书考》"《文中子》",见《古籍考辨丛刊》第一集,中华书局,1955年。
[②] 梁启超:《中国近三百年学术史》第十四讲"清代学者整理旧学之总成绩",东方出版社,1996年。
[③] 顾颉刚:《古今伪书考》"序",见《古籍考辨丛刊》第一集,中华书局,1955年。
[④] 曹养吾:《辨伪学史》,见《古史辨》第二册下编,上海古籍出版社,1982年。

第七节

阎若璩、惠栋与伪《古文尚书》的定案

阎若璩（1636—1704年），字百诗，别号潜邱居士。祖籍山西太原，至五世祖始移居山阳（今江苏淮安）。他自幼好学深思，以"一物不知，以为深耻，遭人而问，少有宁日"[1]而自勉。二十岁之前，他已逐步通读了"十三经"，并潜心钻研《尚书》，当读及晋梅赜所献的《古文尚书》时，便产生了疑问，以后经过近三十年的考辨，终于找出其"症结"，写成《尚书古文疏证》这部著名的考辨专著，为伪《古文尚书》的定案作了总结性的工作。他一生钻研经史，擅长考证，曾就《尚书》诸问题请教于黄宗羲，黄氏《授书随笔》即答阎氏关于《尚书》问题的笔记。他还曾受学于顾炎武，顾氏曾以所撰《日知录》相示，阎若璩即为之改正数条，"顾虚心从之"。[2]康熙十七年（1678年），应博学鸿词科，不第，遂留京师，先后与汪琬、徐乾学讨论礼义，为徐乾学所叹服。康熙四十三年（1704年），六十九岁的阎若璩接受皇四子（即雍正）书信而被礼聘至京做其伴读，数月后因病去世，终年六十九岁。

一生主要著作有《尚书古文疏证》《四书释地》《释地余论》《孟子生卒年月考》《潜丘札记》《困学纪闻笺》《朱子尚书古文疑》等，其中《四书释地》是地理考证的代表作，与《尚书古文疏证》齐名。纪昀曾说："盖若璩博极群书，又精于考证，百年以来，自顾炎武以外，罕能与之抗衡者，观是书与《尚书古文疏证》可以见其大概矣。"[3]然两者相比，《尚书古文疏证》成就更高，影响更大。

惠栋（1697—1758年），字定宇，号松崖，元和（今江苏苏州市吴中区）人。出生于世代传经的官宦人家。自幼笃志向学，于经史诸子、稗官野史等无不钻研。乾隆十五年（1750年），诏举经明行修之士，陕甘总督尹继善、两江总督黄廷桂以"博通经史，学有渊源"交相举荐，因江苏地方官未及时上报其著作而落选。后讲学著述不辍，声望日隆。著有《周易述》《易汉学》《古文尚书考》《九经古义》《松崖笔记》《后汉书补注》等。钱大昕评价他说："宋元以来，说经之书，盈屋充栋。高者蔑弃古训，自夸心得；下者剿袭人言，以为己有。儒林之名，徒为空疏藏拙之地。独惠氏守古学，而先生所得尤深，拟诸汉儒，当在何邵公（休）、服子慎（虔）之间，马融、赵岐辈不能

---

[1] 张穆：《阎若璩年谱》卷一，中华书局，1994年。
[2] 钱大昕：《钱大昕文集》卷三十八"阎先生若璩传"，清嘉庆十一年（1806年）刻本。
[3] 纪昀：《四库全书总目》经部八四书类"《四书释地》提要"，中华书局，1965年。

及也。"①

阎若璩和惠栋对伪《古文尚书》的考辨都做出了非常重要的贡献。钱穆称：

> 阎若璩（百诗）才开始十足证明了东晋以后得所谓古文《尚书》是一个假书，不是真的孔安国《尚书》。他写了一书名《古文尚书疏证》，"疏证"就是辨伪之义，此事才得成为定论。在他稍后的惠栋，也写了《古文尚书考》，同辨古文《尚书》之伪，这是在近代学术史上所谓辨伪问题上一个极大的发现，这是中国学术史上一个惊天动地的大功绩。②

东晋豫章内史梅赜所献《古文尚书》，自东晋至清康熙年间，已经历时一千三四百年，曾被列于学官，置博士。至唐太宗时，孔颖达撰《五经正义》，采用此书，遂成定本，得厕于"十三经"中。

对梅氏所献《古文尚书》的真伪首先提出疑问的是南宋初的吴棫，其后朱熹也表示怀疑，并作了浅显的考证。再后，元代的吴澄本朱熹之说继续研究，《古文尚书》伪作之迹日见明朗。至明代，梅鷟参考前人考辨成果，对《古文尚书》、孔安国《书序》及孔安国传等，从不同角度进行了较为翔实的考辨，使伪《古文尚书》的考辨取得较大进展。

阎若璩在广泛吸收前人研究成果的基础上，写成《尚书古文疏证》八卷，列出一百二十八条证据（其中十二条有录无书，十七条录文全缺），对伪《古文尚书》进行了全面系统的考辨。总结起来，阎氏主要从以下几个方面进行论证。

其一，列举并评论历代学者的考辨之言，以明其前有所承，并在前人考辨基础上有所发明。

在该书卷八第一百一十三条至第一百二十一条凡九条中，阎氏罗列了吴棫、朱熹、马骕、郝敬、郑瑗、王充耘、梅鷟、石华峙、姚际恒等历代学者的考辨成果，并对此作了评价。如称吴棫"始以此书为疑，真可谓天启其衷矣"，③肯定其发疑之首功。评论朱熹说：

> 朱子于《古文》尝窃疑之，至安国传则直斥其伪，不知经与传固同出一手也。其于古文似犹为调停之说，曰《书》有二体，有极分晓者，有极难晓者。又曰《尚书》诸命皆分晓，盖如今制诰，是朝廷作的文字；诸诰皆难晓，盖是时与民下说话，后来追录而成之。④

---

① 钱大昕：《潜研堂文集》卷三十九 "惠先生栋传" 上海古籍出版社，2009年。
② 钱穆：《中国史学名著》"《尚书》"，生活·读书·新知三联书店，2000年。
③ 阎若璩：《尚书古文疏证》卷八第一百一十三条，上海古籍出版社，1987年。
④ 阎若璩：《尚书古文疏证》卷八第一百一十四条，上海古籍出版社，1987年。

以此指出朱熹对伪《古文尚书》考辨的局限性。他还在《尚书古文疏证》卷末附录了《朱子古文书疑》，辑录朱熹考辨《古文尚书》《诗经》等相关论述五十三条，说明"吾为此书不过从朱子引而伸之，触类而长之耳"。① 又称赞郝敬说："近代郝氏敬始大畅厥旨，底蕴毕露，读书三十条。朱子复起，亦不得不叹如积薪。"② 称梅鷟《尚书谱》："殊武断也，然当创辟弋获时，亦足惊作伪者之魄。"③ 称姚际恒的考辨"亦有失有得，失与上梅氏、郝氏同，得则多超人意见外"。④ 以上评论大多比较公允。由于阎若璩对前人之说的优劣得失非常了解，因此他在考辨的过程中，注意吸收前人的成果，弥补前人论证的不足，并有所发明。如《第八十七言汉金城郡乃昭帝置安国传突有》《第八十八言晋省谷城入河南安国传已然》两篇皆是在梅鷟《尚书考异》的基础上加以补充和发挥。如第八十七条补充论证说：

> 因考《汉昭帝纪》，始元六年庚子秋，以边塞阔远，置金城郡。《地理志》"金城郡"班固注并同。不觉讶孔安国为武帝时博士，计其卒当于元鼎末、元封初，方年不满四十，故太史公谓其蚤卒，何前始元庚子三十载辄知有金城郡名，传《禹贡》曰："积石山在金城西南"耶？或曰："郡名安知不前有所因，如陈、鲁、长沙之类？"余曰："此独不然"，应劭曰："初筑城得金，故名金城。"臣瓒曰："称金取其坚固，故墨子言虽金城汤池。一说以郡置京师之西，故名金城。金，西方之行。"则始元庚子以前此地并未有此名矣，而安国传突有之。固注：积石山在西南羌中。传亦云在西南，宛出一口，殆安国当魏晋忘却身系武帝时人耳？

阎氏在此据《汉书》证明金城郡为汉昭帝时所立，前此并未有其名。孔安国死于汉武帝时，未尝生活于昭帝时期，由此证明《孔传》为后人托名孔安国而伪作。此外，阎书明引姚际恒《尚书通论》的约有二十处，详见论姚氏专节。

其二，从《汉书》《后汉书》等著录《古文尚书》的篇数、篇名、篇次与今本不同上论述其伪。如卷一开篇即指出：

> 《汉书·儒林传》："孔氏有《古文尚书》，孔安国以今文读之，因以起其家，逸书得十六篇。盖《尚书》兹多于是矣。"《艺文志》："《古文尚书》者，出孔子壁中。武帝末，鲁共王坏孔子宅，得《古文尚书》及《礼记》《论语》《孝经》凡数十篇，皆古字。孔安国者，孔子后也，悉得其书，以考二十九篇，得多十六篇，安国献之，遭巫蛊事，未列于学

---

① 阎咏：《尚书古文疏证》"后序"，见《尚书古文疏证》，上海古籍出版社，1987年。
② 阎若璩：《尚书古文疏证》卷八第一百一十六条，上海古籍出版社，1987年。
③ 阎若璩：《尚书古文疏证》卷八第一百一十九条，上海古籍出版社，1987年。
④ 阎若璩：《尚书古文疏证》卷八第一百二十一条，上海古籍出版社，1987年。

官。"《楚元王传》:"鲁共王坏孔子宅,欲以为宫,而得古文于坏壁之中,逸礼有三十九,《书》十六篇,天汉以后,孔安国献之。"(案:阎若璩在《尚书古文疏证》卷二中据荀悦《汉纪·成帝纪》认为应在孔安国后加一"家"字,理由是"窃意天汉后,安国死已久,或其家子孙献之,非必其身"。)夫一则曰:"得多十六篇",再则曰:"逸书十六篇",是《古文尚书》篇数之见于西汉者如此也。《后汉书·杜林传》:"林前于西州得漆书《古文尚书》一卷,常宝爱之,虽遭艰困,握持不离身,后出示卫宏等,遂行于世。同郡贾逵为之作训,马融、郑康成之传注释,皆是物也。"夫曰:"《古文尚书》一卷",虽不言篇数,然马融《书序》则云:"逸十六篇",是《古文尚书》篇数之见于东汉者又如此也。此书不知何时遂亡。东晋元帝时豫章内史梅赜忽上《古文尚书》,增多二十五篇,无论其文辞格制迥然不类,而只此篇数之不合,伪可知矣。[①]

又如在第三条中称:"《尚书》百篇序原自为一篇,不分置各篇之首。其分置各篇之首者自孔安国传始也。郑康成注《书序》尚自为一篇,唐世尚存孔颖达《尚书疏》备载之。"[②]从而揭示《书序》之伪。

再如在第四条中指出:"百篇次第郑(玄)与今安国传亦殊不同。郑以《咸有一德》在《汤诰》后,孔则在《太甲》后;郑以《费誓》在《吕刑》前,孔则在《文侯之命》后。郑依贾逵所奏别录为次,而孔则自为之说也。"[③]从编次的不同上,指出孔安国传的伪迹。

其三,从古书所引《尚书》逸文上指出伪《古文尚书》与之在文字、内容上的异同,揭示其伪。

如在第五条中,阎氏据刘歆《三统历》所引古文《武成》篇八十二个字,与伪孔本《武成》篇文句进行对比,认为两者"迥异"。于是指出:

> 无论此篇已亡而复出,相距三百年,中间儒者如班固、郑康成皆未之见,而直至梅赜始得而献之,可疑之甚。即其事迹、时日亦多未合。[④]

在第六条中,他又据《三统历》引《古文·伊训篇》曰:"惟太甲元年十有二月,乙丑朔,伊尹祀于先王,诞资有牧方明",指出"今安国传无'诞资'有'牧方明'一语"。又据郑玄注《书序》《典宝》篇引《伊训》曰"载孚在亳",又曰"征是三朡",指出"今安国传亦无之。伪作此篇

[①] 阎若璩:《尚书古文疏证》卷一第一条,上海古籍出版社,1987年。
[②] 阎若璩:《尚书古文疏证》卷八第三条,上海古籍出版社,1987年。
[③] 阎若璩:《尚书古文疏证》卷八第四条,上海古籍出版社,1987年。
[④] 阎若璩:《尚书古文疏证》卷八第五条,上海古籍出版社,1987年。

者止见孟子有引《伊训》曰：'天诛造攻自牧宫，朕载自亳'二语，遂援之以为左验"。①

又如在第七条中，他认为《泰誓》篇"出于武帝之前"，经东汉马融考辨后，"逮东晋元帝时梅赜忽献《古文尚书》有《泰誓》三篇，凡马融所疑不在者悉在焉，人乌得不信以为真，而不知其伪之愈不可掩也，何也？马融明言书传所引《泰誓》甚多，弗复悉记，略举五事以明之，非谓尽于此五事也，而伪作古文者不能博极群书，止据马融之所及而不据马融之所未及。故《墨子·尚同篇》有引《大誓》曰：'小人见奸巧，乃闻不言也，发罪钧。'墨子又从而释之曰：'此言见淫辟，不以告者，其罪亦犹淫辟者也。'可谓深切著明矣。墨子生孔子后、孟子前，《诗》《书》完好未遭秦焰，且其书甚真，非依托者。比而晚出之古文独遗此数语，非一大破绽乎？"②在此不仅指出了伪中作伪的现象，同时又指出伪《泰誓》的一大破绽。

其他如《第九言〈左传〉"德乃降"之语今误入〈大禹谟〉》《第十言〈论语〉"孝乎惟孝"为句今误点断》《第十一言〈孟子〉引〈书〉语今误入两处》《第十二言〈墨子〉引〈书〉语今妄改释》《第十三言〈左传〉引〈夏训〉语今强入〈五子之歌〉》《第十四言〈孟子〉引今文与今合引古文与今不合》《第十五言〈左传〉〈国语〉引逸〈书〉皆今有》《第十六言〈礼记〉引逸〈书〉皆今有且误析一篇为二》等篇均注意从《尚书》的逸文上辨伪《古文尚书》与之在文字、内容上的异同，找出其破绽。

其四，从伪《古文尚书》袭用古书字句上揭示其作伪之迹。

《尚书古文疏证》卷三今全阙，然从保存下来的篇题看，这一卷主要是从伪《书》袭用古书字句上找出其破绽和伪迹，如《第三十三言〈大禹谟〉句句有本》《第三十四言〈泰誓〉〈武成〉句句有本》《第三十五言袭用〈论语〉〈孝经〉》《第三十六言袭用〈周易〉〈尚书〉〈毛诗〉》《第三十七言袭用〈周礼〉、二〈记〉》《第三十八言袭用〈左传〉〈国语〉》、《第三十九言袭用〈尔雅〉》《第四十言袭用〈孟子〉〈荀子〉》《第四十一言袭用〈老子〉〈文子〉〈列子〉〈庄子〉》等，可惜这些篇目均未保存下来。

不过，从其他卷中尚可找出这方面的例证。如在卷一《第九言"德乃降"之语今误入〈大禹谟〉》中，阎氏引《左传》庄公八年的记载："仲庆父请伐齐师。公曰：'不可。我实不德，齐师何罪？罪我之由。'《夏书》曰：'皋陶迈种德，德乃降，姑务修德，以待时乎？'秋，师还。"并引杜预注、孔颖达疏等证明"德乃降"一句是鲁庄公解释《夏书》之语，同时指出："伪作《古文》者，一时不察，并窜入《大禹谟》中，分明现露破绽，而千载之人徒以其为圣人之经也，而莫之敢议。"又如在卷二《第三十一言"人心惟危，道心惟微"纯出〈荀子〉所引道经》篇中，袭用梅鷟之说，进一步论证了《大禹谟》中"人心惟危，道心惟微"等四句出自《荀子·解蔽》所引《道经》。

其五，从史实、典制上证明伪《古文尚书》、伪孔传之伪。

---

① 阎若璩：《尚书古文疏证》卷八第六条，上海古籍出版社，1987年。
② 阎若璩：《尚书古文疏证》卷八第七条，上海古籍出版社，1987年。

比如在卷四第六十三条中指出：

> 古未有夷族之刑也，即苗氏之虐亦只肉刑止尔，初何尝举人之三族而歼绝之。有之，自秦文公二十年始。盖秦近于戎，戎法至重，秦亦相承用之，他国未之见也。……伪作《古文》者偶见《荀子》有"乱世以族论罪，以世举贤"之语，遂窜入《泰誓》篇中，无论纣恶不如是甚，而轻加三代以上以惨酷不德之刑，予后世人主嗜杀者之口实。

在此指出《泰誓》上中所云"罪人以族，官人以世"，是沿用《荀子》之语，所谓"罪人以族"是从秦文公二十年（公元前746年）才开始有的，而记载武王伐纣誓师之言的《泰誓》不应记后世的典制。

又如在卷四第六十二条中考辨《古文尚书·周官》之伪，指出：

> 一代有一代之官制，各不相蒙。西汉三公则丞相、太尉、御史大夫者是。丙吉为丞相，道逢人逐牛，牛喘吐舌，吉止问之，曰："三公典调和阴阳，职所当忧。"此自谓其丞相为三公耳，与太师、太傅、太保之三公了不相涉，伪作《周官》者不通西汉时三公，而妄以太师、太傅、太保当之，曰："兹惟三公，变理阴阳"，失之远矣。①

再如《第八十九言济渎枯而复通乃王莽后事安国传亦有》指出济水枯而复通在王莽后，而伪孔传却采用孔安国身后之事，从而揭示其伪迹。

其六，从文体、语言风格与时代不符上揭示其伪迹。

如在第七十三条中考辨《五子之歌》时指出：

> 每取而读，弥觉辞意浅近，音节啴缓，此岂真出浑浑无涯之代与亲遭丧乱者之手哉？……窃意此伪作者生于魏晋间，才既不逮魏武，自不能如其气韵沈雄，学复不逮韦孟，又不能为其训辞深厚。且除"一人三失"、"惟彼陶唐"、"关石和钧"等句之袭内外传者，余只谓之枵然无所有而已矣。②

再如第六十四条专辨《胤征》篇中"玉石俱焚"一句。他指出：

> 《司马法》曰：入罪人之地，见其老弱，奉归无伤；虽遇壮者，不校勿敌；敌若伤之，

---

① 阎若璩：《尚书古文疏证》卷四第六十二条，上海古籍出版社，1987年。
② 阎若璩：《尚书古文疏证》卷五下第七十三条，上海古籍出版社，1987年。

药医归之，其以仁为本。如此，安得有"火炎昆冈，玉石俱焚"，如后世檄文以兵威恐敌之事？既读《陈琳集》有檄吴将校部曲文，末云："大兵一放，玉石俱碎，虽欲救之，亦无及已。"《三国志·钟会传》：会移檄蜀将士吏民曰"大兵一发，玉石俱碎，虽欲悔之，亦无及已。"会与琳不相远，辞语并同，足见其时自有此等语，而伪作者偶忘为三代王者之师，不觉阑入笔端，则此书之出魏晋间又一佐已。①

又如第九十八条考辨《泰誓》篇时指出：

晚出《泰誓》篇疑者固众。予独怪其"古人有言曰"以下，如"独夫受，洪惟作威，乃汝世仇"，当时百姓仇纣，固往往而有，何至武王深文之为世仇？"树德莫如滋，去疾莫如尽"，发端泛语也，何至武王易其辞为"除恶务本"以加诸纣身？汤誓师不过曰："尔尚辅予一人，致天之罚。"牧野誓师曰："今予发，惟恭行天之罚。"如是已耳，何至此为"肆予小子，诞以尔众士，殄歼乃仇"。若当时百姓亦未知仇纣，而武王实唆使之者。噫！其甚矣！夫时际三代，动关圣人，而忽有此诟厉之言，群且习为当然。先儒曰："不识圣贤气象，乃后世学者一大病，道之不明，厥由于此。"②

阎氏认为，《泰誓》中所载武王声讨纣王之言诟厉过甚，与武王身份不符。

其七，从历法、地理方面考辨其伪。

如第八十一条指出《胤征》所载仲康日食和历法不合。第八十二条指出《尧典》历法甚疏，《孔疏》《蔡传》皆不足阐明。第八十三条指出，《毕命》所载"六月庚午朏"，依僧一行《大衍历》据《竹书纪年》推算，此月无庚午，惟邵雍《皇极经世》此月有庚午，此是据晋世材料。第八十四条指出《史记·殷本纪》所载《汤诰》与历法合，而伪古文《汤诰》与之不合。

又如在第八十五条中，阎氏据《今文尚书·牧誓》言："王朝至于商郊牧野，乃誓"，认为："牧野在朝歌之南，即商郊地，犹有扈氏之郊名甘云尔，非二地也。故誓师之辞曰：'于商郊，不必复言牧野。《诗·大雅》曰：'矢于牧野'，又曰：'牧野洋洋'，即不必言商郊。"他指出："伪作《武成篇》者，昧于此义，叙武王'癸亥，陈于商郊，俟天休命。甲子昧爽，受率其旅若林，会于牧野'。似武王于癸亥仅顿兵商郊，次日甲子昧爽始及牧野誓师，已而战。"③在此指出伪《武成篇》将商郊、牧野一地当作了两地，从而找出其伪作之破绽。

其他如《第八十六言〈泰誓〉上〈武成〉皆认孟津为在河之南》《第八十七言汉金城郡乃昭帝

---

① 阎若璩：《尚书古文疏证》卷四第六十四条，上海古籍出版社，1987年。
② 阎若璩：《尚书古文疏证》卷七第九十八条，上海古籍出版社，1987年。
③ 阎若璩：《尚书古文疏证》卷七第八十五条，上海古籍出版社，1987年。

置安国传突有》《第八十八言晋省谷城入河南安国传已然》《第九十言安国传三江入震泽之非》等篇目均是从地理的角度去考辨其伪的。

除此之外，卷七从第九十七条到第一百一十二条均为揭露伪古文各篇本身的内容或叙述上的矛盾。

在第一百一十三条之后，阎若璩对伪《古文尚书》的作者进行了初步探究。他说：

> 《大禹谟》《五子之歌》等二十五篇，则晚出魏、晋间，假托安国之名者。此根柢也。……曾寄与黄太冲（宗羲）读一过，叹曰："原来当两汉时，安国之书虽不立学官，未尝不私自流通。永嘉之乱而亡，梅赜上伪《书》，冒以安国之名，则是梅赜始伪。顾后人并以疑汉之安国，其可乎？"可以解史、传连环之结矣。①

在此他引黄宗羲之说以伸自己之学，把伪《书》作者归于梅赜。实际上这个结论太武断，因为除有梅赜献书的记载外，再无任何材料足以证明他伪造此书。

总之，阎若璩关于伪《古文尚书》的考辨是对前人考辨成就的一个总结，同时在前人考辨的基础上，他作了更严密、细致、多角度的论证，并有不少发明。黄宗羲评价说："余读之终卷，见其取材富，折衷当"，"皆足以祛后儒之蔽"。②乾隆年间的学者钟灵也称赞道："予读之，如梦初醒，如病新瘥，通身畅快，莫知其然。盖予之所深疑者，先生久为抉之；予之所未疑而将有疑者，先生已早为辨之。且其远稽近证，非读破万卷者不能，能不令人心悦诚服哉！"③梁启超则称赞《尚书古文疏证》"委实是不朽之作"，阎若璩"在清初学界委实是第一流"。④又称："百诗的《古文尚书疏证》，不能不认为近三百年学术解放之第一功臣。"⑤钱穆也认为："至潜邱乃引经据故，一一陈其矛盾之故，而《古文》之伪始大白。"⑥经过阎若璩的考辨，这场自北宋末到清康熙年间长达五六百年之久的关于伪《古文尚书》的疑辨总算有了结论。

继阎若璩之后，惠栋作《古文尚书考》，对梅赜所献《古文尚书》作进一步的考辨。惠栋自称年少时就"少疑后出《古文》"，雍正十二年（1734年）夏秋间在校对《九经注疏》过程中，著有辨《正义》四条，辨《古文证》九条，辨伪《书》十五条，又先后续出两条，合为一卷。主要考辨孔颖达《尚书正义》之讹和梅赜所献《古文尚书》之伪迹。但藏于箱中，未敢示人。乾隆八年（1743年）他从友人处得到阎氏《尚书古文疏证》，认为"其论与予先后印合"，认为"阎君之论可

---

① 阎若璩：《尚书古文疏证》卷七第一百一十三条，上海古籍出版社，1987年。
② 黄宗羲：《尚书古文疏证》"序"，上海古籍出版社，1987年。
③ 钟灵：《尚书古文疏证》"跋"，上海古籍出版社，1987年。
④ 梁启超：《古文真伪及其年代》卷二第二章，中华书局，1955年。
⑤ 梁启超：《中国近三百年学术史》六"清代经学之建设"，东方出版社，1996年。
⑥ 钱穆：《中国近三百年学术史》第六章"阎潜邱毛西河"，商务印书馆，1997年。

为助我张目者"。①于是在所著《古文尚书考》中，引用阎氏《疏证》论述十二条，以为自己的论据"张目"。沈彤认为："太原阎百诗，近儒之博且精者，著《尚书古文疏证》五卷，先得定宇之指，定宇书不谋而与之合，文词未及其半，而辨证益明，条贯亦益清云。"②可见他在考辨中有不少借鉴阎若璩观点的地方。

《古文尚书考》分为上下两卷。上卷从宏观上分不同角度考辨梅氏《古文尚书》之伪，比如其中有"证孔氏逸书九条"、"梅氏增多《古文》二十五篇"、"辨梅氏增多《古文》之谬十五条"、"辨《尚书》分篇之谬"等。

例如考辨伪《古文尚书·汤诰》称：

> 《汤誓》非全书也，《汤诰》非《古文》也。何以知之？以《汤诰》多采《汤誓》之言，而《古文》别有《汤诰》之篇也。《论语·尧曰篇》曰："予小子履敢用元（玄）牡，敢昭告于皇皇后帝，有罪不敢赦，帝臣不蔽，简在帝心，朕躬有罪，无以万方，万方有罪，罪在朕躬。"孔安国注云："此伐桀告天之文。"《周语》内史过曰："在《汤誓》曰：余一人有罪，无以万夫，万夫有罪，在余一人。"又《墨子·问贤篇》云："《汤誓》曰：聿求元圣，与之勠力。"今《汤誓》皆无此言，而《汤诰》有之，以此知《汤誓》非全书也。③

惠氏接着引《史记·殷本纪》中记汤"既黜夏命，还亳作《汤诰》"语，说明这也是孔安国所传十六篇之文，然而"今《汤诰》之词与《史记》绝不相类，以此知《汤诰》非《古文》也"。④在此首先指出《汤誓》非全文，其中缺漏不少，然而这些缺漏之文，《汤诰》中却有。继而引《史记》所载《汤诰》语与今传《汤诰》绝不相同，由此断定其伪。

再如考辨《舜典》，他称：

> 伏生《尚书》无《舜典》，自"粤若稽古，帝尧至陟方乃死"皆《尧典》也。《古文尚书》原书亦如此，故司马迁撰《史记》，郑康成、王子雍注《尚书》皆以"慎徽五典"已下为尧试舜之文，《孟子》"二十有八载，放勋乃徂落"明言《尧典》。梅氏本于"慎徽五典"已下别为《舜典》。此其省作《舜典》一篇，巧于藏拙也，不显与《孟子》相刺谬乎？⑤

---

① 惠栋：《古文尚书考》卷上"辨《尚书》分篇之谬""附阎氏若璩《尚书古文疏证》"，《续修四库全书》第44册经部书类。
② 沈彤：《古文尚书考》"序"，见《古文尚书考》卷首，《续修四库全书》第44册经部书类。
③ 惠栋：《古文尚书考》卷上"辨梅氏增多《古文》之谬十五条"，《续修四库全书》第44册经部书类。
④ 惠栋：《古文尚书考》卷上"辨梅氏增多《古文》之谬十五条"，《续修四库全书》第44册经部书类。
⑤ 惠栋：《古文尚书考》卷上"辨《尚书》分篇之谬""附阎氏若璩《尚书古文疏证》"，《续修四库全书》第44册经部书类。

从而指出《今文尚书》原无《舜典》，至梅赜乃将《尧典》"慎徽五典"已下别为《舜典》。

惠氏认为："凡晚出之《古文》所谓精诣之语，皆无一字无来处。"①下卷则诸篇找出其语言文字的出处，所谓："尽发其标窃之根，原彼作伪之情形。"②

比如在《古文尚书考》卷下"《大禹谟》"中，引阎若璩论证语约十五处，其余均为惠栋补充之论证：

"帝曰：俞允若兹，佳言罔攸，伏野无遗贤。"惠氏注："《荀子·正论》曰：尧舜南面而听天下，天下无隐士，无遗善。"

"万邦咸宁"，惠氏注："《易》曰：万国咸宁。"

"益曰：都帝德广运，乃圣乃神，乃武乃文。"惠氏注："《吕览》引《夏书》曰：天子之德广运，乃神乃武乃文。"

"皇天眷命，奄有四海。"惠氏注："《后汉书·黄琼传》上疏曰：'（赖）皇乾眷命'，《诗》：'乃眷西顾，奄有四方。'"

"正德利用，厚生惟和。"惠氏注："（《左传》）襄二十八年，晏子曰：夫民生厚而用利，于是乎正德以幅之，使无黜嫚，谓之幅利。"

"九功惟叙，九叙为歌，戒之用休，董之用威，劝之以九歌，俾勿坏。"惠氏注："（《左传》）文七年，郤缺曰：《夏书》曰：戒之用休，董之用威，劝之以九歌，勿使坏九功之德，皆可歌也。谓之九歌，六府三事谓之九功，水、火、金、木、谷谓之六府，正德、利用、厚生，谓之三事。"③（以下略）

再如在"《五子之歌》"中找出伪造者"标窃"之出处：

"予临兆民懔懔乎，若朽索之驭六马。"惠氏注："《说苑》曰：子贡问治民于孔子，孔子曰：懔懔焉，如以腐索御奔马。"在此惠栋又指出："经传无言六马者，郑驳《五经异义》曰：《周礼》校人养马乘马，一师四圉四马曰乘。《顾命》曰：皆布乘黄朱，以为天子驾四，汉世天子乘六，非常法也。乃知六马之谬。"④由此补充了阎若璩论证之不足。

惠栋对阎若璩的观点也有不赞同处。比如对所谓"虞廷十六字"（案：指伪《大禹谟》"人心惟危，道心惟微。惟精惟一，允执厥中"），阎若璩称："《荀子》此篇前又有'精于道，壹于道'之语，遂隐括为四字，续以《论语》'允执厥中'以成十六字。伪《古文》盖如此，初非其能造语精密如此也。"惠氏指出："《荀子》之言'危''微'与俗解异，'危'犹《中庸》之'慎独'也，'微'犹《中庸》之'至诚'也。《荀子》言'一'，故能'精'，非先'精'而后'一'也，且微则已造至极，不须更言'精'，又言'一'也,《荀子》所言七十子之大谊，推而上之，即圣人之微

---

① 惠栋：《古文尚书考》卷上"辨梅氏增多《古文》之谬十五条"，《续修四库全书》第44册经部书类。
② 宋廷弼：《古文尚书考》"跋"，《古文尚书考》卷末附，《续修四库全书》第44册经部书类。
③ 惠栋：《古文尚书考》卷下"《大禹谟》"，《续修四库全书》第44册经部书类。
④ 惠栋：《古文尚书考》卷下"《五子之歌》"，《续修四库全书》第44册经部书类。

言也。梅氏用其说以造经，而谊多疏漏。阎氏谓其造语精密，殊未然。"①

在此，惠栋认为伪《书》"惟精"、"惟一"的次序本身就是错误的。"精"已经到了一个极致的地步，又何以在其后言"一"。而阎氏却称其造语精密，这显然是错误的。惠氏对"虞廷十六字"为梅氏伪造的论断，直接否定了宋明理学家赖以维持的理论基础。

对此，钱大昕称：

> 先是太原阎征士百诗著书数十万言，其义多与先生（案：指惠栋）暗合，而于《太誓》犹沿唐人《正义》之误，未若先生之精而约也。②

经过几代学者前仆后继的考辨，伪《古文尚书》案至此基本可以定案了。窃据经典宝座的伪《古文尚书》终于被推翻了。

尽管真相已经大白，但仍有一些迷恋骸骨的人想要翻案，如毛奇龄专作《古文尚书冤词》八卷，以驳阎若璩的《尚书古文疏证》，认为梅氏所献者，乃孔安国《尚书传》，非《古文尚书》。《古文尚书》本传习世间，只是贾逵、马融诸儒未能得见，而孔安国《尚书传》虽伪，但《古文尚书》乃真。他认为，《古文尚书》"自汉武时出孔壁后，凡内库藏弃与民间授受，相继不绝，且历新都篡杀，永嘉变乱，亦并无有遗失散亡之事，而梅赜在晋所上者，又但是《孔传》，并非古文经，其在《隋书·经籍志》所载甚明，此外，则又无他书可为藉口，则其里其底，了然于人，何得有假？"③但正如钱穆所指出的："《古文》之伪，已成不净，西河辨之虽力，皆费话也。"④尽管毛氏书一出，阎氏可能随之对己书作了一些修改，正如钱穆所指出的："（阎）自见西河《冤词》后，其《疏证》亦必有应时改定处可知矣。"⑤但证据确凿，岂容翻案。正像四库馆臣所称："毛奇龄作《古文尚书冤词》，百计相轧，终不能以强辞夺正理，则有据之言，先立于不可败也。"⑥

---

① 惠栋：《古文尚书考》卷下"《大禹谟》"，《续修四库全书》第44册经部书类。
② 惠栋：《古文尚书考》卷首钱大昕"《古文尚书考》序"，《续修四库全书》第44册经部书类。
③ 毛奇龄：《西河集》卷十八《寄阎潜丘〈古文尚书〉冤词书》，《四库全书》集部别集类。
④ 钱穆：《中国近三百年学术史》第六章"阎潜邱毛西河"，商务印书馆，1997年。
⑤ 钱穆：《读张穆〈阎潜邱年谱〉再论〈尚书古文疏证〉》，《书目季刊》1976年第1期。
⑥ 纪昀：《四库全书总目》卷十二"《尚书古文疏证》提要"，中华书局，1965年。

第八节

崔述与《考信录》

崔述（1740—1816年），字武承，号东壁，直隶大名府（今河北大名县）人。乾隆二十七年（1762年）举人。嘉庆元年（1796年）授福建罗源县知县，为官清廉。后调任上杭县。不久复返任罗源，"邑人迎者万余人，乃革弊俗，修文庙，课诸士讲学，日昃不遑。闽人诵为文翁复生"。[①]嘉庆六年（1801年）以老病乞休。后往来河北，以著述自娱。他一生博览群书，勤于笔耕，著述等身。他的主要著作有《考信录》三十六卷，包括《考信录提要》二卷、《补上古考信录》二卷、《唐虞考信录》四卷、《夏考信录》二卷、《商考信录》二卷、《丰镐考信录》八卷、《洙泗考信录》四卷、《丰镐别录》三卷、《洙泗余录》三卷、《孟子事实录》二卷、《续说》二卷、《附录》二卷。他自称："余自三十以后，即条记古帝王圣贤之事而次第之。四十以后，遂为此录。至七十而始成。暇中复加增改，又五年而始定。前后四十余年，毕生之精力尽在此书矣。"[②]又有杂著十六卷，包括《王政三大典考》三卷、《读风偶识》四卷、《尚书辨伪》二卷、《论语余说》一卷、《读经余论》一卷、《五服异同汇考》三卷、《易卦图说》一卷、《无闻集》三卷、《知非集》、《二余集》、《菽田剩笔残稿》、《讷庵笔谈》、《尚友堂文集》等，今皆收入顾颉刚先生编订的《崔东壁遗书》中。大凡崔述著作共三十四种，八十八卷，其中《考信录》共三十六卷，是崔述耗费五十年的精力写成的一部辨伪学专著。

在《考信录·自叙》中，他说明了自己撰写《考信录》的动机和旨意：

> 盖自周道既衰，杨、墨并起，欲绌圣人之道，以伸其说，往往撰为尧、舜、禹、汤、文、武、孔子之事以诬之而绌之；其游说诸侯者又多嗜利无耻之徒，恐人之讥己也，则伪撰为圣贤之事以自解说，其他权谋术数之学欲欺世以取重，亦多托之于古圣人；而真伪遂并行于当世。然当其初，犹各自为教而不相杂，至秦汉之间，学者往往兼而好之，杂采其书以为传记；其后复有谶纬之书继出，而刘氏向、歆父子及郑康成皆信之，复采其文以释六经；兼以断简残编，事多缺佚，释经者强不知以为知；猜度附会，颠倒讹误者盖亦不少。……晋、宋以降，复有妄庸之徒伪造古书以攻异己，亦往往采杨、墨之言以入

[①] 刘师培：《崔述传》，见《崔东壁遗书》附录，上海古籍出版社，1983年。
[②] 崔述：《自订全集目录·考信录后识》，见《崔东壁遗书》，上海古籍出版社，1983年。

《尚书》《家语》，学者以为圣人之经固然，益莫敢议其失，而异端之说遂公行于天下矣！隋唐以降，学者惟重科目，故咸遵功令，尚排偶，于是《诗》自《毛传》，《尚书》自伪《孔传》，五经自孔氏《正义》以外，率视以为无用之物；于前人相沿之讹，皆习以为固然而不为意；甚或据汉、魏以后之曲解驳周、秦以前之旧文。至宋，一二名儒迭出，别撰传注，始颇抉摘其失；然亦不过十之一二。其沿旧说之误而不觉者尚多不可数，其编纂古史者则又喜陈杂家小说之言以鸣其博；由是圣人之道遂与异说相杂，圣贤之诬遂万古不能白矣！盖尝思之，古之异端在儒之外，后世之异端在儒之内；在外者拒之排之而已，在内者非疏而别之不可……故居今日而欲考唐、虞、三代之事，是非必折衷于孔、孟而真伪必取信于《诗》《书》，然后圣人之真可见，圣人之道可明也。……述虽愚陋，万不能窥测圣人之一二，然自读书以来，奉先人之教，不以传注杂于经，不以诸子百家杂于经传，久之，始觉传注所言有不尽合于经者，百家所记往往有与经相背者，……于是历考其事，汇而编之，以经为主，传注之与经合者则著之，不合者则辨之，而异端小说不经之言则辟其谬而删削之，题曰《考信录》。①

这一段论述将战国至宋历代伪说、伪史、伪书产生的原因作了概述。为了将"圣人之道"与"异说"分辨开来，将传注与经分辨开来，崔述本着"折衷于孔孟"，"取信于《诗》、《书》"的原则，对上古、虞、夏、商、周的古史传说进行了一番艰苦的考辨。

在《补上古考信录》中，他首先对所谓的《三坟》《五典》之类的典籍表示怀疑。他指出：

《周官》："外史掌三皇、五帝之书。"伪孔安国《尚书序》云："伏羲、神农、黄帝之书，谓之《三坟》，言大道也。少昊、颛顼、高辛、唐、虞之书，谓之《五典》，言常道也。孔子睹史籍之烦文，惧览者之不一，讨论《坟》《典》，断自唐、虞以下。"后之儒者皆尊其说，余独以为不然。夫古帝王之书果传于后，孔子得之，当何如而表章之，其肯无故而删之乎？《论语》屡称尧、舜，无一言及于黄、炎者，孟子溯道统亦始于尧、舜，然则尧、舜以前之无书也明矣。《周官》一书所载制度皆与经传不合，而文亦多排比，显为战国以后所作，先儒固多疑之，不足据也。②

继而对传说中的上古帝王提出怀疑，他说：

自《易》《春秋传》始颇言羲、农、黄帝时事，盖皆得之传闻，或后人所追记。……

---

① 陈履和：《崔东壁先生行略》引《自叙》，清道光间刻本。
② 崔述：《崔东壁遗书》"补上古考信录序"，上海古籍出版社，1983年。

及《国语》《大戴记》，遂以铺张上古为事，因缘附会，舛驳不可胜纪。加以杨、墨之徒欲绌唐、虞、三代之治，藉其荒远无征，乃妄造名号，伪撰事迹，以申其邪说，而阴阳、神仙之徒亦因以托之。由是司马氏作《史记》遂托始于黄帝，然犹颇删其不雅训者，亦未敢上溯于羲、农也。逮谯周《古史考》、皇甫谧《帝王世纪》，所采益杂，又推而上之，及于燧人、包羲。至《河图》《三五历》《外纪》《皇王大纪》以降，且有始于天皇氏、盘古氏者矣。于是邪说诐词杂陈混列，世代族系紊乱庞杂，不可复问，而唐、虞、三代之事亦遂为其所淆。①

在崔述看来，有些所谓的上古帝王是后人"妄造名号，伪撰事迹"而不断伪造出来的。他的这种"世益晚则其采择益杂"②，"其世愈后则其传闻愈繁"③的理论是其分层次、有目的地对"世代夸大"与"世代缩小"的各种"历史载记"进行考证辨伪以后，归纳总结出来的。这一理论启迪了一百多年后顾颉刚先生的"层累地造成的古史"学说的诞生。

在《补上古考信录》中，他以《周易》《左传》等典籍为依据，对传说中的"三皇""五帝"逐一进行了考辨。他认为：

盖三皇、五帝之名本起于战国以后，《周官》后人所撰，是以从而述之。学者不求其始，习于其名，遂若断不可增减者。虽或觉其不通，亦必别为之说以曲合其数，是以各据传注，互相诋諆，不知古者本无皇称，而帝亦不以五限，又何必夺彼以与此也哉！④

从这一基本点出发，他对所传伏羲氏造书契、制嫁娶之说，神农氏重八卦、作蜡祭、作《本草》之说，黄帝制十二律、传兵法、巡游封禅、作《素问》《灵枢》之说等进行了详细的考辨，认为这些传说多是后人"猜度附会"之言，是不可信的。

在《唐虞考信录》中，他认为《尚书》中关于唐尧、虞舜事迹的记载是可信的。他说：

《尚书》何以始于唐、虞也？天下始平于唐、虞故也。……至尧，在位百年，又得舜以继之，禹、皋陶、稷、契诸大臣共襄盛治，然后大害尽除，大利尽兴，制度礼乐可以垂诸万世。由是炙其德、沐其仁者，作为《典》《谟》等篇以纪其实，而史于是乎始。其后禹、汤、文、武迭起，拨乱安民，制作益详，典籍益广，然亦莫不由是而推衍之。是以孔

---

① 崔述：《崔东壁遗书》"补上古考信录序"，上海古籍出版社，1983年。
② 崔述：《崔东壁遗书》"考信录提要"上，上海古籍出版社，1983年。
③ 崔述：《崔东壁遗书》"补上古考信录序"，上海古籍出版社，1983年。
④ 崔述：《崔东壁遗书》"补上古考信录序"，上海古籍出版社，1983年。

子祖述尧、舜，孟子叙道统亦始于尧、舜。①

……

唐、虞以前，载籍未兴，经既无文，传亦仅见，易于伪托，无可考验，是以杨、墨、庄、列之徒得藉之以畅其邪说。惟唐、虞以后，载在《尚书》者乃可依据。②

他作《唐虞考信录》主要是针对唐宋以来关于尧、舜等古代帝王记载之失实，"为史者则咸踵讹袭谬，茫无别择"③等现象的。为此，他在该篇中考辨了尧与稷、契为喾子之说，辨羲和非重黎，辨四岳非羲和四子，考历山、雷泽、河滨皆冀州地，辨舜、象异母之说，考《左传》《孟子》言举舜以后事之失实，辨《左传》记八元、八恺之失实等。现举一例，针对《孟子·万章上》所载：

父母使舜完廪（修缮粮仓），捐阶（抽去梯子），瞽瞍焚廪。使浚井（淘井），出，从而掩之（用土填塞井眼）。象曰："谟盖都君咸我绩（谋害舜都是我的功劳），牛羊父母，仓廪父母，干戈朕，琴朕，弤朕（弓箭归于我），二嫂使治朕栖（帮我铺床叠被）。"象往入舜宫，舜在床琴。象曰："郁陶思君尔"（我好想你呀）。忸怩（神情不好意思）。舜曰："惟兹臣庶，汝其于予治"（我想念着这些臣子和百姓，你替我管理管理吧）。

他首先引司马光《史剡》中一段话进行反驳："或者舜未为尧知而瞽瞍欲杀之，则可矣；尧已知之，四岳举之，妻以二女，养以百官，方且试以百揆而禅天下焉，则瞽瞍之心岂得不利其子之为天子而尚欲杀之乎！虽欲杀之，亦不可得已。藉使得而杀之，瞽瞍与象将随踵而诛。虽甚愚人，必不为也！"继而补充论证说：

经（指《尚书·尧典》）曰："克谐以孝、烝烝乂，不格奸"（舜能与父母、弟弟和睦相处，用孝行美德感化他们，使他们不流于邪恶）。舜之德能感其父母使不至于奸，安有不能感其父母使不杀己者乎？瞽瞍且欲杀舜，何以谓之不格奸；舜且不能使瞽瞍不欲杀己，何以能使之不格奸哉？舜既见举受官，则慎徽五典（慎重地完善父义、母慈、兄友、弟恭、子孝五种美德），纳百揆（让舜总理一切事物，各种事物都处理得井井有条），宾四门（让舜在明堂四门迎接四方来宾），将惟日不足，何暇闲居家中而完廪，浚井，而鸣琴也？使瞽瞍之掣舜肘至此，舜亦安能为尧尽职乎？象之恶舜，虽封之犹不使得有为于其国，况乃使之治己臣庶，使象得肆其

---

① 崔述：《崔东壁遗书》"唐虞考信录自序"，上海古籍出版社，1983年。
② 崔述：《崔东壁遗书》"唐虞考信录自序"，上海古籍出版社，1983年。
③ 崔述：《崔东壁遗书》"唐虞考信录自序"，上海古籍出版社，1983年。

虐，彼臣庶何罪焉？盖舜之家事见于《经》者，"父顽、母嚚、象傲"而已；因其顽嚚而傲也，遂相传有不使娶之说，相传有欲杀舜之事。谚曰："尺水丈波"，公明贾曰："以告者过也"，天下事之递述而递甚其词者往往如是。君实（司马光）之辨是也。①

《三代考信录》具体又分为《夏考信录》《商考信录》《丰镐考信录》。在《夏考信录》中，崔述重点考辨了关于禹、启、太康、仲康、相、夷羿、寒浞、少康、杼、孔甲、皋、桀等有关的记载。比如针对《淮南子》所载："禹悬钟、鼓、磬、铎、置鞀，以待四方之士。为幡曰：'教导寡人以道者击鼓，喻以义者击钟，告以事者振铎，语以忧者击磬，有狱讼者摇鞀。'"他指出：

此皆形容圣人好善之诚，非真有此事也。后世君门万里，下情不能上达，于是设鼓以防壅蔽。当禹之时，君与民如一身，谁能阻之，而尚赖于钟鼓之悬乎！……且其文殊浅弱，非虞、夏时语，而道义与事亦不得分为三，其为后人形容之语甚明。②

再如关于"后羿射日"的传说，他指出：

羿射日事，杨氏慎尝辨之。语云："羿射日落九乌"，言羿善射，一日之中获九乌耳。后人误读"羿射日"为句，遂谓："日中有乌，落九乌，落九日也"，谬矣！且"十日并出"者，状尧德之明，天下无所不见耳。舜"明四目"，岂舜面实生四目乎？说者因有此语，遂附会之，以羿为尧时人，谓羿射落其九而存其一，则益谬矣。……此事之荒唐本不足辨，然观此可知秦汉以后不经之谈皆由误会古人之意，或误读古人之句，转相传述，转相附会，以至大误，后人习闻其说，以为所从来久，遂不敢轻议耳。③

又如针对《韩诗外传》所云"桀为酒池可以运舟，糟丘足以望十里，而牛饮者三千人"和《新序》所云"桀作瑶台，罢民力，殚民财，为酒池、糟堤，纵靡靡之乐"。他指出：

古者人情质朴，虽有荒淫之主，非有若后世秦始、隋炀之所为者。且桀岂患无酒，而使之"可运舟"、"望十里"，欲何为者？此皆后世猜度附会之言，如子贡所云"纣之不

---

① 崔述：《崔东壁遗书》"唐虞考信录"，上海古籍出版社，1983年。
② 崔述：《崔东壁遗书》"夏考信录"，上海古籍出版社，1983年。
③ 崔述：《崔东壁遗书》"夏考信录"，上海古籍出版社，1983年。

善不如是之甚"者。①

《商考信录》主要辨太甲杀伊尹之说，辨改商为殷之说，辨梦赍良弼之说，辨《晋语》《吕览》言胶鬲事之诬，辨商容欲伐纣之说，辨微子衔璧之说等。现举二例。如针对《竹书纪年》关于"仲壬崩，伊尹放太甲于桐，乃自立也。伊尹即位于太甲七年，太甲潜出自桐，杀伊尹，乃立其子伊陟、伊奋，命复其父之田宅而中分之"的记载，崔述指出：

> 《孟子》云："太甲悔过，自怨自艾，于桐处仁迁义三年，以听伊尹之训己也；复归于亳。"又云："太甲贤，又反之，民大悦。"《传》云："伊尹放太甲而相之。"《史记》云："沃丁之时，伊尹卒，既葬伊尹于亳，咎单遂训伊尹事，作《沃丁》。"则是伊尹自复太甲，太甲并无潜出之事，太甲复位之后，伊尹仍为之相，至沃丁时始卒，未尝死于太甲之世明矣。且祁奚之所谓"无怨"者，正以太甲复位之后仍以为相，仍听其言为无怨耳。非谓其立陟也。若既杀其身矣，安得复谓之无怨乎？盖自战国以后，风俗日颓，见利忘义，世俗之人习见而以为固然，遂妄意古圣人之亦如是，是以有舜囚尧，启杀益，太甲杀伊尹之说。②

再如关于商纣王暴虐的记载，他认为其中许多记载是不真实的。比如"《战国策》称纣醢九侯，脯鄂侯。《史记》称纣有酒池肉林，裸逐之戏，炮烙之刑。《新序》称纣为鹿台，七年而成，其大三里，高千尺，临望云雨。《帝王世纪》称纣剖比干妻以视其胎，烹伯邑考为羹以赐文王。《水经注》称老人晨将渡水而沈吟难济，左右曰：'老者髓不实故也。'纣乃斫胫而视髓。由是伪《古文尚书》遂以'焚炙忠良，刳剔孕妇，斫朝涉之胫'等语入《泰誓》篇中"。他认为：

> 世所传纣之事，犹今人语谶必归之诸葛孔明、刘伯温，语奸诈必归之曹操也，犹以周新折狱之事尽加之海瑞也。其意不过欲甚纣之恶耳，不知君子之论贵于持平，不但当为圣王辨其诬，亦不必为暴主增其罪。③

《丰镐考信录》主要考辨了周之先王及文王、武王等历代周王及有关大臣的事迹。如辨践迹孕弃之说，辨太伯不从翦商之说，辨文王囚羑里及赐弓矢之说，辨文王羑里演《易》之说，辨苏轼、孔子罪汤、武之说，辨周公摄政之说，辨龙漦生褒姒之说，辨申侯召戎灭周之说，辨吕尚渔钓屠牛

---

① 崔述：《崔东壁遗书》"夏考信录"，上海古籍出版社，1983年。
② 崔述：《崔东壁遗书》"商考信录"，上海古籍出版社，1983年。
③ 崔述：《崔东壁遗书》"商考信录"，上海古籍出版社，1983年。

之说，辨召公不说周公摄政之说等。现举两例。

关于"文王拘于羑里而演《周易》"说。他认为此说源于司马迁《史记·太史公自序》所云："西伯拘羑里，演《周易》。孔子厄陈、蔡，作《春秋》。屈原放逐，著《离骚》。左丘失明，厥有《国语》。孙子膑脚，而论兵法。不韦迁蜀，世传《吕览》。韩非囚秦，《说难》《孤愤》。"他认为所引凡七事"其谬之显然易见者四焉，渺茫恍惚不可究者二焉"。他考辨说：

> 孔子作《春秋》在归鲁以后，非厄陈、蔡之时。《吕览》之成，悬诸国门，是时不韦方为秦相，亦未迁蜀。《屈原传》，作《离骚》在怀王之世，至顷襄王乃迁之江南，非放逐而赋《离骚》也。《韩非传》，作《孤愤》《说难》皆在居韩时，秦王见其书而好之，韩乃遣非使秦，亦非囚秦而作《说难》《孤愤》也。此三传及《孔子世家》皆迁之所自著，而皆自反之，乌在其可信乎？至《国语》与《左传》事多抵牾，文亦不类，必非一人所作，失明之说恐亦以其名明而致误耳。《孙武传》既以十三篇为武书矣，而于膑又云"世传其兵法"，然《赞》但称"孙武、吴起兵法"，又似膑无书者。（案：此推论有误，1972年山东临沂银雀山汉墓中同时出土了两部《孙子兵法》，一为孙武，一为孙膑。）

由此推论："《易》即文王所作，亦断不在羑里时矣。"①

关于龙漦生褒姒之说。此说源出于《国语·郑语》。《郑语》载：

> 夏之衰也，褒人之神化为二龙，以同于王庭而言曰："余，褒之二君也。"夏后卜杀之，与去之，与止之，莫吉；卜请其漦而藏之，吉。乃布币焉而策告之，龙亡而漦在，椟而藏之，传郊之。及殷、周，莫之发也。及厉王之末，发而观之，漦流于庭，不可除也。王使妇人不帏而噪之，化为玄鼋，以入于王府。府之童妾未既龀而遭之，既笄而孕，当宣王时而生。不夫而育，故惧而弃之。为弧服者方戮在路，夫妇哀其夜号也，而取之以逸，逃于褒。褒人褒姁有狱，而以女入于王，王遂置之，而嬖是女也，使至于为后。②

崔述认为此为荒唐无稽之言。他说：

> 神有气而无形，龙则有形物也，神安能化为龙？漦在椟中千年而不化，何以一噪而遽为鼋也？且童妾未既龀而遭鼋，既笄而后孕，何以知其孕之因于鼋？厉王以后，历共和十四年，宣王四十六年，凡六十年，幽王乃立；若褒姒生于宣王之初年，则至幽王之时已

---

① 崔述：《崔东壁遗书》"丰镐考信录"卷二，上海古籍出版社，1983年。
②《国语》卷十六《郑语》，上海古籍出版社，1978年。

老；若生于宣王之末年，则是童妾受孕四十余年而始生也。其荒唐也如是。①

《洙泗考信录》及《洙泗考信余录》主要考辨与孔子及其弟子相关的人与事。如辨孔子形相之异，辨孔子问礼于老子之说，辨诛杀少正卯之说，辨孔子为南子次乘之说，辨孔子状类阳虎及弹琴解甲之说，辨孔子删《诗》《书》之说，辨孔子作《易传》之说，辨《孝经》非孔子作，辨曾母投杼之说，辨《大学》非曾子作，辨《诗序》非子夏作，辨宰我与田常作乱之说等。现仅举两例。

关于孔子诛杀少正卯之事。崔述考辨说：

> 余案《论语》，季康子问政于孔子，曰："如杀无道以就有道，何如？"孔子曰："子为政，焉用杀？"哀公问社于宰我，宰我对曰："周人以栗，曰使民战栗"。孔子曰："成事不说，遂事不谏，既往不咎。"圣人之不贵杀也如是，乌有秉政七日而遂杀一大夫者哉？三桓之横，臧文仲之不仁不知，《论语》《春秋传》言之详矣。贱至于阳虎，不狙，细至于微生高，犹不遗焉，而未尝一言及于卯。使卯果尝乱政，圣人何得无一言及之？史官何得不载其一事？非但不载其事而已，亦并未有其名。然则其人之有无盖不可知。纵使果有其人，亦必碌碌无闻者耳，岂足以当圣人之斧钺乎？春秋之时，诛一大夫非易事也，况以大夫而诛大夫乎？②

崔述从孔子"不贵杀"和《论语》《左传》不载少正卯事等方面加以考辨，认为"此盖申、韩之徒言刑名者诬圣人以自饰，必非孔子之事"。③

关于辨孔子问礼于老子之事。

《史记·孔子世家》载："南宫敬叔言于鲁君，请与孔子适周，鲁君与之一车、两马、一竖子。适周问礼，见老子。老子送之曰：'聪明深察而近于死者，好议人者也。博辨广大，危其身者，发人之恶者也。'"《老子韩非列传》也云："孔子适周，将问礼于老子，老子曰：'子所言者，其人与骨皆已朽矣，独其言在耳。吾闻之：良贾深藏若虚，君子盛德、容貌若愚。去子之骄气与多欲，态色与淫志，若是而已。'"孔子谓弟子曰："鸟，吾知其能飞；鱼，吾知其能游；兽，吾知其能走；至于龙，吾不能知其乘风云而上天，老子其犹龙耶？"针对以上两篇记载，崔述指出：

> 今《史记》之所载老聃之言，皆杨朱之说耳，其文亦似战国诸子，与《论语》《春秋传》之文决不类也。且孔子骄乎？多欲乎？有态色与淫志乎？深察以近死而博辨以危身

---

① 崔述：《崔东壁遗书》"丰镐考信录"卷七，上海古籍出版社，1983年。
② 崔述：《崔东壁遗书》"洙泗考信录"卷二，上海古籍出版社，1983年。
③ 崔述：《崔东壁遗书》"洙泗考信录"卷二，上海古籍出版社，1983年。

乎？老聃告孔子以此言，欲何为者？由是言之，谓老聃告孔子以如是云云者，妄也。孔子称述古之贤人及当时卿大夫，《论语》所载详矣；藉令孔子果尝称美老聃至于如是，度其与门弟子必当再四言之，何以《论语》反不载一言？……昭公二十四年，孟僖子始卒，敬叔在衰绖中，不应适周。敬叔以昭公十二年生，至是年仅十三，亦不能从孔子适周。……由是言之，谓敬叔从孔子适周而鲁君与之车马者，亦妄也。此盖庄、列之徒因相传有孔子与聃论礼之事，遂从而增益附会之，以诎孔子而自张大其说。《世家》不察而误采之，惑矣。①

在《孟子事实录》中，他主要考辨孟子的事迹和与之相关的记载。如辨孟母三迁之说，辨孟母裂织买豚之说，辨孟子无受业子思事等。此外还有作为"考信翼录"的几部著作，如《三代经制通考》主要考辨了夏之贡法、商之助法、周之彻法的起源，三代历法的沿袭等。《经传禘祀通考》主要辑录了经传记注中关于古代"禘祀"（祭祀的一种形式）的记载，辨其异同，溯流穷源，言其得失。《三代经界通考》主要辨有关三代体国经野之政的传闻附会之言，讨论了商、周的助、彻之法，公田与私田等问题。《读风偶识》主要辨《诗序》的作者及各篇之旨意，驳正毛公、郑玄、朱熹之误说。《论语余说》考辨《论语》训诂、名物、义理，多驳正朱熹注之失误。《五服异同汇考》主要考至亲之服、同堂之服、同族之服、外姻之服、女子为其私亲之服等。《易卦图说》主要考辨卦图、卦说，辩驳伪图、伪说。以上这几部著作虽也有承袭前人之说，但多发前人之所未发，不乏真知灼见。

崔述不仅注意考辨伪事、伪说，而且注意总结伪事、伪说产生的原因。在《考信录提要》卷上中，他着重分析了伪事、伪说产生的原因，归结起来主要有以下几点：

第一，以己度人。他认为：

人之情好以己度人，以今度古，以不肖度圣贤。……是以唐、虞、三代之事，见于《经》者皆醇粹无可议，至于战国、秦、汉以后所述，则多杂以权术诈谋之习，与圣人不相类，无他，彼固以当日之风气度之也。

第二，虚言衍成实事。他指出：

战国之时，说客辨士尤好借物以喻其意。如"楚人有两妻"，"豚蹄祝满家"，"妾覆药酒"，"东家食，西家宿"之类，不一而足。虽孟子书中亦往往有之。非以为实有此事也。乃汉、晋著述者往往误以为实事而采之入书，学者不复考其所本，遂信以为真有而不

---

① 崔述：《崔东壁遗书》"洙泗考信录"卷一，上海古籍出版社，1983年。

悟者多矣。

第三，古语失解后之妄说。他指出：

> 战国、秦、汉之书非但托言多也，亦有古有是语而相沿失其解，遂妄为之说者。
> 古者羲、和占日，常仪占月。常仪古之贤臣，占者占验之占；常仪之占月，犹羲、和之占日也。仪之音古皆读如娥。……后世传讹，遂以"仪"为"娥"，而误以为妇人。又误以占为"占居"之意，遂谓羿妻常娥窃不死之药而奔于月中。由是词赋家相沿用之，虽不皆信为实，要已诬古人而惑后世矣。

第四，采谶纬语以注经，相沿而为是。他指出：

> 先儒相传之说，往往有出于纬书者。盖汉自成、哀以后，谶之学方盛，说《经》之儒多采之以注《经》。其后相沿，不复考其所本，而但以为先儒之说如是，遂靡然而从之。如龙负河图，龟具洛书，出于《春秋纬》。黄帝作《咸池》，颛顼作《五茎》，帝喾作《六英》，帝尧作《大章》，出于《乐纬》。诸如此类，盖不可以悉数。

于是出现了这样一种奇怪的现象，即"谶纬之学，学者所斥而不屑道者也，谶纬之书之言，则学者皆遵守而莫敢有异议"。这种采谶纬语以注经的做法，导致了大量伪说的流传。

第五，实事而传误。他认为这种"前人所言本系实事，而递传递久以致误者"，"此于三代以上固多，而近世亦往往有之"。他举了两个例子，一是陶渊明的《桃花源记》，该篇记武陵渔人入深山，其居人自言先世避秦时乱，率妻子邑人来此，遂与外人间隔。崔述认为："此特汉、晋以前，黔、楚之际，山僻人稀，以故未通人世，初无神仙诞妄之说也。"而唐韩愈《桃园图诗》云："神仙有无何渺茫，桃源之说诚荒唐！"刘禹锡《桃源行》也云："俗人毛骨惊仙子"，又云："仙家一出寻无踪"，都以陶渊明所记者为神仙。二是晋石崇《王明君辞序》（案：明君即昭君，因避司马昭讳，昭故作"明"）。该序云："昔公主嫁乌孙，令琵琶马上作乐，以慰其道路之思。其送明君，亦必尔也。"而后杜甫咏昭君村，遂有"千载琵琶，曲中怨恨"之句。因此"世之学者遂皆以琵琶为昭君嫁时之所弹矣"。由此，崔述得出这样结论：

> 自汉以来学未有过于昌黎者，而子美号为诗史，说者谓其无一字无来历，然其言皆不可指实如是，然则汉、晋诸儒之所传者其遂可以尽信乎哉？

第六，记忆失真而致误。他认为"古者书皆竹简，人不能尽有也，而亦难于携带，纂书之时无从寻觅而翻阅也。是以《史记》录《左传》文，往往与本文异。此记忆失真之故也"。崔述认为，这种因记忆失真而造成的"传闻异词"现象，"不足怪，亦不足为其书累。顾后之人阿其所好，不肯谓之误，必曲为弥缝，使之两全，遂致大误而不可挽"。比如九州之名，《尚书·禹贡》记载甚详，而《周官》记有幽、并而无徐、梁，误也，必曲为之说"周人改夏九州，故名互异"。这种后人"曲为弥缝"的现象，造成了误说的流传。

崔述在考辨伪事、伪说的同时，还注意考辨古书之真伪。在《考信录提要》卷上中，他指出：

> 伪造古书乃昔人之常事，所赖达人君子平心考核，辨其真伪，然后圣人之真可得，岂得尽信以为实乎？然亦非但有心伪造者之能惑世也，盖有莫知谁何之书，而妄推奉之，以为古之圣贤所作者，亦有旁采他文，以入古人之书者。庄周，战国初年人，而其书称陈成子有齐国十二代；《孔丛子》，世以为孔鲋所作也，而其中载孔臧以后数世之事，然则其言之不出于庄周、孔鲋明甚。古书之如是者岂可胜道，特世人轻信而不之察也。

为此，他考辨了不少的伪书。

在《补上古考信录》中，他驳神农氏作《本草》之说，指出："《本草》文浅陋，多用后世地名，少有识者自能辨之。"驳《连山》《归藏》为羲、农时书之说，指出："《易传》言《易》详矣，《春秋传》亦多说《易》者，然皆未有《连山》《归藏》之名，……若羲、农之世，则未有篇策，安得有文字传于后世哉？"在《唐虞考信录》中，他认为《尚书》尧、舜之典不可分，《舜典》自《尧典》中分出，始自于齐人姚方兴。在《夏考信录》中，辨《山海经》非禹、益所作，乃为汉人所作。辨《尚书·五子之歌》"其语多采之《春秋传》，若《春秋传》所无者，则皆词意浅陋，不类三代时语"，"其为后世浅人之所伪托"。在《商考信录》中，辨《古文尚书·仲虺之诰》"乃掇拾经传之文而参以己意联属成篇者，浅弱排比，决不类夏、商间语"。辨伊尹之书五篇：《伊训》、《太甲》三篇、《咸有一德》，"文义率多浅易，文势颇杂排偶，非惟不类夏、商间语，亦并不类秦、汉时文"。为"掇拾经传之文及经传所引《逸书》之语，而联缀以成篇者"。在《丰镐考信录》中，辨《拘幽操》非文王作，"乃后人闻相传有此事而拟作者耳"。辨《尚书·泰誓》，指出"其语虽皆有所本，而重复杂乱，决无章法"，"所采经传之文舛谬累累"。辨《尚书·武成篇》"乃缀辑经传、《孟子》《戴记》之语而采《汉书·律历志》所引《武成》原文以冠之者"。辨《仪礼》非周公所作，乃作于春秋之后。辨《周官》非作于周公，乃成书于战国之时，也非刘歆所伪作。辨《礼记·月令》非周公所作，为战国时人所撰。辨《尔雅》非周公所作，乃作于秦、汉之际。辨《周易》《彖词》非文王自作，《爻词》非周公所作。辨《古文尚书·君陈》"大抵此篇之语多采之古传记"。辨《六韬》非太公作，为秦、汉间人所伪撰。辨《尚书·旅獒》称"此篇之文浅弱细碎，乃杂缀传记之嘉言以成篇者"。在《丰镐考信别录》中辨《尚书·蔡仲之命》"乃本《左传》文而衍之者"，"其命词亦缀辑前人语言以成篇者"。在《洙泗考信录》中，辨《论语》称"今之《论语》非孔门《论语》之原本,亦非汉初《鲁论》之旧本也"。认为"《季氏》以下诸篇,文体与前十五篇不类,其中或称孔子,或称仲尼,名称亦别,而每篇之末亦间有一二章与篇中语不伦者。……非后人有所续入而何以如是?"辨《易传》,认为"《易传》必非孔子所作,而亦未必一人所为,盖皆孔子之后通于《易》者为之"。辨《孝经》,认为其中"多孔子与曾子问答之语,然则是曾子之门人笔之于书耳,非孔子所自为书也"。在《洙泗考信余录》中,辨《大学》非出自曾子之手。辨《诗序》非子夏所作,为东汉卫宏所作。辨《礼·丧服篇大传》非子夏作,疑为"子夏之徒之所为,后世传而失其真耳"。辨《国语》非左氏作,指出其"荒唐诬妄,自相矛盾者甚多","文词支蔓,冗弱无骨,断不出于一人之手明甚"。辨《中庸》非子思作,认为"盖子思以后,宗子思者之所为书,故托之于子思,或传之久而误以为子思也"。在《孟子事录》中,辨《孟子》书出于门人万章、公孙丑等所追述。辨《中庸》有因袭《孟子》之言,等等。梁启超称:"此书(指《考信录》)虽非为辨伪而作,但他对于先秦的书,除《诗》《书》《易》《论语》外,几乎都怀疑,连《论语》也有一部分不相信。他的勇气真可佩服。"[1]

在《考古续说》中,他设有《竹书纪年辨伪》专篇,列举十条证据以证《竹书纪年》之伪。

第一,杜预《春秋经传集解》"后序"云:"《纪年篇》起自夏、殷、周,皆三代王事,无诸国别也。"而今本《竹书纪年》却起于黄帝,与序不同。

第二,《史通》引《汲冢书》云:"益为启所诛",《晋书》也云"《纪年》,益干启位,启杀之"。而今本《竹书纪年》无此文。

第三,《史记·殷本纪》张守节《正义》引《竹书纪年》云:"自盘庚迁殷,至纣之灭,二百七十三年,更不徙都。"今本《竹书纪年》载:"武乙三年,自殷迁于河北","十五年,自河北迁于沫","文丁元年,王即位居殷"。凡三次徙都,与张氏所引《竹书纪年》"更不徙都"有异。

第四,据杜预《序》可知《竹书纪年》自周宣王后,特记晋国之事,以晋纪年。晋灭后,又特记魏国之事,以魏纪年。然今本《竹书纪年》概以周年纪之。

第五,杜预《序》云:"《纪年篇》起自夏、殷、周,皆三代王事,无诸国别也。……(晋)庄伯之十一年十一月,鲁隐公之元年正月也。皆用夏正建寅之月(即正月)为岁首,编年相次。"由此可知,庄伯即位之年比《史记·晋世家》所载早二年,所记之事比《春秋》早二月。这是由于《春秋》采用的是周历,而周正建子,以十一月为岁首,因此出现所记时月互有异同的情况。今本《竹书纪年》记鲁隐公元年乃庄伯之九年,与《史记》同,这是作书者采《史记》之文,而不知其与本书之年不合。另证庄伯之世仍以周平王纪年:五十一年二月日食,三月王陟。与《春秋》同,这是作者采《春秋》之文,而不知其与本书之月不合。

第六,《史记索隐》引《竹书纪年》数条,如《宋微子世家》注云:"《纪年》云:'宋剔成盱废其君璧而自立。'"《赵世家》注云:"《纪年》云:'召公子职于韩,立以为燕王'"等,今本《竹书

---

[1] 梁启超:《中国近三百年学术史》第十四讲"清代学者整理旧学之总成绩",东方出版社,1996年。

纪年》皆无此文。

第七，据《史记索隐》之文推论，今本《竹书纪年》漏记的地方很多。如《燕召公世家》注云："《纪年》，智伯灭在成公二年。"《田敬仲世家》注云："《纪年》，梁惠王十三年，当齐桓公十八年，后威王始见。"由此可见，智伯之灭，当载于《竹书纪年》，而梁惠王十三年必有齐威王事。而今本《竹书纪年》一概无之。

第八，《史记索隐》所引《纪年》文，多记诸侯名、谥、生卒、废立。而今书对此却略而不载。

第九，今本《竹书纪年》多采《史记索隐》所引《竹书纪年》文，然多与原文不符。如《晋世家》注云："《纪年》，夫人秦嬴贼公于高寝之上。"而今书作"大夫秦嬴"。

第十，《春秋》记日食多矣，而今本《竹书纪年》独记周平王五十一年日食。这是作者因日食在春秋之初，故忆而录之，其他不复记忆，故无暇考而录之。

以上列举的十条证据从多方位揭示了今本《竹书纪年》的伪迹。由此他得出这样的结论：

> 不知何人浅陋诈妄，不自量度，采摘《水经》《索隐》所引之文，而取战国邪说，汉人谬解，晋代伪书以附益之，作《纪年》书二卷，以行于世。①

需要指出的是，崔述是遵循非真即伪的原则，绝对否定《竹书纪年》的。但实际上，一部古书即使是伪书，也未必尽非，其中也会有一定的史料价值，因为编造伪书必须要有其历史素材，无法完全凭空捏造。

《古文尚书辨伪》是崔述考辨伪《古文尚书》的专著，共二卷。卷一为《古文尚书真伪源流通考》，分"六证"、"六驳"以辨世传二十五篇《古文尚书》之伪。

"六证"是：

第一，孔安国所得鲁壁中《古文尚书》，比《今文尚书》多十六篇，《史记·儒林传》《汉书·艺文志》记载甚明。十六篇篇目应为：《舜典》《汨作》《九共》《大禹谟》《益稷》《五子之歌》《汤诰》《咸有一德》《典宝》《伊训》《肆命》《原命》《武成》《旅獒》《冏命》，以及《允征》（即《胤征》）。而今传二十五篇则有《仲虺之诰》《微子之命》《蔡仲之命》《周官》《君陈》《毕命》，以及《太甲》三篇、《说命》三篇、《泰誓》三篇、《君牙》十六篇，而无《汨作》《九共》《典宝》《肆命》《原命》五篇。篇目既殊，篇数也异，非孔壁所出《古文尚书》甚明。

第二，东汉杜林所传《古文尚书》，贾逵为之作训，马融作传，郑玄注解，皆止二十九篇，并无今传二十五篇。如果二十五篇出于孔壁，杜林漆书何以无之？贾、马、郑为何不为之传注？其为伪书明矣。

第三，伪《书》二十五篇，较之马融、郑玄旧传三十一篇，文体迥异。如《大禹谟》与《皋

---

① 崔述：《崔东壁遗书》"考古续说"卷二"《竹书纪年》辨伪"，上海古籍出版社，1983年。

陶谟》不类,《皋陶谟》高古谨严,《大禹谟》则平衍浅弱。《泰誓》三篇繁冗愤激,章法杂乱,与《汤誓》《牧誓》文体不类。

第四,真《古文尚书》二十八篇,《史记》全载其文者十篇,载其半者四篇,略载其意者八篇,而二十五篇伪《尚书》无一篇载入《史记》。

第五,《汉书·律历志》所引《尚书》逸篇《伊训》《武成》文,与二十五篇中《伊训》《武成》不同,证二十五篇为后人所伪撰。

第六,从东汉至吴、晋,注书之儒赵岐、郑玄、韦昭、杜预等无一人见二十五篇《尚书》,证此书不出于孔安国。

"六驳"为:

第一,《古文尚书》与《今文尚书》主要区分于文字的同异上,而不应将篇数多者作为《古文》,少者作为《今文》。

第二,《今文尚书》为伏生壁藏之书,并无其女(羲娥)口授之事。

第三,张霸"百两篇"伪《尚书》当时已定为伪书,而孔颖达公然以"百两篇"为二十四篇,信以为真,并加以表彰,岂有反以伪《尚书》为真《尚书》之理?

第四,孔安国《古文尚书》,当时已流传于世,王莽及东汉章帝时又已立于学官,岂有诸儒皆没见到之理?

第五,《晋书·元帝本纪》和《儒林传》中均不载梅赜献《古文尚书》之事。孔颖达《尚书正义》称郑冲传《古文尚书》,皇甫谧采之作《帝王世纪》,考之《晋书》,并无此事。

第六,非但梅赜未曾奏上《古文尚书》,郑冲也未曾见其书,孔安国也不知有此书。何晏、郑冲共同编纂的《论语集解》可为之作证。

继"六证"、"六驳"之后,崔述又以四点答疑进一步阐明自己对伪《书》的认识。

其一问:"五十八篇经传非孔安国所传,梅赜所奏上,果何人所撰?至何时始行于世邪?"关于伪《书》推行的年代,崔述根据东晋王坦之、南朝宋范晔在其著作中均未言及此书,直至南朝梁刘勰作《文心雕龙》始引二十五篇之文,得出结论:"然则是元嘉以前,此书初未尝行于世,至齐、梁之际始出于江左也。""隋灭陈以后,此书乃渐传于北方。"关于何人所撰,崔述说:"至于撰书之人,则梅鷟、李巨来(绂)皆以为皇甫谧所作。以余观之,不然。西晋之时,《今文》《古文》并存于世,安能指《古文》为《今文》,而别撰一《古文尚书》,以欺当世?况谧果著此书,必已行世,何以蔚宗(范晔)犹不知之,又何以江左盛行而中原反无之?然则此书乃南渡以后,晋、宋之间,宗王肃者之所伪撰,以驳郑义而伸肃说者耳。"

其二问:"二十五篇之文果出后人所撰,何其似圣人之言也?"崔述回答说,伪《书》二十五篇"自其所采经传旧文而外,大率皆道学语。然按之乃陈腐肤浅,亦有杂入于异端者。……其事皆杂采于诸子及汉儒之注说,考之于经既不合,揆之以理亦多谬。……自《大禹谟》至《冏命》其文如出一手,谟、训、命、诰约略相似,更无分别"。从义理、事实、文体三方面指出了伪《书》之破绽。

其三问："经传所引《尚书》之文，二十五篇之中皆有之，何以言其伪也？"崔述回答说："此作伪《书》者剽窃经传之文入其中耳。子不见夫铁器乎，铸者无痕而补者有痕。凡经传所引之语在三十三篇中者，与上下文义皆自然相属，在二十五篇中者，其上下承接皆有补缀之迹，其有痕无痕至易辨也。"①

在《古文尚书辨伪》卷二中，有《集前人论〈尚书〉真伪》《李巨来〈书古文尚书冤词后〉补说》《〈尧典〉分出〈舜典〉考辨》及其弟崔迈著《读伪〈古文尚书〉黏签标记》等数篇。在《集前人论〈尚书〉真伪》中，他辑录了韩愈、朱熹、蔡沈、赵汝谈、顾炎武、李绂诸家怀疑和考辨伪《书》之语，最后总结说："百余年以来，读书有卓识者无过于顾宁人先生，所推为博学者无过于李巨来先生，而皆以孔氏《经》《传》为伪，则此二十五篇之非安国《古文》明矣。"可见他受顾炎武、李绂二人的影响最大。在《〈尧典〉分出〈舜典〉考辨》中，他指出："今世所传《尚书》，首有《尧典》《舜典》两篇。《尧典》自'曰若稽古'起，至'帝曰钦哉'止；《舜典》自'曰若稽古'起，至'陟方乃死'止。习举业者幼而读之，以为《古文尚书》果如是矣。不知此乃唐孔颖达所改之本。"

《古文尚书辨伪》后附录其弟崔迈所著《读伪〈古文尚书〉黏签标记》一文，则注意探究伪《尚书》各篇中一些字句的本源，如指出《大禹谟》中"舍己从人"语出自《孟子》；"帝德广运"语本源于《吕氏春秋》；"洚水警予"语本《孟子》等。同时指出其剽袭而失原意处。如《论语》载《汤诰》一节云："予小子履敢用玄牡，敢昭告于皇皇后帝：有罪不敢赦。帝臣不蔽，简在帝心。朕躬有罪，无以万方；万方有罪，罪在朕躬。""有罪不敢赦"，是言人之有罪，汤不敢赦也。而伪《书》《汤诰》作"罪当朕躬，弗敢自赦，惟简在上帝之心"。言我本身有罪，不敢自己宽恕。引文有所变易，失其本意。此可作为崔述考辨伪《古文尚书》论据之补充。

需要特别指出的是，崔述之前，明代梅鷟，清康、乾之际的阎若璩早有考辨伪《古文尚书》的大作问世。可惜崔述没能见到。梅氏的一些观点，他是从李绂《古文尚书考》中间接了解的，关于阎氏《尚书古文疏证》，他也仅见到《四库全书总目提要》的介绍，然而他却做出了不逊于前人的考辨成绩，这是很不容易的。正如陈履和所指出的：

> 自宋元以来，论辨《尚书》者何啻数十家。前明梅氏、国朝阎氏洋洋大篇，先生皆未之见。由今观之，正不啻数百年间同堂讲晰。先生识力所至，暗与古合，更有发前人所未发者。②

---

① 以上引文均见崔述《崔东壁遗书》《古文尚书辨伪》卷一"古文尚书真伪源流通考"，上海古籍出版社，1983年。
② 陈履和：《古文尚书辨伪》卷末"跋"，见《崔东壁遗书》，上海古籍出版社，1983年。

《论语余说》后附《论语篇章辨疑》是专辨《论语》篇章真伪的。他认为《论语》后五篇，除《子张篇》无可疑外，其余四篇可疑处甚多，这四篇是《季氏》《阳货》《微子》《尧曰》。崔述注意从事实、文体、称谓等方面揭示其伪迹，具有较强说服力。

崔述在考辨伪史、伪说、伪书的过程中，注意总结前人的考辨成就和考辨方法，并将其自觉地吸收并运用到自己的著述中去。他所采用的辨伪方法，虽无甚发明，但他能自觉地运用这些方法，如从著录源流、史实、文体、语言风格、文字来源、同时代或后代人著述的称引等方面对伪史、伪说、伪书进行多角度、全方位的考辨。一些观点更是发前人之所未发，表现了他勇于疑古的精神和严谨的考辨态度，因此受到后人的赞扬。如刘师培称赞他作《考信录》"于一言一事必钩稽参互，剖析疑似，以求其真，使即其例以扩充之，则凡古今载籍均可折衷至当，以去伪而存诚。则述书之功在于范围谨严，而不在于逞奇炫博。虽有通蔽，然较之马氏（骕）《绎史》固有殊矣。近人于考证之学多斥其烦芜，若人人著书若崔述，彼繁芜之弊又何自而生哉？"[①] 梁启超也称赞《考信录》"尤严正简洁"，崔述的勇气"真可佩服"。[②] 日本学者那珂通世称《崔东壁遗书》是"日本东洋史学家不可缺之良书也"。[③] 然而崔述的著作在其时代并不受欢迎。正如其弟子陈履和所指出的那样："老未登第，官又不达，且其持论实不利于场屋科举，以故人鲜信之；甚有摘其考证最确，辨论最明之事而反用为诋諆者。"[④] 也如顾颉刚先生所指出的："盖东壁著书目的虽在维护道统，而考据结果实足以毁坏道统，道统毁则理学失所凭依，故卫道者不得不起而示威。"[⑤] 崔述在盲目信古、迷信儒学的年代，敢于系统地考辨夏、商、周三代的历史和传说，推翻一些伪史、伪说，考辨一些伪书，这确实需要极大的勇气。他的著作在当时的社会环境下，受到冷遇和攻击，也实在是很正常的事情。

崔述在考辨伪史、伪说、伪书的过程中，也暴露了他的局限性。比如胡适在《考信录序》中所指出的"崔述处处用后世儒生理想中的'圣人'作标准，凡不合这种标准的，都不足凭信"，致使本不该疑的而被疑。如《檀弓》中记有"孔子少孤，不知其墓"，又记有孔子一家有再世出妻的事，就以为"《檀弓》之文本不足信"。再如《论语·阳货篇》中有"公山弗扰以费畔，召，子欲往"和"佛肸召，子欲往"两章。崔述认为公山弗扰反叛公室，佛肸以家臣的身份抗拒赵简子，均为叛臣，受叛臣之召而欲往，有损圣人的尊严，不符合圣人的标准。所以断言《论语》"非孔门《论语》之原本，亦非汉初《论语》之旧本"，"乃张禹所更定"。为了证明佛肸不曾召孔子，于是引《韩诗外传》《新序》《列女传》三书作证，证明"佛肸之畔乃赵襄子时事，……襄子立于鲁哀公之二十年，孔子卒已五年，佛肸安得有召孔子事乎？"[⑥] 胡适指出："崔述最不信汉人记古事的传记，然而他在这

---

① 刘师培：《崔述传》，见《崔东壁遗书》附录，上海古籍出版社，1983年。
② 梁启超：《中国近三百年学术史》第十四讲"清代学者整理旧学之总成绩"，东方出版社，1996年。
③ 那珂通世：《那珂通世校订〈东壁遗书〉》，原载北平师范大学《史学丛刊》第二期，见《崔东壁遗书》附录《关于本书的评论》，上海古籍出版社，1983年。
④ 陈履和：《崔东壁先生行略》，见《崔东壁遗书》附录，上海古籍出版社，1983年。
⑤ 顾颉刚：《崔东壁遗书》附录《关于本书的评论》案语，上海古籍出版社，1983年。
⑥ 崔述：《崔东壁遗书》"洙泗考信录"卷二，上海古籍出版社，1983年。

里引证的三部书都是汉人的记载，岂不是自坏其例吗？"①何况《左传》哀公五年明明有"赵鞅（简子）伐卫，范氏之故也，遂围中牟"的记载，该年为孔子死之前九年。而《韩诗外传》等记赵襄子时中牟再叛，与佛肸无关。可见佛肸以中牟叛，当在孔子生前，《论语·阳货》"佛肸"章记载并不可疑。对此，许冠三指出："崔东壁的《考信录》对我国古代史的研究虽然帮助极大，但他的动机乃是'卫道'，而不是明史。"②

崔述在考辨古书时，习惯以静止和机械的眼光看待古书真伪的问题，不能认识到古书的流传是一个非常复杂的过程。比如《孔子家语》，崔述断言"今之《家语》乃（王）肃之徒所撰，以助肃而攻（郑）康成者"。③1973年，河北定县八角廊西汉墓出土的竹简《儒家者言》内容与今本《孔子家语》相近。1977年，安徽阜阳双古堆西汉墓也出土了与《儒家者言》内容相近的简牍，据此李学勤将其命名为竹简本《孔子家语》，认为"此为今本《家语》的原型，王肃所称得自孔猛，当为可信"。④他又指出："从新发现看，《家语》还是有渊源的，只是多经增广补辑而已。"⑤

再如《考信录》中对上古时期的神话、传说不加分析的一概怀疑，对其中所包含的古史的合理内核统统加以排斥，或作附会解释、歪曲改造，这显然不是科学的态度。此外，在崔述所处的时代，他还不可能充分地利用出土的文物对古史进行印证，而只能依据几部他认为可靠的经书，因此他的某些结论是不可靠的，有的则是缺乏有力证据的。

---

① 胡适：《崔东壁遗书》附录《关于本书的评论》胡适序，上海古籍出版社，1983年。
② 许冠三：《史学与史学方法》，自由出版社，1958年。
③ 崔述：《古文尚书辨伪》，见《崔东壁遗书》，上海古籍出版社，1983年。
④ 李学勤：《竹简〈家语〉与汉魏孔氏家学》，《孔子研究》1987年第2期。
⑤ 李学勤：《对古书的反思》，见《当代学者自选文库：李学勤卷》，安徽教育出版社，1999年。

第九节

刘逢禄与《左氏春秋考证》

刘逢禄（1776—1829年），字申受，武进（今江苏武进县）人。其外祖父庄存与，著有《春秋正辞》，开创清代今文经学，为常州学派创始者，刘逢禄深受其影响。嘉庆十九年（1814年）考中进士，选为翰林院庶吉士，散馆改礼部主事。其治学务通大义，不专治章句。著有《公羊春秋何氏释例》三十篇、《申何难郑》四卷、《仪礼决狱》四卷、《左氏春秋考证》二卷等，而在辨伪学史上影响最大的是他的《左氏春秋考证》。钱玄同称：

> 他这部《左氏春秋考证》辨伪的价值，实与阎若璩的《尚书古文疏证》相埒。阎书出而伪《古文尚书》之案大白。刘书出而伪《春秋左氏传》之案亦大白。[1]

刘逢禄《左氏春秋考证》在前人考辨《左传》的基础上，主要有以下几点创新。

其一，指出今之《春秋左氏传》是刘歆增窜原本，"比年依经"而成。

《左氏春秋考证》开篇即指出：

> 《左氏春秋》，犹《晏子春秋》《吕氏春秋》也。直称"《春秋》"，太史公所据旧名也。冒曰：《春秋左氏传》，则东汉以后之以讹传讹者矣。此亦可证《尚书序》为东晋人伪作。[2]

刘逢禄据《史记·十二诸侯年表》所云："鲁君子左丘明惧弟子人人异端，各安其意，失其真，故因孔子史记具论其语，成《左氏春秋》"，认为：

> 夫子之《经》书于竹帛，微言大义不可以书见，则游、夏之徒传之。丘明盖生鲁悼之后，徒见夫子之《经》及史记《晋乘》之类，而未闻口授微旨；当时口说多异，因具论其事实，不具者阙之。曰："鲁君子"，则非弟子也；曰："《左氏春秋》"，与《铎氏》《虞

---

[1] 钱玄同：《重论经今古文学问题》，《国学季刊》1932年第三卷第二期。
[2] 刘逢禄著、顾颉刚点校：《左氏春秋考证》卷上，朴社，1933年。

氏》《吕氏》并列，则非传《春秋》也。故曰"《左氏春秋》"，旧名也。曰"《春秋左氏传》"，则刘歆所改也。①

他又据《汉书·刘歆传》所云："歆校秘书，见古文《春秋左氏传》，大好之。时丞相史尹咸以能治《左氏》，与歆共校经传。歆略从咸及翟方进受，质问大义。初，《左氏传》多古字古言，学者传训故而已。及歆治《左氏》，引《传》文以解《经》，转相发明，由是章句义理备焉"，指出：

> 歆引《左氏》解《经》，转相发明，由是章句义理始具，则今本《左氏》书法及比年依《经》饰《左》，缘《左》增《左》，非歆所附益之明证乎！②

刘逢禄首先指出《左传》之旧名为《左氏春秋》而非今之《春秋左氏传》，从名称上动摇其可信性。继而指出，《左氏春秋》如同《晏子春秋》《铎氏春秋》《虞氏春秋》《吕氏春秋》一样，为一独立之书，原本不是依附于《春秋》的"传"。最后指出，今本《春秋左氏传》是刘歆借秘府古文《左氏》以解经，增窜附益而成。

其二，指出《左传》之传授系统是刘歆之徒妄造的。
关于《左传》传授的系统，《汉书·儒林传》有这样的记载：

> 汉兴，北平侯张苍及梁太傅贾谊、京兆尹张敞、太中大夫刘公子皆修《春秋左氏传》。谊为《左氏传训故》，授赵人贯公，为河间献王博士。子长卿，为荡阴令，授清河张禹长子。禹与萧望之同时，为御史，数为望之言《左氏》。望之善之，上书数以称说，后为太子太傅，荐禹于宣帝。征禹待诏，未及问，会疾死。授尹更始。更始传子咸及翟方进、胡常。常授黎阳贾护季君，哀帝时待诏为郎，授苍梧陈钦子佚，以《左氏》授王莽，至将军。而刘歆从尹咸及翟方进受。由是言《左氏》者，本之贾护、刘歆。

刘逢禄针对这段记载考辨说：

> 《张苍传》：曰"好书律术"，曰"习天下图书计籍，又善用算律术"，曰"苍尤好书，无所不观，无所不晓，而尤邃律术"，曰"著书十八篇，言阴阳律术事"而已，不闻其修《左氏传》也。盖歆以汉初博极群书者惟张丞相，而律术及谱五德可附《左氏》，故首援之。《贾生传》：曰"能诵《诗》《书》，属文"，曰："颇通诸家之书"而已，亦未闻其修

---

① 刘逢禄著、顾颉刚点校：《左氏春秋考证》卷下"《史记·十二诸侯年表》篇"，朴社，1933年。
② 刘逢禄著、顾颉刚点校：《左氏春秋考证》卷下"《汉书·刘歆传》篇"，朴社，1933年。

《左氏传》也。盖贾生之学疏通知远，得之《诗》《书》，修明制度，本之于礼，非章句训诂之学也。其所著述，存者五十八篇，《大都篇》一事、《春秋篇》九事、《先醒篇》三事、《耳痹篇》一事、《谕诚篇》一事、《退让篇》二事，皆与《左氏》不合；惟《礼容篇》一事似采《左氏》，二事似采《国语》耳。盖歆见其偶有引用，即诬以为"为《左氏训诂》，授赵人贯公"，又曰："当孝文时，汉朝之儒惟贾生而已。"贯公，当即毛公弟子贯长卿，歆所云"贯公遗学与秘府古文同"者也；曰"贾生弟子"，则诬矣。《张敞传》曰："本治《春秋》，以经术自辅其政"，其所陈说，以"《春秋》讥世卿最甚"，"君母下堂则从傅母"，皆《公羊》义，非"尹氏为声子"、"崔杼非其罪"、"宋共姬女而不妇"之谬说也。《萧望之传》曰："治《齐诗》"，曰"从夏侯胜问《论语》礼服"，其《雨雹对》以"季氏专权，卒逐昭公"，伐匈奴对以"大士句不伐丧"，亦皆《公羊》义；石渠礼论精于礼服，未闻引《左氏》也。善《左氏》，荐张禹，亦歆附会。要之，此数公者，于《春秋》《国语》未尝不肄业及之，特不以为"孔子《春秋》传"耳。歆不托之名臣大儒，则其书不尊不信也。[1]

在此，刘逢禄据张苍、贾谊、张敞、萧望之等人传的记载，将《汉书·儒林传》所说的《左传》的传授系统一一打破，从一个角度证明《左传》之不传《春秋》，说明这个传授系统是刘歆之徒所妄造。

《汉书·儒林传》之后，孔颖达《春秋疏》引刘向《别录》云："左丘明授曾申。申授吴起。起授其子期。期授楚人铎椒。铎椒作《抄撮》八卷，授虞卿。虞卿作《抄撮》九卷，授荀卿。荀卿授张苍"，将张苍之前《左传》传授系统作了补充。陆德明《经典释文》则综合以上两家之说，提出"左丘明作《传》以授曾申。申传卫人吴起。起传其子期。期传楚人铎椒。椒传赵人虞卿。卿传同郡荀况。况传武威张苍。苍传洛阳贾谊。谊传至其孙嘉。嘉传赵人贯公。贯公传其少子长卿。长卿传京兆尹张敞及侍御史张禹"。[2]

对此，刘逢禄考辨说：

> 此兼采伪《别录》及《汉·儒林传》而为之。然《左氏》传授不见《太史公书》，班固别传亦无证。当东汉初，范升廷争，以为"师徒相传又无其人"。若果出于《别录》，刘歆之徒及郑兴父子、贾逵、陈元、郑玄诸人欲申《左氏》者多矣。何无一言及之？曾申即曾西，曾子之子，羞称管仲，必非为《左氏》之学者。吴起曾事子夏，或《左氏》多采其文。姚姬传（鼐）以《左氏》言魏氏事造饰尤甚，盖吴起为之以媚魏君者尤多，要非

---

[1] 刘逢禄著、顾颉刚点校：《左氏春秋考证》卷下"《汉书·儒林传》篇"，朴社，1933年。
[2] 刘逢禄著、顾颉刚点校：《左氏春秋考证》卷下所引，朴社，1933年。

《左氏》再传弟子也。张苍非荀卿弟子；贾生亦非张苍弟子。贾公，《毛诗》之学，亦非贾嘉弟子。嘉果以《左氏》为传《春秋》，授受详明如此，何不言诸朝为立博士？此又从《贾谊传》增设之。嘉与史公善，当武帝时，贾公为献王博士，必非嘉弟子。《史记》《汉书》具在，而歆之徒博采名儒，牵合逸书，妄造此文。①

此段论述将《经典释文》所载《左传》传授系统也一一攻破。

其三，指出《史记》所采《左传》旧文与今传《左传》不合。

如《史记·陈杞世家》记："桓公鲍卒，桓公弟佗，其母蔡女，故蔡人为佗杀五父及桓公太子免而立佗，是为厉公。"而今本《左传》以妫佗为五父，以桓公子跃为厉公。刘逢禄认为"盖《史记》据《世本》及《左传》旧文，固与歆所附益本不同也"。②

又如《史记·鲁周公世家》云："初，惠公适夫人无子，公贱妾声子生子息。息长，为娶于宋，宋女至而好，惠公夺而自妻之，生子允。登宋女为夫人，以允为太子。"《史记·十二诸侯年表》："(桓公)母，宋武公女，生，手文'为鲁夫人'。"而今本《左传》开篇即言："惠公元妃孟子。孟子卒，继室以声子，生隐公。宋武公生仲子，仲子生而有文在其手，曰'为鲁夫人'，故仲子归于我。生桓公而惠公薨，是以隐公立而奉之。"刘逢禄认为："此篇非《左氏》旧文，比附公羊家言：'桓为右媵子，隐为桓立'之文而作也。不知惠公并非再取。《经》云'惠公仲子'，云'考仲子之宫'，皆惠公之母，《穀梁》说是也。"他认为司马迁的记载是依据《左传》旧文，"刘歆等改《左氏》为传《春秋》之书而未及兼改《史记》，往往可以发蒙"。③

其四，证明了《左传》体例与《国语》相似。

刘逢禄对《左传》隐公十一年所载考辨说："《楚屈瑕篇》年月无考，固知《左氏》体例与《国语》相似，不必比附《春秋》年月也。"④又针对桓公十七年所载指出："左氏后于圣人，未能尽见列国宝书，又未闻口授微言大义，惟取所见载籍，如《晋乘》《楚梼杌》等相错编年为之，本不必附夫子之经，故往往比年阙事。刘歆强以为传《春秋》，或缘经饰说，或缘《左氏》本文前后事，或兼采他书以实其年。如此年之文，或即用《左氏》文而增'春、夏、秋、冬'之时，遂不暇比附《经》文，更缀数语。要之，皆出点窜，文采便陋，不足乱真也。"⑤在此，刘逢禄从体例上指出《左传》比年阙事，年月无考，与《国语》相似。康有为认为：

刘申受虽未悟《左传》之摭于《国语》，亦知由他书所采附，亦几几知为《国

---

① 刘逢禄著、顾颉刚点校：《左氏春秋考证》卷下"《经典释文》篇"，朴社，1933年。
② 刘逢禄著、顾颉刚点校：《左氏春秋考证》卷上"《隐公》篇"所引，朴社，1933年。
③ 刘逢禄著、顾颉刚点校：《左氏春秋考证》卷上"《隐公》篇"所引，朴社，1933年。
④ 刘逢禄著、顾颉刚点校：《左氏春秋考证》卷上"《隐公》篇"所引，朴社，1933年。
⑤ 刘逢禄著、顾颉刚点校：《左氏春秋考证》卷上"《隐公》篇"所引，朴社，1933年。

语》矣。①

刘逢禄的这几点创新，直接影响了康有为的《新学伪经考》及崔适的《史记探源》和《春秋复始》。康、崔二氏在刘说的基础上，进行了深入的论证，提出了一些新的见解，如康有为认为不惟《春秋左氏传》是冒名，即就《左氏春秋》也是假名。崔适在《史记探源》中更立七证以证明康氏此说。康氏还认为《左传》原本就是《国语》的改本。崔适也认为《左传》是"刘歆分析《国语》，并自造诞妄之辞与释经之语，散入编年之下，书以古字"②而成。这些论述都是对刘逢禄论辩的补正或发展。

《左氏春秋考证》一书在受到康、崔等人重视的同时，也遭到了古文经学大师章太炎的反对。他在所著《春秋左传读》"叙录"中驳斥了《左氏春秋考证》的某些观点，③但有些批评显然是缺乏说服力的。比如论及《左传》的传授系统，章氏认为"《史记·儒林传》不见《左氏》的传授，自是文略"，并证明张苍、贾谊等人曾引用过《左传》，确实都治过《左传》。实际上，东汉范升所云"《左氏》不祖孔子而出于丘明，师徒相传又无其人"，④说得颇为明白。刘歆《移让太常博士书》是为《逸礼》《古文尚书》《左氏春秋》而力争的，他说："得此三事，以考学官所传，经或脱简，传或间编，传问民间，则有鲁国桓公、赵国贯公、胶东庸生之遗学与此同。"⑤他只列举了传《书》《礼》的三位民间学者，而没有举出当朝执政的《左传》学者如张丞相、尹咸、翟方进等，可见关于张丞相、尹咸、翟方进等的传授之说是靠不住的。至于张苍、贾谊治《左传》也是大有疑问的。这一点，刘逢禄已作了详尽的考辨，不再赘述。他最终把刘歆伪《左》的真相揭露给世人，实在是功不可没。不可否认的是，刘逢禄的考证尚有论证不充分、结论过于武断的地方，正如郑良树所指出的："他把《左传》书法、凡例、君子曰及一切解《经》妇人话语，都认为是后人所附益或是刘歆所伪造的。……其主观与武断，令人瞠目结舌。"⑥路新生则认为："刘逢禄怀疑《左传》之不能成立，根据近年的田野考古资料，这一点已经给予了明确的结论。新出土的马王堆帛书中有《春秋事语》，其中又有有关《左传》的传说，这是极为重要的典籍遗产。根据学者的最新研究表明，马王堆帛书中这卷帛书的发现，再次证明了《左传》的真实性无可怀疑，同时也证明了载籍所述《左传》之学的传承也很可据。"⑦

---

① 康有为：《新学伪经考》"《汉书·艺文志》辨伪上"，中华书局，1956年。
② 崔适：《春秋复始》卷一《序证》"左丘明不传《春秋》"，见《左氏春秋考证》附录三，朴社，1933年。
③ 章太炎：《春秋左传读》，见《章太炎全集》（二），上海人民出版社，2014年。
④ 范晔：《后汉书》卷三十六《范升传》，中华书局，1973年。
⑤ 班固：《汉书》卷三十六《楚元王传》，中华书局，1962年。
⑥ 郑良树：《续伪书通考》"论古籍辨伪学的新趋势（代序）"，台湾学生书局，1984年。
⑦ 路新生：《中国近三百年疑古思潮研究》第二章第三节"刘逢禄的今文疑古学"，上海人民出版社，2001年。

第十节

龚自珍、魏源的辨伪思想和成就

龚自珍（1792—1841年）字璱人，号定盦，一名易简，字伯定，更名巩祚，浙江仁和（今杭州）人。他出身于一个三世京官的官僚家庭。十二岁，随其外祖父段玉裁学习《说文解字》部目。二十七岁应浙江乡试，中举，时高邮王引之为主考官。中举后，曾任内阁中书，并随刘逢禄受《公羊春秋》。三十八岁时始中进士，历任宗人府主事、礼部主客司主事等。四十八岁时（道光十九年），辞官南归，讲学于丹阳云阳书院。道光二十一年（1841年）暴卒于丹阳县署，终年五十岁。他研究考辨经史的主要著作有《五经大义终始答问》《春秋决事比答问》《大誓答问》《左氏决疣》《六经正名》等，今多收入《龚自珍全集》中。龚自珍的辨伪思想和成就主要表现在以下几个方面。

其一，论"六经"非孔子作。

在《六经正名》中，他指出：

> 孔子之未生，天下有六经久矣。庄周《天运篇》曰："孔子曰：某以六经奸七十君而不用。"记曰："孔子曰：入其国其教可知也，有《易》《书》《诗》《礼》《乐》《春秋》之教。"孔子所睹《易》《书》《诗》，后世知之矣。若夫孔子所见《礼》，即汉世出于淹中之五十六篇。孔子所谓《春秋》，周室所藏百二十国宝书是也。是故孔子曰："述而不作。"司马迁曰："天下言六艺者，折衷于孔子。"六经、六艺之名由来久远，不可以臆增益。……仲尼未生，先有六经；仲尼既生，自明不作，仲尼曷尝率弟子使笔其言以自制一经哉？[①]

他认为孔子之前早已有"六经"之称谓，孔子并没有制作过任何一经。

龚自珍还继承了前人"六经皆史说"，指出：

> 夫六经者，周史之宗子也。《易》也者，卜筮之史也；《书》也者，记言之史也；《春秋》也者，记动之史也；《风》也者，史所采于民，而编之竹帛，付之司乐者也；《雅》《颂》也者，史所采于士大夫也；《礼》也者，一代之律令，史职藏之故府，而时以诏王者

[①] 龚自珍：《龚自珍全集》第一辑《六经正名》，上海古籍出版社，1975年。

也；小学也者，外史达之四方，瞽史谕之宾客之所为也。①

既然六经皆出于史官之手，那么关于孔子作六经之说也就不攻自破了。

其二，关于今古文《尚书》的考辨。

龚自珍作《大誓答问》二十六篇，是考辨今古文《尚书》的专篇。他重点讨论了以下几个问题：

关于《今文尚书》的篇数。针对儒者所云："伏生《尚书》二十八篇。武帝末，民间献《大誓》（即《泰誓》），立诸博士，总之曰二十九篇，今文家始有二十九篇。"又云："得《大誓》以并归于伏生弟子，始有二十九篇。"他指出：

> 使《尚书》千载如乱丝，自此言始矣！《史记·儒林传》"秦时焚书，伏生壁藏之，其后兵大起，流亡；汉定，伏生求其书，亡失数十篇，独得二十九篇。"《汉书·艺文志》语正同。迁、固此言，昭昭揭日月而行，诸儒万无不见，亦万无不信，而乃舍康庄而求荆棘。②

他认为《今文尚书》本为二十九篇，《汉书·艺文志》所载：大、小夏侯章句各二十九卷，大、小夏侯解故二十九篇，欧阳章句三十卷（分《盘庚》而为三，实也为二十九卷），可为之作证。其外，《今文尚书》篇目具在，也可为之作证。③对于郑玄所谓"伏生、欧阳、夏侯皆以《康王之诰》合于《顾命》，故止二十八篇"的说法，龚自珍批驳说：

> 百篇之书，孔子之所订也，七十子之所序也；自"无坏我高祖寡命"以上为《顾命》，自"王若曰庶邦"以下为《康王之诰》，孔子所见如此，不必问伏生矣。《盘庚》之合为一，欧阳生方且从而分之，岂有《顾命》《康王之诰》之本分，而反从而合之乎？④

他还针对朱彝尊、陈寿祺所谓"序实当一篇"的观点，指出：

> 古书之序当一篇，古例有之，大可引为予说锄去《大誓》之助，然不敢取者：一则二十九篇，灼然大明，根株已明，枝叶之言，宜从刊落；二则《书序》古今文并有。孔壁

---

① 龚自珍：《龚自珍全集》第一辑《古史钩沈论》一，上海古籍出版社，1975年。
② 龚自珍：《龚自珍全集》第一辑《大誓答问》第一，上海古籍出版社，1975年。
③ 龚自珍：《龚自珍全集》第一辑《大誓答问》第二至第四，上海古籍出版社，1975年。
④ 龚自珍：《龚自珍全集》第一辑《大誓答问》第五，上海古籍出版社，1975年。

序，孔安国不以当一篇，则伏壁之序，伏生必不当一篇也。^①

关于《泰誓》的发现及其真伪。关于《泰誓》的发现，有几种不同的说法。刘向《别录》称："武帝末民有得《泰誓》书于壁内者，献之，与博士使读说之，数月，皆起传以教人。"^②刘歆称："《泰誓》后得，博士集而读之。"^③《尚书序正义》曰："案马融云：《泰誓》后得。郑玄《书论》亦云：民间得《泰誓》。"又曰："案王充《论衡》及《后汉史》献帝建安十四年黄门侍郎房宏等说云：'宣帝本始元年河南女子有坏老子屋得古文《泰誓》三篇。'《论衡》又云：'以掘地所得者。'"^④

龚自珍针对以上各说指出：

> 伏生之征，在文帝时，欧阳生亲受业于伏生，下距武帝末尚七十年，纵老而见献书之事，岂复屡补师书，自悔其少年之业之未备耶？抑余考诸外王父段先生之言，董仲舒对策在帝七年，终军上对在帝十八年，皆引此文，是《大誓》之出颇早，非末年也。孔氏以为末年重得之，良是。此类书记，自除挟书之律，即萌芽于世，通人往往先见之，或孝武亦先见之，是以民间朝献，夕付学官，然其始皆不曾目为《大誓》。董子《同类相动篇》引此文而称《书传》曰，是仲舒不以为《大誓》甚明白。目为《大誓》，在末年重得之时，距二十九篇之定也久矣。又考王充《论衡》，则以是事为在孝宣帝时，河内女子发老屋得之，献于朝，而后《书》二十九篇始定。后汉黄门侍郎房宏说亦同。宏、充皆不知二十九篇之数，不待《大誓》出而早定，故其意若是。信如宏、充言，二十九篇之名之数，阙一而虚悬之，历孝文至孝宣，百年而后定，殆非事实。^⑤

龚氏认为，不仅《今文尚书》中没有《大誓》，连《古文尚书》中也无此篇。他依据《汉书·艺文志》所云："鲁共王坏孔子宅，闻鼓琴瑟，钟磬之音，乃止不坏，而得古文《尚书》，皆古字也。孔安国者，孔子后也，悉得其书，以考二十九篇，得十六篇，安国献之。"认为：无论是二十九篇目录，还是十六篇目录（据郑玄说）均无《大誓》，"此刘歆所欲立者也，何处容《大誓》？"^⑥

那么，流传的《大誓》究竟为何等书呢？龚氏认为：

---

① 龚自珍：《龚自珍全集》第一辑《大誓答问》第七，上海古籍出版社，1975年。
② 孔颖达：《尚书正义》"《尚书序》正义"引刘向《别录》，上海古籍出版社，2007年。
③ 刘歆：《移让太常博士书》，见《汉书·楚元王传》，中华书局，1962年。
④ 孔颖达：《尚书正义》"《尚书序》正义"，上海古籍出版社，2007年。
⑤ 龚自珍：《龚自珍全集》第一辑《大誓答问》第十一，上海古籍出版社，1975年。
⑥ 龚自珍：《龚自珍全集》第一辑《大誓答问》第十三，上海古籍出版社，1975年。

吾友刘申受尝目之为战国《大誓》。泰兴陈君潮曰："殆《艺文志》所载七十一篇之《周书》，晋世汲冢所得，正其同类。"二说良是。周末之徒，往往有此类言语，马融疑之而注之，赵岐疑之而引之，要不失为古书雅记云尔。①

他很赞成赵岐的说法："《大誓》者，古百二十篇之《大誓》也（自注：赵用《书纬》之说，故曰百二十篇）。今之《大誓》，后得以充学，故不与古《尚书》同。"②他认为："战国《大誓》，至唐而又亡矣。"而孔子所订古《大誓》之逸文，东汉马融曾列举五条，段玉裁、孙星衍各有辑本，如《左传》所引"民之所欲，天必从之"；《国语》所引"朕梦协朕卜，袭于休祥，戎商必克"；《孟子》所引"我武维扬，侵于之疆，取彼凶残，我伐用张，于汤有光"；《小戴记》"予克受，非予武，惟朕文考无罪。受克予，非朕文考有罪，惟予小子无良"；《荀子》所引"独夫受"。（以上五条为马融所列举。）《墨子》所引"纣夷之居而不肯事上帝，弃阙其先神而不祀也。曰：我民有命，毋僇其务，天不亦弃纵而不葆"。又引"小人见奸巧，乃闻不言也，发罪钧"。又引"文王若日若月，乍照光于四方于西土"。又引"恶乎君子，天有显德，其行甚章。为鉴不远，在彼殷王。谓人有命，谓敬不可行，谓祭无益，谓暴无伤。上帝不常，九有以亡。上帝不顺，祝降其丧。惟我有周，受之大帝"；《管子》所引"纣有臣亿万人，亦有亿万之心，予有臣三千而一心"；《孟子》所引"天视自我民视，天听自我民听"。龚自珍认为"以上皆汉世学官所无也"，"此真孔子所订古《大誓》也"。③

关于流传的《泰誓》，龚自珍认为是东晋梅赜所伪作。他说：

自此书盛行，为名世大儒所疑。于是梅赜始采辑《左氏春秋》《管》《墨》《荀》《孟》所引，涂附成书，以塞赵岐、马融、服虔、王肃、韦昭、杜预以来之疑，亦分为三篇，以合孔子之旧，以自别于民间所献之书。虽采辑未完备，而作伪甚工，盖驾张霸百二篇而上之矣。④

关于"中古文本"的考辨。所谓"中古文本"是指汉代皇家"中五经秘书"所收藏的《古文尚书》，或称为"中书"，亦称为"中秘本"。对于"中古文本"的存在，龚自珍是持怀疑态度的。他在《说中古文》一文中列举了十二条证据来证明"此中古文，亦张霸百两之流亚，成帝不知而误收之；或即刘歆所自序之言如此，托于其父，并无此事"。这十二条证据是：（1）"秦烧天下儒书，汉因秦宫室，不应宫中独藏《尚书》。"（2）"萧何收秦图籍，乃地图之属，不闻收《易》与《书》。"

---

① 龚自珍：《龚自珍全集》第一辑《大誓答问》第十，上海古籍出版社，1975年。
② 赵岐：《孟子·滕文公》注，见《儒藏》（精华编一零七），北京大学出版社，2017年。
③ 龚自珍：《龚自珍全集》第一辑《大誓答问》第二十五，上海古籍出版社，1975年。
④ 龚自珍：《龚自珍全集》第一辑《大誓答问》第二十六，上海古籍出版社，1975年。

(3)"假使中秘有《尚书》,何必遣晁错往伏生所受二十九篇。"(4)"假使中秘有《尚书》,不应安国献孔壁书,始知增多十六篇。"(5)"假使中秘有《尚书》,以武、宣之为君,诸大儒之为臣,百余年间,无言之者,不应刘向始知校《召诰》《酒诰》,始知与博士本异文七百。"(6)"此中秘书既是古文,外廷所献古文,遭巫蛊不立,古文亦不亡;假使有之,则是烧书者,更始之火,赤眉之火,而非秦火矣。"(7)"中秘既是古文,外廷自博士以迄民间,应奉为定本,斠若画一,不应听其古文家、今文家,纷纷异家法。"(8)"中秘有书,应是孔门百篇全经,不但《舜典》《九共》之文,终西汉世具在,而且孔安国之所无者,亦在其中。孔壁之文,又何足贵?"(9)"秦火后,千古儒者,独刘向、歆父子见全经,而平生不曾于二十九篇外,引用一句,表章一事。"(10)"亦不传授一人,斯谓空前,斯谓绝后,此古文者,迹过如扫矣,异哉!"(11)"假使中秘书并无百篇,则向作《七略》,当载明是何等篇,其不存者亡于何时,其存者又何所受也,而皆无原委,千古但闻有中古文之名。"(12)"中秘既有五经,独《易》《书》著,其三经何以蔑闻?"①

实际上,"中古文本"是确实存在的。《汉书·艺文志》曰:"刘向以中古文校欧阳、大小夏侯三家经文。"《汉书·儒林传》曰:"成帝时求其古文者,霸以能为百两征,以中书校之,非是。"记载得非常清楚。然龚自珍却武断地称"《汉书》刘向一传,本非班作",认为关于成帝命刘向领校中五经秘书一段的记载是刘歆之言,托于其父,并无此事。这种臆测的话显然是很难服人的。所谓"中秘本",或以为即孔壁中所出《古文尚书》本,至孔安国把家藏《古今尚书》献上,即中秘古文本。而文帝时晁错从伏生处抄来存放秘府的,为中秘今文本。此外还有民间所献的可能。如《汉书·艺文志》云:"迄孝武世,书缺简脱,礼坏乐崩,圣上喟然而称曰:'朕甚闵焉。'于是建藏书之策,置写书之官,下及诸子传说,皆充秘府。"《文选》卷三十八任彦升《为范始兴作求立太宰碑表》李善注云:"刘歆《七略》曰:'孝武皇帝敕丞相公孙弘广开献书之路,百年之间,书积如山,故内则延阁广内秘书之府。'又曰:'《尚书》有青丝编目录。'"可见"中秘本"未必不是秦宫中之遗书。刘起釪先生指出:"其实由于晁错所受及孔安国所献,才有中秘书;而汉王朝立学官,非立经文,而是立章句、传、说成一家之言的博士。皇家自有藏书,而太常博士仍自按家法传授,此二者本不矛盾。武、宣之世建置博士,到成帝之世感到有必要校其异同,因而命刘向以中秘本校博士三家之文,也顺理成章。又曾以之校张霸伪书。这些都记载明确,所以龚自珍之说显系深文周纳,是不足据的。"②这个分析是很有道理的。

其三,关于《汉书·五行志》及纬书的考辨。

龚自珍在《非五行传》中指出:

> 刘向有大功,有大罪,功在《七略》,罪在《五行传》。凡五行为灾异,五行未尝失

---

① 龚自珍:《龚自珍全集》第一辑《说中古文》,上海古籍出版社,1975年。
② 刘起釪:《尚书学史》第四章第一节,中华书局,1989年。

其性也。成周宣榭火，御廪灾，桓、僖庙灾，非火不炎上也；亡秦三月火，火炎上如故。平地出水，水未尝不润下也；河决瓠子，决酸枣，乃至尧时怀山而襄陵，水润下如故。关门铁飞，金从革如故。桑谷生朝，桑谷非不曲直也；雨木冰，桃李冬华，霜不杀草，草木曲直如故。无麦无禾，是旸雨不时之应，非土不稼穑。①

龚自珍认为，水润下，火炎上，木曲直，金从革（案：革，更也，可更销铸也。）土稼穑，此乃水、火、木、金、土的自然属性，然刘向、刘歆、董仲舒等却牵强附会地将五行与灾异结合在一起，比如《春秋》宣公十六年"夏，成周宣榭火"（案：榭，指收藏乐器的地方），董仲舒、刘向"以为十五年王札子杀召伯、毛伯，天子不能诛。天戒若曰，不能行政令，何以礼乐为而臧之?"②又如《春秋》桓公十四年"八月壬申，御廪灾"。董仲舒以为"先是四国共伐鲁，大破之龙门。百姓伤者未瘳，怨咎未复，而君臣俱惰，内怠政事，外侮四邻，非能保守宗庙终其天年者也，故天灾御廪以戒之"。③龚氏反对将《春秋》所记灾异，与五行说强拉扯在一起，作附会解说的言论。他主张："《易》言阴阳，《洪范》言五行，《春秋》言灾异。以《易》还《易》，《范》还《范》，《春秋》还《春秋》，姑正其名，而《易》《书》《春秋》可徐徐理矣。"④他说："自珍最恶京房之《易》、刘向之《洪范》，以为班氏《五行志》不作可也。"⑤又说："汉人有一种风气，与经无与，而附于经，谬以禆灶、梓慎之言为经，因以汨陈五行，矫诬上帝为说经。"⑥

对于各种纬书，他一方面注意破除其迷信的成分，另一方面又注意吸收其合理的成分。如他称："《易》纬最无用，独卦气法或出于古史氏，而纬家传之。"⑦又称"《春秋》纬于七纬中，最遇古义矣。《元命苞》尤数与董仲舒、何休相出入。凡张三世，存三统，新周故宋，以春秋当兴王，而托王于鲁，诸大义往往而在，虽亦好言五行灾异，则汉氏之恒疾，不足砭也"。⑧这是一种实事求是的态度。

其四，疑辨诸子之书。

如辨《司马法》，他指出：

予录书至《司马法》，深疑焉。古有《司马兵法》，又有《穰苴兵法》，齐威王合之，名曰《司马穰苴兵法》，此太史公所言《司马法》宏廓深远，合于三代。穰苴区区小国

---

① 龚自珍：《龚自珍全集》第一辑《非五行传》，上海古籍出版社，1975年。
② 班固：《汉书》卷二十七《五行志》上，中华书局，1962年。
③ 班固：《汉书》卷二十七《五行志》上，中华书局，1962年。
④ 龚自珍：《龚自珍全集》第一辑《非五行传》，上海古籍出版社，1975年。
⑤ 龚自珍：《龚自珍全集》第五辑《与陈博士笺》，上海古籍出版社，1975年。
⑥ 龚自珍：《龚自珍全集》第五辑《与江子屏笺》，上海古籍出版社，1975年。
⑦ 龚自珍：《龚自珍全集》第三辑《最录易纬是类谋遗文》，上海古籍出版社，1975年。
⑧ 龚自珍：《龚自珍全集》第三辑《最录春秋元命苞遗文》，上海古籍出版社，1975年。

行师之法而已。又太史公所言，二者合一百五十篇，宋邢昺所见也。见三卷者，晁氏也；见一卷者，陈氏也。实止一卷，为书五篇，则今四库本及一切本是也。其言孙、吴之舆台，尚不如《尉缭子》，所谓宏廓深远者安在？疑者一。自马融以降，引之者数十家，悉不在五篇中，疑者二。逸书乃至百四十有五，疑者三。存者是《司马法》，则逸者是《穰苴法》矣。齐威王合之之后，何人又从而分之，使之荡析也？疑者四。马融以下，群书所引，颇有三代兵法，及井田出赋之法，是逸书贤于存书远矣，是《穰苴法》贤于《司马法》远矣，疑者五。邢、陈、晁三君之生，不甚先后，所见悬殊，疑者六。①

此六疑从其书的卷数、内容、前人称引而不在今本者、书的分合等方面辨其伪，较之姚际恒关于《司马法》的考辨（见《古今伪书考》），论据更为充分，更具说服力。

在《家塾策问》二中，他又指出：

诸子伪书益多，真书老、庄、列、管、韩非、荀、墨、孙、吴而外，不难一一偻指。能扬搉之欤？有文甚古而实无此书者，后人剌取庄、列中语，为《广成子》，为《亢仓子》是也。尚有类此者欤？亦有原本相沿已久，而实无精言古义者，《晏子春秋》是也。能推举之欤？伪书不独后世有之也，战国时人，依托三皇五帝矣，或依托周初矣，汉之俗儒，已依托孔门问答矣。然亦颇有所本，传授或有微绪，未可以尽割也。能言去之取之之甘苦欤？即以汉后伪书而论，除极诞极陋者，姑不必言，亦有故训相沿，稍存义例者。为何等欤？古书真而又完具者益少，逸篇尤多者，《司马法》是也。能言各书之遗憾欤？又有古人作伪，并其伪而亡之，后人又伪伪，如唐张弧作《子夏易传》，今则并非弧书是也。尚有类似者欤？②

此段论述分析了伪书产生的原因、伪书的类型，并谈了对伪书的态度，但多沿袭前人之说。

总之，龚自珍对伪说、伪书的疑辨范围较广，除以上所列举的几点外，他还疑及《周礼》，称"《周官》晚出，刘歆始立。刘向、班固灼知其出于晚周先秦之士之撮拾旧章所为，附之于《礼》，等之于《明堂》《阴阳》而已。后世称为经，是为述刘歆，非述孔氏"。③他疑《诗序》称"以视三百十一篇之《诗序》，四家各自为序，又支离涂傅，大抵取赋诗者断章之义以为本义"。④又说："若夫《诗小序》，不能得《诗》之最初义，往往取赋《诗》断章之义以为义，岂《书序》之伦哉？

---

① 龚自珍：《龚自珍全集》第三辑《最录司马法》，上海古籍出版社，1975年。
② 龚自珍：《龚自珍全集》第一辑《家塾策问》二，上海古籍出版社，1975年。
③ 龚自珍：《龚自珍全集》第一辑《六经正名》，上海古籍出版社，1975年。
④ 龚自珍：《龚自珍全集》第三辑《最录尚书古文序写定本》，上海古籍出版社，1975年。

故不得为《诗》之配。"①他甚至疑及《李白集》称"《李白集》,十之五六伪也:有唐人伪者,有五代十国人伪者,有宋人伪者"。但论述多为武断,缺乏证据。如举李阳冰言:"当时著述,十丧其九,今所存者,得之他人焉。"②得之他人未必是他人伪作,以此为证,实在是没有说服力。列举的其他证据也多属此类,在此不一一条举。

龚自珍的考辨多是在前人考辨的基础上或袭其旧说,或武断推论,偶尔也有发明,但意义不大,因为这已近似于"打死老虎"。

魏源(1794—1857年),原名远达,字默深,湖南邵阳金潭人,出身于中小地主官僚家庭,自幼从塾师刘之纲和同房伯父魏辅邦读经学诗。嘉庆二十年(1815年)随父到北京,跟胡墨庄治汉学,又从刘逢禄治《公羊春秋》,先后结识了林则徐、龚自珍等人。道光二年(1822年),应顺天乡试,中举人第二名。后屡试未中,花钱捐"内阁中书舍人候补",得以博览内阁藏书,熟悉历代掌故。道光二十五年(1845年),考中进士,先后任江苏东台、兴化知县、高邮知州等职。1853年,太平军攻占南京,魏源因迟误驿报而被革职。后入僧院参禅,病逝于杭州东园僧舍,终年六十四岁。

魏源在学术上崇尚今文经学,主张经世致用。他是我国近代维新思想重要的先驱者之一。他的主要著作有《海国图志》《圣武记》《元史新编》《皇朝经世文编》《诗古微》《书古微》《古微堂内外集》《魏源集》等,其中《诗古微》《书古微》两部著作集中反映了他的辨伪思想和成就。

《诗古微》作于道光末年,全书初刻本分为上下两卷,二刻本分为二十二卷,收入《皇清经解续编》。他在《〈诗古微〉序(初稿)》中说明了他作此书的旨意:

> 所以发挥齐、鲁、韩三家诗之微言大谊,补苴其罅漏,张皇其幽渺,以豁除《毛诗》美、刺、正、变之滞例,而揭周公、孔子制礼正乐之用心于来世也。③

可见破《毛诗》美、刺、正变之例,是《诗古微》的主要内容之一。

所谓美、刺,是指《诗经》中对当时社会政治或赞美、或讽刺的一些作品。所谓正、变,是指《国风》《大雅》《小雅》有"正风""变风""正雅""变雅"之别。如《周南》《召南》自《关雎》至《驺虞》谓之"正风";《邶风》以下十三国风,自《柏舟》以至《狼跋》谓之"变风"。又如《小雅》自首篇《鹿鸣》至《菁菁者莪》二十二篇为"正雅";自《六月》以下至末篇《何草不黄》五十八篇为"变雅"。《大雅》自首篇《文王》至《卷阿》十八篇为"正雅";自《民劳》至末篇《召旻》二十三篇为"变雅"。这是《毛诗》对《诗》的进一步编排分类。

---

① 龚自珍:《龚自珍全集》第一辑《六经正名答问》五,上海古籍出版社,1975年。
② 龚自珍:《龚自珍全集》第三辑《最录李白集》第十一,上海古籍出版社,1975年。
③ 魏源:《魏源集》上册《〈诗古微〉序》,中华书局,2009年。

魏源把破《毛诗》的美刺之例、世次之例作为考辨《毛诗》伪说的主攻方向之一。他指出：

> 《毛诗》宜破者，曰美刺之例，世次之例。美刺龃龉于《风》，世次扞格于《雅》《颂》，后儒或议之，而无征不信，请陈三家古义以明之。①

关于破美刺之说，他指出：

> 甚哉，美刺固《毛诗》一家之说，而说者又多失其旨也。夫《诗》有作诗者之心，而又有采诗、编诗者之心焉；有说诗者之心，而又有赋诗、引诗者之心焉。作诗者自道其情，情达而止，不计闻者之如何也；即事而咏，不溯致此者之何自也；讽上而作，但期上悟，不为他人之劝惩也。至太师采之以贡于天子，则以作者之词而又谕乎闻者之志，以即事之咏而又推其所以致此之由，则一时之赏罚黜陟兴焉。至国史编之以备蒙诵，垂久远，则以讽此人乞诗而存为讽人人之诗，以己人之诗而又存为此处境而咏己咏人之法，而百世之劝惩观感兴焉。……至若编诗之意，则又可得而言，盖采诗以教一时，而编诗以教万世。……国史与夫子先后编诗之意，一揆同符，而齐、鲁、韩、毛亦各有所得也。三家诗如《列女传》及《韩诗》诸序，多主作诗之意，《毛诗》多主于采诗、编诗之意，而《关雎》《鹿鸣》则三家亦有间主于编诗者，旁通善会之，未尝不名异而实同，而先王以《诗》教后世之心，昭然可见也。

同时，他批评后世说《毛诗》者不加分辨，"执采诗者之意，以为作诗者之意，于是凡太师所推其致此之由，归本于上者，皆谓出于诗人之本心。……又甚者执国史、诵诗者之说，以为作诗者之说"。②这是一种很卓越的见解。在此，魏源把诗之义分为三个层次：作诗者之本意，采诗传诗者之意，闻诗者之意。三者之间，可以相同，也可以不同，甚至完全相反。因为从第二个层次起，人人都可以在其中加上自己的主观想象和创造。这对于探求《诗》各篇之本义至关重要。

在《三家发微下》中，他进一步指出：

> 夫诗之道，今古一同，志有所之而形于言，岂有抒写怀抱之作十不一二，而篇篇美刺他人者？欢愉哀怨，不病代呻，是今有性情，古无性情也。今所存《韩诗序》，自《关雎》《蟋蟀》《雨无极》三篇为刺诗外，其余皆自作之词。《新序》《列女传》载《二子乘舟》《黍离》《芣苢》《汝坟》《行露》《柏舟》《硕人》《燕燕》《式微》《大车》诸诗亦然。

---

① 魏源：《魏源集》上册《诗古微》"三家发微下"，中华书局，2009年。
② 魏源：《魏源集》上册《诗古微》"《毛诗》明义一"，中华书局，2009年。

诗以言志，万古同符，而人必守美刺之说者，则恐与无邪之旨妨也。①

关于破世次之例，《三家发微下》指出：

> 毛以二《南》、正雅、《周颂》皆周公手定，故平王、成、康谥法皆别义释之。然释《何彼秾矣》平正之王，（案：《六经奥论》指出："《何彼秾矣》之诗，平王以后之诗也。《注》以为武王之诗，而谓'平王'为平正之王。"）谓武王女，文王孙，适侯子。则太公女邑姜为武王元妃，不应复以女适吕伋之子，而文王亦未闻平正之称，故后儒指为齐桓娶共姬事。至《仪礼》疏引郑《箴膏肓》又云：齐侯嫁女，以其母王姬始嫁之车远送之。则《鲁诗》因谓齐侯之女而平王之外孙女，其不以为平正之王决矣。《小雅》则据《鲁诗》以《出车》南仲为宣王时诗，而可正其文王之说。（案：南仲为宣王时武将，《毛诗》或系之宣王，或系之文王。）据《韩诗》以《鼓钟》为昭王诗（自注：孔疏），与南巡事合；《国语》注以《采菽》《黍苗》二篇为盛世乐章，与诗词合，可而正其刺幽之说。……至《大雅·抑》篇，《毛序》误厕厉王诗中，遂以为刺厉王，则与《国语》九十自警之说显违，且厉王流彘之年，卫武公方十岁公子，尤与《史记》时世不合。②

在《四始义例篇》中也指出："二《南》及《小雅》皆当殷之末季，文王与纣之时，谓谊兼讽刺则可，谓刺康王则不可，并诬三家以正风雅为康王时诗，尤大不可。"③在其他篇目中，魏源也列举大量例证证明《毛诗》在世次上的混乱。他的考辨较之郑樵等前人的考辨更加详密，更具有说服力。

关于《诗序》，他认为：

> 夫《诗序》之说，不见于《史记》《汉书》，即《毛传》亦决无序字。……而《后汉书》始称："卫宏作《毛诗序》，善得《风》《雅》之旨。"成氏伯玙因以今序首语、次语为别。然则今序首句与笙诗（案：也称六笙诗，《诗经·小雅》"鹿鸣之什"中的《南陔》，"白华之什"中的《白华》《华黍》《由庚》《崇丘》《由仪》六篇的合称。）一例者，毛公师授之义，其下推衍附益者，卫宏所作之序，明矣。④

在此他认为《诗》"小序"的"序首"，即首句，是毛氏所作；"续序"，即首句以后之序，为

---

① 魏源：《魏源集》上册《诗古微》"三家发微下"，中华书局，2009年。
② 魏源：《魏源集》上册《诗古微》"三家发微下"，中华书局，2009年。
③ 魏源：《魏源集》上册《诗古微》"四始义例篇"，中华书局，2009年。
④ 魏源：《魏源集》上册《诗古微》"毛诗明义一"，中华书局，2009年。

东汉卫宏所作。

关于孔子删诗说,他认为:

> 夫子有正乐之功,无删《诗》之事。《国语》引《诗》三十一条,逸者仅三十之一。《左氏》引《诗》二百十七条,其间丘明自引及述孔子之言者四十有八,而逸《诗》不过二条。列国公卿引《诗》百有一条,而逸《诗》不过五条。列国宴享歌《诗》赠答七十条,而逸《诗》不过三条。是逸《诗》不及今《诗》二十之一也。使古《诗》果三千有余,则自后稷以及殷周之盛,幽、厉之衰,家弦户诵,所称引宜十倍于今。以是推之,其不可通一也。①

《诗古微》一书受到同时代人及后人的高度评价。魏源的老师刘逢禄称赞该书"其所排难解剥,钩沉起废,则又皆足干城大道"。② 梁启超称"魏源著《诗古微》,始大攻《毛诗》及大、小序,谓为晚出伪作,其言博辨,比之阎氏之《书疏证》,且亦时有新理解"。③

《书古微》成书于咸丰五年(1855年),共十二卷。魏源在《〈书古微〉序》中说明了作该书的旨意:

> 《书古微》何为而作也?所以发明西汉《尚书》今、古文之微言大谊,而辟东汉马、郑古文之凿空无师传也。④

魏源认为:

> 自伏生得《尚书》二十九篇于屋壁,而欧阳、夏侯传之,后人谓之《今文尚书》,孔安国复得《古文尚书》四十五篇于孔壁,校今文多逸书十六篇。而安国从欧阳生受业,尝以今文读古文,又以古文考今文。司马迁亦尝从安国问故,是西汉今、古文本即一家,大同小异不过什一,初非判然二家也。自后汉杜林复称得漆书《古文尚书》,传之卫宏,贾逵为之作训,马融作传,郑玄注解,由是古文遂显于世,判然与今文为二。动辄诋今文欧阳、夏侯为俗儒,今文遂为所压。及东晋伪古文晚出,而马、郑亦废。国朝诸儒知攻东晋晚出古文之伪,遂以马、郑本为真孔安国本,以马、郑说为真孔安国说,而不知如同马牛

---

① 魏源:《魏源集》上册《诗古微》"三家发微下",中华书局,2009年。
② 刘逢禄:《诗古微序》,见《诗古微》光绪杨守敬重刊本。
③ 梁启超:《清代学术概论》二十二 "清代今文学与龚魏",上海古籍出版社,1998年。
④ 魏源:《魏源集》上册"书古微序",中华书局,2009年。

之不可相及。①

为了证明杜林漆书本不可信,他列举了五条证据:

第一,《后汉书·杜林传》称:"林得漆书《古文尚书》一卷,常宝爱之,虽遭艰困,握持不离身。"考漆书竹简,每简一行,每行二十五字或二十二字。若四十五篇之《书》漆书于简,则其竹简必且盈车,怎么能说止一卷,还能随身携带呢?

第二,漆书本四十五篇比伏生今文本多十六篇,这十六篇无师说还可说,另外二十九篇之师说,既不出于今文,又出自何人?段玉裁说:"逸书增多十余篇,孔安国皆通其说,尽得其读;并此外壁中所出《尚书》,刘向《别录》、桓谭《新论》及《艺文志》所谓五十八篇者,孔安国亦尽得其读。"这样看来,孔安国逸书较伏生更多三十篇,不止十六篇。为何司马迁从孔安国问故,不传一字?而卫、贾、马、郑也不传一字?

第三,司马迁《史记》所载诸篇为孔安国真古文之传,而马、郑《尧典》《皋陶谟》《微子》《金縢》《无逸》诸篇,无一说不与司马迁相反。

第四,西汉今、古文皆出伏生,凡伏生《大传》所言者,欧阳、大小夏侯必同之。司马迁所载孔安国说也必同之。而东汉古文则不然,马融不同贾逵,贾逵不同刘歆,郑玄不同马融,各有一套。

第五,杜林本不言得自何所,其师说也不言授自何人?

最后他得出结论:"东汉杜林、马、郑之古文依托无稽,实先东晋梅(赜)《传》而作伪。"②

魏源用《史记》《尚书大传》及见于《汉书》的今文三家之说与刘向之说来反对马、郑,实际上是用汉今文来否定汉古文,其立论有过于武断之处。正如皮锡瑞所指出的:

> 魏源尊信刘逢禄,其作《书古微》,痛斥马、郑以扶今文,实本庄(存与)、刘(逢禄),更参臆说。……解经但宜依经为训,庄、刘、魏皆议论太畅,此宋儒说经之文,非汉儒说经之文。解经于经无明文者,必当阙疑,庄、刘、魏皆立论太果,此宋儒武断之习,非汉儒矜慎之意。③

比如以上所列五条魏源用以证东汉《古文尚书》为伪书的证据就带有很多的武断成分。如第三条言马融、郑玄为之作传、注的东汉《古文尚书》数篇与《史记》所载无一说不相反。实际上司马迁作《史记》,所载《尚书》诸篇并非单纯古文说,而是杂糅今古。东汉经师亦多杂糅今古,其说

---

① 魏源:《魏源集》上册"书古微序",中华书局,2009年。
② 魏源:《魏源集》上册"书古微序",中华书局,2009年。
③ 皮锡瑞:《经学通论》"《书经》",华夏出版社,2011年。

与《史记》出现参差并不可怪。[①]因此魏源关于东汉《古文尚书》是"向壁虚造"的伪书的这一结论是很难成立的。

[①] 孙钦善:《中国古文献学史》第七章"清及近代",北京大学出版社,2008年。孙钦善在第1154—1155页对此言之甚详。

第十一节

廖平与《古学考》

廖平（1852—1932年），初名登廷，字旭陔，又字勖斋。光绪五年（1879年）中举后，改名平，字季平，四川省井研人，是中国近代史上颇具影响力的经学大师和辨伪学家。

廖平自幼家庭贫寒，曾先后两次辍学，但他学习刻苦，勤于思考。成年后，曾两次参加院试，均名落孙山。同治十三年（1874年），廖平第三次参加院试，主考官是张之洞。此次四川院试的题目是"子为大夫"，这是《论语》中的一句话。答题按八股文的要求，应该有破题、承题、起讲、入手、起股、中股、后股、束股八个部分。其中破题按常例只能二句，廖平却有三句，这就违反了八股格式的要求，因此考官阅卷时只看了试卷和答案开头，就将其弃置一边。张之洞在检查落选试卷时，发现廖平才华横溢，破题新颖，于是将其从落选者中拔置第一。从此廖平与张之洞结下深厚的师生情谊。光绪十四年（1888年），张之洞在广州准备编纂《国朝十三经注疏》，曾电召廖平前往广州，担任其中最繁重的《左传注疏》工作。

光绪二年（1876年），廖平以其优秀的科试成绩，进入四川尊经书院学习。其间，他用了大约五年的时间，对《说文解字》、音韵、考据、金石、校勘等进行了广博而深刻的研究，为其日后从事经学研究打下了坚实的汉学基础。光绪五年（1879年），近代今文经学家王闿运担任尊经书院山长。他对《公羊传》的研究有较深的旨意，主张解经必先通文理，探求大义，章句之学才可通，与古文经学重文字训诂，以小学为根基的治经方法截然不同。在王闿运的影响下，廖平改从今文经学，专门从事《公羊》学与《穀梁》学的研究。经过几年的探索，写成了《穀梁古义疏》《起起穀梁废疾》《穀梁集解纠谬》等著作。

其中《起起穀梁废疾》一书，是专门驳正东汉《公羊》学大师何休和郑玄之说的著作。《公羊》和《穀梁》本同属今文经学，但在汉代却有深刻的门户之见。何休从尊《公羊》的立场，著作《穀梁废疾》，攻讦《穀梁》学；而郑玄本不习《穀梁》，但却针对何休之作，著《起穀梁废疾》，以反驳何休之说。廖平认为，何、郑二人是同室操戈。故而著此书，以驳正何、郑之说。在该书中，他驳正何休、郑玄之说共三十七条。

在《穀梁集解纠谬》中，廖平对范宁的《穀梁集解》进行了严厉的批评，称范宁提出的"舍传从经"说是"信心蔑古，尤在狂悖矣，王安石废三传，王柏删《诗》，其事乃早见于范氏矣"。[①] 在

---

① 廖平：《释范》，见《廖平全集》，上海古籍出版社，2015年。

廖平看来，范氏主张舍传从经，实是经、传并废。宋代疑经、疑传之风，实起于范氏。同时，廖平对范氏曲解、非难传文之处一一纠评其谬。

廖平在治《穀梁》的同时，还兼治《公羊》。光绪十年（1884年），他著写了《公羊解诂十论》。在此书中，他提出了"素王改制说"。在这个学说的指导下，他认为《春秋》所言一切时事，都是一种假借、依托，是孔子改制、制一王之法所假托的一种符号。在此基础上，他于光绪十四年（1888年）又著写了《知圣篇》对公羊学的"素王改制说"进一步作了发挥。他认为六经皆为孔子改制之作。孔子作为有德无位的素王，不能像帝王那样将自己的理想付诸现实，只能将理想制度，托诸空言，著于六经。

廖平的"素王改制说"，直接影响了康有为。康氏在《孔子改制考》中完全袭用了廖平的学说，如《孔子改制考》卷八的《孔子为制法之王考》，就是专门考辨孔子素王说的，卷十《六经皆孔子改制所作考》、卷十一《孔子改制托古考》则均承袭了《知圣篇》的要点。

光绪十四年，在作《知圣篇》的同时，廖平还作了《辟刘篇》一卷，附《周礼删刘》一篇，这是他的辨伪代表作。《辟刘篇》原稿已亡佚，其主要内容保存在廖平的《古学考》中，因此有人认为《古学考》即《辟刘篇》。光绪二十六年（1900年），廖平等人新修《井研县志》艺文四"《古学考》提要"称："是书初名《辟刘篇》，末附《周礼删刘》，皆平信今驳古之说。"但《古学考》并不是《辟刘篇》的原本。《古学考》中有数次论及康有为的《新学伪经考》，而《伪经考》成书于1891年，比《辟刘篇》成书晚三年，可见廖平在阅读了康氏《伪经考》后，对《辟刘篇》做了某些增改，才形成了《古学考》。

《古学考》全书共有六十六则经语，可分为两个部分。前二十九则为一部分，采用新旧对比，以新说为是的形式来讲的；后三十七则为另一部分，虽偶用上一形式表述，但一般是随感而发。该书的中心论点是"古学始于刘歆"说。《古学考》有"言古学于刘歆以前有传授"的经语一则说：

> 刘歆取《逸礼·官职篇》删补羼改，以成《周礼》。刘歆弟子乃推其书以说《诗》《书》《孝经》《论语》，此皆东汉事。马融以后，古乃成家，始与今学相敌，许、郑方有今古之名。今学以六艺为宗，古学以《周礼》为首；今学传于游、夏，古学张于刘歆；今学传于周秦，古学立于东汉。此今古正变先后之分，非秦汉以来两派兼行也。①

此段经语论述了古学形成的过程。在廖平看来，《周礼》为古文之大宗，因此他首先从考辨《周礼》入手，认为《周礼》并非古书，乃是刘歆为了迎合王莽篡汉，替新朝提供理论依据，本于《逸礼》，掺入己见，糅合而成的。

他指出：

---

① 廖平：《古学考》第三章第四十条，景山书社，1935年。

此乃刘歆本《逸礼》羼臆说糅合而成者,非古书也。何以言之?此书如果古书,必系成典宝,见行事者;即使为一人拟作私书,亦必首尾相贯,实能举行。今其所言制度,惟其本之《王制》今礼者,尚有片段;至其专条,如封国、爵禄、职官之类,皆不完具,不能举行,又无不自相矛盾(如建国五等、出车三等之类)。且今学明说见之载籍者,每条无虑数千百见;至《周礼》专条则决无一证佐。如今学言封国三等,言三公九卿,毋虑千条;而《周礼》言地五等,以天地四时分六卿,则自古决无一相合之明证,此可知其书不出于先秦。

由此廖平主张:"拟将其书分为二集:凡《逸礼》原文,辑出归还今学;至刘氏所羼补之条,删出归之古学。故今定《周礼》为王莽以后之书,不能与《左氏》比也。"①

又曰:

考刘歆文集,初年全用博士说,晚乃立异。欲知其年限,因考《王莽传》,乃知《周礼》之出在王莽居摄以后。《王莽传》上言《周礼》者只二事,在居摄后。中下以后,则用《周礼》者十之七。可见《周礼》全为王莽因监而作,居摄以前无之。歆当时意在乱博士《礼》,报怨悦主,不料后世其说大行,比之于经,并改诸经而从之也。如天子十二女,博士说也;百二十女,《周礼》说也。《莽传》上用十二女说(注:莽纳女事),《传》下用《周礼》说(注:莽自娶一百二十人)。使《周礼》早出,抑刘歆早改《周礼》,则当时必本之为说,何以全无引用?是"发得《周礼》,以明因监",是时《周礼》始出,中多迎合莽意而作。②

廖氏此说,并非他的发明,宋代胡五峰(宏)等已疑其为歆、莽之伪书。皮锡瑞《经学通考》论其说之源:"王莽之王田、市易,介甫(王安石)之青苗、均输是也(案:谓其行《周礼》之法至于乱阶)。后之儒者见其效验如此,于是疑其为莽、歆伪书而不可行。"③清儒万斯大作《周官辨非》"力攻《周礼》之伪,历引诸经之相抵牾者,以相诘难。大旨病其官冗而赋重"。④方苞著《周官析疑》《周官辨》,大旨"以窜乱归之刘歆"。⑤廖平在断定《周礼》为伪书时,也数次援引方苞之说。然前人考辨《周礼》之伪,多单就该书而言,而廖氏则把刘歆窜乱《周礼》同否定整个古文经学联系了起来,从而使他的刘歆作伪说具有与前人之说所不可比拟的重大影响与意义。

---

① 廖平:《古学考》第六章附《周礼删刘》"叙例",景山书社,1935年。
② 廖平:《古学考》第三章第四十三条,景山书社,1935年。
③ 皮锡瑞:《经学通论》《礼》三十八"论周官之法不可行于后世,马端临《文献通考》言之最晰",中华书局,1954年。
④ 纪昀:《四库全书总目》经部礼类存目一"《周官辨非》提要",中华书局,1965年。
⑤ 纪昀:《四库全书总目》经部礼类存目一"《周官辨非》提要",中华书局,1965年。

廖氏既以为《周礼》是刘歆取《逸礼》删补羼改而成，因此主张将《逸礼》所原有的，归之今文经学；将刘歆所作伪的内容删出，归之古文经学。他认为刘氏作伪的部分总共只有千余字。他专门作《周礼删刘》之作，指出以下内容当属刘氏作伪之内容，属应删之列。

《天官冢宰》所言"唯王建国"，至"以佐王均邦国"一段，及其后有关六典、六属、六职之文；《地官司徒》的"唯王建国"至"以佐王安扰邦国"一段，及封疆五等之文；《春官宗伯》的"唯王建国"至"以佐王和邦国"一段，及三《易》与《诗》之六诗说；《夏官司马》的"东北曰幽州"、"正北曰并州"，及邦国千里封疆五等说；《秋官司冠》的"春朝诸侯而图天下之事"至"间问以谕诸侯之志"，"邦畿方千里"至"各以其所贵宝为挚"，"令诸侯春入贡"至"协九仪宾客之仪"等段；《冬官考工记》的"国有六职，……谓之妇功"一段。

为证明以上内容为刘歆所伪，廖平曾先后举出八证、十证，后又增加为十二证。这十二证是：违经、反传、无证、原文、阙略、改旧、自异、矛盾、依托、征莽、误解、流误。证明《周礼》在内容上是刘歆为迎合王莽篡汉而臆造的，在体系上是自相矛盾、残缺不备的。

廖平认为，刘歆在窜乱《周礼》之外，还伪造百篇《书序》羼入《史记》。其后，东汉杜林等人托西汉孔安国之名，而伪《古文尚书》。谢曼卿又依刘歆《诗》之六义，伪《毛传》，卫宏则伪《诗序》。至于《史记》《汉书》诸书中关于刘歆以前的古文经学典籍和古文经学传授的记载，他认为其中有的是刘歆及其弟子或六朝人的伪作。"如《七略》之有《周礼》《左氏》《古书》《毛诗诂训传》，此刘歆所改。"①刘歆弟子恐《周礼》无本，"则私改吏书、纬书以自助"，"他如《刘歆传》《河间献王传》之《毛诗》《周礼》等字，则为后来校史者所补"，均为原书所无。至于古文经学的传授，"《汉书》以《周礼》《毛诗》并传于河间，藏在秘府，《左传》皆有师傅授受，《后汉书·儒林传》以建武立《毛诗》博士，皆六朝以后伪说行世，校史者据误说所羼改"。②

此外，廖平还疑及《毛诗》《毛序》等。他指出：

> 初以《毛诗》为西京以前古书，考之本书，征之《史》《汉》，积久乃知其不然。使《毛传》果为古书，《移书》（案：指刘歆《移让太常博士书》）何不引以为证？《周礼》出于歆手，今《毛传序》全本之为说。刘歆以前何从得此伪说？《艺文志》之"《毛传》"，《刘歆传》《河间献王传》《后汉书·儒林传》之"《毛诗》"字，皆为六朝以后校史者所误羼，原文无此。③

他又指出：

---

① 廖平：《古学考》第三章第三十五条，景山书社，1935年。
② 廖平：《古学考》第五章第六十一条，景山书社，1935年。
③ 廖平：《古学考》第五章第六十一条，景山书社，1935年。

《周礼》出于刘歆，《古书》出于东汉，前人皆早已疑之，惟以《毛诗》出东汉，古无此说。然《后汉书》明以《训》为谢曼卿作，《序》为卫宏作。使魏、晋间果以《毛诗》出于西汉，郑君有以《毛序》为子夏、毛公所作之说，范氏何敢以卫、谢当之？《后汉书·儒林传》，《古书》《周礼》创始之注皆名《训》，皆马氏《传》、郑氏《注》。以二书相比，足见其例。此等为范书真文，后人不能伪改。若十四博士之有"《毛诗》"字之类，则后来校史者所羼补，误信后说以改古书，今当由此类推。至于《郑志》等书有以《传》为毛作者，则又刘炫等之伪说，证之本书，考之本传，有明征者也。①

古无大小毛公之说，始于徐整。此魏、晋以下人依仿小大戴、小大夏侯伪造而误。且有二说：一同时，一隔代。亨、苌之名，叔侄之分，均不能订，凡此皆伪说。②

廖平在考辨《左传》与《春秋》关系时，列举八证，说明《左传》不专传《春秋》。这八证为：

《春秋》编年，专《传》当依经编年；今分国为编，其原文并无年月，一也。依《经》立《传》，则当首尾同《经》；今上起穆王，下终哀公，与《经》不合，二也。《公》《穀》所言事实，文字简质，朴实述事；今《传》侈陈《经》说，制度与纪事之文不同，三也。为《春秋》述事，则当每《经》有事；今有《经》无《传》者多，四也。解《经》则当严谨；今有《经》者多阙，乃侈陈杂事琐细，与《经》多不相干，五也；既为《经》作《传》，则始终自当一律；今成、襄以下详而文、宣以上略，远略近详，六也。不详世系与诸侯大夫终始，与《谱牒》《世家》之意不合，七也。《春秋》大事盛传于世，载纪纷繁，若于传《春秋》，当详人所略，略人所详，乃征实用；今不羞雷同，而略于孤证，八也。③

廖平还受康有为《新学伪经考》中观点的影响，认为《左传》"由《国语》而出，初名《国语》，后师取《国语》文依经编年，加以说微，乃成《传》本"。④

和康有为一样，廖平在考辨古文经的过程中，往往疑古太过，话说得过了头。但他敢于把一切古文经都作为审查的对象，这种疑古的精神已超出了辨伪学的范围，对中国近代知识分子的思想解放起到了一定的推动作用。从学术上，他所提出的古文经学起于刘歆作伪的这一观点，最直接、最

---

① 廖平：《古学考》第五章第六十一条，景山书社，1935年。
② 廖平：《古学考》第五章第六十四条，景山书社，1935年。
③ 廖平：《古学考》第四章第五十二条，景山书社，1935年。
④ 廖平：《古学考》第四章第五十二条，景山书社，1935年。

大的影响是启迪了康有为,康有为据此著作了《新学伪经考》,将对刘歆的"新学伪经"的否定,扩展到对封建文化、政治制度的否定。其次是对以顾颉刚为代表的"古史辨派"的影响,正如侯堮在《廖季平评传》中所指出的:

> 先生在中国经学史上,既具有相当地位,而在晚清思想史上,亦握有严重转捩之革命力量。由先生而康南海,而梁新会,而崔觯甫,迄至今日如疑古钱玄同、马幼鱼、顾颉刚诸先生,均能倡言古文经学之作伪,更扩大而为辨伪之新运动。……凡中国向来今文学家未做完之余沥,一跃而为新史界所啧啧鼓吹之新问题。前唱后吁,当者披靡。回忆四十年来之中国思想界,类似霹雳一声者为康南海之《孔子改制考》《新学伪经考》等等,而廖先生则此霹雳前之特异电子。①

---

① 侯堮:《廖季平评传》,载天津《大公报》"文学副刊",1932年8月1日。

第十二节

康有为与《新学伪经考》

康有为（1858—1927年），原名祖诒，字广厦，号长素，又号更生，广东省南海县人，是中国近代史上著名的启蒙思想家和维新运动的主要领导者。他出身于封建官僚地主家庭，自幼受过严格的儒家传统教育。成年后，先后到上海、香港等地游览和考察，接触到一些西方资本主义事物，开始阅读介绍西方政治制度和自然科学知识的书刊，对清政府的腐败逐渐感到不满，越来越多地流露出要求改革的愿望。光绪十四年（1888年），首次上疏建议变法，未达。光绪二十一年（1895年），清政府在中日甲午战争失败后，被迫签订了《马关条约》。康有为联合各省赴京会试的举人联合上疏要求拒签和约，迁都抗战，变法图强。同年组织强学会，编印《中外纪闻》，鼓吹维新变法。光绪二十四年（1898年），受到光绪皇帝召见，受命在总理衙门章京上行走，促成"百日维新"。戊戌政变后，康有为逃往香港等地。后顽固坚持走改良主义道路，成为保皇党。他的主要著作有《新学伪经考》《孔子改制考》《春秋董氏学》等，其中《新学伪经考》是康有为的辨伪代表作。

《新学伪经考》又名《伪经考》，此书写成于光绪十七年（1891年）四月。在《新学伪经考自序》中，他说明了撰写该书的动机和目的：

> 吾为《伪经考》凡十四篇，叙其目而系之辞曰：始作伪，乱圣制者，自刘歆；布行伪经，篡孔统者，成于郑玄。阅二千年岁月日之绵暧，聚百千万亿衿缨之问学，统二十朝王者礼乐制度之崇严，咸奉伪经为圣法，诵读尊信，奉持施行，违者以非圣违法论，亦无一人敢违者，亦无一人敢疑者。于是夺孔子之经以与周公，而抑孔子为传，于是扫孔子改制之圣法，而目为断烂朝报，六经颠倒，乱于非种，圣制埋瘗，沦于雾雾，天地反常，日月变色。以孔子天命大圣，岁载四百，地犹中夏，蒙难遘闵，乃至此极，岂不异哉！且后世之大祸，曰任奄寺，广女色，人主奢侈，权臣篡盗，是尝累毒生民，覆宗社者矣，古无有是，而皆自刘歆开之，是上为圣经之篡贼，下为国家之鸩毒者也。夫始于盗篡者终于即真，始称伪朝者后为正统。司马盗魏，嵇绍忠，曹节矫制，张奂卖，习非成是之后，丹黄乱色，甘辛变味，孤鸣而正易之，吾亦知其难也。然提圣法于既坠，明六经于暗昏，刘歆之伪不黜，孔子之道不著，吾虽孤微，乌可以已！……不量绵薄，摧廓伪说，犁庭扫穴，魑魅奔逸，雾散阴豁，日㬢星呀，冀以起亡经，翼圣制，其于孔氏之道，庶几御

侮云尔。①

可见他作《新学伪经考》的动机和目的是廓清罩在古文经上的迷雾，还古文经的真实面目。他认为一切古文经，皆属伪作，作伪者为西汉末的刘歆。然而正是这些伪经，蒙蔽人们二千多年，"统二十朝王者礼乐制度之崇严，咸奉伪经为圣法"。为了弘扬孔子之道，必须摒弃刘歆之伪经。

《新学伪经考》的命名缘由，康有为说得很明白：

> 王莽以伪行篡汉国，刘歆以伪经篡孔学，二者同伪，二者同篡。伪君、伪师，篡君、篡师，当其时一大伪之天下，何君臣之相似也！然歆之伪《左氏》在成、哀之世，伪《逸礼》，伪《古文书》，伪《毛诗》，次第为之，时莽未有篡之陈也，则歆之畜志篡孔学久矣；遭逢莽篡，因点窜其伪经以迎媚之。……而歆身为新臣，号为"新学"。②

《新学伪经考》的写作深受廖平《古学考》（即《辟刘篇》）的启迪和影响，正如梁启超所说："康先生之治《公羊》，治今文也，其渊源出自井研（即廖平），不可诬也。"③廖平称："康长素因《古学考》而别撰《伪经考》。"④又称："外间所述之《改制考》即祖述《知圣篇》，《伪经考》即祖述之《辟刘篇》，而多失其宗旨。"⑤然而康有为却不承认与廖平的学术关系，反而掩饰他作《伪经考》的真实情况。事实是，光绪十六年（1890年）的一月至二月间，康、廖在广州曾有过交往。正如廖平自己所说：

> 广州康长素，奇才博识，精力绝人，平生专以制度说经，戊己间从沈君子丰处得《学考》（即《今古学考》），谬引为知己。及还羊城同黄季度过广雅书局相访，余以《知圣篇》示之，驰书相戒近万余言，斥为好名骛远，轻变前说，急当焚毁。当时答以面谈，再决行止，后访之城南安徽会馆，黄季度病未至，两心相协，谈论移晷。明年闻江叔海得俞荫老（即俞樾）书，而《新学伪经考》成矣。⑥

与廖平会见后几个月，康有为就写成了《新学伪经考》。然康有为在《重刻伪经考后序》中却故意掩饰说：

---

① 康有为：《新学伪经考》"自序"，中华书局，1956年。
② 康有为：《新学伪经考》"《汉书·刘歆王莽传》辨伪"第六，中华书局，1956年。
③ 梁启超：《中国学术思想变迁之大势》，上海古籍出版社，2006年。
④ 廖平：《古学考》"跋"，景山书社，1935年。
⑤ 廖平：《经话甲编二》，见《四益馆经学丛书》，尊经书局，光绪二十三年（1897年）。
⑥ 马洪林：《康有为大传》第五章，辽宁人民出版社，1988年。

> 吾居西樵山之北银塘之乡，读书淡如之楼，……拾取《史记》，聊以遮目，非以考古也。偶得《河间献王传》《鲁共王传》读之，乃无"得古文经"一事，大惊疑。乃取《汉书》《河间献王》《鲁共王传》对较《史记》读之，又取《史记》《汉书》两《儒林传》对读之，则《汉书》详言古文事，与《史记》大反，乃益大惊大疑。……于是以《史记》为主，遍考《汉书》而辨之，以今文为主，遍考古文而辨之。……先撰《伪经考》，粗发其大端。①

钱穆在《中国近三百年学术史》中就明确指出："撰《伪经考》在羊城，不是银塘。"②此外，他所谓偶读《河间献王传》《鲁共王传》，见其中没有"得古文经"一事，于是乃大惊疑，引发他作《新学伪经考》的这一说法也不可信。事实上，他在广州与廖平当面谈论，并读了廖平《辟刘篇》才引发他去查考《汉书·刘歆传》中所载刘歆不见容于博士的故实，找出刘歆篡改《左传》之例证，进而遍考其他诸经之伪，并从《史记》《汉书》等其他志传中去大胆求证的。

梁启超总结康氏《新学伪经考》的主要观点有五：一是西汉经学，并无所谓古文者，凡古文皆刘歆伪作；二是秦焚书，并未厄及六经，汉十四博士所传，皆孔门足本，并无残缺；三是孔子时所用字，即秦汉间篆书，即以"文"论，亦绝无今古之目；四是刘歆欲弥缝其作伪之迹，故校中秘书时，于一切古书多所羼乱；五是刘歆所以作伪之故，因欲佐莽篡汉，先谋湮乱孔子之微言大义。③为了阐明这些观点，他主要从以下几个方面作了论证。

其一，秦焚六经，未尝亡缺。

《伪经考》开篇即为《秦焚六经未尝亡缺考》。康有为在该文开头就指出：

> 后世《六经》亡缺，归罪秦焚，秦始皇遂婴弥天之罪，不知此刘歆之伪说也。歆欲伪作诸经，不谓诸经残缺，则无以为作伪窜入之地，窃有秦焚之间，故一举而归之。……故其伪经得乘虚而入，蔽掩天下，皆假校书之权为之也。

接着，他据《史记·秦始皇本纪》所载李斯关于焚书的建议："臣请史官非《秦纪》皆烧之，非博士官所职，天下敢有藏《诗》《书》百家语者，悉诣守尉杂烧之。令下三十日不烧，黥为城旦。所不去者，医药、卜筮、种树之书"，认为"焚书之令，但烧民间之书，若博士所职，则《诗》《书》、百家自存。夫（嬴）政、（李）斯焚书之意，但欲愚民而自智，非欲自愚；若并秘府所藏、博士所职而尽焚之，而仅存医药、卜筮、种树之书，是秦并自愚也，何以为国？"他又举《史

---

① 康有为：《重刻伪经考后序》，见朱维铮、廖梅编校《新学伪经考》，生活·读书·新知三联书店，1998年。
② 钱穆：《中国近三百年学术史》第十四章"康长素"，商务印书馆，1997年。
③ 梁启超：《清代学术概论》二十三"康有为是今文学运动的中心"，上海古籍出版社，1998年。

记·萧相国世家》为佐证:"沛公至咸阳,诸将皆争走金帛财物之府分之。何独先入,收秦丞相、御史律令图书藏之",认为"丞相府图书,即李斯所领之图书也。……何收其府图书,六艺何从亡缺?何待共王坏壁忽得异书邪?"此外,他还列举《史记》《汉书》诸篇之记载,以反驳所谓"秦之坑儒为绝儒术"的说法。他认为:

> 坑者仅咸阳诸生四百六十余人,……且多方士,非尽儒者。……伏生、叔孙通即秦时博士,张苍即秦时御史。自两生外,鲁诸生随叔孙通议礼者三十余人,皆秦诸生,皆未尝被坑者。其人皆怀蕴六艺,学通《诗》《书》,逮汉犹存者也。然则以坑儒为绝儒术者,亦妄言也。

最后,他得出结论:"博士所职,六经之本具存,七十博士之弟子当有数百,则有数百本《诗》《书》矣",加之民间藏书,口头流传,"六艺不缺","铁案如山,不能动摇矣"。①

其二,《史记》记载无河间献王征求民间书及鲁共王坏壁得书之事。

他在《汉书河间献王鲁共王传辨伪》中开篇即指出:"余读《史记·河间献王》《鲁共王世家》,怪其决无献王得书、共王坏壁事,与《汉书》绝殊。窃骇此关六艺大典,若诚有之,史公何得不叙?"由此他认为《汉书·河间献王传》中所谓"献王所得书皆古文先秦旧书,《周官》《尚书》《礼》《礼记》《孟子》《老子》之属,皆经传说记,七十子之徒所论"的记载出自刘歆之伪造,甚至认为"《汉书》实出于歆,故皆为古学之伪说,听其颠倒杜撰,无之不可,其第一事则伪造河间得书,共王坏壁也"。②

康有为的这个论断显然带有很强的主观性。《史记》《汉书》成书时代不同,因此在记事的侧重点上也有所不同。司马迁所在的西汉,今文经立于学官,古文经不被重视,因此他写《史记》,只能反映今文经占主导地位的情况,突出今文而忽略古文。至班固时,古文经的地位已经提高,因此他写《汉书》强调古文经,详加记载,是理所当然的。康有为根据《史》《汉》记载的异同,便将《汉书》中关于古文经的记载一概视作刘歆之伪造,是非常武断的。至于他依据的葛洪《西京杂记》中所谓"《汉书》本刘歆作,班固所不取不过二万许言"的记载,实为孤证。事实是,班固承其父班彪《史记后传》作《汉书》,班固死后,八表和《天文志》尚未完成,由其妹班昭和马续补作,决非如葛洪所言,班固剽窃了刘歆的成果。

康有为的这个论断遭到了同时代人朱一新的反驳,他在《答康长素书》中尖锐地指出:"当史公时,儒术始兴,其言阔略,《河间传》不言献书,《鲁共传》不言坏壁,正与《楚元传》不言受《诗》(今文《鲁诗》)浮邱伯一例。若《史记》言古文者皆为刘歆所纂,则此二传乃作伪之本,

---

① 以上均引自康有为《新学伪经考》"秦焚六经未尝亡缺考"第一,中华书局,1956年。
② 康有为:《新学伪经考》"汉书河间献王鲁共王传辨伪"第四,中华书局,1956年。

歆当弥缝之不暇,岂肯留此罅隙以待后人之攻? 足下谓歆伪《周官》,伪《左传》,伪《毛诗》、《尔雅》,互相证明,并点窜《史记》以就己说,则砍之于古文为计固甚密矣,何于此独疏之甚乎?""史公《自叙》'年十岁则诵古文',《儒林传》有《古文尚书》,其它涉古文者尚夥,足下悉以为歆之窜乱。夫同一书也,合己说者则取之,不合者则伪之。……班史谓迁书载《尧典》《禹贡》《洪范》《微子》《金縢》诸篇多古文说,今按之诚然,足下将以此亦歆所窜乱乎?歆果如此,曷不并窜《河间》《鲁共》二传,以泯其迹乎? ……歆是时虽贵幸,名位未盛,安能使朝野靡然从风,群诵习其私书乎?"①这段论述批驳得十分有力。

其三,刘歆借校书之机,伪撰古经,恣其窜乱。

康有为依据《汉书·楚元王传》(附《刘歆传》)所载:"及歆校秘书,见古文《春秋左氏传》,歆大好之。……《左氏传》多古字古音,学者传训故而已。及歆治《左氏》,引传文以解经,转相发明,由是章句义理备焉",认为:"《左氏春秋》至歆校秘书时乃见,则向来人间不见可知。歆治《左氏》乃始引传文以解经,则今本《左氏》书法及比年依经饰《左》缘《左》,为歆改《左氏》明证。"刘歆"既已伪《左传》矣,必思征验乃能见信,于是遍伪群经矣"。②

他甚至认为《左传》是刘歆从《国语》中割裂出来的。他说:

《国语》仅一书,而《志》以为二种,可异一也。其一,二十一篇,即今传本也;其一,刘向所分之《新国语》五十四篇。同一《国语》,何篇数相去数倍,可异二也。刘向之书皆传于后汉,而五十四篇者,左丘明之原本也,歆既分其大半凡三十篇以为《春秋传》。于是留其残剩,掇拾杂书,加以附益,而为今本之《国语》,故仅得二十一篇也。③

《汉书·艺文志》著录《新国语》五十四篇,又著录《国语》二十一篇。康有为认为今本《新国语》五十四篇,是左丘明《左传》之原本,刘歆从中分出三十篇为《左传》,剩余的部分,掺杂杂书而形成为今本《国语》。赞同此说的有崔适和钱玄同。钱玄同认为"康长素底《伪经考》与先师崔觯甫先生底《史记探源·春秋复始》中,都说《汉书·艺文志》有《新国语》五十四篇,这是原本《国语》,刘歆把其中与《春秋》有关的事改成《春秋左氏传》,那不要的仍旧留作《国语》,遂成今本《国语》。这话我看是很对的"。④但这种揣测显然是牵强的,结论也是武断的。

对于《周官》,康有为认为:

自西汉前未之见,《史记·儒林传》《河间献王世家》无之;其说与《公》《穀》《孟

---

① 朱一新:《佩弦斋文存》卷上,见《拙庵丛稿》,上海古籍出版社,2011年。
② 康有为:《新学伪经考》"《汉书·刘歆王莽传》辨伪"第六,中华书局,1956年。
③ 康有为:《新学伪经考》"《艺文志》辨伪上"第三,中华书局,1956年。
④ 钱玄同:《古史辨》第一册下编"论获麟后续《经》及《春秋》例书",上海古籍出版社,1982年。

子》《王制》今文博士皆相反，《莽传》所谓"发得《周礼》以明因监"，故与莽所更法立制略同，盖刘歆所伪撰也。歆欲附成莽业而为此书，其伪群经，乃以证《周官》者。故歆之伪学，此书为首。①

因《史记》没有记载《周官》，便认为没有此书，而武断地认为是刘歆伪撰的，这显然很难服人。

对于《周易》，他认为所谓"伏牺六十四卦，文王作《卦辞》，周公作《爻辞》，孔子作十翼，皆伪说"。②他认为"十翼"中的《系辞》其中"有：'子曰'，则非出孔子手笔，但为孔门弟子所作，商、瞿之徒所传授"。《说卦》"《隋志》以为后得，……则西汉前《易》无《说卦》可知，……其出汉时伪托无疑"。"《序卦》肤浅，《杂卦》则言训诂，此则歆所伪窜，并非河内所出，宋叶适尝攻《序卦》《杂卦》为后人伪作矣。"③

对孔壁所藏《古文尚书》，他列举十条证据证明：它较《今文尚书》多出的十六篇，"皆歆所偷窃伪造至明"。④对于《书序》，他认为"《书序》与《古文》同出，《古文》为刘歆之伪，则《书序》亦为歆伪无疑"。⑤

对于《孝经》，他认为："《史记》述六经不及《孝经》，然出于西汉前，纬书甚尊之，其后得而尊崇类《泰誓》，其文辞义理盖《礼记》之伦，不解何缘推崇至是。于是刘歆伪为古文，托为孔安国之说于前，刘炫伪为《孔安国传》于后，伪中作伪，正与《尚书》同。"⑥

对于《毛诗》，他列举了十五条证据以证其伪。⑦他不相信有毛亨、毛苌两个"毛公"，并且从根本上怀疑"毛公"是否有其人。他不相信河间献王有得《毛诗》立博士之事。他确认《毛诗序》是卫宏所作。

此外，他还辨及《乐经》《逸礼》《尔雅》《论语》等书。总之，他认为一切古文经，甚至古文本身，皆属伪作，这些伪作皆出自刘歆一人之手。

《伪经考》以《汉书河间献王鲁共王传辨伪》一篇为起点，以《汉书艺文志辨伪》为中心，以《书序辨伪》《汉书儒林传辨伪》《经典释文纠谬》《隋书经籍志纠谬》四篇与之互相发明，或补其未备，或从多角度、多层面考证古文经之伪，提出了一些独特的见解，在辨伪学史上曾产生过破除迷信、解放思想的作用，对一些伪书如《诗序》《书序》等的怀疑和驳难也颇有说服力。在政治上，它充当了康氏主张变法维新的先导。所以梁启超称它：

---

① 康有为：《新学伪经考》"《艺文志》辨伪上"第三，中华书局，1956年。
② 康有为：《新学伪经考》"《隋书经籍志》纠谬"第十一，中华书局，1956年。
③ 康有为：《新学伪经考》"《艺文志》辨伪上"第三，中华书局，1956年。
④ 康有为：《新学伪经考》"《艺文志》辨伪上"第三，中华书局，1956年。
⑤ 康有为：《新学伪经考》"《书序》辨伪"第十三，中华书局，1956年。
⑥ 康有为：《新学伪经考》"《隋书经籍志》纠谬"第十一，中华书局，1956年。
⑦ 康有为：《新学伪经考》"《艺文志》辨伪上"第三，中华书局，1956年。

把西汉迄清今古文之争算一个总账，认西汉新出的古文书全是假的，承刘（逢禄）、魏（源）之后而集其大成。使古书的大部分如《周礼》《左传》《毛诗》《毛诗传》和刘歆所改窜的书根本摇动，使当时的思想界也跟着发生激烈的摇动。①

然而应当看到，康有为在考辨古文经的过程中，存在着严重的主观武断问题，有些观点是经不住推敲的，甚至是错误的。如他认为古文皆伪，并且均为刘歆一手伪造，认为《汉书》出自刘歆之手等。书中广征博引，看似证据确凿，实际上论证大有问题。正如梁启超所指出的那样：

> 有为以好博好异之故，往往不惜抹杀证据或曲解证据，以犯科学家之大忌，此其所短也。有为之为人也，万事纯任主观，自信力极强，而持之极毅；其对于客观的事实，或竟蔑视，或必欲强之以从我，其在事业上也有然，其在学问上也亦有然；其所以自成家数崛起一时者以此，其所以不能立健实之基础者亦以此。读《新学伪经考》而可见也。②

今天，我们应当实事求是地看待刘歆与古文经的真伪问题。刘歆当时校书秘府，为使《左传》《周官》等一些秘府所藏古书立于学官，不惜采用作伪的手段伪窜古经，造成了一些古书的失实。为了配合王莽篡汉，他又点窜个别古经以迎合莽意，其动机和目的不能不说是可鄙的。但康有为硬说刘歆伪造群经，增窜《史记》，伪作《汉书》。把一批古代经书笼统地诋为"伪经"、"伪书"，就不免有些危言耸听，流于浮夸了。正如郑良树所指出的："在康有为的考辨之下，古文学派的《周礼》《逸礼》《毛诗》及《左传》等，都是刘歆一手伪造。此外，他又窜乱其他古籍，将有利于自己的各种文字周密地一一横插进去，以达其瞒天过海的欺售工作。如此说来，刘歆简直是个神通广大、魔力无边的大造伪家。刘歆以个人血肉之身，如何有此三头六臂的本领？"③

《新学伪经考》全盘否定了传世的古文经传，从而动摇了现存的儒家经典。因此曾三次被清政府降旨毁版，并受到封建学者如叶德辉等人的激烈抨击，叶德辉指斥《新学伪经考》是野说、邪说、诐词，还指出康有为写《新学伪经考》"其本旨只欲黜君权、伸民力，以快其恣睢之志，以发摅其僟侘不遇之怒"。④但这些并没有降低它在政治上、学术上的影响。在政治上，它所表现出的疑古精神已经远远超出了经学的范围，而在一些知识分子中逐渐形成了一种思想解放的思潮。在学术上，它直接影响了后世的辨伪工作。受其影响最大的是崔适，他所著《史记探源》《春秋复始》《论语足征记》《五经释要》等书，皆引伸康氏之说。现代的辨伪学家钱玄同、顾颉刚也无不受其学说

---

① 梁启超：《古书真伪及其年代》第三章《辨伪学的发达》，见陈引驰编校《梁启超国学讲录二种》，中国社会科学出版社，1997年。
② 梁启超：《清代学术概论》二十三节"康有为是今文学运动的中心"，上海古籍出版社，1998年。
③ 郑良树：《续伪书通考》"论古籍辨伪学的新趋势（代序）"，台湾学生书局，1984年。
④ 叶德辉：《长兴学记驳义》《輶轩今语评》，见《翼教丛编》，上海书店，2002年。

的影响。正如梁启超所云:"要之此说一出,而所生影响有二:第一,清学正统派之立脚点,根本动摇;第二,一切古书,皆须从新检查估价。此实思想界之一大飓风也。"[1]

---

[1] 梁启超:《清代学术概论》二十三节"康有为是今文学运动的中心",上海古籍出版社,1998年。

第十三节
梁启超对古书的考辨及对辨伪理论的总结

梁启超（1873—1929年），字卓如，号任公，广东新会人。是中国近代与康有为齐名的杰出的资产阶级改良运动的领袖。曾经参与并协助康有为编撰过《新学伪经考》《孔子改制考》等重要著作，并与康有为一道发动了著名的"公车上书"运动。后主办《万国公报》（不久改称《中外纪闻》），组织强学会，创办《时务报》。亲自参与了"百日维新"。戊戌变法失败后，逃亡日本，后成为保皇派。晚年，就任清华研究院导师、北京图书馆馆长等。1929年1月病逝于北平协和医院。梁启超一生著述极多，主要的学术著作有《清代学术概论》《墨经校释》《中国近三百年学术史》《中国历史研究法》《论中国学术思想变迁之大势》《新史学》《中国专制政治进化史论》等，这些著作多收入林志钧编辑出版的《饮冰室合集》中。

梁启超的辨伪思想及对前人辨伪学理论的总结主要见于他所著的《中国历史研究法》《中国近三百年学术史》《要籍解题及其读法》《清代学术概论》以及他的辨伪学专著《古书真伪及其年代》中。

《古书真伪及其年代》一书是据周传儒、姚名达等于1927年在清华研究院听梁启超的讲演所作的笔记整理而成。《要籍解题及其读法》一书，原本也是梁启超在清华大学的讲义。他讲授这门课的主要目的是为了向青年学子介绍"对于本国极重要的几部书籍"。是针对学生们阅读古书时"苦于引不起兴味来"，"苦于没有许多时间向浩如烟海的书丛中埋头钻研"，"苦难得其要领"，"想救济这种缺点"，"想替青年们添一点趣味，省一点气力"。[①] 该书从一部典籍的成书、价值、真伪情况、读法、参考书等方面深入浅出地作了介绍，其中多是承袭前人的观点，然也不乏创见。

《要籍解题及其读法》从《论语》《孟子》介绍起，一直介绍到《礼记》《尔雅》，约十三四部重要书籍，其中不乏辨伪的内容。现分论如下。

其一，关于《论语》的真伪。他认为：

> 《论语》为孔门相传宝典，大致可信。虽然，其中未尝无一部分经后人附益窜乱。大抵各篇之末，时有一二章非原本者。盖古用简书，传抄收藏皆不易，故篇末空白处，往往以书外之文缀记填入。在本人不过为省事备忘起见，非必有意作伪。至后来展转传钞，则

---

① 梁启超：《要籍解题及其读法》"自序"，岳麓书社，2010年。

以之误混正文。……如《雍也篇》末"子见南子"章,《乡党篇》末"色斯举矣"章,《季氏篇》末"齐景公"章,《微子篇》末"周公谓鲁公","周有八士"章,皆或与孔门无关,或文义不类,疑皆非原文。[①]

以上所举各例,均出于崔述《论语篇章辨疑》。至于他所说:"据崔东壁(述)所考证,则全书二十篇中,末五篇:《季氏》《阳货》《微子》《子张》《尧曰》,皆有可疑之点。"[②]则与崔述所言"惟《子张篇》专记孔门弟子之言,无可疑者"[③]相矛盾,想必是梁启超记忆有误。他相信崔述关于《阳货》"公山弗扰以费畔,召,子欲往"和"佛肸以中牟畔,召,子欲往"两章的考辨,指出:

考弗扰叛时,孔子正为鲁司寇,率师堕费。弗扰正因反抗孔子政策而作乱,其乱亦由孔子手平定之。安有一造反之县令而敢召执政?其执政方督师讨贼,乃欲应以召,且云:"其为东周",宁有此理?佛肸以中牟叛赵,为赵襄子时事,见《韩诗外传》。赵襄子之立,在孔子卒后五年,孔子何从与肸有交涉。[④]

实际上,"佛肸以中牟畔,召,子欲往"的记载并不可疑,详见本书《崔述与〈考信录〉》一节之论述。梁启超袭用崔述之说而不加详考,恐怕与其书"不是著述,不过(是)讲堂上临时演说"[⑤]有关。

其二,关于《大学》《中庸》《孝经》的作者。

他认为朱熹把《大学》分为经、传两项,称"经一章,盖孔子之言而曾子述之。传十章,则曾子之意而门人记之","皆属意度,羌无实证"。他称:"由吾侪观之,此篇不过秦、汉间一儒生之言,原不值如此之尊重而固守也。"[⑥]他认为《中庸》篇也非如朱熹所说:"子思作之以授孟子","篇中有一章袭孟子语而略有改窜。据崔东壁所考证,则其书决出孟子后也"。[⑦]关于《孝经》,他认为"共传'孔子志在《春秋》,行在《孝经》'。以为孔子手著书即此两种。其实此二语出自纬书,纯属汉人附会。'经'之名,孔子时并未曾有,专就命名论,已足征其妄。其书发端云:'仲尼居,曾子侍。'安有孔子著书而作此称谓耶?书中文义皆极肤浅,置诸《戴记》四十九篇中犹为下乘,虽不读可也"。[⑧]

---

① 梁启超:《要籍解题及其读法》"论语之真伪",岳麓书社,2010年。
② 梁启超:《要籍解题及其读法》"论语之真伪",岳麓书社,2010年。
③ 崔述著、顾颉刚编校:《崔东壁遗书》"论语余说",上海古籍出版社。1983年。
④ 梁启超:《要籍解题及其读法》"论语之真伪",岳麓书社,2010年。
⑤ 梁启超:《要籍解题及其读法》"自序",岳麓书社,2010年。
⑥ 梁启超:《要籍解题及其读法》"附论《大学》《中庸》",岳麓书社,2010年。
⑦ 梁启超:《要籍解题及其读法》"附论《大学》《中庸》",岳麓书社,2010年。
⑧ 梁启超:《要籍解题及其读法》"附论《孝经》",岳麓书社,2010年。

其三，关于《史记》中后人续补、窜乱成分的考辨。

梁启超据《史记·太史公自序》曰"故述往事，思来者，卒述陶唐以来，至于麟止"，又据《汉书·扬雄传》所云："太史公记六国，历楚汉，讫麟止"，《后汉书·班彪传》所云："太史令司马迁，上自黄帝，下讫获麟，作本纪、世家、列传、书、表凡百三十篇"，断言："则'麟止'一语，殆为铁案。案武帝获麟，在元狩元年冬十月（公元前122年）。孔子作《春秋》迄于鲁哀公十四年西狩获麟，《史记》窃比《春秋》，时亦适有获麟之事，故所记以此为终限"，"但太初、天汉事，尚为史公所及见耳"。① 确定了《史记》记事之断限，一些超出这个断限的记载，均可列入可疑之列。

他举了以下几个事例：

《酷吏传》载："杜周捕治桑弘羊昆弟子。"事在昭帝元凤间（公元前80年至75年），距武帝崩六年至十二年；

《楚元王世家》云："地节二年，中人上书告楚王谋反。"宣帝地节二年（公元前68年），距武帝崩十九年；

《齐悼惠王世家》载："建始三年，城阳王景卒。同年，菑川王横卒。"成帝建始三年（公元前30年），距武帝崩五十七年；

《将相名臣表》武帝后续以昭、宣、元、成四帝，直至鸿嘉元年止。成帝鸿嘉元年（公元前20年），距武帝崩六十七年。

据此，他认为：

> 书中所记昭、宣、元、成间事，盖更仆难数。无论如何曲解，断不能谓太史公及见建始、鸿嘉时事。……吾侪据此等铁证，可以断言今本《史记》决非史公之旧，其中有一部分乃后人羼乱。②

他把"后人羼乱"分为三类情况：第一类，原本缺亡而后人补作者，如《史记》一些篇目中标有"褚先生曰"的补文，为汉元帝、成帝之间褚少孙所作；第二类，后人续撰者，如刘知幾《史通·古今正史篇》所载刘向与刘歆父子、冯商、卫衡、扬雄等十五六人均为《史记》做过续写工作；第三类，后人故意窜乱者，如刘歆典校中秘书，改篡《左传》《周礼》等，为掩其迹，遂改窜《史记》《汉书》中一些篇章内容。

以上所举第一类、第二类，清代乾嘉诸儒作过详细考证。第三类，为廖平《古学考》、康有为《新学伪经考》初发此疑，崔适《史记探源》大发其覆。可见关于《史记》的考证，梁启超并无多

---

① 梁启超：《要籍解题及其读法》"《史记》成书年代及后人补续窜乱之部分"，岳麓书社，2010年。
② 梁启超：《要籍解题及其读法》"《史记》成书年代及后人补续窜乱之部分"，岳麓书社，2010年。

少发明，只是"采自近人著作而略断以己意"。①

其四，关于《韩非子》书中疑伪之诸篇。

梁启超认为《韩非子》诸篇中可以确证或推定其非出韩非之手的有三篇：

一为《初见秦篇》。此篇为张仪说秦惠王之词，明见于《战国策》。梁启超认为，篇中言"天下阴燕阳魏连荆（楚）固齐收韩而成纵，将西面以与秦为难"，"此明是苏秦合纵时形势。若至韩非时，他国且勿论，如彼韩者，则《存韩篇》明云：'韩事秦三十余年，……入贡职与郡县无异'。岂复有'与秦为难'之勇气耶？"②

二为《存韩篇》。此篇前半，当是韩非出使秦时所上书。后半自"诏以韩客之所上书，书言韩之未可举，下臣斯"以下，备载李斯驳论及秦韩交涉事迹，明是当时秦史官或李斯徒党所记录，决非出于韩非之手；

三为《有度篇》。篇中言荆、齐、燕、魏"今皆亡国"，明是秦始皇二十六年后人语，距韩非之死已逾十年。

此外，他以《史记》中所标举的《孤愤》《五蠹》《内外储》《说林》《说难》这些"最可信之作品"为基础，从文体和根本思想上辨别其他诸篇之真伪：

> 以文体论，《孤愤》《五蠹》等篇之文，皆紧峭深刻，廉劲而锐达，无一枝辞。反之若《主道》《有度》《二柄》《扬权》《八奸》《十过》等篇，颇有肤廓语。《主道》《扬权》多用韵（《孤愤》等篇决无此体），文体酷肖《淮南子》。《二柄》《八奸》《十过》等，颇类《管子》中之一部分。《忠孝》《人主》《饬令》《心度》《制分》诸篇亦然。从根本思想论，太史公谓"韩子引绳墨，切事情，明是非"。盖韩非为最严正的法治主义者，为最综核的名学家，与当时似是而非的法家言——如主张用术、主张用势等——皆有别。书中余篇，（如前所列各篇多半是）或多掇拾法家常谈，而本意与《孤愤》《五蠹》等篇不无相戾。此是否出一人手，不能无疑。③

梁氏此段论述多为臆猜之语，而缺乏强有力之证据，因此连他本人也不敢断然下结论，只是说："吾侪当未能得有绝对反证以前，亦不敢武断某篇之必为伪。姑提出一二标准，备自己及同志者之赓续研究耳。"④

其五，关于《左传》《国语》诸问题。

关于《左传》的来历，《左传》与《春秋》的关系等问题，他依据《汉书·楚元王传》附《刘

---

① 梁启超：《要籍解题及其读法》"《史记》成书年代及后人补续窜乱之部分"，岳麓书社，2010年。
② 梁启超：《要籍解题及其读法》"《韩非子》书中疑伪之诸篇"，岳麓书社，2010年。
③ 梁启超：《要籍解题及其读法》"《韩非子》书中疑伪之诸篇"，岳麓书社，2010年。
④ 梁启超：《要籍解题及其读法》"《韩非子》书中疑伪之诸篇"，岳麓书社，2010年。

歆传》的记载，认为《左传》原"藏于秘府"，外人罕得见，歆校中秘书乃见之。《左传》也称《左氏春秋》，是一部独立的著作，与《春秋》决无主从的关系，其由《左氏春秋》而变为《春秋左氏传》，则自刘歆之引传解经始也。以上基本是沿袭刘逢禄、康有为、崔适的观点，无甚新意。在谈到《左氏春秋》与《国语》的关系时，他得出了这样的结论："《国语》即《左氏春秋》，并非二书"，"刘歆将鲁惠、隐间迄哀、悼间之一部分抽出，改为编年体，取以与孔子所作《春秋》年限相比附，谓之《春秋左氏传》。其余无可比附者剔出，仍其旧名及旧体例，谓之《国语》。"①这个观点实际上也是沿袭其师康有为的。康氏认为《史记》中：

> 凡三言左丘明，俱称《国语》，然则左丘明所作，史迁所据，《国语》而已，无所谓《春秋传》也。歆以其非博之学欲夺孔子之经，而自立新说以惑天下，……得《国语》与《春秋》同时，可以改易窜附，于是毅然削去平王以前事，依《春秋》以编年，比附经文，分《国语》以释经而为《左氏传》。②

关于《左传》《国语》成书之时代，梁氏认为：

> 《左传》《国语》皆述晋灭智伯事，《国语》述越灭吴事，事皆在孔子卒后二十余年，则其成书最早亦后于孔子作《春秋》约三十年矣。③

其六，关于孔子删诗说及《诗序》之作者。

对于《史记·孔子世家》所云"古者诗三千余篇。及至孔子，去其重，取可施于礼、义，上采契、后稷，中述殷、周之盛，至幽、厉之缺。始于衽席，故曰关雎之乱，以为风始，鹿鸣为小雅始，文王为大雅始，清庙为颂始，三百五篇孔子皆弦歌之，以求合韶、武、雅、颂之音，礼乐自此可得"的说法，他是持怀疑态度的。他指出：

> 《论语》云："《诗》三百，一言以蔽之……"又云："诵《诗》三百，授之以政，不达……"此皆孔子之言，而述诗篇数，辄举三百。可见孔子素所诵习即此数，而非其所自删明矣。《左传》记吴季札适鲁观乐，事在孔子前，而所歌之风，无出今十五国外者。益可为三百篇非定自孔子之明证。④

---

① 梁启超：《要籍解题及其读法》"《左传》与《国语》"，岳麓书社，2010年。
② 康有为：《新学伪经考》"《汉书·艺文志》辨伪"第三上，中华书局，1956年。
③ 梁启超：《要籍解题及其读法》"《左传》《国语》之著作者年代及其中的价值"，岳麓书社，2010年。
④ 梁启超：《要籍解题及其读法》"孔子删《诗》说不足信"，岳麓书社，2010年。

关于《诗序》之作者，他据《后汉书·儒林传》所云："谢曼卿善《毛诗》，乃为其训。卫宏从曼卿受学，因作《毛诗序》，善得风、雅之旨，于今传于世"，认为"《序》为宏作，铁案如山，宁复有疑辩之余地！"①

其七，关于《楚辞》中屈原赋二十五篇的作者及篇名问题。

关于《大招》的作者，梁氏认为：

> 今按《大招》明为摹仿《招魂》之作，其辞靡弱不足观。篇中有"小腰秀颈若鲜卑只"语，鲜卑为东胡余种，经冒顿摧灭，别保鲜卑山因而得号者，其以此名通于中国，盖在东汉，非惟屈原不及知，即景差亦不及知。此篇决为汉人作无疑。②

关于《招魂》的作者，今本目录注指为宋玉作，《文选》也同。梁氏据《史记·屈原列传赞》云"余读《离骚》《天问》《招魂》《哀郢》，悲其志"，认为"后人因篇名《招魂》，且中有'魂魄离散汝筮予之'语，遂谓必屈原死后后人悼吊之作，因嫁名宋玉，所谓痴人前说不得梦也。谓宜从《史记》以本篇还诸屈原"。③

关于《九辩》的作者，历代学者博士向来认为是宋玉、景差所作，梁氏据《离骚》中有"启《九辩》与《九歌》兮"句，认为"或《辩》《歌》同属古代韵文名称，屈并用之。故吾窃疑《九辩》实刘向所编屈赋中之一篇"。④

关于《九章》的篇名问题，他认为：

> "九章"之名，似亦非旧。《哀郢》，《九章》之一也，史公以之与《离骚》《天问》《招魂》并举，认为独立的一篇。《怀沙》亦《九章》之一也，本传全录其文，称为"怀沙之赋"。是史公未尝谓此两篇为《九章》之一部分也。窃疑"九章"之名，全因摹袭《九辩》《九歌》而起。或编集者见《惜诵》至《悲回风》等散篇，体格大类相类，遂仿《辩》《歌》例赋予以一总名。又见只有八篇，遂以晚出之《惜往日》足之为九。

同时他认为《惜往日》一篇"文气拖沓靡弱，与他篇决不类，疑属汉人拟作，或吊屈原之作耳"。⑤

以上之考辨，多发前人之所未发，其中如《九章》名称的考辨，颇有说服力。

---

① 梁启超：《要籍解题及其读法》"《诗序》之伪妄"，岳麓书社，2010年。
② 梁启超：《要籍解题及其读法》"屈原赋二十五篇"，岳麓书社，2010年。
③ 梁启超：《要籍解题及其读法》"屈原赋二十五篇"，岳麓书社，2010年。
④ 梁启超：《要籍解题及其读法》"屈原赋二十五篇"，岳麓书社，2010年。
⑤ 梁启超：《要籍解题及其读法》"屈原赋二十五篇"，岳麓书社，2010年。

其八，关于《尔雅》及其与《礼记》的关系。

《尔雅》旧题为周公所作，梁氏认为"其实不过秦汉间经师诂经之文，好事者编为类书以便参检耳"。同时他依据张揖《进广雅疏》所谓"《尔雅》一篇，叔孙通撰置《礼记》，文不违古"，臧庸列举汉人引《尔雅》称《礼记》之文，如《白虎通·三纲六纪》篇引《礼·亲属记》，文见今《尔雅·释亲》；《孟子》"帝馆甥于贰室"，东汉赵岐注引《礼记》，亦《释亲》文；《风俗通·声音》篇引《礼·乐记》，乃《尔雅·释乐》文；《公羊传》宣公十二年何休注引《礼记》，乃《尔雅·释水》文。认为"此尤《尔雅》本在《礼记》中之明证也。自刘歆欲立古文学，征募能为《尔雅》者千余人讲论庭中，自此《礼记》中之《尔雅》篇，不知受几许捃扯附益，乃始彪然为大国，骎骎当'六艺'争席矣"。①

在《古书真伪及其年代》卷二《分论》中，梁启超还在总结前人考辨成果的基础上，分别论述了《易》《书》《诗》《三礼》《论语》《孝经》《尔雅》《孟子》和《春秋》及其三传等儒经中的问题，一些论述颇具新意。比如谈到《周易》便会涉及八卦为何人所作？六十四卦为何人所重等问题。梁氏认为关于伏羲画八卦的说法是没有根据的，他说：

> 据我的意思，伏羲这个人有没有还是疑问，不能确定八卦是他画的。但八卦是古代的象形文字却很可信，我们看坎、离二卦便知道。坎卦作☵像水，最初的篆文水字也作〰，后来因写字的方便，改作水，却失了本意了。离卦☲作像火，篆文作火，也有先后的源流关系。至于取八个象形文字当作占卜用，什么时代才有，已不能考定了，但至迟到殷代已很发达。②

发明重卦的人是谁？司马迁说是周文王，郑玄说是神农氏，班固、王弼说是伏羲，孙盛说是夏禹。关于卦辞、爻辞的作者，或说其是文王一人的作品，或说是文王作卦辞，周公作爻辞。梁启超认为：

> 卜辞是殷朝后半期的作品，它所根据的是《鲁史记》，已引用了许多卦名、卦辞、爻辞，而且时代很早，地域很广。可见自殷末至春秋，由八卦重为六十四卦，加上卦辞、爻辞，慢慢地发明、应用而推广了。发明的时期，大约总在周初，发明的人物却不能确定是周文王和周公。③

---

① 梁启超：《要籍解题及其读法》"附论《尔雅》"，岳麓书社，2010年。
② 梁启超：《古书真伪及其年代》卷二"分论"第一章《易》，见《梁启超国学讲录二种》，中国社会科学出版社，1997年。
③ 梁启超：《古书真伪及其年代》卷二"分论"第一章《易》，见《梁启超国学讲录二种》，中国社会科学出版社，1997年。

关于"十翼"的作者，他认为是后人误解了《史记·孔子世家》所云"孔子晚而喜易序彖系象说卦文言"一句话，把"十翼"的作者说成是孔子。实际上从文法上讲，可以有三种解释：（1）"喜"字是动词，"《易》《序》《彖》《系》《象》《说卦》《文言》"都是并列的名词，言孔子喜观这些东西，并没做什么；（2）"易"字下断句，"序"字作动词用，"《彖》《系》《象》《说卦》《文言》"是名词，孔子不过是序了《彖》《系辞》《说卦》《文言》罢了，《序卦》《杂卦》都和孔子没有关系；（3）把"喜"、"序"、"系"、"说"、"文"五字都当作动词看，那么，孔子不过是序了《彖》、系了《象》、说了《卦》、文了《言》，而《系辞》《序卦》《杂卦》都和孔子没有关系。梁氏认为"这三种说法都有解不通处，都有和前人说法冲突处"。①

接着梁启超列举了三个理由进一步论证孔子与"十翼"并无关系。理由之一是，《论语》中从没有一句说及孔子曾经作《易》"十翼"，只有一句"加我数年，五十以学《易》，可以无大过矣"。其实这一句也未必可靠，东汉末郑玄所见《论语》这一章便没有"易"字，说"加我数年，五十以学，亦可以无大过矣"，倘使古本《论语》真是有"亦"而无"易"，那么《论语》竟无一字提及"易"。理由之二是，《孟子》中也无一字说到孔子曾作《易》"十翼"，孟子常说"孔子作《春秋》而乱臣贼子惧"，不应孔子作了《易》，而他反一言不提及。理由之三是，《晋书·束晳传》说："太康二年，汲郡人不准盗发魏襄王墓，或言安釐王冢，得竹书数十车。……其《易经》二篇与《周易》上下经同。《易繇阴阳卦》二篇与《周易》略同，繇辞则异。《卦下易经》一篇似《说卦》而异。《公孙段》二篇，公孙段与邵陟论《易》。"由此可见，汲冢中分明有《易经》，却没有"十翼"，其中提到的《易繇阴阳卦》《卦下易经》等也不属于现在"十翼"的任何部分。

通过论证，梁启超认为"'十翼'大约出于战国后半期，也许有一小部分出于孔子，还有一部分是后汉后才有的"。同时他认为"《系辞》《文言》以下各篇是孔门后学受了道家和阴阳家的影响而做的书，……至于《说卦》《序卦》《杂卦》即使是真的，也还在《系辞》《文言》之后，都和孔子无直接的关系"。②

再比如关于《周礼》的作者，古文经学派认为是周公，今文经学派则认为《周礼》是刘歆所伪造。梁启超的看法是：

> 非歆自造，也许有所凭借，最近出土的甲骨文，《周礼》有几个字和它的字相近，就如"觏"、"歖"，别书没有，《周礼》和甲骨文都有。……这点微小的证据是不能救"《周礼》是周公所做"一说的命，不过可以减轻刘歆全伪之罪罢了。我说，这书总是战国、秦、汉之间一二人或多数人根据从前短篇讲制度的书，借来发表个人的主张。……主张也不是凭空造出来的，一部分是从前制度，一部分是著者理想。……只因它不能完全脱离周

---

① 梁启超：《古书真伪及其年代》卷二"分论"第一章《易》，见《梁启超国学讲录二种》，中国社会科学出版社，1997年。
② 梁启超：《古书真伪及其年代》卷二"分论"第一章《易》，见《梁启超国学讲录二种》，中国社会科学出版社，1997年。

俗周制，所以后人说是周公做的。……但刘歆为新莽争国，为自己争霸，添上些去，自然不免，或者十之一二。①

梁氏在此没有死抱着经今文学派的观点不放，而是采取较为客观公正的态度来分析问题，这使他的观点增加了几分可信度。

由于《古书真伪及其年代》是1927年2月至6月给清华大学、燕京大学学生讲课的讲稿，因此其中关于古书辨伪的观点多是沿袭前人的，而其中所举例证有的仅凭记忆、未加验证，有的观点没有经过深思熟虑、仔细揣摩，因此讹误不少，比如在该书第二章"伪书的种类及作伪的来历"中谈及隋朝大学者刘炫为了迎合隋文帝的嗜好，伪造了《连山》《归藏》两部易经，献给文帝。梁启超称："书初上时，文帝大喜，后来知道是假的，以为大逆不道，就把刘炫杀了。一代大学者因为造假书被砍头，太不值得。"今查《隋书》卷七十五《儒林传》明确记载："时牛弘奏请购求天下遗逸之书，炫遂伪造数百余卷，题为《连山易》《鲁史记》等，录上送官，取赏而去。后人讼之，经赦免死，坐除名，归于家，以教授为务"，后遇战乱"冻馁而死"。可知梁启超所说刘炫因造假书被杀是毫无根据的臆想。

总结来看，《古书真伪及其年代》中也不乏创见，如据今本《荀子》推论汉刘向校定之原本《荀子》的编次顺序，对屈原赋二十五篇作者及篇名的考辨，对《周易》相关问题的考辨等多能发前人之所未发。同时应该看到，梁氏此书中有不少观点仍值得商榷，有些考辨尚不能成立。

梁启超对辨伪学的贡献并不在古书的考辨上，因为到了他所处的时代，许许多多的古书经过历代学者的反复考辨，伪迹已昭然若揭。即使有所发明，也很难形成较大影响。梁氏对辨伪学的贡献主要表现在他对辨伪学理论的总结上。

自从明中叶胡应麟撰写《四部正讹》，首次对辨伪学进行理论上的总结以来，梁启超可算是总结辨伪学理论的第二人。他的总结和论证虽多沿袭胡氏旧说，但他的论证更系统、更缜密，其中也不乏创见。

《古书真伪及其年代》卷一"总论"部分、《中国历史研究法》、《中国近三百年学术史》中关于古籍辨伪的论述集中体现了他的辨伪思想和辨伪学理论。

《古书真伪及其年代》卷一"总论"共分为五章，第一章讲辨伪及考证年代的必要；第二章讲伪书的种类及作伪的来历，附带讲年代错乱的原因；第三章讲辨伪学的发达；第四章讲辨伪及考证年代的方法；第五章讲伪书的分别评价。

在第一章中，梁氏从史迹、思想、文学三个方面指出伪书造成的危害，说明考辨古书真伪、考证年代的必要性。

---

① 梁启超：《古书真伪及其年代》卷二"分论"第四章《三礼》，见《梁启超国学讲录二种》，中国社会科学出版社，1997年。

在史迹方面，他认为伪书会令史迹发生下列四种不良现象。

一是进化系统紊乱。比如马骕的《绎史》记载远古的事迹，从盘古到伏羲、神农、黄帝"典章文物，灿然大备，衣服器物，应有尽有，文化真是发达极了"。再如《汉书·艺文志》载有神农、黄帝时代的著作，不知有多少，至于伊尹、太公的著作，更是卷帙浩繁。他认为：

> 要是那些书都是真的，则中国文明与世界文明的进化原则，刚刚相反：所谓"黄金时代"，他人在近世，我们在远古。中国文明，万年前是黄金，千年前是银，以后是铜，渐渐地变成为白铁。若相信神农、黄帝许多著作，则殷墟甲骨，全属假造。不然，就是中国文明，特别地往后退化。否则为什么神农、黄帝时代已经典章文物灿然大备，到商朝乃如彼简陋低下呢？①

二是社会背景混淆。比如《西京杂记》为晋人葛洪所作，后人误以为西汉刘歆所作。葛、刘两人相距三百多年，葛讲东晋时事，刘讲西汉时事，若以《西京杂记》作为东晋时的资料，那就非常正确，若以此书作为西汉时的资料，说西京即长安，那便大错特错了。

三是事实是非倒置。如《涑水记闻》，向称宋司马光作，原书虽是真的，但被反对王安石变法的人加入了不少攻击王安石阴私的成分，他们却把造谣、攻击王安石的责任硬派到司马光身上，这样就使得是非错乱。

四是由事实影响于道德及政治。梁氏认为："有许多史迹，本无其事，因为伪托的人物伟大，遂留下很多不良影响。"比如孔子诛少正卯事，见于《孔子家语》及周秦诸子著作中，此事是战国末年法家想厉行专制政体，替孔子捏造的事实。然后来儒家却津津乐道，以为孔子有手段，通权达变，值得学习。梁氏还认为：

> 这种捏造的事实，不仅影响于道德而已，于政治亦有极大影响。譬如《周礼》职官名目繁琐，邦畿千里之内，平均起来，不到十里即有一个官，……后代冗官之多，全由于此。又如太监制度，在历史上劣迹甚多，但是因为《周礼》都有太监，后世人有所借口，明知其坏，仍然一代一代地实行。

梁氏的此段论述实在是有点牵强和武断。

在思想方面，他认为伪书首先会造成时代思想的紊乱。如《管子》中，有批评兼爱、非攻、息兵的话，"这分明是战国初年，墨家兴起之后，才会成为问题。若认《管子》是管仲作的，则春秋初年，即有人讲兼爱、非攻等问题，时代岂非紊乱？"其次会造成学术源流混淆。如今传《列子》，

---

① 梁启超：《古书真伪及其年代》卷一"总论"，见《梁启超国学讲录二种》，中国社会科学出版社，1997年。

为东晋张湛采道家之言，凑合而成。真《列子》八篇，《汉书·艺文志》尚存其目，后逸。张湛依八篇之目，假造成书，并载刘向"序"一篇，后人信以为真。按理，列御寇是庄子的前辈，其学说当然不带后代色彩，但《列子》中，多讲两晋间的佛教思想，并杂以佛家的许多神话，若误以为真属列子所作，岂不是佛教传入中国不在东汉而在先秦？再次会造成个人主张的矛盾：如《论语·述而篇》称"子不语怪、力、乱、神"，《先进篇》称"未能事人，焉能事鬼？"可见孔子是一个现实主义者，不带宗教色彩。然被称作是孔子所作的《易经·系辞》中却有这样的说法："精气为物，游魂为变，是故知鬼神之情状。"以此看来，孔子又成了一个宗教家。岂不是孔子自相矛盾？此也可以算是证明《系辞》非孔子所作的一个例证。

在文学方面。他认为也有前面所述的时代思想紊乱、进化源流混淆、个人价值矛盾、学者枉费精神等毛病。如伪《古文尚书》中的《五子之歌》，据说是夏太康被灭，其五个兄弟因思大禹之戒，感此而作。开头言："皇祖有训，民可近，不可下。民惟邦本，本固邦宁"，全篇均如此文从字顺，然而看《周诰》《殷盘》，却佶屈聱牙，异常难懂。若《五子之歌》为真，则中国文学演进的步骤，真是奇怪极了，为何夏朝在前容易明白，殷周在后，反而难懂呢？再如《李太白集》中掺了不少赝品，有一首叫《笑矣乎》，梁氏称它"内容恶劣，文格亦卑下，显非太白所作"，若以假诗来研究李白，李白岂不太冤枉？而且学者也白费工夫。

在第一章中，他列举了大量的例证，从多方面论证了辨别古书真伪、考证其年代的重要性和必要性。他最后总结说：

> 总之，中国书籍，许多全是假的；有些一部分假，一部分真；有些年代弄错。研究中国学问，尤其是研究历史，先要考订资料，后再辨别时代。有了标准，功夫才不枉用。[①]

第二章重点论述伪书的种类和作伪的动机。关于伪书的种类，胡应麟在《四部正讹》中归结为二十余种。梁启超在此基础上，重新分类，将伪书分为十种。（1）全部伪，如《鬼谷子》《关尹子》《孔子家语》之类。（2）一部分伪，如《管子》《庄子》之类，其中一部分为后人窜附。（3）本无其书而伪，如《亢仓子》《子华子》之类。（4）曾有其书，因逸而伪，如《列子》之类。（5）内容不尽伪，而书名伪，如《左传》原名《左氏春秋》，本为独立之创作，后经刘歆改窜，称为《春秋左氏传》，成为《春秋》三传之一。（6）内容不尽伪，而书名人名皆伪，如《管子》及《商君书》。梁氏认为"惟两书皆非原名，《管子》为无名氏的丛抄，《商君书》亦战国时的法家杂著，其中讲管仲、商鞅死后之事甚多，当然非管仲、商鞅所作"。（7）内容及书名皆不伪而人名伪。梁启超举《孙子》十三篇为例，认为"《史记》称孙武、孙膑皆作书，则此书也许为孙膑作，或另一个姓孙

[①] 以上所引均见梁启超：《古书真伪及其年代》卷一"总论"第一章《辨伪及考证年代的必要》，见《梁启超国学讲录二种》，中国社会科学出版社，1997年。

的人所作。今本称孙武所作，非是"。今天看来，这个观点当然是不能成立的。1972年山东临沂银雀山汉墓同时出土了《孙膑兵法》和《孙子兵法》两部兵法的竹简，其中出土的《孙子兵法》和宋本《孙子兵法》对照，仅存三分之一左右。但其中发现了《吴问》《地形二》《黄帝伐赤帝》等重要逸文。逸文中有两处提到了"十三篇"，可见十三篇《孙子兵法》出自孙武无疑。（8）盗袭割裂旧书而伪，如郭象《庄子注》偷自向秀，王鸿绪《明史稿》偷自万斯同。（9）伪后出伪。如《慎子》，《汉书·艺文志》有著录，后亡佚。《百子全书》本，为宋以后人零凑而成，其中一部分伪托，一部分由古书中辑出。今《四部丛刊》有足本《慎子》，为明人慎懋赏的伪造。（10）伪中益伪，如《乾凿度》本战国阴阳家及西汉方士所作，后托名于孔子。然今本《乾凿度》又非汉时旧本，为后陆续增加补缀而成。①

在《中国近三百年学术史》第十四讲"清代学者整理旧学之总成绩（二）"中，梁启超也将古今伪书按性质分为十类，与以上十种分类大同小异。不同之处在于他提出了几种新的分类，如"原书本无作者姓名年代，而后人妄推定为某时某人作品，因而成伪或陷于时代错误者"，又如"伪书中含有真书者"等。

关于作伪的动机，梁启超将之分为"有意作伪"和"非有意作伪"两大类。其中"有意作伪"又分为六项。

（1）托古。梁氏在《中国近三百年学术史》中指出："'好古'为中国人特性之一，什么事都觉得今人不及古人，因此出口动笔，都喜欢借古人以自重，此实为伪书发达之总原因。"②如儒家、墨家推重尧、舜、禹，道家推重黄帝，医家推重神农、黄帝，于是便出现了《神农本草》《黄帝素问》之类托名古人的书。

（2）邀赏。如隋文帝酷爱古书，尤爱《易经》，刘炫便迎合其嗜好，伪造《连山》《归藏》，本为邀赏，结果险被杀头。

（3）争胜。如魏晋间的王肃，为了从学术上压倒郑玄，便伪造《孔子家语》及《孔丛子》。

（4）炫名。如明代丰坊为了炫名，伪造《子贡易传》《子夏诗传》《晋史乘》《楚梼杌》之类。

（5）诬善。如《涑水记闻》乃后人借司马光之名痛诋王安石。《幸存录》乃后人借夏允彝之名毁谤东林党。

（6）掠美。如郭象《庄子注》是盗窃向秀的，王鸿绪的《明史稿》是盗窃万斯同的。

民国时期，蒋伯潜在梁氏分类的基础上，也将作伪动机分为"托古改制"、"诬古便己"、"托古炫才"、"匿名盗名"、"贸利嫁祸"五类。③

关于"非有意作伪"这一类别，梁氏将之分为"全书误题或妄题者"、"部分误编或附人"两部

---

① 以上所引均见梁启超：《古书真伪及其年代》卷一"总论"第二章《辨伪的种类及作伪的来历》，见《梁启超国学讲录二种》，中国社会科学出版社，1997年。
② 梁启超：《中国近三百年学术史》第十四讲"清代学者整理旧学之总成绩"，东方出版社，1996年。
③ 蒋伯潜：《校雠目录学纂要》第六章，北京大学出版社，1990年。

分，共九类。

（1）因篇中有某人名而误题。如《黄帝素问》，本为战国末年作品。作书者本不想作伪，但《素问》开头有"黄帝问于岐伯曰"的话，后人即误会此书为黄帝所作。

（2）因书中多述某人行事或言论而得名。如《孝经》，本为汉儒抄袭《左传》，加以己见杂凑而成，后人因其中讲曾子的话、记曾子的事很多，遂以为曾参所作。

（3）不得主名而臆推妄题。如《山海经》，《史记》虽引其名，但未称作者。后人据《列子》所云"大禹行而见之，伯益知而名之，夷坚闻而志之"，遂编派为大禹、伯益所作。

（4）本有主名，不察而妄题。如《越绝书》为汉魏时袁康所撰，书后四句隐语可为之作证。"以去为姓，得衣乃成。厥名有米，覆之乃庚。"而后人却妄题为子贡撰。

以上四类为"全书误题或妄题者"。

（5）类书误作专书。如《管子》，全书非一人一时所作，为杂抄之书。后人误以为管仲所作。

（6）注解与正文同列，混入正文。如《论语·季氏》最后一段有"邦君之妻，君称之曰夫人，夫人自称曰小童，邦人称之曰君夫人，称诸异邦曰寡小君，异邦人称之亦曰君夫人"的记载，实际上这是后人写的注释，误入正文。

（7）献书时求增篇幅。献书者为邀赏牟利，遂割裂他书篇幅充数。如《韩非子·初见秦篇》与《战国策·秦策一》"张仪说秦王"一篇内容相同，不是献《韩非子》的人盗窃《战国策》，就是献《战国策》的人盗窃《韩非子》。

（8）后人续作。如《史记》除褚少孙续补外，尚有刘向、刘歆、冯商、扬雄等十七八人为之续补。除褚氏所续补均标明"褚先生曰"外，其他何人续补已无法辨认。

（9）编辑的人无识贪多。如《李太白集》《苏东坡集》，本人皆未写定，后人编辑时，不识真假，抱着多多益善的态度，不加区别地辑录，遂使他人作品误入其中。

以上所列凡十五种作伪之动机，基本将形形色色的作伪原因、动机囊括殆尽。胡应麟的《四部正讹》没有专门论述作伪之动机，而是笼统地将伪书产生原因、动机及伪书的种类放在一起议论，且议论过于简短，远不如梁启超分类之系统、论证之缜密。

第三章《辨伪学的发达》，实际是一部辨伪简史。梁启超从战国疑古思想萌芽谈起，按照时代的顺序，重点介绍了西汉司马迁对古代史料的考辨，刘歆对古文经的改窜；班固《汉书·艺文志》对古书的考辨，东汉学者尤其是王充对古史、古书的考辨；三国至隋对佛经的考辨；唐代赵匡、啖助对《左传》之考辨、柳宗元对诸子的考辨、刘知幾的疑古惑经思想；宋代欧阳修、朱熹、叶适、陈振孙、晁公武、黄震、赵汝楳等对经、子的考辨；明代宋濂、梅鷟对诸子和伪《古文尚书》的考辨成就；胡应麟《四部正讹》对辨伪学理论的总结；清代阎若璩、胡渭、万斯同、姚际恒、惠栋、崔述、刘逢禄、魏源、康有为等人的辨伪成就；现代胡适、钱玄同的疑古思想等。

由于是简史，梁启超以粗线条的方式描述，一些地方过于粗略，漏掉了不少本该提到的人或事，如汉魏之际王肃的造伪、颜之推对古书的考辨、隋刘炫的造伪等，却笼统地称："自三国至隋，一般学者都跑到清谈和辞章方面去了,对于考证的事业很不注意,尤其没有怀疑的精神。我们若想在儒家方面找辨伪的遗迹,几乎是不可能的。"①再如南宋的郑樵著有《诗辨妄》,对后世的影响很大,可是梁氏在论及南宋辨伪成就时,却只字未提郑樵其人其著。其他遗漏的地方还很多,这不能不说是一种缺憾。

第四章是专论辨伪及考证年代方法的。这一章可以与《中国近三百年学术史》关于论清代古籍辨伪学一节对照来看。

第四章开头即引用胡应麟《四部正讹》所总结出的"辨伪八法",认为胡氏"发明了辨伪的几个大原则,大概都很对",于是在"辨伪八法"的基础上,梁启超将辨伪方法归纳为以下几类系统。

其一,从传授统绪上辨别,共有八种方法。(1)从旧《志》不著录,而定其伪或可疑。(2)从前志著录,后志已逸,而定其伪或可疑。(3)从今本和旧志说的卷数、篇数不同,而定其伪或可疑。(4)从旧志无著者姓名而定后人随便附上去的姓名是伪。(5)从旧志或注家已明言是伪书而信其说。(6)后人说某书出现于某时,而那时人并未看见该书,从这上可断定该书是伪。(7)书初出现已发现许多问题,或有人证明是伪造,我们当然不能相信。(8)从书的来历暧昧不明而定其伪。

以上这八种方法主要是从书的来源上来定其真伪,和胡应麟的"辨伪八法"中所谓"核之《七略》,以观其源;核之群《志》,以观其绪,……核之撰者,以观其托;核之传者,以观其人"四种方法相近。

其二,从文义内容上辨别。共有五种方法:(1)从字句缺漏处辨别。又可分为三个方面:①从人的称谓上辨别。②用后代的人名、地名、朝代名。③用后代的事实和法制。又可更具体地分为八种方法:①书中引述某人语,则必非某人作。若书是某人作的,必无"某某曰"之词。②书中称谥的人出于作者之后,可知是书非作者自著。③说是甲朝的人,却避乙朝皇帝的讳,可知一定是乙朝做的。④用后代人名。⑤用后代地名。⑥用后代朝代名。⑦用后代事实。分为三种情况,即事实显然在后的、预言将来的事显露伪迹的、伪造事实的。⑧用后代的法制。

(2)从抄袭旧文处辨别。又可分为三个方面:①古代书聚敛而成的。分为两类,即全篇抄自他书的、一部分抄自他书的。②专心作伪的书剽窃前文的。③已见晚出的书而剿袭。

(3)从逸文上辨别。可分为两种方法:①从前已说是逸文的,现在反而完整存有的书,可知书是假冒。②在甲书未逸以前,乙书引用了些,至今犹存,而甲书的今本却没有或不同于乙书所引的话,可知甲书今本是假的。

(4)从文章上辨别。可分为四种方法:①名词。从书名或书内的名词可知道书的真伪。②文体。因为每个时代的文体各有不同,从文体上可定其真伪。③文法。凡造伪的不能不抄袭旧文,观察其文法,便知何处抄来。④音韵。先秦的用韵与后来的用韵有种种不同,从使用音韵的规则上定

---

① 梁启超:《古书真伪及其年代》卷一"总论"第三章《辨伪学的发达》,见《梁启超国学讲录二种》,中国社会科学出版社,1997年。

书之年代。

（5）从思想上辨别。可分为四个方面：①从思想系统和传授家法辨别。②从思想和朝代的关系辨别。③从专门术语和思想的关系辨别。④从袭用后代学说辨别。

以上就是梁启超所说的"辨真伪考年代的五大法门"，着重谈如何从书的本身来定其真伪。其所说各种具体方法和胡氏"辨伪八法"中所谓"核之并世之言，以观其称；核之异世之言，以观其述；核之文，以观其体；核之事，以观其时"相近。梁启超在胡氏"辨伪八法"的基础上提出了"从思想上辨别"的方法，则较有新意。梁氏认为"各时代之思想，其进化阶段自有一定，若某书中所表现之思想与其时代不相衔接者，即可断为伪"。[①]他提出的具体做法是："必看定某人有某书最可信，他的思想要点如何，才可以因他书的思想和可信的书所涵的思想相矛盾而断定其为伪。"[②]实际上这种辨伪的方法在辨伪实践过程中，早已使用过。如唐代柳宗元在辨《晏子春秋》时指出："其旨多尚同、兼爱、非乐、节用、非厚葬久丧者，是皆出墨子。又非孔子，好言鬼事，非儒明鬼，又出墨子。"因此断定其为"墨子之徒有齐人者为之。墨好俭，晏子以俭名于世，故墨子之徒，尊著其事，以增高为己术者"，[③]只不过胡应麟"辨伪八法"中没言及此种方法。

梁启超在另一部著作《中国历史研究法》中提出的"辨伪十二公例"较之以上论述的辨伪方法更简洁实用。"辨伪十二公例"为：

（1）其书前代从未著录或决无人征引而忽然出现者，十有九皆伪；

（2）其书虽前代有著录，然久经散佚，乃忽有一异本突出，篇数及内容等与旧本完全不同者，十有九皆伪；

（3）其书不问有无旧本，但今本来历不明者，即不可轻信；

（4）其书流传之绪从他方面可以考见，而因以证明今本题某人旧撰为不确者；

（5）真书原本经前人称引，确有佐证，而今本与之歧异者，则今本必伪；

（6）其书题某人撰而书中所载事变在本人后者，则其书或全伪或一部分伪；

（7）其书虽真，然一部分经后人窜乱之迹既确凿有据，则对于其书之全体须慎加鉴别；

（8）书中所言确与事实相反者，则其书必伪；

（9）两书同载一事绝对矛盾者，则必有一伪或两俱伪；

（10）各时代之文体盖有天然界画，多读书者自能知之，故后人伪作之书有不必从字句求枝叶之反证，但一望文体即能断其伪者；

（11）各时代之社会状态，吾侪据各方面之资料总可以推见崖略，若某书中所言其时代之状态与情理相去悬绝者，即可断为伪；

---

① 梁启超：《中国近三百年学术史》第十四讲"清代学者整理旧学之总成绩"，东方出版社，1996年。
② 梁启超：《古书真伪及其年代》卷一"总论"第四章《辨别伪书及考证年代的方法》，见《梁启超国学讲录二种》，中国社会科学出版社，1997年。
③ 柳宗元：《柳河东集》卷五"辨《晏子春秋》"，中国书店，1991年。

（12）各时代之思想，其进化阶段自有一定，若某书中所表现之思想与其时代不相衔接者，即可断为伪。①

以上第一至第九例，是依据具体的反证对伪书进行鉴别。第十至第十二例则是依据抽象的反证进行鉴别的。

总之，梁启超对于辨伪方法的总结，既有对前人总结方法的阐发，又有自己总结提出的新方法。然而也有对"辨伪十二公例"不以为然的。比如针对第一条，郑良树认为：

> 以旧志著录的情形来判断古籍的真伪，并不能过分地执着，还必须配合上其他的证据或方法。我们应该承认，有些古籍首先是在民间流传，后来才搜集到官府里去；有些古籍虽然被官府搜集，却是很晚的事；因此，旧志著录的恐怕不能当作绝对的依据。以《汉书·艺文志》为例。试阅姚振宗的《汉书艺文志拾补》，就可知《汉志》失录古籍的情形；至于其他诸志，也应该没有例外。②

再如针对第十二条，郑良树认为"如果缺乏其他角度的证据，单只依凭思想脉络来判断古籍的真伪及其年代，我们认为其结论是具危险性的"。他引用胡适的文章称："思想线索是最不容易捉摸的。如王充在一千八百年前，已有了很得力的无鬼之论；而一千八百年来，信有鬼论者何其多也。……我们不可以用后来的幼稚来怀疑古代的高明，也不可以用古代的高明来怀疑后世的堕落。"③

司马朝军则认为："梁启超的'十二公例'大多经不起推敲，其态度不客观，方法多疏漏，影响也相当坏。"他逐一加以辨析，指出：

第一，其书前代从未著录未必一定是伪书，因为历代书目都有缺漏，从出土文献中就发现很多书不见于任何书目。

第二，其书前代著录之篇数与散佚后的篇数一般不同，这本合情合理，不必起疑，如从《永乐大典》所辑之逸书，多与原来书目所载不同，原本既然失传，其内容根本无法与后出异本比对，同与不同，死无对证，又哪里能够断定"十有九皆伪"？

第三，如果不问其书有无旧本，又哪里会知道"今本来历不明"？只有详细考察历代所有公、私书目，才能大致判断一种书的来历。退一步讲，即使其书来历不明，也不能随便就断定它是伪书。

第四，以"流传之绪"辨伪，也不能最后定案，因为古书的"流传之绪"至今还是一个未知数。

---

① 梁启超：《中国历史研究法》第五章"鉴别史料之法"，人民出版社，2008年。
② 郑良树：《古籍辨伪学》第六章"方法的检讨"，台湾学生书局，1986年。
③ 郑良树：《古籍辨伪学》第六章"方法的检讨"，台湾学生书局，1986年。

第五，前人称引之"原本"确有佐证，"今本"与之歧异，这也用不着大惊小怪，古书版本异同，所在多有，谁敢肯定"今本必伪"？

第六，其书题某人撰，而书中所载事迹在本人后者，不能排除附益的可能。

第七，梁启超说："其书虽真，然一部分经后人窜乱之迹，既确凿有据，则对于其书之全体，须慎加鉴别。"一部真书中的一部分既然找到确凿证据证明系后人窜乱，对于全书中的其他部分仍不应随便定为伪。梁启超所举《史记》，正好与其"公例"相反，《史记》一书，虽经后人窜乱，但谁也没有否认《史记》绝大部分内容的真实性。

第八，梁启超说："书中所言，确与事实相反者，则其书必伪。"此条"公例"亦模棱两可，语意不够明确，语言的真伪与事实的真伪也是两个不同的范畴，不应混为一谈。

第九，梁启超所谓"两书同载一事绝对矛盾者，则必有一伪或两俱伪"，看起来颇与逻辑相合，但是古书传闻异辞，各尊所闻，不妨并存，两书虽同载一事，但角度、立场及处理材料的方法仍可能均不相同，所得的结论完全可能是矛盾的。

第十，各时代的文体确有不同，但并不存在"天然界画"，所谓"一望文体，即能断其伪者"也只是一种神话。因为（1）我们不容易确定某种文体或术语起于何时；（2）一种文体往往经过很长的历史，而我们也许只知道这历史的某一部分；（3）文体的评判往往不免夹有主观的成见，容易错误。

第十一，如果以某书中所言时代状态与情理相去悬绝，就当机立断为伪。这种辨伪方法不可取，度之以今日之情理，似乎合情合理，但未必合于古之实际，仍然只是一种主观判断，缺少定案的客观依据。

第十二，从逻辑的角度来看，思想上不合也未必就一定是伪书。某书中所表现之思想，与其时代不相衔接，不能排除其思想超前的可能性。中国历史上思想超前者大有人在，不能根据进化论简单地判断此类书为伪。[①]

以上辨析在有些方面是有一定道理的，但是某些观点值得商榷，比如第八"公例"，梁氏称："书中所言，确与事实相反者，则其书必伪。"应该说，这个说法是没有问题的，言书中记载的内容与事实相反的，的确可以断定其书必伪。然而司马先生认为"此条公例模棱两可，语意不够明确，语言的真伪与事实的真伪也是两个不同的范畴，不应混为一谈"，此说明显有点牵强。所谓"书中所言"，即书中所记载的内容，与"语言的真伪"了不相涉。再如针对第十二公例的辨析，称："思想上不合也未必就一定是伪书。某书中所表现之思想，与其时代不相衔接，不能排除思想超前的可能性。"应该说，所谓"思想超前的可能性"几乎是没有的，任何一种思想都有其产生的时代背景和孕育的土壤。比如《晏子春秋》中宣扬的"尚同""兼爱""非乐""节用"等思想均出于墨子，而晏子是孔子的前辈，怎么可能听闻墨子之教？所以梁启超认为"柳宗元辨《晏子春秋》是最好的

[①] 司马朝军：《中国文献辨伪学史稿》第十二章"清代后期的文献辨伪"，武汉大学出版社，2022年。

从思想上辨别的例,虽不很精,但已定《晏子春秋》是齐人治墨学者所假托"。①

第五章《伪书的分别评价》主要阐述对伪书的态度。梁氏认为:

> 伪书非辨别不可,那是当然的。但辨别以后,并不一定要把伪书烧完。……其故,因为书断不能凭空造出,必须参考无数书籍,假中常有真宝贝,我们可把它当作类书看待。战国人伪造的书一定保存了秦始皇焚书以前的资料,汉人依靠的书一定保存了董卓焚书以前的资料,晋人伪造的书一定保存了八王之乱以前的资料。因为那些造伪的人生在焚书之前,比后人看的书多些。②

他认为伪书具有四种功能。一是保存古书。如张湛伪造《列子》时,可能剽窃记载杨朱学说的书以作《杨朱篇》,现在杨朱学说唯有《列子·杨朱篇》有所记载,因此该篇非常珍贵。二是保存古代神话。三是保存古代的制度。四是保存古代的思想。因此不可一概不分青红皂白地加以摒弃,而应当"给他脱下假面具,还他的真面目,一面指出他伪造的证据,宣布他的罪状;一面还他那些卖出的家私,给他一个确定的批评。这么一来,许多伪书都有用处了,造伪的人隐晦的思想也宣显了"。③

梁启超对待伪书是一种科学的实事求是的态度。然而要从伪书中寻找有价值的材料,必须持非常审慎的态度,万不可拿伪的材料当真材料用,否则就失去了辨伪的意义。

综上所述,《古书真伪及其年代》卷一"总论"是一部系统的辨伪学专著。它从辨伪及考证年代的必要性谈起,谈到了伪书的种类及作伪的原因和动机,回顾了从古至今历代辨伪的基本情况,总结了辨伪及考评年代的方法,阐明了对伪书的态度。虽然梁启超的某些观点尚有值得商榷处,有的甚至不能成立。然而该书的发凡起例,对古书辨伪学作了现代形式的系统理论构架,还是具有深远意义的。

---

① 梁启超:《古书真伪及其年代》卷一"总论"第四章《辨别伪书及考证年代的方法》,见《梁启超国学讲录二种》,中国社会科学出版社,1997年。
② 梁启超:《古书真伪及其年代》卷一"总论"第五章《伪书的分别评价》,见《梁启超国学讲录二种》,中国社会科学出版社,1997年。
③ 梁启超:《古书真伪及其年代》卷一"总论"第五章《伪书的分别评价》,见《梁启超国学讲录二种》,中国社会科学出版社,1997年。

第四章

辨伪学的再发展时期——现当代

第一节
现当代辨伪之概观

辨伪学发展到明清、近代已经渐臻完善，尤其是到清代，疑经疑古思想逐渐系统化。历史上一些悬而未决的问题，有的已经解决，有的接近解决。然而摆在人们面前的考辨伪史、伪说、伪书的任务仍然十分艰巨。因为中国毕竟是拥有数千年历史的文明古国，拥有汗牛充栋、浩如烟海般丰富的典籍，还有许许多多辨别真伪的工作要做。

五四运动后，胡适在提倡白话文，主张改革文学形式的同时，极力提倡整理国故。他认为所谓整理国故，"就是从乱七八糟里寻出一个条理脉络来；从无头无脑里面寻出一个前因后果来；从胡说谬解里面寻出一个真意义来；从武断迷信里面寻出一个真价值来"。[①]可见所谓整理国故，考辨真伪是其重要的内容之一。1917年，胡适在北京大学讲授中国古代哲学史，丢开西周以前一切不可靠的记载，径从老子讲起。这种"截断众流"的手段使当时北京大学的师生受到很大的震动。在他的《中国哲学史大纲》卷上中，他力求"用正确的手段、科学的方法、精密的心思，从所有的史料里面，求出各位哲学家一生的行事、思想渊源沿革和学说的真面目"。[②]他的这种"求真"的思想，直接影响了"古史辨派"的一批学者。

与胡适同时的钱玄同也是一个勇于疑古激进的反传统主义者，他倡导"考古务求其真"的治学精神，主张打破"考信于六艺"的成见，对传统经典展开批判与清理，直接影响了古史辨运动。

二十世纪二三十年代，在胡适、钱玄同等人的倡导和支持下，以北京大学为中心，掀起了考辨古史的热潮，形成了以顾颉刚为代表的"古史辨派"。1923年，顾颉刚发表《与钱玄同先生论古史书》一文，提出著名的"层累地造成的中国古史"观。该文发表后，宛如向史学界投了一枚原子弹。人们头脑中原本熟悉的"三皇""五帝"，现在突然被宣布不存在了，就像晴天霹雳一样太出于意料之外，于是人们对此观点毁誉参半，大多数有封建传统思想的人痛心疾首，少数有学术自由思想的人拍手叫好。由此引发了一场学术大讨论。胡适、钱玄同、容庚、刘掞藜、胡堇人、柳诒征等人都参加了这场大讨论。这次辩论的书信、文章后汇编成《古史辨》第一册。从1930年到1941年又先后出版了第二册至第七册。其中第一、二、三、五册由顾颉刚主编。第四、六两册由专门从事诸子研究的罗根泽主编。第七册由童书业和吕思勉主编。共收入文章350篇，总约325万字。其中

---

① 胡适：《新思潮的意义》，见白吉庵等编《胡适教育论著选》，人民教育出版社，1994年。
② 胡适：《中国哲学史大纲》卷上"序言"，东方出版社，2004年。

收入了胡适、钱玄同、顾颉刚、钱穆、冯友兰、容肇祖、唐兰、李镜池、刘节、罗根泽、童书业、杨宽等一大批著名学者考辨古史、古书的文章。其中值得特别指出的有罗根泽考辨诸子的文章。他在前人考辨诸子的基础上，多有发明，后汇编成《诸子考索》一书，此书集中反映了他考辨诸子的成就。另有杨宽的《中国上古史导论》，受到童书业的高度赞扬，认为：

> 顾颉刚先生以后，集"疑古"的古史学大成的人，我以为当推《中国上古史导论》的著者杨宽正先生，虽然他俩在古史上的见解有着许多的不同点。杨先生的古史学，一言以蔽之，是一种民族神话史观。他以为夏以前的古史传说全出各民族的神话，是自然演变成的，不是有什么人在那里有意作为。……他的见解，虽然有些地方我们还嫌简单，或不能完全同意，但他确代表了"疑古"的古史观的最高峰！①

作为"古史辨派"健将之一的童书业，除与顾颉刚合写了《禅让传说起于墨家考》《墨子姓氏辨》《夏史三论》《鲧禹的传说》等文章外，还独立完成了大量考据性的文章。抗战期间他受顾颉刚的委托编辑了《春秋左氏考证》《春秋左传札记》各两卷②。童书业的文章和著作，对于今天的先秦史研究，仍具有很大参考价值。

与童书业共同主编《古史辨》第七册的吕思勉，很早就参与了古史考辨的讨论。在1920年关于井田制有无的讨论中，他以史学家的身份反驳了胡适否定井田制存在的说法。1923年梁启超发表《阴阳五行说之来历》一文（载《东方杂志》二十卷十号），认为阴阳五行说起于战国时代燕、齐方士，由邹衍首先传播。吕思勉认为"此篇颇伤武断"，于是写成《辨梁任公阴阳五行说之来历》（载《东方杂志》二十卷二十号）加以反驳。《古史辨》中还收入他所撰《古史纪年考》《盘古考》《三皇五帝考》《唐虞夏史考》等文章。此外他早年写了一部《经子解题》，是指导青年阅读先秦史料的著作，其中论及某些书的真伪问题，颇有自己的见解。

《古史辨》中还收入了国学大师钱穆的《墨子的生卒年代》《许行为墨子再传弟子考》《关于〈老子〉成书年代之一种考察》《荀卿考》《魏牟考》《慎到考》《接子考》《先秦学术年表》《孔子年表》等大量考辨性的文章。他的成名之作《刘向歆父子年谱》是针对康有为《新学伪经考》而作的。该书以年谱的形式，排列了刘向、刘歆、王莽的生平活动，并从汉元、成、哀、平帝，以及新莽之际学术风尚的趋势和政策法度的因革，证明刘歆造伪助莽在时间上是不可能的，在情理上是说不通的，王莽篡汉事实上也不需要伪经的佐助。该文在《燕京学报》1929年7期发表后，引起学术界的震动。他的另一部成名作《先秦诸子系年》是考辨先秦诸子生平、著述的巨著。该书第一次详细、系统地考证了先秦诸子的生平著述、学术师承，使二百年纷繁、庞杂的先秦学术史，有了初

---

① 童书业、吕思勉主编：《古史辨》第七册童书业"序"，上海古籍出版社，1982年。
② 此两卷后合为一册，收录于《春秋左传研究》，上海人民出版社，1980年。

步、清晰的面貌。他对所引用的材料，也尽量辨其真伪，纠其谬误。

《古史辨》一出版，就印行了二十版，这在当时的出版界是罕见的。古史辨运动也引起国外史学界的关注，恒慕义（W.Hummel，1884—1975年）1928年在美国史学联合会上宣读题为《中国史学家研究中国古史的成绩》，介绍了古史辨运动。①

古史辨派还做了一件十分有意义的工作。早在1921年，顾颉刚就发起编辑《辨伪丛刊》。在顾氏的倡导下，白寿彝于1931年完成了《朱熹辨伪书语》的辑点；张西堂于1935年完成了《唐人辨伪集语》的辑点；赵贞信于1935年完成《论语辨》的辑点；顾颉刚本人也陆续完成了《诸子辨》《四部正讹》《古今伪书考》《诗疑》《书序辨》《左氏春秋考证》《子略》的辑点。二十世纪三十年代，先由朴社出版了十余种。1955年，改题为《古籍考辨丛刊》，收入十种，作为第一集由中华书局出版，这是一部较为系统的辨伪资料集，颇有益于研究工作。此外，顾颉刚从1921年到1936年间，还独立完成了《崔东壁遗书》的校点。

据刘重来教授的统计，这一时期还发表了不少关于伪书考辨的论文。如杨鸿烈《中国伪书的研究》②，高本汉（瑞典）《中国古书的真伪》《左传真伪考及其他》《论考证中国古书真伪之方法》③，普暄《古书多伪的原因》④，卫聚贤《论左传之真伪及其性质跋》⑤、《金縢辨伪》⑥，献玖《竹书纪年真伪辨》⑦，孙海波《国语真伪考》⑧，蒋善国《尚书的真伪问题》⑨，孙海波《国语真伪续考》⑩等。⑪

这一时期的学者，不仅对古书、古史进行考辨，对一些近代史料也注意考辨其真伪。如罗尔纲于1934年秋在《大公报》上发表《读太平天国诗文钞》，对商务印书馆1931年出版的《太平天国诗文钞》一书中的伪诗文进行了考辨，提出了对太平天国史料的辨伪问题，引起了学术界的关注。后来柳亚子承认"世所传石达开诗十九是他的亡友高天梅（旭）在清初鼓吹革命时假造以供激发民气之用的"。胡怀琛也在上海《时事新报》上承认自己为了反对清朝，鼓吹革命，而捏造出太平天国时一个叫黄公俊的人所作革命诗文，证实"太平天国文献赝品之多，其中重要的原因之一是由于清末一些宣传革命的人伪托太平天国文献来鼓吹革命之用"。⑫

受古史辨派治学方法的影响，张心澂从二十世纪二十年代末到三十年代中后期花了十多年的

---

① 该文英文原文及译文均收录于《古史辨》第二册下编，上海古籍出版社，1982年。
② 载杨鸿烈《史地新论》，晨报社，1924年，第25—42页。又见《晨报》1924年7月16、17、18日。
③ 载《历史语言研究所集刊》2卷3期，1931年4月。
④ 载《女师学院期刊》4卷1—2期合刊，1937年6月。
⑤ 载北大《国学月刊》1卷7期，1927年10月。
⑥ 载北大《国学月刊》2卷2期，1929年12月。
⑦ 载《史地丛刊》2卷2期，1923年4月。
⑧ 载《燕京学报》第16期，1934年12月。
⑨ 载《中山文化教育馆季刊》3卷3期，1936年7月。
⑩ 载《文哲月刊》1卷10期，1937年1月。
⑪ 以上参考刘重来《中国二十世纪文献辨伪述略》，见《历史研究》1999年第6期。
⑫ 罗尔纲：《太平天国诗文钞订伪》，见《太平天国史料辨伪集》，生活·读书·新知三联书店，1955年。

时间完成了《伪书通考》的编纂,该书于二十世纪三十年代末出版。初版时,全书共收录论辨之书1059部,五十年代修订时增入45部,总数达到1104部,考证丰繁,检索亦方便,是一部集古今考辨伪书之大成的大型辨伪工具书。在此之前,先是顾实撰《重考古今伪书考》,考辨姚际恒的辨伪以正其失误。又有姚名达综合《诸子辨》《四部正讹》《古今伪书考》三书所录典籍,列为《宋、胡、姚所列古书对照表》,附于顾颉刚校点的《古今伪书考》后行世。三十年代初,黄云眉作《古今伪书考补证》。他认为:"姚氏《古今伪书考》,一浅薄之辨伪书也。寻厥大概,无非抄撮《通考》《诸子辨》《笔丛》等所言,排比成书。分类舛驳,取舍随意;而叱辱之加,又往往不准于情理之所安。盖详核逊宋、胡,而武断则过之,此不足以服作伪者之心也。"又认为"顾惕生(实)氏因就姚氏之所考而重考之,欲以匡救姚氏之失而为其净友。余读其书,亦颇有独到之见;而惩噎废食,盛气叫嚣,其武断之态度,乃复与姚氏同。则以水济水,亦何足以服姚氏之心哉!"[1]为此作《补证》,详征博引以补证姚、顾二人之书的不足。

五四运动后,随着马克思主义唯物史观的广泛传播,一些史学家已经注意并开始以马克思主义为指导,展开对中国古史及文献的研究工作。郭沫若是其中的代表。他从二十世纪二十年代末着手写《中国古代社会研究》开始,到四十年代中期完成《青铜时代》《十批判书》的撰写,十多年间,他十分注意运用唯物史观对秦汉以前的史料进行整理和研究。正如他自己所说的:"秦、汉以前的材料,差不多被我彻底剿翻了。"[2]他力图为这些"仅有的"史料安排一个科学的符合实际的时代序列,从而把文献辨伪工作推进到一个更高的水平。与郭沫若同时代的一些著名的马克思主义史学家,如范文澜、吕振羽、侯外庐等也都能自觉地运用唯物史观,对中国的古史传说、中国的经学等进行深入的研究,从而推动了新时期辨伪工作的开展。

二十世纪五六十年代,还开展过对《李秀成自述》(以下简称《自述》)真伪的辩论。李秀成于1864年7月19日被俘,被俘后亲书供述数万言,述及太平天国历史及其得失。《自述》完成后,曾国藩命人誊抄一份上报军机处,而李秀成的手稿被曾氏私下保留,后来誊抄本由九如堂刊刻行世。于是有人怀疑九如堂刻本是经曾氏删改过的。1944年,在广西通志馆工作的吕集义在曾国藩老家湖南湘乡见到李秀成的原稿,据此出版《忠王李秀成自述原稿校补本》,经专家鉴定,认为这个原稿是真迹。到了二十世纪六十年代,台湾世界书局影印出版了曾家收藏的原稿,有人认为这个"原稿"并不是李秀成的真迹,而是曾国藩伪造或删改后,让人模仿李秀成的笔迹炮制的。这是关于《自述》真伪的争议。到了1956年,在原来争议的基础上,对李秀成《自述》中所谓"自污"的话出现了三种不同的看法:一是伪降说;二是投降说;三是争取曾国藩共同反抗外国侵略者之说。伪降说以及第三种说法认为那些所谓"自污"的话是骗曾国藩的策略,依据《自述》中有"防鬼反

---

[1] 黄云眉:《古今伪书考补证》"序",文海出版社,1972年。
[2] 郭沫若:《十批判书》"后记",人民出版社,2012年。

为先"的话，认为这是在争取曾国藩调转枪口去对付外国侵略者。这一种说法的代表是罗尔纲[①]，周邨、梁岵庐、吕集义等也持此义。与之针锋相对的是"投降说"，其代表人物有赵矢元，他著有《读忠王李秀成自传原稿笺证增订本》[②]，以及后来的戚本禹，他著有《评李秀成自述——并同罗尔纲、梁岵庐、吕集义等先生商榷》[③]，戚本禹认为《自述》是李秀成背叛太平天国革命事业的"自白书"。由于受"左"的路线的影响，对《李秀成自述》真伪的考辨过程中明显夹杂着某些政治因素。直至二十世纪八十年代，学术界为了廓清事实，继续展开考辨，出了一大批成果。

二十世纪六十年代在南京相继出土了谢鲲《墓志铭》和王兴之《墓志铭》。王兴之为王羲之的从兄弟，其墓碑一面是永和四年刻的，而王羲之的《兰亭序》是在永和九年写的。谢鲲是谢安的伯父，与王羲之的父伯结交至深，所以从辈分上讲是王羲之的长辈。由于谢、王两人与王羲之关系颇深，这两方墓志的出土，引起了郭沫若的极大关注。1965年6月，郭沫若发表了《由王谢墓志的出土论到〈兰亭序〉的真伪》[④]的文章，认为出土的这两块东晋墓志的书体风格，和王羲之的《兰亭序》的书体风格完全风马牛不相及，同时认为在南朝梁朝以前的文献中，没有《兰亭序》的相关记载，只有《世说新语》记载了王羲之《临河序》，怀疑《兰亭序》即《临河序》，今传《兰亭序》是后人伪造的，且是模仿石崇《金谷诗序》而作，并增添了167个字。当时的江苏文史馆馆员高二适看到郭的文章后，非常不同意郭的看法，马上写了一篇《〈兰亭序〉的真伪驳议》，寄给章士钊征求意见。章士钊也不同意郭沫若的看法，他曾在他编撰的《柳文指要》一书中，坚持《兰亭序帖》非伪，《兰亭序文》为真。同年7月16日，章士钊写信给毛泽东主席，将此文连同高二适给他的信一起附寄，希望其"评鉴"。毛泽东看过文章和来信后于18日复信给章士钊说："高先生评郭文已读过，他的论点是地下不可能发掘出真、行、草墓石。草书不会书碑，可以断言。至于真、行是否曾经书碑，尚待地下发掘证实。但争论是应该有的，我当劝说郭老、康生、（陈）伯达诸同志赞成高二适一文公诸于世。"于是这一场由毛泽东首肯的辩论拉开大幕。在毛泽东的亲自关怀过问下，高二适的《〈兰亭序〉的真伪驳议》于1965年7月23日在《光明日报》发表。高文认为《世说新语·企羡》中记载"王右军得人以《兰亭序》方《金谷诗序》"足以证明《兰亭序》的存在。王羲之各个书体兼擅，王、谢墓志并不是出自好手所书，刻工粗劣。唐太宗特别喜爱《兰亭序》，他本人也是大书法家，假如《兰亭序》不是真迹，也难逃其法眼。一石激起千层浪，自此，从中央到地方的报刊均刊登了有关《兰亭序》真伪的论文。当时参加争论的学者，除郭、高二位外，还有龙潜、启功、于硕、徐玉森、赵万里、史树青、沈尹默、高承祚、严北溟等人。这种论辩一直延续到二十世纪八十年代初，这时大多数兰亭论辩作者的立场、观点均与郭沫若相左，而深信《兰亭序》从文到帖皆系王羲之本人所作。

---

① 见罗尔纲《关于我写李秀成自述考证的几点说明》，《历史研究》1963年第4期。
② 载《历史研究》1959年第3期。
③ 载《历史研究》1963年第4期。
④ 载《文物》1965年第6期。

由于众所周知的原因，从二十世纪五十年代到七十年代，曾经风靡一时的以顾颉刚为代表的"古史辨派"受到了不公正的批判，并遭到人们长时间的冷落，正像1987年6月22日英文版《中国日报》所载评论文章指出的那样："顾是国际承认的现代中国史学的奠基人，同时也受到数量日益增多的国外学者的研究。有讽刺意味的是，顾在他的同胞中却很少有人知道，特别是1949年以后出生的人。""三十多年来，中国历史著作总把顾称为资产阶级历史学者，比较忽视他的成就。"[①]进入八十年代，随着学术界思想的解放，人们开始以一种比较理性的眼光来看待顾颉刚和古史辨运动，并给予其客观公正的评价，先后出版了刘起釪的《顾颉刚先生学述》，再版了顾颉刚的许多学术著作。九十年代，又相继出版了顾潮编著的《顾颉刚年谱》和《顾颉刚评传》。尤其可喜的是刘起釪的《尚书学史》《古史续辨》相继问世，这标志着新时期尚书学的研究和古史的考辨达到了一个新的水平。

　　二十世纪七十年代以来出土的大量竹简、帛书，尤其是山东临沂银雀山汉墓出土的《孙子兵法》《孙膑兵法》《六韬》《尉缭子》等大量逸书及长沙马王堆三号汉墓出土的《老子》《经法》《十大经》《战国策》等十多种古书，对考辨古书的真伪、订正史实的讹误，解决历史上悬而未决的疑案提供了非常珍贵的材料。这也引起了国内外学者的关注，唐兰、杨伯峻、詹立波、高亨、郑良树、马雍等都曾对出土竹简、帛书进行过深入研究，发表了有分量的学术论文和论著。其中关于古书、古史的考辨，有的推翻了前人的一些主观臆猜，有的订正了前人判断的错误，有的补充了前人论述的不足。竹简、帛书及其他文物的出土为古史、古书的考辨注入了新的活力，推动了辨伪学的发展。

　　二十世纪八十年代以来，张舜徽著有《中国文献学》，其中第六编第五章"辨伪"一节，简略地论述了文献辨伪的起源、刘歆《七略》和《汉书·艺文志》考辨伪书的方法、东汉马融考辨《泰誓》的方法、胡应麟的"辨伪八法"，以及梁启超辨伪的"十二条公例"等。吴枫在其《中国古典文献学》第七章第三节"辨伪"中论述了"伪书的出现与唐宋辨伪工作"及"明清辨伪成就"。台湾学者屈万里著有《先秦文史资料考辨》，其中特别重视对古史、古籍真伪的考辨。台湾学者郑良树的《续伪书通考》在张心澂《伪书通考》所辑录的历代学者考辨伪书言论的基础上，广泛搜集了散见于1940年以来学报、学术期刊上的辨伪论文、新刊印的古籍书前、书后涉及辨伪的序、跋，各专书内涉及辨伪的章节，以及收入《古史辨》而新旧版《伪书通考》所未收录的考辨内容，或悉为编入，或裁剪编入。称为继《伪书通考》之后的又一集辨伪资料之大成的辨伪工具书。此书卷首有《论古籍辨伪学的新趋势》，综论近数十年来古籍辨伪之新发展。郑良树另一部辨伪学专著《古籍辨伪学》，从古籍辨伪学的成立及其研究范围、伪书产生的原因、辨伪学的意义及其学术地位、古籍辨伪的源流、方法及态度等多方面展开论述，是一部较为系统论述古籍辨伪学的论著。台湾学者林庆彰在《明代考据学研究》中较为全面地论述了杨慎、梅鷟、陈耀文、胡应麟、焦竑、陈第、

[①]《重新发现的历史学家》，载英文版《中国日报》，1987年6月22日。

周婴、方以智等明代学者关于古史、古书辨伪所取得的成绩。他还撰写了《清初的群经辨伪学》，分析了清初辨伪风气兴起的背景和原因，论述和总结了清初学者关于《易图》《古文尚书》《诗传》《诗说》《礼》《大学》《中庸》等儒经考辨的成就。杨昶的《辨伪学讲义》本是作者为大学生、研究生开设的辨伪学课程的讲义。在第一章"导言"中分别论述了辨伪学的概念和范围、辨伪学的定义和地位、辨伪学的功用等；第二章"辨伪学简史"则简约地勾画了中国辨伪学发展的历史；其他两章则论述了伪书产生的原因及其类型、考订古籍真伪的方法和原则等。[①] 孙钦善的《中国古文献学史》是一部系统而深入地论述历代学者关于古代文献的整理、研究和利用的有影响力的专著，其中涉及历代学者关于古史、古书辨伪的内容，勾勒了中国辨伪学发展的轨迹。他还撰有《清代考据学研究》，其中第十章"清代考据学成就之七：辨伪学"，系统地论述了清代辨伪学的成就，称清代辨伪学呈现"前后两峰，中间一谷的态势"，并论述了清代学者在辨伪方法上的贡献。俞兆鹏主编的《中国伪书大观》在参考历代重要辨伪学著作的基础上，论述了伪书的来历、伪书的种类、辨别伪书的方法，并简约地叙述了辨伪学发展史，同时介绍了近二百种有疑问的中国典籍的考辨情况。邓瑞全、王冠英主编的《中国伪书综考》共收录了古代、近代有伪作疑问的书籍1200种，编者在吸收前人研究成果的基础上，用通俗易懂的语言介绍了伪书的作伪者或被作伪者的生平履历、作伪的原因、该书的主要内容、辨伪过程、学术价值及使用方法等，是迄今收录伪书最多、考辨最为系统的辨伪工具书。路新生的《中国近三百年疑古思潮研究》首次深入系统地总结了从清初到五四运动近三百年中疑古思想和疑古思潮发展的历史，并通过对一些代表人物个案的研究，从学理着手，力图探究疑古思潮运动、发展与变化的内在规律。刘重来的《中国二十世纪文献辨伪学述略》从二十世纪文献辨伪学的构建、新中国文献辨伪学的多元发展等方面，全面系统地论述了二十世纪文献辨伪学在理论上的总结和深化、考证方法的进步、新成果的层出不穷等方面的成就。佟大群的《清代文献辨伪学研究》是一部全面系统研究清代文献辨伪学的论著，全书分为九章。前三章从学理上厘清辨伪、辨伪学的有关概念、内容和方法以及近百年的研究状况、清代辨伪学发展的内在动因和外部环境，中间五章将清代文献辨伪学分为前、中、晚三个时期加以论述，分析论述了各个时期文献辨伪学的不同特点和成就。最后一章，总论了清代文献辨伪学的体系、成就和对未来相关研究的学术展望。

司马朝军是近年来专心从事文献辨伪研究的领军人物，他先后出版了多部学术论著，在辨伪文献的辑录、论述方面做出了突出成绩。他与赵争合著的《文献辨伪学引论》分为上下两编，上编"绪论"探讨了近代辨伪思潮与辨伪学的发展，考察了近代以来文献辨伪研究发展成就，并结合出土文献作了反思，驳正了对近代学者文献辨伪成就不恰当的定位。下编"索引"，收录了1912年—2018年有代表性的辨伪学论著。他主编的《文献辨伪学研究》是一部关于辨伪学的专题论著，重点介绍了两汉至民国时期知名考据大家的辨伪方法，并对考据方法进行点评。全书分为"源流""专

[①] 见李国祥、杨昶主编《国学知识指要——古籍整理研究》，广西人民出版社，1993年。

题"两编。"源流"包括《明代以前辨伪学述论》《明代辨伪四大家合论》《姚际恒〈古今伪书考〉评析》《〈四库全书全目〉辨伪方法释例》《梁启超辨伪公例质疑》,"专题"包括七篇论文,将宏观和微观、纵向和横向、个案和专题等研究方法相结合,考察了文献辨伪研究的历史及成就,分析前人辨伪研究的理论方法和思想观念,订正了辨伪学中的诸多错误。他编纂的《中国文献辨伪学史稿》从众多的文献中,辑录了从先秦到现代学者有关文献辨伪的论述,并对其进行简单的分析和论述。司马朝军花费了大量精力和时间,从浩如烟海的典籍中,整理和爬梳了两千多年以来历代学者对经史子集、稗官野史、诗词歌赋等的考辨资料,为后来从事文献辨伪学研究的学者提供了基本线索和有用的资料。他和曾志平还主编了《百年文献辨伪学研究菁华集成》,此书收录了百年来六十余篇在学术界产生较大影响的辨伪力作。这些辨伪学研究文献或着眼于文献辨伪学的整体反思,或考查文献辨伪方法、文献辨伪学家的思想和方法、文献辨伪成果,或结合出土文献和材料辨伪书、辨伪篇、辨伪史、辨伪说、辨伪事、辨伪本等,比较全面直观地展示了二十世纪初至今百余年文献辨伪学的成果。作者尚有《文献辨伪集成》《文献辨伪学新探》等待刊。

以上这些论著的相继问世,标志着辨伪学在新时期的长足发展。

第二节
胡适对中国古代哲学史料的清理及对古史辨派的影响

胡适（1891—1962年），字适之，安徽省绩溪县上庄村人，出生于上海大东门外。1894年甲午中日战争爆发后，他随母返回家乡绩溪，进入私塾，学习"四书""五经"，并偷偷地阅读了《红楼梦》《儒林外史》《聊斋志异》等大量古典小说。十四岁时进入上海梅溪学堂读书。十五岁改入澄衷学堂。十六岁考取中国公学。二十岁考取留美官费生，进入康奈尔大学农学院学习，后转入文学院学习哲学、经济、文学等课程。二十五岁时进哥伦比亚大学哲学系。二十七岁获哲学博士学位，返国任北京大学教授，以后在北京大学历任教务长、英文系主任、文学院长兼中文系主任等职。四十八岁时出任国民党政府驻美大使。五十二岁被解除驻美大使职务，移居纽约从事学术工作。五十五岁时被国民党政府委任为国立北京大学校长。中华人民共和国成立前夕，他前往美国，受聘为美国普林斯顿大学葛思德东方图书馆馆长。六十八岁离美回台北定居，就任台湾"中央研究院"院长之职。1962年2月24日在台北因心脏病猝发而去世。

胡适一生著作等身，先后出版著作三十余种，其中代表作有《中国哲学史大纲》《中国中古思想史长编》《白话文学史》《胡适文存》《胡适论学近著》等。

胡适对中国古史、古书的怀疑和考辨，一方面受杜威存疑主义的影响，即"严格的不信任一切没有充分证据的东西"[①]，另一方面也深受中国历史上王充、崔述等对古史、古书的怀疑精神和"考信"态度的影响。早在1919年，他就在《建设》杂志上与廖仲恺、胡汉民、朱执信等书信往来，展开关于"井田制有无"问题的讨论。他怀疑近千年来人们深信不疑的"井田制"只是"以讹传讹，积讹成真"，认为"战国以前从来没有人提及古代的井田制"，到孟子才凭空杜撰出一个"豆腐干块"的井田制度，这个制度起初很不完全、不清楚，后经《公羊传》《穀梁传》《礼记·王制》《周礼》等书逐渐补充说明，才形成今天这套详密、整齐的井田制。集中反映他的疑古精神的是1919年2月由商务印书馆出版的《中国哲学史大纲》（卷上）。

《中国哲学史大纲》（卷上）原本是胡适在北京大学讲授中国哲学史的讲义。1917年，二十七岁的胡适自国外学成回国，担任北京大学教授，接替陈汉章讲授"中国哲学史"。他不管以前的课业，重编讲义，开头一章是"中国哲学的结胎的时代"，用《诗经》作时代的说明，丢开唐、虞、夏、商，直接从周宣王以后讲起。这一变化使学生受到很大震撼。顾颉刚回忆说："这一改，把我们一

[①] 胡适：《胡适文存二集》卷三"五十年来之世界哲学"，上海亚东图书馆，1925年。

班人充满着'三皇'、'五帝'的脑筋骤然作一个重大的打击,骇得一堂中舌挢而不能下。"①胡适之所以丢开伏羲、神农、黄帝、尧、舜不讲,而径从老子、孔子讲起,是因为他对中国远古时期神话传说与史实杂糅的记载是持怀疑态度的。不仅如此,他对史书中关于老子的记载也持怀疑态度。他说:"《史记》说老子活了一百六十多岁,或言二百余岁,又说孔子死后一百二十九年,老子还不曾死。那种神话,更不足论了。"②对诸子的著作,也需用"正确的手段、科学的方法、精密的心思从所有的史料里面,求出各位哲学家的一生行事、思想渊源沿革和学说的真面目"。③因为古人编书最不细心,往往把不相干的人的学说并入某人的学说。比如《韩非子》的第一篇《初见秦》是张仪说秦王的书。《墨子》中《经》上下、《经说》上下、《大取》《小取》诸篇,绝不是墨子的书;或把假书作为真书,如《管子》《关尹子》《晏子春秋》之类;或把后人加入的篇章,作为原有的篇章,如《庄子》的《说剑》《渔父》诸篇,有人竟以为真等。胡适认为:"表面上看来,古代哲学史的重要材料,如孔、老、墨、庄、孟、荀、韩非的书,都还存在。仔细研究起来,这些书差不多没有一部是完全可靠的。"④因此鉴别史料的真伪"乃是史学家第一步根本功夫"。他指出:"若把那些不可靠的材料信为真书,必致:(一)失了各家学说的真相;(二)乱了学说先后的次序;(三)乱了学派相承的系统。"⑤比如《管子》这书,定非管仲所作,乃是后人把战国末年一些法家的议论和一些儒家的议论,还有许多夹七夹八的话,并作一书;又伪造了一些桓公与管仲问答诸篇,又杂凑了记管仲功业的几篇,遂附会为管仲所作。如果把《管子》一书用作管仲时代的哲学史料,便会出现三个问题:

(一)管仲本无这些学说,今说他有,便是张冠李戴,便是无中生有。(二)老子之前,忽然有《心术》《白心》诸篇那样详细的道家学说;孟子、荀子之前数百年,忽然有《内业》那样深密的儒家心理学;法家之前数百年,忽然有《法法》《明法》《禁藏》诸篇那些发达的法治主义。若果然如此,哲学史便无学说先后演进的次序,竟变成了灵异记、神秘记了!(三)管仲生当老子、孔子之前一百多年,已有那样规模广大的哲学。这与老子以后一步一步、循序渐进的思想发达史,完全不合。⑥

因此他主张要从以下五个方面审定哲学史料的真伪。
(一)史事。书中的史事,是否与作书的人的年代相符。若不相符,即可证那一书或那一篇是

---

① 顾颉刚编著:《古史辨》第一册"自序",上海古籍出版社,1982年。
② 胡适:《中国哲学大纲》(卷上)第一篇"导言",上海古籍出版社,1997年。
③ 胡适:《中国哲学大纲》(卷上)第一篇"导言",上海古籍出版社,1997年。
④ 胡适:《中国哲学大纲》(卷上)第一篇"导言",上海古籍出版社,1997年。
⑤ 胡适:《中国哲学大纲》(卷上)第一篇"导言",上海古籍出版社,1997年。
⑥ 胡适:《中国哲学大纲》(卷上)第一篇"导言",上海古籍出版社,1997年。

假的。如庄子见鲁哀公，便太前了；如管仲说西施，便太后。这都是作伪之证。

（二）文字。一时代有一时代的文字，不致乱用，作伪书的人，多不懂这个道理，故往往露出作伪的形迹来。如《关尹子》中所用"术咒""诵咒"之类的话是道士的话，"石火""五识并驰"等是佛家的话，这都是作伪之证。

（三）文体。如《管子》那种长篇大论的文体，绝不是孔子前一百多年所能作的。《庄子》中《说剑》《让王》《渔父》《盗跖》等篇，绝不是庄周的文体。

（四）思想。凡能著书立说成一家言的人，他的思想学说，总有一个系统可寻，绝不致有大相矛盾之处。比如《韩非子·初见秦》篇，劝秦王攻韩，在第二篇中又劝秦王存韩，这是绝对不相容的。大凡思想进化有一定的次序，一个时代有一个时代的问题，即有那个时代的思想。如《墨子》里《经》上下、《经说》上下、《大取》《小取》等篇，所讨论的问题，乃是墨翟死后百余年才发生的，绝非墨翟时代所能提出。

（五）旁证。从别书里寻出的证据，叫旁证。如阎若璩、惠栋诸人考证梅氏《古文尚书》之伪，所用方法，几乎全是旁证。

胡适在作《中国哲学史大纲》（卷上）时，正是采用了以上的方法，对老、孔、墨、杨朱、庄、孟、荀等诸子事迹及著作进行考辨的。现将其考辨的内容及结论简述如下。

（一）关于老子和《老子》。

关于老子，他认为其事迹已不可考。今本《史记》作"姓李氏，名耳，字伯阳，谥曰聃"，乃是后人据《列仙传》妄改的。《史记·孔子世家》和《老子列传》都记载孔子适周见老子事。胡适据阎若璩的考证，断定孔子适周是在其三十四岁以后，当公元前518年以后，因而孔子见老子大概在孔子三十四岁（前518年）与四十一岁（前511年）之间。老子比孔子至多不过大二十岁。老子当生于周灵王初年，公元前570年左右，其卒年，不知在何时。《史记》中老子活了"百有六十余岁""二百余岁"的话，大概也是后人加入的。老子即使享高寿，至多不过活了九十多岁罢了。

关于《老子》，他认为：

> 这书原本是一种杂记体的书，没有结构组织。今本所分篇章，决非原本所有。其中有许多极无道理的分断（如二十章首句"绝学无忧"，当属十九章之末，与"见素抱朴，少私寡欲"两句为同等的排句）。……又此书中有许多重复的话和许多无理插入的话，大概不免有后人妄加妄改的所在。[①]

（二）关于与孔子相关的几部经书。

[①] 胡适：《中国哲学史大纲》（卷上）第三篇"《老子》"，上海古籍出版社，1997年。

胡适认为,《诗》《书》均为孔子删定而成。《周易》原本只是六十四条卦辞和三百八十四条爻辞。孔子把他的心得作成了六十四条卦象传、三百八十四条爻象传、六十四条彖辞。后人又把他的杂说纂辑成书,便是《系辞传》《文言》。这两种之中,已有许多话是后人胡乱加入的,如《文言》中论四德的一段。此外还有《杂卦》《序卦》《说卦》更靠不住。如《孝经》名为孔子作,其实为后人依托。

(三)关于《墨子》篇目内容及作者。

胡适将《墨子》五十三篇分为五组。第一组,自《亲士》到《三辨》,凡七篇。胡适认为,这七篇皆为后人假造。前三篇全无墨家口气,后四篇乃根据墨家的余论所作。第二组,包括《尚贤》《尚同》《兼爱》《非攻》《节用》《节葬》《天志》《明鬼》《非乐》《非命》《非儒》,凡二十四篇。胡适认为,大抵皆墨者演墨子的学说所作的,其中也有许多后人加入的材料。《非命》《非儒》两篇更可疑。第三组,《经》上下、《经说》上下、《大取》《小取》六篇,胡适认为这不是墨子的书,也不是墨者记墨子学说的书,是《庄子·天下篇》所说的"别墨"作的。这六篇中的学问,绝不是墨子时代所能发生的。惠施、公孙龙的学说,差不多全在这六篇里面,应该是惠施、公孙龙时代"别墨"作的。第四组,《耕柱》《贵义》《公孟》《鲁问》《公输》共五篇,胡适认为乃是墨家后人把墨子一生的言行集聚起来作的,其中许多材料比第二组更为重要。第五组,自《备城门》以下到《杂守》,凡十一篇,均是记墨家守城备敌的方法。

(四)关于《列子·杨朱篇》。胡适认为:

《列子》这部书是最不可信的,但是我看这一篇似乎还可信,其中虽有一些不可靠的话,大概是后人加入的(如杨朱见梁王谈天下事一段,年代未免太迟了。杨朱大概不及见梁称王),但这一篇的大体似乎可靠。第一,杨朱的"为我主义"是有旁证的(如《孟子》所说),此书说他的为我主义颇好。第二,书中论"名实"的几处,不是后世所讨论的问题,确是战国时的问题。第三,《列子》八篇之中只有这一篇专记一个人的言行。或者当时本有这样一种记杨朱言行的书,后来被编造《列子》的人糊涂拉入《列子》里面,凑成八篇之数。①

胡适在1958年1月《中国古代哲学史大纲》的"再版自序"中承认自己以上推论是错误的。他说:"我当时用《列子》里的《杨朱篇》来代表杨朱的思想,这也是错的。《列子》是一部东晋时人伪造的书,其中如《说符篇》好像摘抄了一些先秦的语句,但《杨朱篇》似乎很不可信。"

(五)关于《庄子》。胡适认为:

---

① 胡适:《中国哲学史大纲》卷上第七篇"《杨朱》",上海古籍出版社,1997年。

其中内篇七篇，大致都可信，但有后人加入的话。外篇和杂篇便更靠不住了。即如《胠箧篇》说田成子十二世有齐国。自田成子到齐亡时，仅得十二世（此依《竹书纪年》，若依《史记》，则但有十世耳）。可见此篇决不是庄子自己做的。至于《让王》《说剑》《盗跖》《渔父》诸篇，文笔极劣，全是假托。这二十六篇之中，至少有十分之九是假造的。大抵《秋水》《庚桑楚》《寓言》三篇最多可靠的材料。《天下篇》是一篇绝妙的后序，却决不是庄子自作的。其余的许多篇，大概都是后人杂凑和假造的了。①

（六）关于《荀子》。胡适认为：

今本《荀子》三十二篇，连赋五篇，诗两篇在内。大概今本乃系后人杂凑成的。其中有许多篇，如《大略》《宥坐》《子道》《法行》等全是东拉西扯拿来凑数的。还有许多篇的分段全无道理：如《非相篇》的后两章，全与"非相"无干；又如《天论篇》的末段，也和"天论"无干。又有许多篇，如今都在大戴、小戴的书中（如《礼论》《乐论》《劝学》诸篇），或在《韩诗外传》之中，究竟不知是谁抄谁。大概《天论》《解蔽》《正名》《性恶》四篇全是荀卿的精华所在。其余的二十篇，即使真不是他的，也无关紧要了。②

此外，他还疑及《申子》《商君书》《尹文子》《韩非子》等诸子著作。

胡适以一种怀疑的眼光来看待中国远古的历史和古代哲学家的遗著。他的《中国哲学史大纲》（卷上）采用"截断众流"的方法，摒弃远古"一半神话，一半政史"的记载，直接从老子、孔子讲起。他认为可以"将来等到金石学、考古学发达上了科学轨道以后，然后用地底下掘出的史料，慢慢地拉长东周以前的古史"。③同时他在考辨古代哲学家遗著真伪的基础上，以平等的眼光来看待诸子，指出其各自的长处和短处，还它们以本来的面目，这表现了他实事求是的治学态度。当然，这部书中还有许多的缺点。如他相信孔子做过"删诗书、订礼乐"的工作。又如他引用《列子·杨朱篇》来代表杨朱的思想；引用《列子》来叙述"《列子》书中的生物进化论"等。胡适在1948年的《中国古代哲学史大纲》"再版自序"中对此进行了检讨，他认为"引用《列子》伪书，更是违背了我自己在第一篇里提倡的'史料若不可靠，历史便无信史的价值'的原则"。

胡适对于古史辨派代表人物顾颉刚的影响，始自1917年他在北京大学开设的"中国哲学史"课。顾颉刚、傅斯年在听了他的课后，对他深表信服。顾氏对于上古史的疑问在读了《孔子改制考》之后又因听了胡适的课而加深了。而后胡适发表了《水浒传考证》，及在《建设》上发表了辨

---

① 胡适：《中国哲学史大纲》卷上第九篇"《庄子》"，上海古籍出版社，1997年。
② 胡适：《中国哲学史大纲》卷上第十一篇"《荀子》"，上海古籍出版社，1997年。
③ 胡适：《自述古史观书》，见《古史辨》第一册，上海古籍出版社，1982年。

论井田制的文章，给顾颉刚以深刻的启迪。顾氏说：

> 可见研究古史也尽可以应用研究故事的方法。……我们只要用了角色的眼光去看古史中的人物，便可以明白尧舜们和桀纣们所以成了两极端的品性，做出两极端的行为的缘故，也就可以领略他们所受的颂誉和诋毁的积累的层次。只因我触了这一个机，所以骤然得到一种新的眼光，对于古史有了特殊的了解。[①]

从1920年起，胡适与顾颉刚的交往日益频繁。起初是顾颉刚将自己所著《清代著述考》稿本送胡适参阅。胡适认为其中没有收录姚际恒的著作，实为缺憾，并建议顾氏点读姚际恒的《古今伪书考》，并注意收辑姚氏的《九经通论》逸文。而后两人共同谋划编辑《辨伪丛刊》，得到钱玄同的赞同。三人不断来往商讨，使这项工作日趋深入，逐渐拉开了古史辨运动的序幕。

当顾颉刚创造性地提出"层累地造成的中国古史"说后，胡适立即给予高度评价，称"真是今日史学界的一大贡献"，"是用历史演进的见解来观察历史上的传说"，"他这个根本观念是颠扑不破的，他这个根本方法是愈用愈见功效的"。[②]针对当时人们对古史辨观点的攻击，胡适辩驳说："这回的论事是一个真伪问题，去伪存真，决不会有害于人心。……上帝的观念固然可以给人们不少的安慰，但上帝若真是可疑的，我们不能因为人们的安慰就不肯怀疑上帝的存在了。上帝尚且如此，何况一个禹？何况黄帝、尧、舜？"[③]

胡适于1920年至1923年之间与顾颉刚讨论古史及辨伪的信件，今基本收入《古史辨》第一册中。其中有的信对当时及后来的古史研究及辨伪学都产生过积极的影响。比如他的《论辨伪丛刊体例书》提出"可否以伪书为纲而以各家的辨伪议论为目？例如：《书经》、孟子说、吴才老说、朱熹说、吴澄说、梅鷟说、阎若璩说、惠栋说、姚际恒说、龚自珍说、康有为说。……或参用两法：（1）有些书……用原书的次序，依年代排列。（2）有些大书，有些发生大问题的书，如《书经》《周礼》之类，则用我此次提出的法子，每一部伪书为一集，如'《尚书》的公案'，或竟加入一两种更大的问题，如'今古文的公案'之类"。[④]这里提出的《辨伪丛刊》的体例，直接启发了后来张心澂作《伪书通考》。

胡适虽然一生都没有辨伪学专著，但他"宁可疑而过，不可信而过"[⑤]的"存疑主义"对古史辨派产生了较大影响。他的"大胆假设，小心求证"的治学方法，更是给古史辨派以深刻的启迪和影响。

---

① 顾颉刚编著：《古史辨》第一册"自序"，上海古籍出版社，1982年。
② 胡适：《古史讨论读后感》，见顾颉刚编著《古史辨》第一册，上海古籍出版社，1982年。
③ 胡适：《古史讨论读后感》，见顾颉刚编著《古史辨》第一册，上海古籍出版社，1982年。
④ 胡适：《古史讨论读后感》，见顾颉刚编著《古史辨》第一册，上海古籍出版社，1982年。
⑤ 顾颉刚：《古今伪书考》"跋"后附胡适评，见顾颉刚编著《古史辨》第一册，上海古籍出版社，1982年。

第三节

钱玄同对古书的考辨及对古史辨派的影响

钱玄同（1887—1939年），原名师黄，字德潜。辛亥革命前，改号汉一，又改名夏，别号中季。五四运动前，改名玄同。后在古史辨运动中，号疑古，自称疑古玄同。浙江吴兴人。自幼接受传统的封建式教育。十五岁之前，已熟读"五经"，以及《说文解字》《史记》《汉书》等经、史、小学著作。二十岁赴日本早稻田大学留学，结识古文经学大师章太炎并师事之。1910年回国，先后在浙江几所中学任国文教员。次年拜访今文经学大师崔适，后师事之，并读其《史记探源》和康有为的《新学伪经考》，专宗今文经学。1913年任国立北京高等师范学校教员，兼北京大学预科文字学教员。从1921年起发表文章，主张辨伪，开古史辨运动之先河，并积极支持和推动古史辨运动。1928年任国立北平师范大学国文系主任。长期致力于汉语音韵学、文字学、辨伪学等的研究。1939年逝世于北平，终年五十三岁。

钱玄同关注古书的辨伪，是从1921年年初开始的，此间他与胡适、顾颉刚多次通信，谈论有关古书辨伪的问题，并讨论编辑《辨伪丛刊》之事。在他给顾颉刚的一封信中表明了他对古书辨伪的见解：

> 我觉得前代学者真是可怜，他们的最大多数都是日读伪书，孜孜矻矻，死而不寤的；这伪书不知坑了多少聪明人。近人则更有可笑者：曾见有人一面引阎百诗、惠定宇之说，说孔安国底《书传》是伪书，而一面又把伪孔《书序》大引特引。又有人谓《大禹谟》等虽伪，而其中颇多善言，必不可废。殊不知考辨真伪，目的本在于得到某人思想或某事始末之真相，与善恶是非全无关系。[①]

在另一封给顾颉刚的信中，他又指出：

> 先生说，因为要研究历史，于是要搜集史料，审定史料；因为要搜集史料，审定史料，于是要辨伪。我以为这个意思是极对的。我并且以为不但历史，一切"国故"，要研究它们，总以辨伪为第一步。前代学者如司马迁，如王充，如刘知幾，如顾炎武，如崔述

[①] 钱玄同：《论近人辨伪见解书》，见顾颉刚编著《古史辨》第一册，上海古籍出版社，1982年。

诸人，都有辨伪的眼光，所以都有特别的见识。①

怎样看待伪书？他认为：

> 辨古书的真伪是一件事，审史料的虚实又是一件事。譬如《周礼》《列子》，虽然都是假书，但是《周礼》中许也埋藏着一部分周制的真制度，《列子》中也许埋藏着周、汉间道家的思想，因为以前的人们总受着许多旧东西的束缚的，即使实心实意的想摆脱一切，独辟蹊径，自成一家言，而"过去的幽灵"总是要时时奔赴腕下，驱之不肯去。……那么，成心造假古董的，所造的假古董里面埋藏着一部分真古董——或将旧料熔化了重铸，或即取整块的旧料嵌镶进去——更是可能得事了。②

他认为即便是一些真书，"但作者之中，有的是迷于荒渺难稽的传说，有的是成心造假，如所谓'托古改制'；有的是古籍无征，凭臆推测；我们并不能因其为真书，就来一味的相信它"。③
他认为在经、史、子、集四类古书中，考辨经书最为重要。他说：

> 我以为"经"之辨伪与"子"有同等之重要——或且过之。因为"子"，为前人所不看重，故治"子"者尚多取怀疑之态度，而"经"则自来为学者所尊崇，无论讲什么，总要征引它，信仰它。④

> 我以为推倒"群经"比疑辨"诸子"尤为重要。因"诸子"是向来被人目为"异端"的，故"《管子》《列子》是伪书"，"《庄子》底外篇和杂篇非庄周所作"……这类话，除清朝这班好读伪书的经师外，皆不以为是说不得的。若"群经"则不然。阎百诗、惠定宇诸人费尽九牛二虎之力，才推倒了《古文尚书》；康有为之《新学伪经考》，至今痛诋之者还是很多：因为推倒"群经"，他们总认为"宜正两观之诛"也。然正惟其如此，咱们所肩"离经叛道"之责任乃愈重。我以为不把"六经"与孔丘分家，则"孔教"总不容易打倒的；（其实还是孔丘被诬之沉冤未雪呢！一部《论语》确是古代的大学者的言论。乃无端将几部无条理、无系统，真伪杂糅、乱七八糟的什么"经"也者硬算是孔二先生的著作，还造了许多妖魔鬼怪之谈，什么"三统"咧，什么"四始"咧，……强说是他老先生说过这样不通可笑的话，他真被冤诬了！）不把"经"中有许多伪史这个意思说明，则

---

① 钱玄同：《论古今文经学及〈辨伪丛书〉书》，见顾颉刚编著《古史辨》第一册，上海古籍出版社，1982年。
② 钱玄同：《论〈说文〉及壁中〈古文经〉书》，见顾颉刚编著《古史辨》第一册，上海古籍出版社，1982年。
③ 钱玄同：《论〈说文〉及壁中〈古文经〉书》，见顾颉刚编著《古史辨》第一册，上海古籍出版社，1982年。
④ 钱玄同：《论编纂经部辨伪文字书》，见顾颉刚编著《古史辨》第一册，上海古籍出版社，1982年。

周代及其以前的历史永远是讲不好的。①

因此他强调治史者"要敢于疑古","不可存'考信于六艺'之见"②，主张"站在历史的立场上，来研究经的本来面目"。③

他认为经书中，最不像样的是《春秋》。王安石说它是"断烂朝报"，梁启超说它像"流水账簿"，都是很确当的评语。孟子要借重孔子，于是造出"孔子成《春秋》，而乱臣贼子惧"的话，实际上它仅"是一部鲁国的'断烂朝报'，不但无所谓'微言大义'等等，并且是没有组织，没有体例，不成东西的史料而已。这样，便决不是孔二先生作的；《孟子》书中'孔子作《春秋》'之说，只能认为与他所述尧、舜、禹、汤、伊尹、百里奚的事实一样，不信任它是真事。孔丘的著作究竟是怎么样的，我们虽不能知道，但以他老人家那样的学问才具，似乎不至于作出这样一部不成东西的历史来"。④

他认为：

> 《春秋》一定是一部"托古改制"的书。你看它对于当时的诸侯各国，称某某为公，某某为侯，某某为伯，某某为子，某某为男，用所谓"五等封爵"也者把他们都限定了，不能随便乱叫。今取钟鼎款识考之，知道全不是那么一回事；原来"王、公、侯、伯、子、男"六个字都是国君的名称，可以随便用的。然则《春秋》中那样一成不变的称谓，一定是儒家的"托古改制"，特地改了来表示"大一统"和"正名"的理想的。⑤

他颇为佩服刘逢禄《左氏春秋考证》，认为该书的价值，"实与阎若璩的《尚书古文疏证》相埒"。⑥认为该书有以下发明："今之《春秋左氏传》系刘歆将其原本增窜书法、凡例及比年依经缘饰而成者。《汉书·刘歆传》中所云：'歆治《左氏》，引传文以解经，转相发明，由是章句义理备焉者'，即是他作伪的明证。"⑦他认为康有为比刘逢禄更进了一步，证明《左传》系刘歆割裂《国语》而成。而后崔适进而考明《左传》中，"分野""少皥""刘累""刘氏"等等都是刘歆增窜的，非原本《国语》所有。钱玄同在康、崔二人考辨的基础上，又举出八条例证，作为《左传》瓜分《国语》的证据：

---

① 钱玄同：《论诗说及群辨伪书》，见顾颉刚编著《古史辨》第一册，上海古籍出版社，1982年。
② 钱玄同：《研究国学应该先知道的事》，见顾颉刚编著《古史辨》第一册，上海古籍出版社，1982年。
③ 任访秋：《钱玄同论》，《艺谭》1981年第4期。
④ 钱玄同：《论〈春秋〉性质书》，见顾颉刚编著《古史辨》第一册，上海古籍出版社，1982年。
⑤ 钱玄同：《左氏春秋考证·书后》，见顾颉刚主编《古籍考辨丛刊》第一集，中华书局，1955年。
⑥ 钱玄同：《重论经今古文学问题》，见康有为《新学伪经考》附录，中华书局，1956年。
⑦ 钱玄同：《左氏春秋考证·书后》，见顾颉刚主编《古籍考辨丛刊》第一集，中华书局，1955年。

（一）《左传》记周事颇略，故《周语》所存春秋时代的周事尚详（但同于《左传》的已有好几条）。

（二）《左传》记鲁事最详，而残余之《鲁语》所记多半是琐事；薄薄的两卷中，关于公文伯的记载竟有八条之多。

（三）《左传》记齐桓公霸业最略，所谓"管仲相桓公霸诸侯，一匡天下"的政绩竟全无记载，而《齐语》则专记此事。

（四）《晋语》中同于《左传》者最多，而关于霸业之荦荦大端，记载甚略，《左传》则甚详。

（五）《郑语》皆春秋以前事。

（六）《楚语》同于《左传》者亦多，关于大端的记载亦甚略。

（七）《吴语》专记夫差伐越而卒致亡国事，《左传》对于此事的记载又是异常简略，与齐桓公霸业相同。

（八）《越语》专记越灭吴的经过，《左传》全无。[①]

钱氏认为：

《左传》与今本《国语》二书，此详则彼略，彼详则此略，这不是将一书瓜分为二的显证吗？至于彼此同记一事者，往往大体相同，而文辞则《国语》中有许多琐屑的记载和支蔓的议论，《左传》大都没有，这更露出删改的痕迹来了。[②]

瑞典学者高本汉（Klas Benhard Johannes Karlgren）著《左传真伪考》（发表在《北京大学研究所国学门月刊》1927年第一卷第六、七、八号上），从文法上研究，证明《左传》的文法不是"鲁语"，所以《史记》中"鲁君子左丘明"这个称谓是不对的。他的结论是："在周秦和汉初书内，没有一种和《左传》完全相同的文法组织的，最接近的是《国语》。此外便没有第二部书在文法上和《左传》那么相近的了。"钱玄同认为这也是《左传》和《国语》是同一部书的强有力的证据。

关于《穀梁传》，崔适《史记探源》认为，《史记·儒林传》末有"瑕丘江生为《穀梁春秋》"一节，为刘歆所窜入。张西堂著《穀梁真伪考》谓《穀梁》义例自相乖戾，文辞前后重累，暗袭《公羊》《左氏》，杂取《周礼》《毛诗》，详于琐节，略于大义，证明它出于《公羊》之后，为汉人所作之伪传。钱玄同在崔、张二氏考证的基础上，指出：

[①] 钱玄同：《重论经今古文学问题》，见康有为《新学伪经考》附录，中华书局，1956年。
[②] 钱玄同：《重论经今古文学问题》，见康有为《新学伪经考》附录，中华书局，1956年。

> 我疑心《穀梁传》乃是武、宣以后陋儒所作，取《公羊》而颠倒之。……此外或删削《公羊》大义，或故意与《公羊》相反，或明驳《公羊》之说，或阴袭《公羊》之义而变其文。作伪者殆见当时《公羊》势力大盛，未免眼馋，因取《公羊》而加以点窜涂改，希冀得立博士，与焦、京之《易》相类。①

他认为："《公羊传》这个书名和'穀梁'这个姓都是极可疑的。董仲舒以前，称《公羊传》即谓之'《春秋》'，董仲舒始称为'《春秋传》'，从刘歆《七略》起乃改称为'《公羊传》'（详崔君《春秋复始》的《序证》）。其实只是《传》中两引'子公羊子曰'而已，如何可以就说是一位公羊子做的呢？"②他甚而怀疑"穀梁"这个姓就是从"公羊"两字之音幻化出来的。

关于《论语》，钱玄同认为，刘歆伪造的《古论语》，没有多出什么逸篇来，只是分《鲁论》之二十篇为二十一篇而已。但又分得不甚高明，只把末了的一篇《尧曰》分成《尧曰》和《子张》两篇；《鲁论》的《尧曰篇》篇幅最少，本就只有《尧曰》和《子张》两章，《古论》把《尧曰》一章就算一篇，又在《子张》章后加《不知命》一章，把这两章算成《子张篇》，没有想到篇名又与第十九篇之《子张篇》重复。"至于内容的增窜，自必有之。"比如"左丘明耻之，丘亦耻之"，钱氏认为，"左丘明决不能与孔子同时，况照《论语》所记，竟似此公还是孔子的老前辈，那更说不通了"。此外如"五十以学《易》""凤鸟不至"等也为刘歆窜入之内容。③他指出：

> 《论语》之出，后于《五经》，至汉宣帝世始有鲁、齐二家之传授。《鲁论》只有二十篇，《齐论》则有二十二篇，而《齐论》之二十篇中，章句颇多于《鲁论》。盖此书最初是曾子门人弟子所述孔子之言行，历战国以至秦汉，诸儒各记所闻，时有增益。其来源不一，故醇驳杂陈，本无一定之篇章，故写定时齐多于鲁。④

关于《孝经》，他认为，它是汉代教学童的书，是一部"小学修身教科书"。全书不满二千字，今文分为十八章，每章字数已经很少了。古文还要把它再多分四章，成为二十二章，也不过聊以立异而已。这书自身就是伪书，而伪中又有伪，伪本最多，过于他经。第一次伪古文本出于汉之刘歆，第二次伪古文本出于隋之刘炫，第三次伪古文本出于日本之太宰纯（刻入《知不足斋丛书》第一集中）。

关于《书序》，他认为，《史记》载入之《书序》，绝非司马迁原文所有，实为妄人所窜入（未必就是刘歆）。有《史记》叙事与《书序》不合而不录《书序》者，如《文侯之命》及《泰誓》等

---

① 钱玄同：《重论经今古文学问题》，见康有为《新学伪经考》附录，中华书局，1956年。
② 钱玄同：《重论经今古文学问题》，见康有为《新学伪经考》附录，中华书局，1956年。
③ 钱玄同：《重论经今古文学问题》，见康有为《新学伪经考》附录，中华书局，1956年。
④ 钱玄同：《重论经今古文学问题》，见康有为《新学伪经考》附录，中华书局，1956年。

篇是也。有《史记》无其事而仅录《书序》者，如《帝诰》《女鸠》《女房》《典宝》《夏社》等篇是也。（案：《书序》中之伪篇以《商书》为最多，故窜入《史记》者亦以《殷本纪》为最多。我们看商代最真实的史料甲骨刻辞中的文句和社会状况，可以断定那时绝对不会有《书序》所说的那一篇一篇的文章。商代历史本极缺乏，故刘歆得以任意增窜也。）有《史记》叙事与《书序》不合而又录《书序》，以致前后文自相矛盾者，如《盘庚》及《高宗肜日》诸篇是也。

关于《仪礼》，钱氏认为：

> 一部《仪礼》便是儒者们把古今、南北种种习惯的仪文礼节和衣裳冠履，斟酌取舍，制成的"杂拌儿"。制成之后，常常扮演：如《史记·孔子世家》："诸儒亦讲乡饮、大射于孔子冢"；又《儒林传》："高皇帝诛项籍，举兵围鲁，鲁中诸儒尚讲诵，习礼乐，弦歌之音不绝"；又："汉兴，然后诸儒始得修其经艺，讲习大射、乡饮之礼"；又："鲁徐生善为容"，皆是。这种"杂拌儿"，当然不能说它是"大周通礼"而认为周代的史料。①

关于《周礼》，他认为康有为《新学伪经考》所云"盖刘歆所伪撰也。歆欲附成莽业而为此书。其伪群经，乃以证《周官》者"为一针见血之论，《周礼》的原形被其识破了。康氏《汉书王莽传辨伪》一文，凡所举证，皆极精核。钱玄同认为，读了康氏这篇文章，可无疑于刘歆为王莽更法立制而造为《周礼》，伪托于周公之说也。

关于《周易》，钱氏认为：

> 《易经》所写的生活是渔猎和牧畜时代的生活（看郭沫若的《中国古代社会研究》中《周易时代的社会生活》）；所引的史事，是商及周初之际的史事（看顾颉刚的《周易卦爻辞中的故事》，载《古史辨》第三册）。可以证明它是作于西周的卜筮之官，但未必是西周的卜筮之官预先创作了这样一部完完全全、整整齐齐的《易经》，而到卜筮之时检用的。似乎是卜筮之时撰成的繇辞，……后来有一个人搜集了这许多彼此不相干的繇辞编纂为此书，又自己特撰了一部分，所以有些卦的六爻之意是一贯的，有些卦是各爻之意彼此没有关系的。大概前者是编此书的人所特撰的，后者是他将旧繇卦杂凑而成的。②

关于《尚书》，他认为：

> 似乎是"三代"时候的"文件类编"或"档案汇存"，应该认它为历史。但我颇疑心

---

① 钱玄同：《左氏春秋考证·书后》，见顾颉刚主编《古籍考辨丛刊》第一集，中华书局，1955年。
② 钱玄同：《重论经古今文学问题》，见康有为《新学伪经考》附录，中华书局，1956年。

它并没有成书,凡春秋或战国时人所引《夏志》《周书》等等,和现在所谓《逸周书》者,都是这一类的东西,所以无论今文家说是廿八篇,古文家说是一百篇,都不足信。既无成书,便无所谓完全或残缺。因为它常常被人称引,于是"托古"的人们不免要求伪造了。现在的二十八篇中,有历史的价值的恐怕没有几篇,如《尧典》《皋陶谟》《禹贡》《甘誓》等篇,一定是晚周人伪造的。《逸周书》中伪篇一定也占了大部分。①

除考辨经书外,钱玄同偶尔也疑及诸子。如他认为《庄子》三十三篇之思想文章前后不一,谓其非全属庄子所作,认为《列子·杨朱篇》的思想反映的不是杨朱的思想等。

钱玄同对于经、子的考辨,从辨伪学角度看,并没有很多新鲜的内容。但他敢于向神圣的儒经挑战,并引人注目地以"疑古玄同"自称,立志要搜集关于"群经"的辨伪文字。这种疑古的精神及他对儒经展开的批判清理,直接影响了古史辨运动。顾颉刚是古史辨派的创始人,他谈到自己的学术渊源时说:"我的《古史辨》的指导思想,从远的来说就是起源于郑(樵)、姚(际恒)、崔(述)三人的思想,从近的来说则是受了胡适、钱玄同二人的启发和帮助。"②又说:"我初作辨伪工作的时候,原是专注目于伪史和伪书上;玄同先生却屡屡说起经书的本身和注解中有许多应辨的地方,使我感到经部方面也有可以扩充的境界。""要是适之、玄同两先生不提起我的编集辨伪材料的兴趣,奖励我的大胆的假设,我对于研究古史的进行也不会这般的快速。"③

1921年至1925年间,钱玄同多次与顾颉刚通信,讨论伪书的考辨问题。这些内容后来分别以《论近人辨伪见解书》《论今古文经学及〈辨伪丛书〉书》《论编纂经部辨伪文字书》《论〈诗经〉真相书》《论诗说及群经辨伪书》《研究国学应该首先知道的事》《论春秋性质书》《论获麟后续经及春秋例书》等文,收入《古史辨》第一册之中,在当时的学术界产生了巨大影响,直接导致了古史辨运动的产生,标志着我国对中国古史的研究开始摆脱封建时代的研究方法和水平的局限,进入了一个新的阶段。

---

① 钱玄同:《答顾颉刚先生书》,见顾颉刚主编《读书杂志》第十期,1923年6月10日。
② 顾颉刚:《我是怎样编写〈古史辨〉的?》,见《古史辨》第一册,上海古籍出版社,1982年。
③ 顾颉刚编著:《古史辨》第一册"自序",上海古籍出版社,1982年。

第四节

顾颉刚与古史辨运动

顾颉刚（1893—1980年），原名诵坤，字铭坚，江苏苏州人。他出生于一个世代读书的人家。十五岁入苏州第一中学堂，时已读完《诗经》《左传》，以及半部《礼记》，十六岁以后数年内由祖父教完"五经"。二十岁考入北京大学预科，后因病休学，1920年毕业于北京大学，留校担任助教，在图书馆编目。次年任北京大学研究所国学门助教，任《国学季刊》编委，兼任大学预科国文讲师，开始与胡适、钱玄同讨论考辨伪书、伪史之事，并着手标点姚际恒的《古今伪书考》、宋濂的《诸子辨》、胡应麟的《四部正讹》等，准备编辑《辨伪丛刊》。1923年发表《与钱玄同先生论古史书》，提出著名的"层累地造成的古史观"。1924年开始标点《崔东壁遗书》。1926年出版他的代表作《古史辨》第一册。以后分别担任过厦门、中山、燕京、复旦、中央、齐鲁、兰州、震旦等大学的教授及中山大学语言历史学研究所主任、中央研究院历史语言研究所特约研究员暨人文组院士、北平研究院史学研究会历史组主任、齐鲁大学国学研究所主任等职。新中国建立后，任中国科学院历史研究所第一所和中国社会科学院历史研究所研究员，先后主持过《资治通鉴》和"二十四史"的校点工作。

他的辨伪代表作主要有《古史辨》《汉代学术史略》，以及收入《古史辨》中的《三皇考》（与杨向奎先生合著）、《五德终始说下的政治和历史》、《战国秦汉间人的造伪与辨伪》、《春秋时代的孔子和汉代的孔子》、《〈诗经〉在春秋战国间的地位》等颇具影响的著作。此外他还标点过《子略》《诸子辨》《四部正讹》《古今伪书考》《诗疑》《诗辨妄》《左氏春秋考证》等，后经他标点的古代辨伪学著作，多收入《古籍考辨丛刊》。他还整理、校订、标点了崔述的著作，编成《崔东壁遗书》。

顾颉刚在《我是怎样编写〈古史辨〉的？》一文中谈到了引导他走上怀疑古史道路的几位古代的辨伪学家，认为其中对他影响最大的是姚际恒。他十四岁时因病卧床，在床上翻看王谟编刻的《汉魏丛书》。他说：

> 我很高兴，自以为我已把汉魏、六朝时代的书都看到了，对那一时期的政治和学术情况都了解了。后来我在无意中看到了一部姚际恒著的《古今伪书考》，他竟判定了这些书差不多十有八九就是假的，这就在我的脑筋里起了一回大震荡，才明白自己原来读的其实并不都出于汉、魏、六朝时期人的手笔，其中有不少乃是宋、明时人的赝作。就这样，

使我开始对姚际恒这个人注意起来。①

在《古今伪书考序》中，他说："我现在是以古籍的整理作为专业的人了。这个嗜好的养成自有多方面的诱导，但在许多诱导之中最有力量的一个便是这本小书——姚际恒的《古今伪书考》。"②其次是南宋的郑樵。顾颉刚读了郑樵的《通志》后，认为"这部书不仅涉及的范围非常广阔，而且很有批判精神"，认为郑樵"一生富于科学的精神，除了博览群书，还十分重视实际的考察。他最恨的是'空言著书'"。"他作过一部《诗辨妄》，对于齐、鲁、韩、毛、郑五家解释《诗经》的说法都有批评。……郑樵启发了我对《诗经》的怀疑。"③这引发了顾颉刚作《诗经在春秋、战国间的地位》《论诗三百篇全为乐歌》等文。他还撰写了《郑樵传》《郑樵著述考》，在《国学季刊》上发表。还有一位崔述，对顾颉刚考辨古史也曾起到过指导的作用。顾颉刚说：

> 崔氏采用了司马迁的"考信于六艺"的口号，他只信从了经书里的记载，而驳斥了诸子百家里的传说和神话。当五四运动之后，……我和胡适、钱玄同等经常讨论如何审理古史和古书中的真伪问题，那时我们就靠了书店主人的帮助，找到了这部《崔东壁遗书》……从姚际恒牵引到崔东壁，我们怀疑古史和古书中的问题又多起来了。在崔氏信经而重新审查了传、记里的资料的基础上，我们进一步连经书本身也要走着姚际恒的路子，去分析它的可信程度。这就是《古史辨》的产生过程。④

他又说：

> 我的学术工作，开始就是从郑樵和姚、崔两人来的。崔东壁的书启发我"传、记"不可信；姚际恒的书则启发我不但"传、记"不可信，连"经"也不可尽信。郑樵的书启发我做学问要融会贯通，并引起我对《诗经》的怀疑，所以我的胆子越来越大了，敢于打倒"经"和"传、记"中的一切偶像。⑤

此外，对他影响较大的还有一位阎若璩。他早在二十岁以前，曾读过《国朝先正事略》中的《阎若璩传》和姚际恒的《古今伪书考》。他说："我深信这两次给予我的刺戟深深地注定了我的

---

① 顾颉刚：《我是怎样编写〈古史辨〉的?》，见《古史辨》第一册，上海古籍出版社，1982年。
② 顾颉刚：《古今伪书考》"序"，见《古籍考辨丛刊》第一册，中华书局，1955年。
③ 顾颉刚：《我是怎样编写〈古史辨〉的?》，见《古史辨》第一册，上海古籍出版社，1982年。
④ 顾颉刚：《我是怎样编写〈古史辨〉的?》，见《古史辨》第一册，上海古籍出版社，1982年。
⑤ 顾颉刚：《我是怎样编写〈古史辨〉的?》，见《古史辨》第一册，上海古籍出版社，1982年。

毕生的治学的命运，我再也离不开他们的道路了！"① 二十岁后，他读了康有为的《新学伪经考》和《孔子改制考》后认为：

> 长素先生受了西洋历史家考定的上古史的影响，知道中国古史的不可信，就揭出了战国诸子和新代经师的作伪的原因，使人读了不但不信任古史，而且要看出伪史的背景，就从伪史上去研究，实在比较以前的辨伪者深进了一层。②

可见康有为的考辨经书、古史的方法对顾颉刚疑古辨伪思想的形成，起了重大作用。而后他又读了罗振玉、王国维的考古学著作，认为：

> 要建设真实的古史，只有从实物上着手的一条路是大路，我的现在的研究仅仅在破坏伪古史的系统上面致力罢了。我很愿意向这一方面做些工作，使得破坏之后得有新建设，同时也可以用了建设的材料做破坏的工具。③

在《我是怎样编写〈古史辨〉的?》一文中，他又说：

> 数十年来，大家都只知道我和胡适的来往甚密，受胡适的影响很大，而不知我内心对王国维的钦敬和治学上所受的影响尤为深刻。④

可见王国维重视考古实物的研究对顾颉刚也有较大影响。

对顾颉刚疑古、辨伪思想发生直接影响的还有胡适和钱玄同两人。1917年，胡适在北大讲授"中国哲学史"，开头第一章讲"中国哲学的结胎的时代"，用《诗经》作时代的说明，丢开唐、虞、商、周，直接从周宣王讲起。顾氏称："这一改，把我们一班人充满着'三皇'、'五帝'的脑筋骤然作一个重大的打击。……从此以后，我们对于适之先生非常信服。"他说："适之先生带了西洋的史学方法回来，把传说中的古代制度和小说中的故事举了几个演变的例，使人读了不但要去辨伪，要去研究伪史的背景，而且要去寻出它的渐渐演变的线索，就从演变的线索上去研究，这比长素（康有为）先生的方法又深进一层了。"他又说："那数年中，适之先生发表的论文很多，在这些论文中他时常给我以研究历史的方法，我都能深挚地了解而承受，并使我发生一种自觉心，知道最合我性情的学问乃是史学。……只因我融了这个机，所以骤然得到一种新的眼光，对于古史有了特

---

① 顾颉刚：《古今伪书考》"序"，见《古籍考辨丛刊》第一册，中华书局，1955年。
② 顾颉刚编著：《古史辨》第一册"自序"，上海古籍出版社，1982年。
③ 顾颉刚编著：《古史辨》第一册"自序"，上海古籍出版社，1982年。
④ 顾颉刚：《我是怎样编写〈古史辨〉的?》，见《古史辨》第一册，上海古籍出版社1982年。

殊的了解。"①

可见胡适对顾颉刚的影响，主要在历史进化论和研究历史的方法上。

顾颉刚是1920年北大毕业后才认识钱玄同的，以后他们每每在一起商讨辨伪及古今文派等问题。顾颉刚在《儒生序》中说：

> 他兼通今古文而对今古文都不满意，他不止一次地对我说："今文学是孔子学派所传衍，经长期的蜕化而失掉它的真面目的。古文经异军突起，古文家得到了一点古代材料，用自己的意思加以整理改造，七拼八凑而成其古文学，目的是用它做工具而和今文家唱对台戏。所以今文家攻击古文经伪造，这话对；古文家攻击今文家不得孔子的真意，这话也对。我们今天，该用古文家的话来批评今文家，又该用今文家的话来批评古文家，把他们的假面目一齐撕破，方好显露出他们的真相……"在那时，当许多经学家在今古文问题上长期斗争之后，我觉得这是一个极锐利、极彻底的批评，是一个击碎玉连环的解决方法。我的眼前仿佛已经打开了一座门，让我们进去对这个二千余年来学术史上的一件大公案作最后的判断了。②

由上可见，顾颉刚疑古辨伪思想的形成是前有所承的，正如他自己所说：

> 我的《古史辨》的指导思想，从远的来说就是起源于郑、姚、崔三人的思想，从近的来说则是受了胡适、钱玄同二人的启发和帮助。③

顾颉刚对辨伪学最大的贡献是创立了"层累地造成的中国古史"观，为考辨古史传说提出了新的思想方法。

顾颉刚的"层累地造成的中国古史"观，直接导源于崔述。崔述在《补上古考信录》中说：

> 夫《尚书》但始于唐、虞，及司马迁作《史记》乃起于黄帝，谯周、皇甫谧又推之以至于伏羲氏，而徐整以后诸家遂上溯于开辟之初，岂非以其识愈下则其称引愈远，其世愈后则其传闻愈繁乎？④

他又在《考信录》提要上说：

---

① 顾颉刚编著：《古史辨》第一册"自序"，上海古籍出版社1982年。
② 顾颉刚：《儒生序》，见《古史辨》第五册，上海古籍出版社，1982年。
③ 顾颉刚：《我是怎样编写〈古史辨〉的?》，见《古史辨》第一册，上海古籍出版社，1982年。
④ 崔述：《补上古考信录》，中华书局，1985年。

> 大抵古人多贵精，后人多尚博，世益古，则其取舍益慎，世益晚则其采择益杂，故孔子序《书》，断自唐虞，而司马迁作《史记》乃始于黄帝，然犹删其不雅训者，近世以来，所作《纲目前编》《纲鉴捷录》等书，乃始于庖牺氏或天皇氏，甚至有始于开辟之初盘古氏者，且并其不雅训者而亦载之。①

崔述以上的论述，说明了古籍记载时代的远近和古史繁简的关系，揭示了古籍中所载古史愈后愈详的现象，但还不能确切地阐明古史系统的层累现象。

1922年，顾颉刚在整理上古史的过程中，把《诗》《书》《论语》三部书中所载的上古史传说整理出来，并加以比较，发现"禹是西周时就有的，尧、舜是到春秋末年才起来的。越是起得后，越是排在前面。等到有了伏羲、神农之后，尧、舜又成了晚辈，更不必说禹了"。于是他建立了一个假设："古史是层累地造成的，发生的次序和排列的系统恰是一个反背。"②

这个假设的意思是，古籍中所讲的古史是由不同时代的神话传说一层一层地积累起来而造成的，神话传说发生时代的先后次序和古书中所讲的古史系统排列的先后恰恰相反。

1923年2月，他在给钱玄同的一封复信中，进一步表明了他关于古史的见解：

> 我以为西周以至春秋初年，那时人对于古代原没有悠久的推测。……可见他们只是把本族形成时的人作为始祖，并没有很远的始祖存在他们的意想之中。他们只是认定一个民族有一个民族的始祖，并没有许多民族公认的始祖。但他们在始祖之外，还有一个"禹"。……禹是上帝派下来的神，不是人。……到鲁僖公时，禹确是人了。……商族认禹为下凡的天神，周族认禹为最古的人王。可见他们对于禹的观念，正与现在人对于盘古的观念一样。……东周的初年只有禹，是从《诗经》上可以推知的；东周的末年更有尧、舜，是从《论语》上可以看到的。……从战国到西汉，伪史充分的创造，在尧、舜之前更加上了多少古皇帝。于是春秋初年号为最古的禹，到这时真是近之又近了。自从秦灵公于吴阳作上畤，祭黄帝……于是黄帝立在尧、舜之前了。自从许行一辈人抬出了神农，于是神农又立在黄帝之前了。自从《易·系辞》抬出了庖牺氏，于是庖牺氏又立在神农之前了。自从李斯一辈人说："有天皇，有地皇，有泰皇，泰皇最贵"，于是天皇、地皇、泰皇更立在庖牺氏之前了。……自从汉代交通了苗族，把苗族的始祖传了过来，于是盘古成了开天辟地的人，更在天皇之前了。时代越后，知道的古史越前；文籍越无征，知道的古史越多。③

---

① 崔述：《考信录》上"前录""《考信录提要》"，世界书局，2009年。
② 顾颉刚编著：《古史辨》第一册"自序"，上海古籍出版社，1982年。
③ 顾颉刚：《与钱玄同先后论古史书》及附《前记》，见《古史辨》第一册，上海古籍出版社，1982年。

这封信于同年5月6日发表于《努力》增刊《读书杂志》第九期。在发表之时，在信前附有《前文》一则，进一步申明其说，他说这有三个意思：

> 第一，可以说明"时代愈后，传说的古史期愈长"。……周代人心目中最古的人是禹，到孔子时有尧、舜，到战国时有黄帝、神氏，到秦有三皇，到汉以后有盘古等。
> 第二，可以说明"时代愈后，传说中的中心人物愈放愈大"。如舜，在孔子时只是一个"无为而治"的圣君，到《尧典》就成了一个"家齐而后国治"的圣人，到孟子时就成了一个孝子的模范了。
> 第三，我们在这上，即不能知道某一件事的真确的状况，但可以知道某一件事在传说中的最早的状况；我们即不能知道东周时的东周史，也至少能知道战国时的东周史；我们即不能知道夏、商时的夏、商史，也至少能知道东周时的夏、商史。①

5月25日，钱玄同复函顾颉刚，称"层累地造成的中国古史"观，"真是精当绝伦"。② 次年2月8日，胡适写《古史讨论的读后感》称赞"顾先生的'层累地造成的古史'的见解真是今日史学界的一大贡献。""他这种根本观念是颠扑不破的，他这种根本方法是愈用愈见功效的。"并将"层累地造成的中国古史"观的辨伪方法归结为以下四种：

（1）把每一件史事的种种传说，依先后出现的次序，排列起来。
（2）研究这件史事在每一个时代有什么样子的传说。
（3）研究这件史事的渐渐演进，由简单变为复杂，由陋野变为雅训，由地方的（局部的）变为全国的，由神变为人，由神话变为史事，由寓言变为事实。
（4）遇可能时，解释每一次演变的原因。③

胡适的这种归纳，为后人如何正确地运用"层累地造成的中国古史"观所提供的辨伪方法来研究古史传说，指明了方向。

顾颉刚在《答刘胡两先生书》（见《古史辨》第一册）中，还提出了打破四项非信史的基本观念。

（一）打破民族出于一元的观念。

他认为："在现在公认的古史上，一统的世系已经笼罩了百代帝王，……但我们一读古书，商

---

① 顾颉刚：《与钱玄同先生论古史书》及附《前记》，见《古史辨》第一册，上海古籍出版社，1982年。
② 钱玄同：《答顾颉刚先生书》，见《古史辨》第一册，上海古籍出版社，1982年。
③ 胡适：《古史讨论的读后感》，见《古史辨》第一册，上海古籍出版社，1982年。

出于玄鸟，周出于姜嫄，……他们原是各有各的始祖，何尝要求统一。自从春秋以来，大国攻灭小国多了，疆界日益大，民族日益并合，种族观念渐淡而一统观念渐强，于是许多民族的始祖的传说亦渐渐归到一条线上，有了先后君臣的关系。……我们对于古史，应当依了民族的分合为分合，寻出他们的系统的异同状况。"

（二）打破地域向来一统的观念。

他说："读了《史记》上黄帝的'东至于海，西至于空桐，南至于江，北逐荤粥'，以为中国疆域的四至已在此时规定了。……不知……乃是战国时七国的疆域。……若说黄帝以来就是如此，这步骤就乱了。"因此他主张："对于古代，应当以各时代的地域为地域，不能以战国的七国和秦的四十郡算作古代早就定局的地域。"

（三）打破古史人化的观念。

他认为："古人对于神和人原没有界限，所谓历史差不多完全是神话。……自春秋末期以后，诸子奋兴，人性发达，于是把神话中的古神古人都'人化'了。人化固是好事，但在历史上又多了一层的作伪。"因此他主张："我们对于古史，应当依了那时人的想象和祭祀的史为史，考出一部那时的宗教史，而不要希望考出那时以前的政治史，因为宗教是本有的事实，是真的，政治是后出的附会，是假的。"

（四）打破古代为黄金世界的观念。

他认为："古代的神话中人物'人化'之极，于是古代成了黄金世界。……从后世看唐虞，真是何等的美善快乐。……我们要懂得五帝三王的黄金世界原是战国后的学者造出来给君王看样的。"[①]

以上就是"层累地造成的中国古史"观形成的大体经过和基本内容。

顾颉刚的《与钱玄同先生论古史书》一经发表，立即在学术界掀起轩然大波。正如刘起釪先生所说：

> （这）等于是向史学界投了一枚原子弹，释放出了极大的破坏力，各方面读些古书的人都受到了这个问题的刺激，因为在人们的头脑里向来只知有盘古以来"三皇""五帝"，忽然听到没有盘古，也没有"三皇""五帝"，像晴天霹雳一样太出于意料之外。于是毁誉蜂起，大多数有着封建思想的人痛心疾首，较少数有学术自由思想的人拍手叫好，形成了当时学术界很热烘的论题。[②]

如上所述，钱玄同、胡适等对顾氏的观点是深表赞赏的。而刘掞藜、胡堇人、柳诒征等则对顾说提出了强烈的反对意见。刘掞藜在他发表的《读顾颉刚君〈与钱玄同先生论古史书〉的疑问》一

[①] 顾颉刚：《答刘胡两先生书》，见《古史辨》第一册，上海古籍出版社，1982年。
[②] 刘起釪：《顾颉刚先生学述》四《由辨伪而疑古》，中华书局，1986年。

文中，认为"顾君疑古的精神是我很表同情的，不过他所举的证据和推想，是很使人不能满意的"，于是他依据经典常识集中驳诘了顾颉刚以下五点说法：（一）禹是上帝派下来的神而不是人；（二）西周时，在禹以前还没有黄帝、尧、舜；（三）禹和夏无关系；（四）禹字据《说文》训为虫，因而禹是九鼎上的一种动物；（五）《尧典》等出于《论语》之后。①胡堇人的《读顾颉刚先生论古史书以后》一文则认为"我以为古史虽然庞杂，但只限在尧、舜以前。若尧、舜以后的史料，似乎比较稍近事实"。他的重点在于驳斥顾氏关于禹的说法。比如顾氏据《诗·商颂·长发》"洪水芒芒，禹敷下土方"，认为禹是上帝派下来的神，不是人。胡氏则认为这两句"正是叙禹平治水土的话"，"又何尝有天神的意思呢？"再如顾氏据《说文》禹字训为虫，便以为禹不是人类，而是九鼎上铸的一种动物。胡氏认为这是一种"望文生义的解释"，"若依这个例子则舜字本义《说文》训作蔓草，难道帝舜就是一种植物吗？"②而后柳诒徵在《论以〈说文〉证史必先知〈说文〉谊例》一文中，也批评顾颉刚说："比有某君谓古无夏禹其人，诸书所言之禹皆属子虚乌有。叩其所据，则以《说文》释禹为虫而不指为夏代先王。……不明《说文》谊例，刺取一语，辄肆论断，虽曰勇于疑古，实属疏于读书。"③面对众人的诘难，顾颉刚实事求是地放弃了疑禹为虫、出于九鼎的假设，他说："其实这个假设，我早已自己放弃（见《古史辨》第一册第227页），就使不放弃，也是我的辨论的枝叶而不是本干。"④他又说：

> 中国的古史全是一篇糊涂账。两千余年来随口编造，其中不知有多少罅漏，可以看得出他是假造的。但经过二千余年的编造，能够成立一个系统，自然随处也有它的自卫的理由。现在我尽寻它的罅漏，刘先生（掞藜）尽寻它的自卫的理由，这是一件很好的事。即使不能遽得结论，但经过了长时间的讨论，至少可以指出一个公认的信信和疑疑的限度来，这是无疑的。所以我们应该各照着自己的信仰，向前走去，看到底可以走到那么远才歇脚。⑤

这表现了他在学术上的宽容态度。

1926年，顾颉刚把1923年这次古史论战中双方所有的文章以及以后继续讨论的有关文章、信件，汇集起来，编成《古史辨》第一册，并写了一篇长序，阐发自己疑古、辨伪思想的由来，自己研究古史的方法等。直到1941年，《古史辨》共出了七册。其中第四册和第六册由罗根泽主编，主

---

① 刘掞藜：《读顾颉刚君〈与钱玄同先生论古史书〉的疑问》，《读书杂志》第十一期，1923年7月1日。又见《古史辨》第一册，上海古籍出版社，1982年。
② 胡堇人：《读顾颉刚先生论古史书以后》，见《古史辨》第一册，上海古籍出版社，1982年。
③ 柳诒徵：《论以〈说文〉证史必先知〈说文〉谊例》，东南大学《史地学报》三卷一、二合期，见《古史辨》第一册，上海古籍出版社，1982年。
④ 顾颉刚编著：《古史辨》第二册"自序"，上海古籍出版社，1982年。
⑤ 顾颉刚：《启事三则》，见《古史辨》第一册，上海古籍出版社，1982年。

要汇集考辨诸子的文章。第七册由童书业和吕思勉编印而成。其余各册或讨论古史问题，或讨论孔子与儒家问题，或讨论《周易》和《诗经》，或考辨阴阳五行说的起源。总之，《古史辨》对二十年间疑古学派在古代史料的研究、考索、辨伪方面所陆续取得的成绩作了一个汇编。从《古史辨》中可以看出，一个以顾颉刚为核心的"古史辨派"由此登上了中国学坛，开始对封建传统的史学进行有力的进击，为中国现代历史学的建立，预先做了史料方面的必要清扫工作。

顾颉刚在"层累地造成的中国古史"观的指导下，对中国古史进行了细致而周密的总清算。陆续发表了一系列专论性的文章，在当时的学术界起到了振聋发聩的作用。现择其最具影响的几篇考辨文章作一介绍，以见其古史考辨的成就。

（一）《三皇考》，该文是顾颉刚与杨向奎合写的。主要讨论"三皇"的来源及其传说的演变过程，顺带考辨了"太一"的由来及演变过程。

著者首先从"皇"字的原义谈起，认为"在战国以前的器物和文籍里，……只当它形容词和副词用，偶尔也用作动词，或是有人用它作名字，决没有用作一种阶位的名词的"。战国时，本来用以称呼上帝的"帝"字已用作君主的位号，便改用了训美训大而又惯用作天神的形容词的"皇"字来称呼上帝。如《楚辞》中出现的"东皇太一""上皇""西皇""东皇"等名词。到战国之末，"皇"又化为人了。如《吕氏春秋》多次提到"三皇""五帝"，《庄子》中也屡次提到"三皇""五帝"。秦统一天下后，命群臣议帝号，于是便有了"天皇、地皇、泰皇"的称谓，这是最早出现的"三皇"的名号。至西汉，"三皇"说一度消沉；到西汉末年，王莽自居于"皇"，于是又拾起"三皇"这个名词来应用，在《周礼》《左传》中插进了"三皇说"的根据，从此"三皇"这个名词就长存于天地间了。董仲舒时，提出了"墨""白""赤"三统说，至刘歆把它改变成"天统""地统""人统"，因有了这新三统说，《纬书》里便有天皇、地皇、人皇的"新三皇"。于是"人皇"便占据了"泰皇"的地位了。"新三皇"说出现后，人们把伏羲、神农、燧人、女娲、祝融等与"三皇"合并起来。自从郑玄把少昊正式加入"五帝"中，"五帝"成了"六帝"；伪《古文尚书》就把本来为"五帝"之首的黄帝升做了"三皇"，"三皇"之说便确定了。到了元代，"三皇"又变成了医学的祖师（因为神农有尝药及作《本草》的传说，黄帝有作《内经》的传说，神农、黄帝是"三皇"之二，更把伏羲也硬拉入了医界）。从此以后，"三皇"便从至高无上的统治阶级跌成了自由职业者了。

关于"太一"的由来及演变。顾氏认为，道家叫"道"为"大"、"一"或"太一"，《楚辞》里又把"太一"作为神名（东皇太一），这两种意义的"太一"来源谁早谁晚虽难确定，但在战国以前是不见有这个名称的。到汉武帝时，又有"天神贵者"的"泰一"出来，稍后更有天神的"三一"，即天一、地一、泰一出现。"三一"是"三皇"的化身，"泰一"是"泰皇"的化身。武帝在甘泉立了泰一坛，到成帝时，儒臣提出抗议，天地祀所三十七年间搬了五次。王莽更定祀典，定上帝的整个称号为"皇天上帝泰一"，后来简称为"皇天上帝"，"太一"一名渐渐地消失了。到东晋时，"太一"堕落成了五帝之佐的同辈，"六十二神"中的一神。唐玄宗时"九宫神"（"九宫太一")一跃进入国家的正式祀典,尊为"九宫贵神",地位很高。北宋时有祀"十神太一"的制度,这"十神太一"的地位更高(以五福太一为领袖)。道教中也有"太一",其中以太一救苦天尊(简称太一天尊)的地位最高。明清以后,天皇和太一的祀典被革除,于是"太一"寿终正寝。①

实际上关于"三皇"的考辨,始自刘恕的《通鉴外纪》,他认为:

> 先秦之书存于今者,……惟《文子》《列子》《庄子》《吕氏春秋》《五经纬》始称"三皇",《鹖冠子》称"九皇"。案《文子》称墨子,而《列子》称魏文侯,《墨子》称吴起,皆周安王时人,去孔子没百年矣。《艺文志》《鹖冠子》一篇……唐世尝辨此书后出,非古《鹖冠子》。今书三卷十五篇……其文浅意陋,非七国时书。《艺文志》云文子,老子弟子,孔子并时,非也!《庄子》又在《列子》后,与《文》《列》皆寓言,诞妄不可为据!秦汉学者宗其文词富美,论议辨博,故竟称"三皇"、"五帝",而不究古无其人,仲尼未尝道也。②

而后清代的崔述在《补上古考信录》中也力辨"三皇""五帝"之名是战国以后人所杜撰。再后康有为、崔适均认为"三皇"之名是刘歆等臆造出来的。顾颉刚是在吸取前人研究成果的基础上,对"三皇"的传说进行更深入、更细致的考辨,因此更具有说服力。经此考辨,就使人们头脑中根深蒂固的关于"三皇""五帝"的观念发生了根本性的动摇,使儒家颂扬的远古时期的"黄金时代",变得越来越不可信。

(二)《五德终始说下的政治和历史》,这是顾颉刚的一篇力作。

该文首先从"五行说的起源"谈起,认为"零碎的五行思想是久已有的,但或少于五数(如秦国有白、青、黄、赤四帝之祠),或多于五数(如《左传》文七年,郤缺引《夏书》,释之曰:'水、火、金、木、土、谷,谓之六府'),并不曾有严整的五行系统。……驺衍凭藉了往旧的五行思想(即古代人把宇宙事物分类的思想),自己造出整整齐齐的一大套五行说,用之于历史上,说明历代的符应及其为治之宜"。因此顾颉刚假定"五行说起于战国的后期","驺衍是始创五行说的人"。③

接着论述了驺衍提出的"五德终始说"的内容及对后世的政治影响。他认为所谓"五德",即"为得到五行中的某行而成天子者的所据之德"。所谓"终始"(《史记·驺衍传》称作"转移"),即"五行以次循环,以次用事,终而复始,得到五德的天子也跟着它循环,跟着它用事,终而复

---

① 顾颉刚:《三皇考》,山西人民出版社,2014年。
② 刘恕:《通鉴外纪》卷一,见《资治通鉴》,上海古籍出版社,1987年。
③ 顾颉刚:《五德终始说下的政治和历史》一《五行说的起源》,该文原发表在1930年6月《清华学报》第六卷第一期,后经作者修改,收入《古史辨》第五册,上海古籍出版社,1982年。

始。"①"五德终始说"认为古代帝王的更迭递嬗，一定按五德相胜的次序进行。五德相胜的次序是：木胜土，金胜木，火胜金，水胜火，土又胜水。即按土—木—金—火—水—土的次序循环更迭。《吕氏春秋·应同篇》记载了按这一次序更迭的帝王是：黄帝（土）—禹（木）—汤（金）—文王（火）—（水），当时水德空着，尚未定下帝王来。直到秦兼并天下，有人上奏："今秦变周，水德之时。昔秦文公出猎，获黑龙，此其水德之瑞。"②秦才居了水德。秦始皇于是"改年始朝贺皆自十月朔。衣服旄旌节旗皆上黑。数以六为纪，符法冠皆六寸；而舆六尺，六尺为步，乘六马。更名河曰德水，以为水德之始"。③这是中国历史上第一次运用五德终始说制定的制度。西汉建立之初，沿袭秦的正朔、服色，高祖自以为是水德。汉文帝时，贾谊认为秦为水德，汉灭秦，土克水，汉应为土德。因此提出："当改正朔，易服色，法制度，定官名，兴礼乐。乃悉草具其事仪法，色尚黄，数用五，为官名，悉更秦之法。"④然而此建议没有受到重视。直到汉武帝太初元年，才正式宣布改制，"以正月为岁首，色上黄，数用五，定官名，协音律"，⑤承认汉为土德。这样一来，五德终始的顺序应为，黄帝（土）—夏（木）—殷（金）—周（火）—秦（水）—汉（土）。

然而到了西汉末年，出现了一部《世经》，为刘歆《三统历》所引。《世经》接受了董仲舒"三统说"的某些观点。它与驺衍"五德终始说"的不同之处在于：（一）它不遵守五德相胜的次序；（二）它把朝代伸展了约两倍。本来是以"土、木、金、火、水"为顺序的，现在改为"木、火、土、金、水"；本来到秦代刚凑满五德之数，现在向上伸展了约两倍，成为太昊庖牺氏（木）—共工—炎帝神农氏（火）—黄帝轩辕氏（土）—少昊金天氏（金）—颛顼高阳氏（水）—帝喾高辛氏（木）—帝挚—帝尧陶唐氏（火）—帝舜有虞氏（土）—伯禹夏后氏（金）—成汤（水）—周武王（木）—秦伯—汉高祖（火）。

由此构成了一个新的古史系统，被后人所尊奉。这一五德终始体系与驺衍体系除以上所说的两点不同外，还有：（一）更迭的次序由相胜改为相生；（二）只有黄帝的土德没有变动，其余夏、商、周、秦的德都改了；（三）三个周期中，在木德、火德之间插入一个没有德的帝王，他们称为"闰位"；（四）在夏以前居五德位的帝王都配上"某帝某某氏"的名号。顾颉刚经过细密地考证，得出这样的结论：

《世经》，我说是刘歆作。……五行相生的五德终始说下的历史系统，班固的《汉书》、荀悦的《汉纪》，都说是"刘向父子"所立。刘向有三个儿子，长子伋，中子赐，少子歆，伋和赐在政治和学术上都不占地位。刘向固然可以创立相生的五德终始说，但决不能

---

① 顾颉刚：《五德终始说下的政治和历史》—《五行说的起源》，见《古史辨》第五册，上海古籍出版社1982年。
② 司马迁：《史记》卷二十八《封禅书》，中华书局，1959年。
③ 司马迁：《史记》卷六《秦始皇本纪》，中华书局，1959年。
④ 司马迁：《史记》卷八十四《屈原贾谊列传》，中华书局，1959年。
⑤ 班固：《汉书》卷六《武帝纪》，中华书局，1962年。

创立《世经》的历史系统。因为《世经》的历史系统是从王莽的《自本》上出发的，其基础实建筑在王氏代刘氏上。刘向对于王凤等的擅权已经痛哭流涕了，如何肯帮助王莽去取得代汉的符应？何况成帝末年，向已死了（见《汉书·礼乐志》），他又怎能预为王莽留下这代汉的符应？……然则只有为王莽典文章的刘歆是有著作的资格了。[1]

顾氏认为，驺衍的五德相胜说，是根据夏、商、周都以征伐取得天下的事实而创造出来的，所以用后一德胜前一德的顺序，王莽为了假禅让之说夺取汉家的天下，便得宣扬前一代传给下一代好像是生出一代一样，只好改用五行相生说。

顾颉刚还详尽地剖析了王莽为了篡汉而设立的"五德终始"的古史系统。首先王莽编造了一个《自本》，作为自己的先世谱系，把黄帝、舜攀做自己的祖先。顾氏指出：

此书的主要之点凡三：1. 他为黄帝之后，黄帝的土德是表现在他的名号上的，永远不变的，故他亦应据有土德；2. 他为舜后，汉为尧后，舜是受尧的禅让的，所以他们应把这禅让的故事复演一回；3. "阴为阳雄"，故他应借了姑母的力量而得国，"土火相乘"，故他应以土德代汉的火德。禅让的次序这样定了，五德相生的次序又这样定了，他尚能不做皇帝吗？他不做皇帝，是上天所不许的了！于是《世经》系统中的人物就一跳跃而出，各各坐在他的新座位上，古代的历史就为之作全部的改观了。[2]

其次是王莽及其御用文人编造了一个全史五德终始体系，即如下式：

木	1	太皞伏羲氏	6	帝喾高辛氏	11	周
闰水		共工		帝挚		秦
火	2	炎帝神农氏	7	帝尧陶唐氏	12	汉
土	3	黄帝轩辕氏	8	帝舜有虞氏	13	新
金	4	少昊金天氏	9	伯禹夏后代		
水	5	颛顼高阳氏	10	商		

有了这样一个体系，他理所当然地就可承受火德的汉禅位给他这一土德德位，正像汉的祖宗尧禅位给莽的祖宗舜一样名正言顺。

---

[1] 顾颉刚：《五德终始说下的政治和历史》二十三《对于〈世纪〉的批判》，见《古史辨》第五册，上海古籍出版社，1982年。
[2] 顾颉刚：《五德终始说下的政治和历史》十六《王莽的〈自本〉》，见《古史辨》第五册，上海古籍出版社，1982年。

顾颉刚在该文中，对欺骗了后世数千年的古史体系进行了层层剥笋式的清理，使人们清楚地看到，这个古史体系是"层累地造成的"。

（三）《汉代学术史略》，又名《秦汉的方士与儒生》，是顾颉刚1933年在燕京大学教授"秦汉史"一课时所写的讲义。1935年，上海亚细亚书局出版该书时，命名为《汉代学术史略》，1954年重版时，改题为《秦汉的方士与儒生》。

该书可分为三个部分：从第一章到第七章，说明在阴阳家和方士的社会环境下成就的秦汉时代若干种政治制度；从第八章到第十八章，说明博士和儒生怎样由分到合，又怎样接受了阴阳家和方士的一套，成为汉代的经学，他们的鼓吹又怎样影响到两汉时代的若干种政治制度；从第十九章到二十二章，说明汉代的经学如何转入谶纬，谶纬对于政治又产生了怎样的作用。

该书实际上是在《五德终始说下的政治和历史》一文的基础上用通俗文字写成的近乎科普性的读物，然而也阐述了一些新的观点。比如他认为："儒生和方士的结合是造成两次经学的主因"，他指出：

> 方士的兴起本在战国时代的燕齐地方，海上交通的发达，使得人们对于自然界发生了种种幻想，以为人类可以靠了修炼而得长生，离开了社会而独立永存，取得和上帝同等的地位；同时同地有邹衍一派的阴阳家，他们提倡"天人相应"的学说，要人们一切行为不违背自然界的纪律。……儒生们看清楚了这个方向，知道要靠近中央政权便非创造一套神秘的东西不可，所以从秦到汉，经学里就出了《洪范》《五行传》一类的"天书"做今文家议论的骨干，一般儒生论到政治制度也常用邹衍的五德终始说的方式来迎合皇帝的意图，使得皇帝和上帝作起紧密的联系。皇帝的神性越浓厚，他的地位就越优越，一般民众也就越容易服服贴贴地受皇帝的统治。这种政策，皇帝当然是乐于接受的，而且确实胜过了方士们的专在幻想中寻求希望，所以儒生的地位很快地超过了方士，凡是正途的官吏都要在儒生中挑选。[①]

到了西汉末年，刘歆为适应当时政治的需要，在《左传》中加进新五德终始说的证据，又造了一部《世经》来证明王莽的正统。以后光武帝采用"赤伏符"受命，于是谶纬一类妖妄怪诞的东西大量产生出来。因此，顾颉刚认为"两汉经学的骨干是统治集团的宗教（统治者装饰自己身份的宗教）的创造"。无论最高的主宰是上帝还是五行，都足以证明皇帝是"真命天子"，每个儒生和官吏也就都是帮助皇帝代天行道的孔子的徒孙。皇帝利用儒生们来创造有利于他自己的宗教，儒生们也利用皇帝来推行有利于他们自己的宗教。皇帝有什么需要，儒生们就有什么来供应。于是产生了五德终始说及由此而产生的古史系统，导致了谶纬学的兴盛。而儒生们为适应这种政治上的需要已

[①] 顾颉刚：《秦汉的方士与儒生》"序"，上海古籍出版社，2005年。

尽量"方士化",而方士们为了取得政治权力已相率归到儒生的队伍中来。这种儒生和方士的结合、经学与神学的结合,直接对当时的政治产生了重大影响。

该书以通俗的语言阐述了他的"层累地造成的中国古史"观,把本来枯燥无味的问题讲得生动活泼,因此影响很大。曾多次重版。1978年日本的小仓芳彦等将其译为日文,改易书名为《中国古代之学术与政治》,此书在日本也深受欢迎。

(四)《战国秦汉间人的造伪与辨伪》,此文原名《崔东壁遗书序》,实为战国至东汉的辨伪简史。

该文首先指出:"因为古人太没有历史观念了,所以中国号称有五千年的历史,但只剩下微乎其微的史料。……凡是没有史料做基础的历史,当然只得收容许多传说。这种传说有真的,也有假的;会自由流行,也会自由改变。改变的缘故,有无意的,也有有意的。中国的历史,就结集于这样的交互错综的状态之中。"① 而到了战国、秦、汉间,一些好古者"只凭了个人的脑子去想,而且用了貌似古人的文体写出,拿来欺骗后人。……他们既已为了没有历史观念,失去许多好史料,又为了没有历史观念,喜欢用古文字来作文,引出许多伪书。在这双重的捣乱之下,弄得中国的古书和古史触处成了问题"。②

尤其是战国以前的古史,都带有浓厚的宗教色彩,顾颉刚称之为"民神杂糅"。他指出:"历史传说是社会情态的反映,所以那时的古史可以断定一半是神话。"③

其次,该文分析了伪史、伪说产生的原因。他以墨子、孟子、老子、庄子的学说为例,说明托古是造成伪史、伪说的重要原因。他指出:"当时人最没有时代的自觉,他们不肯说'现在的社会这样,所以我们要这样';只肯说'古时的社会本来是这样的,所以我们要恢复古代的原样'。然而,战国的时势是从古未有的创局,如何在古代找出相同的事例来呢?这在我们研究历史的人看来,是绝对没有办法的事。但他们有小说家创作的手腕,有外交家说谎的天才,所以容易得很。"④ 于是古人便伪造出尧、舜、禹之间"禅让"的故事,便塑造出黄帝、禹这样的偶像,便拟定了三代的制度,便编排了五德终始说及由此而产生的古史系统。

接下来,顾颉刚按照时代的顺序简要地论述了从战国到东汉历代辨伪的主要成就。最后得出结论:"战国大都是有意的作伪,而汉代则多半是无意的成伪。"⑤

怎样对待这些伪史、伪说呢?他认为"我们只要把战国的伪古史不放在上古史里而放在战国史里,把汉代的伪古史也不放在上古史里而放在汉代史里。这样的结果,便可使这些材料达到不僭冒

---

① 顾颉刚:《秦汉的方士与儒生》附《中国辨伪史要略》一"古人缺乏历史观念",上海古籍出版社,2005年。
② 顾颉刚:《秦汉的方士与儒生》附《中国辨伪史要略》二"战国、秦、汉间好古者的造伪",上海古籍出版社,2005年。
③ 顾颉刚:《秦汉的方士与儒生》附《中国辨伪学史要略》四"战国以前的古史是'民神杂糅'的传说",上海古籍出版社,2005年。
④ 顾颉刚:《秦汉的方士与儒生》附《中国辨伪学史要略》五"墨子的托古",上海古籍出版社,2005年。
⑤ 顾颉刚:《秦汉的方士与儒生》附《中国辨伪学史要略》十三"萌芽阶段的结论",上海古籍出版社,2005年。

和不冤枉的地步而得着适如其分的安插"。①

二十世纪八十年代初，顾颉刚的弟子王煦华又将三国至清朝历代的辨伪成就从顾氏的草稿中整理出来，并做了些补充，接续在《东汉的疑古》一章后面，题名为《中国辨伪史要略》，这是迄今所能看到的较为详尽的辨伪学专著，但过于简略。

此外，顾颉刚还长期从事《尚书》的研究。在研究《尚书》的过程中，他对《今文尚书》的一些篇目进行了考辨，认为《尧典》《皋陶谟》《禹贡》"决是战国至秦汉间的伪作"。②为此，他计划撰写研究《禹贡》《尧典》《皋陶谟》的论文。其撰写大纲如下。

（一）《〈禹贡〉作于战国考》。

1. 古代对于禹的神话只有治水而无分州。
2. 古代只有种族观念而无一统观念。
3. 古代的"中国"地域甚不大。
4. 战国七雄的疆域开辟得大了，故有一统观念；交通便了，种族糅杂得多了，故无种族观念。因此九州之说得以成立，而秦始皇亦得成统一之功。
5. 驺衍"大九州"之说即紧接九州之说而来。
6. "分野"之说亦由九州之说引起。
7. 九州州名及各地名之初见在何时何书？
8. 九州州名的来历（取义）。
9. 九州疆域与七国疆域的比较。
10. 九州州名未尝统一，贡赋服属之说亦未尝统一，故《吕氏春秋》《尔雅》《周官》(《逸周书》)与《禹贡》之说均不同。
11. 所以考定《禹贡》为战国时书而非秦汉时书之故：禹尚是独立而非臣于舜；每州尚无一定的一个镇山；不言"南交"。

（二）《〈尧典〉〈皋陶谟〉辨伪》。

1. 尧舜之说未起前的古史。
2. 春秋时的尧舜与战国时的尧舜。
3. 一时并作的《尧典》《舜典》(《论语·尧曰篇》及《孟子·万章篇》所引)。
4. 今本《尧典》《皋陶谟》的出现：(1)取事实于秦制；(2)取思想于儒家（禅让）与阴阳家（五行）；(3)取文材于《立政》（三宅，九德）与《吕刑》（降三后，绝苗民）。
5. 《尧典》《皋陶谟》与他书的比较：(1)《尧典》上的舜臣与《论语》上的舜臣；(2)《尧典》《皋陶谟》上的禹与《诗经》《周书》《论语》《楚辞》《禹贡》上的禹；(3)《尧典》上的后稷与《诗

---

① 顾颉刚：《秦汉的方士与儒生》附《中国辨伪学史要略》十三"萌芽阶段的结论"，上海古籍出版社，2005年。
② 顾颉刚：《论〈今文尚书〉的著作时代书》，见《古史辨》第一册，上海古籍出版社，1982年。

经》《论语》上的后稷；（4）《尧典》上的伯夷与《吕刑》上的伯夷；（5）《尧典》上的鲧与《洪范》《楚辞》上的鲧；（6）《尧典》《皋陶谟》上的苗与《吕刑》上的苗；（7）《尧典》上的五服与《周书》上的侯甸男卫。

6. 《尧典》《皋陶谟》的批评：（1）"倒乱千秋"式的拉拢；（2）思想进化程序的违背。（案：举了商周人思想三点与《尧典》所反映的思想比较。）

7. 所以考定为秦汉时书之故。（案：举了五点证据，今略。）

8. 《尧典》《皋陶谟》杂评。（案：举文中词语所反映事实在后者七点。）①

两篇文章提纲草拟出来后，顾颉刚没有急于去写。而后他在1931年至1933年间，在燕京大学编写了《尚书讲义》五种，专研究《尧典》和《禹贡》。他认为，《尧典》《皋陶谟》的作者借了尧、舜、禹、稷、契、皋陶等不同时期、不同民族的不同传说中的祖先或神话人物，"'倒乱千秋'式的拉拢"，将他们集中安排到一个朝廷里，成为同气连枝的君臣、兄弟、姻戚。又把他们说成是理想的圣人，他们所处的时代为黄金时代。顾氏还通过考证认为，今本《尧典》可能写定于汉代。主要理由是文中十二州、南交、朔方地名，郊祀、封禅、举贤良、制赎刑等制度都是到了汉代才有的。他还认为，《禹贡》是在战国之世走向统一前夕由当时地理学家所作的总结性的地理记载。但儒家把它作为大禹时代的作品，把禹美化为继尧、舜后的一个圣王，这就违反了历史事实。

通过对《尧典》《禹贡》《皋陶谟》等篇的考辨，顾颉刚从根本上动摇了儒家利用这几篇所建立起来的古史系统。徐旭生的《中国古史的传说时代》对此评论说：（疑古学派）最大的功绩"就是把古史上最高的权威《尚书》中的《尧典》《皋陶谟》《禹贡》三篇的写定归还在于春秋和战国的时候。（初写在春秋，写定在战国）"②

总之，顾颉刚对于伪史、伪说、伪书的考辨，始终是在"层累地造成的古史"观的指导下进行的，或者说是围绕着"层累地造成的古史"观而展开的。

如上文所述，顾颉刚"层累地造成的中国古史"观点一提出，立即遭到了来自多方面的批评。除以上所举刘掞藜、胡堇人、柳诒徵等人的批评外，接受了西方历史研究方法的张荫麟也批评道："顾氏文中涉及尧舜禹事迹者"，"完全违反默证适应之限度"，"其所以致误之原因，半由于误用默证，半由于凿空附会"。③另有人批评其"有好奇立异之病"，"有望文生义之病"。④鲁迅在1934年7月6日致郑振铎的信中说"其实他（顾颉刚）是有破坏而无建设的，只要看他的《古史辨》已将史辨得没有"。⑤一时间，报刊上讥谈笑骂的大有人在。肯定、赞誉的评论也不少。如胡适赞扬说："这是中国史学界的一部革命的书，又是一部讨论史学方法的书。此书可以解放人的思想，可以指

---

① 顾颉刚：《论今文尚书的著作时代书》，见《古史辨》第一册，上海古籍出版社，1982年。
② 徐旭生：《中国古史的传说时代》，人民出版社，1954年。
③ 张荫麟：《评近人对于中国古史之讨论》，见《古史辨》第二册，上海古籍出版社，1982年。
④ 陆懋德：《评顾颉刚古史辨》，见《古史辨》第二册，上海古籍出版社，1982年。
⑤ 鲁迅：《鲁迅全集·书信（1934—1935）》，人民文学出版社，2005年。

示做学问的途径,可以提倡那'深彻猛烈的真实'的精神。""顾颉刚的'层累地造成的中国古史'一个中心学说已替中国史学界开了一个新纪元了。""在中国古史学上,崔述是第一次革命,顾颉刚是第二次革命。"①蔡元培在给顾颉刚的信中,也称赞"层累地造成的中国古史",是"最颠扑不破的方法"。②郭沫若也称赞说:"顾颉刚的'层累地造成的古史',的确是个卓识。……到现在自己研究一番过来,觉得他的识见委实是有先见之明。""在现在新的史料并未充足之前,他的论辨自然并未能成为定论,不过在旧史料中凡作伪之点大体是被他道破了的。"③

更多的评论是既肯定其作用和影响,又指出其存在的问题。如胡绳在《枣下论丛》中评论说:"我以为,在1925年左右顾颉刚先生在'古史辨'的名义下进行的一些工作是不应当被抹煞的,在这些工作中表现着的所谓'疑古'精神是当时的反封建思潮的一个侧面。"同时,他又指出,《古史辨》中"在许多地方,史料(记载古代历史的文献)和历史(古代历史本身)是被混淆起来了";"所谓'古史辨'的工作本是从辨伪开始,乃是一种史料考订工作"。因此他反对"把整理某一部分史料而得到的史料学上的个别结论夸大为历史学上的根本问题"。④

再如徐旭生在《中国古史的传说时代》中,在肯定"古史辨"派成绩的基础上,也指出其在治学方法上存在的问题:

> 主要的,去世的张荫麟先生已经指出,就是太无限度地使用默证。……第二,他们看见了不合他们意见的论证,并不能常常地审慎处理。……第三,在春秋和战国的各学派中间所称述的古史,固然有不少歧异、矛盾,可是相同的地方实在更多……而疑古学派的极端派却夸张它们的歧异、矛盾。……第四,他们对于掺杂神话的传说和纯粹神话的界限似乎不能分辨,或者不愿意去分辨。⑤

又如杨宽在《顾颉刚先生和古史辨》一文中在具体指出《古史辨》的主要贡献的同时,也指出其主要的缺点"就是辨伪不免有过头的地方,有些不免以真为伪,这就对古史研究会带来消极影响"。⑥

总而言之,史学界大都肯定了顾颉刚对有关古史的荒谬传说所起的廓清之功,肯定了他在动摇封建古史体系、建立新的史学体系中所起的有益作用。同时也从不同角度指出其存在的问题。刘起釪在《顾颉刚先生学述》中将其归结为以下三点。

---

① 胡适:《介绍几部新出的史学书》,见《古史辨》第二册,上海古籍出版社,1982年。
② 蔡元培:《致顾先生函》,见高平叔编《蔡元培史学论集》,湖南教育出版社,1987年。
③ 郭沫若:《中国古代社会研究》,人民出版社,1964年。
④ 胡绳:《枣下论丛》,人民出版社,1962年。
⑤ 徐旭生:《中国古史的传说时代》第一章,人民出版社,1954年。
⑥ 杨宽:《顾颉刚先生和古史辨》,《光明日报》1982年7月19日。

（一）在一些具体问题上有怀疑过头的地方。比如在《古史辨》第七册中他与童书业合著的几篇考订夏史的文章，怀疑夏王朝，虽在《三皇考·自序》中称"夏，我们从种种方面知道商以前确有这一个大国"，但接着说它"茫昧无稽"，因而只承认夏桀一人是可信的。所以在这几篇文章中，以为夏代的一些史事都是由后代的一些史事投影而成的，夏王是商王的传说分化，少康中兴是汉光武中兴的倒影等等。

（二）忽视了"层累地遗失古史"的一面，以致对一些史料毁失过甚、史实面貌不清但不能肯定就是伪史的地方，也作为伪史怀疑。如他对夏史怀疑过头，又轻信康有为说《左传》《周礼》等书都出于刘歆的伪造。

（三）未能以马克思主义历史唯物论来指导自己的学术实践，因此，他的疑古辨伪的反封建精神，只局限在意识形态领域里的古史系统上，根本不触及封建制度、社会经济基础。[①]

以上的评论无疑是实事求是的，是非常中肯的。

今天我们在回顾和总结顾颉刚和古史辨派疑辨古史的成就时，也应当本着实事求是的原则，充分肯定其在考辨史料过程中，对推翻伪造的古史系统所做出的贡献，注意批判地吸收其考辨古史的方法。对其考辨的成果，应结合考古学的新成就，进行审查和验证，切不可盲从或全盘否定。

---

① 刘起釪：《顾颉刚先生学述》，中华书局，1986年。

第五节
罗根泽与诸子的考辨

罗根泽（1900—1960年），字雨亭，河北深县人。1925年考入河北大学，1927年考入清华大学研究院国学门，后又入燕京大学国学研究院。以后分别担任河南大学、天津女子师范学院、河北大学、中国大学、安徽大学、西北联合大学、中央大学等校教授。1949年后，任南京大学中文系教授、中国科学院文学研究所兼职研究员。主要著作有：《诸子丛考》《诸子续考》《中国文学批评史》《乐府文学史》等。其辨伪代表作为《诸子丛考》《诸子续考》。

《诸子丛考》《诸子续考》作于二十世纪三十年代初。从1926年至1940年的十五年间，《古史辨》共出版了七册，其中第四册和第六册是由罗根泽编著的。顾颉刚在编纂《古史辨》时将《诸子丛考》列入《古史辨》第四册，将《诸子续考》列入第六册。第四册主要收录了通考及考辨儒、墨、道、法四家的文字；第六册初拟以第四册出版以后的通考及考据儒、墨、道、法四家的文字为上编，考据名家以下的文字为下编。后随着考辨诸子的文章，尤其是考据老子年代的文章不断增加，遂改变计划，以通考及考据诸子者为上编，以考据老子者为下编。二十世纪五十年代末，罗氏将自己对先秦及汉代诸子考辨的文章汇编成书，题名《诸子考索》，于1958年2月由人民出版社出版，此书集中反映了罗氏对诸子考辨的成就。

罗根泽考辨诸子真伪及年代，起初是受了梁启超和顾颉刚的影响。他说：

> 我近年来研究子书，研究古代文艺，在这一方面很消耗了相当的时间。这虽然是时代的赐予，但直接的影响，可以说是得之于梁任公先生与顾颉刚先生。梁任公先生的《中国历史研究法》、顾颉刚先生的《古史辨》第一册，是使我由研究诸子学说而走入考订诸子真伪年代的原动力。我自读了他俩的这两部名著，我便蓄志将所有的号为先秦、两汉的子书都予以推考著作年代的研究。[①]

他在谈及对伪书的态度及勘订伪书、推考著作年代的根本原因时指出：

> 著书托名古人，斯诚卑矣。然周秦诸子，靡不托古改制，苟其言之成理，持之有故，

[①] 罗根泽：《诸子丛考》"旧序"，见《诸子考索》，人民出版社，1958年。

皆宜保存；惟疏通明辨，使还作主，而不赝伪古人，以乱学术之系统已耳。如《列子》出晋人，非列御寇作，近已渐成定谳。晋人之书，传者绝鲜，据此以究战国学术固妄，据此以究晋人学术则绝好材料，不得以其非列御寇作卑弃不一顾。故余以为与其辨真伪，无宁考年代，始有功于古人，有裨于今后之学术界也。①

由此他决定将自己及他人未确定的伪书，都考订一次。现将其考辨的情况介绍如下。
（一）辨《孔丛子》（附《连丛子》）之伪。
《孔丛子》旧注孔鲋撰，宋宋咸注。宋咸称：

> 《孔丛子》者，乃孔子八世孙鲋字子鱼，仕陈胜为博士，以言不见用，托目疾而退，论集先君仲尼、子思、子上、子高、子顺之言，及己之事，凡二十一篇，为六卷，名之曰《孔丛子》，盖言有善而丛聚之也。至汉孝武朝，太常孔臧又以其所为赋与书谓之《连丛子》上下篇，为一卷附之。②

罗氏在前人考辨的基础上列出四条证据以证《孔丛子》之伪。
1. 如为孔鲋撰，则刘向、班固及汉代学者应见之，为何《汉志》不录，亦无一汉人征引论述？
2. 书中有孟子亲见子思之问答，伯鱼死在孔子前，子思为伯鱼之子，其生年最晚亦在伯鱼死后数月，孔子应及见之。孔子卒于前479年，孟子生年约在前372年，距孔子之卒约一百年，焉能亲受业子思之门？子思享年六十二，既下教孟子，又上与孔子讨论政治，是不可能。又尹文子当齐宣王之世，其时子思墓木已拱，书中尚有尹文子告子思之言。
3. 《独治篇》云："子鱼生于战国之末……"，又云："子鱼名鲋甲，陈人，或谓之子鲋，或称孔甲。陈胜既立为王，其妻之父兄往焉。……"不类自述口吻，且自己之名何能二三其词不能决定，是乃作伪者有意附会《汉志》之杂家孔甲《盘盂》。后《邯郸书目》果受其愚，谓《孔丛子》一名《盘盂》。
4. 《答问篇》云："博士（孔鲋）凡仕六旬，老于陈，将没，戒其弟襄……"将死犹能著书耶？明为后人伪作。③
又列出三条证据以证《连丛子》之伪。
1. 《叙书篇》云："彦以将仕高祖有功，封蓼侯。其子（臧）嗣焉，历位九卿，迁御史大

---

① 罗根泽：《管子探源叙目》，见《古史辨》第四册，上海古籍出版社，1982年。
② 宋咸：《孔丛子注》"序"，引自罗根泽《诸子丛考》"《孔丛子》探源"，见《古史辨》第四册，上海古籍出版社，1982年。
③ 罗根泽：《诸子丛考》"《孔丛子》探源"，见《古史辨》第四册，上海古籍出版社，1982年。

夫。……孝武皇帝重违其意，遂拜太常，其礼赐如三公。在官数年，著书十篇而卒。……"岂能为孔臧之语？

2.《叙世篇》叙臧之后世至子建在王莽、光武时，又叙孔鱼从刘子骏受《春秋左氏传》，皆臧以后之事。至下篇所叙及之人更晚，叙至季彦于安帝延光三年卒。故作此书者，最早在安帝以后。

3. 下篇皇甫威明问仲渊有"今观《连丛子》所记"之语，在《连丛子》内而论及《连丛子》，益露其伪。

最后又列举三条证据，证明"此书既上不过安帝，下不至北魏，正在曹魏之时，又与此时作伪之王肃有关，故疑为肃造"。①

（二）辨《管子》非一人之笔，也非一时之书。

前人辨《管子》，多言其非管仲自著，认为书中内容较杂，有后人增益的成分。罗氏则在前人泛泛而论的基础上，就叶适在《习学记言》中所云"《管子》非一人之笔，亦非一时之书"，进行了深入的探究，从而具体指出：《牧民》《形势》《权修》《五辅》为战国政治思想家作；《立政》《乘马》《君臣》上、《君臣》下、《七臣》《七主》为战国末政治思想家作；《七法》，战国末为孙、吴、申、韩之学者所作；《法禁》《法法》，战国法家作；《任法》《明法》，战国中世后法家作；《枢言》，战国末法家缘道家为之；《宙合》《侈靡》《四时》《五行》，战国末阴阳家作；《势》，战国末兵阴阳家作；《心术上》《心术下》《白心》，战国中世以后道家作；《制分》，疑战国兵家作；《小称》，战国儒家作；《内业》，战国中世以后混合儒、道家作；《戒》，战国末调和儒、道者作；《正》，战国末杂家作；《管子解》五篇，战国末秦未统一前杂家作；《禁藏》，战国末至汉初杂家作；《大匡》，战国人作；《地图》，最早作于战国中世；《版法》，似亦战国时人作；《中匡》《四称》，疑亦战国人作；《王言》（亡）疑战国中世以后人作；《入国》《九守》《桓公问》，疑战国末年人作；《九变》，疑战国以后人作；《权修》，秦、汉间政治思想家作；《重令》，秦末汉初政治思想家作；《兵法》，秦汉间兵家作；《幼官》，秦汉间兵阴阳家作；《水地》，汉初医家作；《封禅》，司马迁作；《轻重》十九篇，汉武、昭时理财家作；《八观》《正世》《治国》，西汉文、景后政治思想家作；《小匡》《度地》，汉初人作；《地员》，疑亦汉初人作；《参患》，汉文、景以后人作；《弟子职》，疑汉儒家作；《幼官图》，汉以后人作；《小问》，辑战国关于管子之传说而成；《谋失》《正言》《言昭》《修身》《问霸》并亡，无考。②

对各篇具体考证，仅举二例。如辨《八观篇》为西汉文景后政治思想家作，列举了五条证据。

1. 篇中曰："六畜有征，闭货之门也。"而春秋战国时尚未六畜有征。《汉书·西域传》："算至车船，租及六畜。"盖武、昭之世，国家多故，财匮不足，而桑、孔之徒，又善巧立名目，故车船六畜，无不有税。此篇论"六畜有征"之害，必在征税既行，弊端既见之后也。

---

① 罗根泽：《诸子丛考》"《孔丛子》探源"，见《古史辨》第四册，上海古籍出版社，1982年。
② 罗根泽：《诸子丛考》"《管子》探源叙目"，见《古史辨》第四册，上海古籍出版社，1982年。

2. 篇中又曰："上卖官爵，十年而亡。"按卖官鬻爵，亦似始于西汉。

3. 篇中有与晁错《论贵粟疏》相出入者。《论贵粟疏》曰："民贫则奸邪生，贫生于不足，不足生于不农。"此则曰："民贫则奸智生，奸智生则邪巧作。故奸邪之所生，生于匮不足；匮不足之所生，生于侈；侈之所生，生于毋度。"《论贵粟疏》曰："粟米布帛生于地，长于时，聚于力。"此则云："谷非地不生，地非民不动，民非作力毋以致财，天下之所失，生于用力。"篇中文显系抄《论贵粟疏》衍义而成，故此篇当在文景之后也。

4. 以农为本，卑商曰末，盛于西汉，产生在战国之末。此篇有曰："悦商贩而不务本货。"本货、商贩对举，必指农业无疑。

5. 曰："民有鬻子。"曰："道有捐瘠。"曰："商贾之人不论志行而有爵禄。"曰："禽兽行。"皆西汉流行语，而春秋战国所罕见者也。

郭沫若在《苏联纪行》中向史登博士评介《管子探源》时说："虽然也并不就是结论，但它确实提出了好些新的问题。"①

又如罗氏辨《兵法》为秦汉兵家作，指出：

此篇为兵家言，非春秋时书，无问题。其问题在作者年代。篇中发端即曰："明一者皇，察道者帝，通德者王，谋得兵胜者霸。"王霸之分，起于战国中世；益之以帝，起战国末世；此又益以皇，其时已在秦汉矣。②

以上二例注意从制度、语言文字、概念等几个方面考辨其成书年代，具有很强的说服力。

（三）辨《商君书》成书之年代及作者。

关于成书之年代，他指出：

《商君书》中言及之事，最后者为长平之战，当西纪公元前260年，则必作于260年以后。《韩非子》已引及此书，则其成书最晚不能后于韩非。《史记·秦始皇本纪》云："十四年……韩非使秦，秦用李斯谋，留非，非死云阳"，始皇十四年当西纪公元前233年，然则此书成于西纪公元前260至（前）233年之间乎？③

关于作者，罗氏认为"虽无从确考，然必作于秦人或客卿为秦谋者之手"，理由如下。

1.《更法》第一称"孝公平画"，不称"秦孝公平画"；《定分》第二十六曰："公问于公孙鞅"，

---

① 郭沫若：《郭沫若自传》卷四"苏联纪行"，贵州教育出版社，2012年。
② 罗根泽：《诸子丛考》"《管子》探源叙目"，见《古史辨》第四册，上海古籍出版社，1982年。
③ 罗根泽：《诸子续考》"《商君书》探源"，见《古史辨》第六册，上海古籍出版社，1982年。

不惟不标秦,而且不标明某公;若作于六国或汉代,则应当书秦孝公矣。

2. 书中逐处皆为秦而言。如《徕民》第十五曰:"秦之所与邻者,三晋也。所欲用兵者,韩、魏也。彼土狭而民众,其宅参居而并处,其寡(弱也)萌贾息,民上无通名,下不田宅,而恃奸务末作,以处人之复,阴阳泽水者过半,此其土之不足以生其民也,必此而民不西者,秦土戚而民苦也。"《定分》第二十六曰:"诸侯郡县皆各为置一法官及吏,皆比秦一法官。"无不以秦为主,其作于秦可知。

3. 书中所言官爵,率皆秦制(所举例略)。其作于秦人或客卿之为秦谋者可知。①

他认为:

> 其成书时代,既约在西纪公元前260至(前)233年之间,是其上距商鞅之死,约百年上下。……《史记》本传,言"商君既复入秦,走商邑,与其徒属发邑兵,北击郑"。但既相距百年,则其直接之徒属已死,自亦不出其直接徒属之手,或者作于其间接徒属,否则赞成商君之说者,采摭其遗言遗教而加以阐发以成者也。②

(四)辨《慎子》之伪。

罗氏在《慎懋赏本慎子辨伪》中列有八证以辨《慎子》之伪,现择其大要如下。

1. 来历不明。《慎子》在郑渔仲(樵)时仅余五篇,今慎氏本多出十数倍,授之何人,著之何书,无征不信,伪证一也。

2. 与慎子思想矛盾。《庄子·天下篇》《荀子·解蔽篇》与杨倞《荀子注》言慎到以尚贤使能为非,而慎氏本兼有非尚贤与尚贤之言,一人之言焉能佹乱如此?盖非尚贤之言抄之《韩非子》《艺文类聚》《太平御览》所载《慎子》逸文,而尚贤之言杂采《墨子·尚贤篇》之文而成,伪证二也。

3. 抄袭他书。如《内篇》自"飞龙乘云"至"而势位足以屈贤也"抄自《韩非子·难势篇》;自"楚怀王为太子时"至"东地复全"抄自《战国策·楚策》;自"不教民而用之"至"务引其君以当道志于仁而已",抄自《孟子·告子篇》(其余例证略),伪证三也。

4. 据《意林》及他书所载《慎子》逸文而略有附益。采自《意林》者九事,采自《艺文类聚》《太平御览》《文选注》《初学记》《困学纪闻》《淮南子》者七事,伪证四也。

5. 与古本不合。《史记》言慎到著《十二论》,《汉志》则谓四十二篇,今慎氏本《内篇》三十六事,《外篇》五十三事,与《史记》《汉志》皆不合。严可均等从《群书治要》辑出之《知忠》《君臣》二篇,而此本无之。且尚有与古本驰舛者五事,伪证五也。

---

① 罗根泽:《诸子续考》"《商君书》探源",见《古史辨》第六册,上海古籍出版社,1982年。
② 罗根泽:《诸子续考》"《商君书》探源",见《古史辨》第六册,上海古籍出版社,1982年。

6. 混慎子为禽滑厘。《孟子·告子篇》慎子对孟子自称"滑厘"。赵（岐）注不以为慎到谓滑厘其名。焦氏虽以为即到，而谓："慎子与墨子之徒禽滑厘同名；或以慎子即禽滑厘，或以慎子师事禽滑厘，称其师滑厘不识，皆非是。"今本既以滑厘为到，采入其文，又以《吕氏春秋·当染篇》"许犯学于禽滑厘，田系学于许犯"，遂以犯、系为慎子之徒，载其请问慎子。慎子之书，何能纰缪至此，伪证六也。

7. 有孟轲字。孟子之字，《史》《汉》不书，赵岐不闻，至王肃始言字子居，又曰"字子车"，傅玄谓"字子舆"。今本一再曰孟子舆，若为慎著，则迁、固、岐岂能不知？伪证七也。

8. 尚有逸文。完整之书，必无逸文，此本虽采入不少，据严可均、钱熙祚所辑，在此外者数十则，知非慎子原书，伪证八也。

这八条论证，除第六条为梁启超所指出外（见梁氏《汉书艺文志诸子略考释》），其余各条多发前人之所未发，为确定今本《慎子》为伪书的铁证。

（五）辨《邓析子》之伪。

罗氏认为《邓析子》今本两篇，"出于晋人之手，半由捃拾群书，半由伪造附会"，并举八证。

1.《荀子·不苟篇》曰："山渊平，天地比，齐、秦袭，入乎耳，出乎口，钩有须，卵有毛，是说之难持者也，而惠施、邓析能之。"检今本《邓析子》决无此等言论，其非先秦之旧无疑。

2."厚"的问题，当时名家讨论甚详，今本何得以恩情厚薄为言？盖作伪者知邓析为名家，又知"无厚"为名家术语，见刘向有邓析"论无厚"之言，故首论"无厚"，且以名篇，而于"无厚"之旨茫然，诠释大谬，而伪迹暴露。

3.《无厚篇》第九节曰："推辨说非所听也，虚言向（向字疑误）非所应也，无益之辞非所举也。……"第十五节又曰："所谓大辨者，别天下之行，具天下之物，选善退恶，时措其宜，而功立德至矣。……"此《荀子》正名非辨之义也，非"操两可之说设无穷之辞"之邓析所宜有也。

4.《无厚篇》既言谈者应当"别殊类使不相害，序异端使不相乱"，既言大辨者应当"别天下之行，具天下之物"，而又曰："异同之不可别，是非之不可定，白墨之不可分，清浊之不可理，久矣。"异同、是非、白墨、清浊，非殊类乎？非异端乎？何以又谓其不可分别也？前后矛盾，自相抵牾，邓析之言必不如此。

5.《无厚篇》曰："长卢之不士，吕子之蒙耻。"据《史记·孟子荀卿列传》曰："楚有尸子、长卢。"《汉书·艺文志》诸子略道家著《长卢子》九篇，注云："楚人。"《史记》以长卢与公孙龙、剧子、李悝诸战国人并列，知长卢亦战国时人。《左传》定公九年载"郑驷颛杀邓析，而用其竹刑"，则其卒尚在春秋末年，乌能论及战国之长卢？至吕子盖即吕不韦，去邓析尤远矣。

6.《汉志考证》云："其间抄同他书，颇驳杂不伦。"罗氏因参校各书，列其抄同他书之已经考知者：（1）《转辞篇》"圣人不死，大盗不止"，抄自《庄子·胠箧篇》。（2）《转辞篇》"与智者言依于博"一段，与《鬼谷子·权篇》同，而多二语。（3）《无厚篇》第十七节抄同《鬼谷子·内揵篇》。《转辞篇》第四节前半抄同《鬼谷子·本经阴符七术》。第七节抄同《鬼谷子·权篇》，第九节抄同《鬼谷子·摩篇》(以下各例略)。

7.《转辞篇》第六节"三人成虎",出于《战国策·魏策》,邓析绝不能见。

8. 杨慎《邓析子序》谓此书有《鬼谷子》家言,有商、韩氏意,有漆园语,有柱下史知雄守雌之教,有管大夫不失政柄君臣明法之旨。论是书之驳杂不纯,可谓确评。杂家之学,必起于诸家有相当成立之后,方可供其撷采,邓析之生先于鬼谷、漆园。及商、韩诸子,何能预剿其说?

最后,罗氏依据柳伯存《意林序》说"马总因梁朝庾仲容《子抄》,略存六卷,题曰《意林》",而推论说:"《意林》所载,既为今本,则《子抄》所据亦即今本;而今本之伪作年代不能晚于梁代可知。"又考晋鲁胜《墨辨叙》云:"自邓析至秦时,名家者,世有篇籍,率颇难知,后世莫复传习,于今五百余岁,遂亡绝。"(引自《晋书·隐逸传》中《鲁胜传》)罗氏认为:"则古本之亡在鲁胜之先,而今本之作必在鲁胜之后。鲁胜于元康初迁建康令,知为西晋初人。东西两汉,经学独尊;子学复兴,乃在魏晋;……然则《邓析子》盖亦晋人之作乎?"[①]

(六)辨《尹文子》之伪。今本《尹文子》分《大道上》《大道下》二篇。前有托名仲长氏所作的序。宋明以来对其考辨文字甚多,多集中考辨"序"的真伪及该书的托名问题。1927年,罗根泽撰《尹文子之真伪及年代》一文,得出如下结论:(1)作序之仲长氏非仲长统;(2)今本《尹文子》非晚周尹文旧作;(3)序与书同出一人伪造;(4)作伪之年代在魏晋。后因见唐钺先生所作《尹文和尹文子》[②]结论与己大致相同,遂置之箧笥,没有发表。后将其旧稿重新整理,与唐文一并收入《古史辨》第六册。题名为"尹文子探源"。主要从三个方面揭示《尹文子》之伪迹。

1. 与古本不同。《七略》及《汉志》所录的一篇,名为《名书》,高诱注《吕氏春秋》也说尹文作《名书》一篇,今本篇数既异,篇名亦殊,其非旧制,有何疑义?考洪迈《容斋续笔》卷十四有《尹文子》条,所论即为今本,然谓:"又别一书曰《尹文子》,五卷共十九篇,其言论肤浅,多及释氏,盖晋宋时袆人所作,非此之谓也。"晋宋时既有伪书,则真书已亡可知;真书既亡,则今本亦当然为伪书矣。

2. 误解尹文学说。罗氏共举三例,今仅举其一:《庄子·天下篇》称尹文之学曰:"以禁攻寝兵为外,以情欲寡浅为内",今《大道》上曰:"私不行,非无欲,由分明故无所措其欲。然则心欲人人有之,而得同于无心无欲者,制之有道也。"寡欲、制欲,其义迥殊,寡欲者,以为人之情欲原自寡浅,无须丰富之供给。……制欲者,以为人之情欲与生俱来,欲其闲于轨道,以谋社会之安宁,必须施以节制。寡欲之说,倡自宋钘、尹文、荀子以为不合人情,故为制欲之说以矫之(见《荀子·正论篇》)。荀子之时,尹文盖已老死,何能鉴己说被抨击而不能成立,遂弃之而从人说耶?

3.论及尹文以后学说。罗氏共举八例,今仅举其一:今《尹文子·大道上》曰:"大道治者,

[①] 罗根泽:《诸子续考》"《邓析子》探源",见《古史辨》第六册,上海古籍出版社,1982年。
[②] 原文发表于《清华学报》第四卷第一期,后收入《古史辨》第六册,上海古籍出版社,1982年。

则名、法、儒、墨自废；以名、法、儒、墨治者，则不得离道。"又曰："是道治者，谓之善人。藉名、法、儒、墨者，谓之不善人。"罗氏据此认为："此书不但作于儒、墨、道、名、法成家之后，而且作于儒、墨、道、名、法名定之后。尹文先于庄子，庄子称之于名法未完成之时，即先有确定之名称，宁能有此？不然，使尹文时已有鲜明之学派及名称，庄、荀之论诸子，何为不惮烦杂而论人不论派？尹文时法家已成立，庄、荀何为不一及之？下迄西汉《淮南子·要略》，尚无派名之分立，尹文生数百年前，即已有固定之学术分派及名称，不亦谬乎？"①

（七）辨《燕丹子》之伪及成书的年代。

《燕丹子》三卷。《周氏涉笔》认为"与《史记》所载皆相合，似是《史记》事本也"。②宋濂《诸子辨》谓作于秦汉间人，为《史记》事本。《四库提要》谓为割裂杂缀而成。孙星衍谓出于六国游士，然是先秦古书。

对周氏（或以为是南宋周端朝）、宋濂、孙星衍等之说，罗氏颇不以为然，指出："案作伪者依据《史记》，参之他书，加以附益，所载自与《史记》相合，不得以此谓为《史记》事本、先秦古书。……考《史记》传荆轲事，自言'始公孙季功董生与夏无且游，具知其事，为余道之如是'（《史记·刺客传》赞），不言本之《燕丹子》。其辞'天雨粟，马生角'谓'世言荆轲'云云，亦不言《燕丹子》。则史公必未见此书，安得据为事本？"又说："案此书采之《史记》，参之《国策》，词气自然甚古。"

罗氏又据《燕丹子》卷上所载：燕丹之逃秦也，谓"夜到关，关门未开，丹为鸡鸣，众鸡皆鸣，遂得逃归"。认为：

> 与《国策》所叙孟尝君逃秦全同，何秦上自君臣，下至守关之吏不知惩前毖后至于斯也？显系作伪者欲为燕丹增技增色，故夺孟尝君事使燕丹重演也。据此，知为晚出伪作无疑。③

关于该书成书的年代。罗氏认为：

> 宋裴骃为《史记集解》，从未征引，知宋时尚无此书。梁庾仲容《子钞》载有《燕丹子》三卷。《子钞》虽亡，然高似孙《子略》谓马总《意林》一遵庾目。考《意林》所采与今本同，则梁时已有矣。然则其时代上不过宋，下不过梁，盖在萧齐之世。……意作者盖哀燕丹之志，恸荆轲之勇，而技不得售，信史昭载，于是采为本事，加以缘饰以回护

---

① 罗根泽：《诸子续考》"《尹文子》探源"，见《古史辨》第六册，上海古籍出版社，1982年。
② 马端临：《文献通考》"经籍考"子部小说家《燕丹子》下引，中华书局，2011年。
③ 以上所引均见罗根泽《诸子续考》"燕丹子真伪年代之旧说与新考"，见《古史辨》第六册，上海古籍出版社，1982年。

丹、轲之失，而寓惋惜之意，本非有意伪托古人；只以稗官小说，不欲署名，或署名而旋失，后人以其述燕丹事，遂谓为丹宾客或战国游士作，跻于先秦著作之林。[①]

除以上所举外，罗氏还著有《庄子外杂篇探源》《陆贾新语考证》《新序、说苑、列女传不作始于刘向考》《战国策作于蒯通考》等大量考辨专著，解决了许多前人没能解决的问题。尽管他的考辨中尚有值得商榷的地方，但他的大部分论证都言之有据，审慎而严密，而且注意从新角度提出新问题，论证的科学性大大超过了古人，使一些问题有了明确的结论，或接近得出结论。在诸子的考辨中，罗根泽确实功不可没。

---

① 罗根泽：《诸子续考》"燕丹子真伪年代之旧说与新考"，见《古史辨》第六册，上海古籍出版社，1982年。

第六节

郭沫若与古史的考辨

郭沫若（1892—1978年），原名开贞，四川乐山人，是我国当代著名的历史学家、诗人、戏剧家和古文字学家。他自幼入私塾接受传统教育。十四岁进入新式学堂学习。1914年考入东京第一高等学校预科班医科。1918年8月升入九州帝国大学医科。1924年，开始接受马克思主义思想，翻译了马克思、恩格斯的《德意志意识形态》和马克思的《政治经济学批判》，确立了马克思主义的唯物史观。后参加过北伐战争，南昌起义后加入中国共产党。1928年，他再次东渡日本，潜心致力于甲骨卜辞、青铜器铭文及中国古代史的研究。1930年，他的古代史研究论文集《中国古代社会研究》出版。这部书被认为是中国马克思主义史学的奠基之作。1937年，他归国参加抗日战争，在进行抗战的文化宣传工作之余，他将研究的重点转向先秦思想史方面。1945年出版的《青铜时代》和《十批判书》集中反映了他这一时期对先秦思想的研究成果。1952年写成的《奴隶制时代》，是对《十批判书》的补充。这几部著作，同时也反映了郭沫若的疑古思想和他对古史、古书考辨的成果。

在《古代研究的自我批判》一文中，郭沫若在谈到关于文献的处理问题时指出：

> 无论作任何研究，材料的鉴别是最必要的基础阶段。材料不够固然大成问题，而材料的真伪或时代性如未规定清楚，那比缺乏材料还要更加危险。因为材料缺乏，顶多得不出结论而已，而材料不正确便会得出错误的结论。这样的结论比没有更要有害。[①]

他自我批评说：

> 例如《周易》固然是无问题的先秦史料，但一向被认为殷末周初的作品，我从前也是这样。据我近年来的研究，才知道它确是战国初年的东西，时代拉迟了五六百年。我在前把《周易》作为研究殷末周初的资料，当然是完全错误。又如《尚书》……我在前虽不曾认《典》《谟》为"虞书"，《禹贡》为"夏书"，以作为研究虞夏的真实史料，但我却把《洪范》认为确是箕子所作，曾据以探究过周初的思想，那也完全是

[①] 郭沫若：《十批判书》"古史研究的自我批判"，东方出版社，1996年。

错误。①

这表现了他在学术上实事求是、敢于自我批判的科学态度。正是因为他具有这种实事求是的科学态度，在他以后的著作《青铜时代》《十批判书》等书中，他开始重视古史和古书的考辨。现将其考辨的情况介绍如下。

（一）推翻"伏羲作八卦""文王重八卦为六十四卦"之说，作出较为科学的解释。

《系辞传》称"古者包羲氏之王天下也，仰则观象于天，俯则观法于地，观鸟兽之文与地之宜，近取诸身，远取诸物，于是始作八卦，以通神明之德，以类万物之情"。由于人们相信《系辞传》是孔子所作，所以伏羲画卦之说也就被视为天经地义。郭沫若认为："本来伏羲这个人的存在已经是出于周末学者的虚构，……又从而把八卦的著作权送给伏羲，那不用说完全是虚构上的一重虚构。"②

他认为：八卦的卦形大部分是由既成的文字诱导出来的。比如坎卦☵象征的是水；坤卦☷由川字变化而来，☳是震字的省略；☱是兑的省略；乾☰象征的是天是金是玉，金和玉的两个字里面都包有乾☰的卦形。天古写作兲，把中间一笔竖画去掉，稍加修正，便为☰的卦象；离卦☲象征的是火等。由此得出结论："以上八个卦形中有六项乃至七项，明白地可以知道是于既成文字加以某种改变或省略而成的。"③

这种解释尽管还有值得商榷的地方，但它较之传统的说法要科学得多。实际上在此之前，梁启超也有同样的观点。他说：

> 伏羲这个人有没有还是疑问，不能确定八卦是他画的。但八卦是古代的象形文字却很可信。我们看坎、离二卦便知道。坎卦作☵像水，最初的篆文水字也作𣱵，后来因写字的方便，改作水，却失了本意了。离卦☲作像火，篆文作火，也有先后的源流关系。④

郭氏还认为"以乾坤相对立便是以天地相对立，然而以天地相对立的这种观念在春秋以前是没有的"，因此得出结论："总之，八卦是既成文字的诱导物，而其构成时期亦不得在春秋以前。"⑤

他认为所谓文王演《周易》的说法也是不可靠的。他依据《尚书·无逸》所云"文王卑服，即康功田功"，《楚辞·天问》所云"伯昌號（号）衰，秉鞭作牧"，认为文王原本只是打谷种田、看牛放马的人，"以这样一位半开化民族的酋长，要说他作出一部《周易》，那在道理上是怎么也讲

---

① 郭沫若：《十批判书》"古史研究的自我批判"，东方出版社，1996年。
② 郭沫若：《青铜时代》"《周易》的制作时代"，中国人民大学出版社，2005年。
③ 郭沫若：《青铜时代》"《周易》的制作时代"，中国人民大学出版社，2005年。
④ 梁启超：《古书真伪及其年代》卷二《分论》第一章《易》，见《梁启超国学讲录二种》，中国社会科学出版社，1997年。
⑤ 郭沫若：《青铜时代》"《周易》的制作时代"，中国人民大学出版社，2005年。

不过去的"。他认为《易》的爻辞中，多次提到的"中行"，就是春秋晋国的荀林父。比如《益》六四中所云"中行告公，从。利用为依，迁国"。当是《左传》僖公三十一年"狄围衞，衞迁于帝丘"的故事。衞与郼古本一字。《吕览·慎大》"新郼如夏"，高注云"郼读如衣"。则"为依迁国"即"为衞迁国"，盖狄人围衞时，晋人曾出师援之也。又如《泰》九二所云"朋亡，得尚于中行"，"尚"与"当"通。此所证就是《左传》文公七年，先蔑奔秦，荀林父"尽送其帑及其器用财贿于秦"的故事。由此断定"《周易》之作决不能在春秋中叶以前"。①因此彻底推翻了文王演《易》之说。

（二）关于《周易》的作者及"十翼"的考辨。

郭氏认为，传统上所说的孔子赞《易》、作"十翼"的说法都是不可信的。《论语》中有两条记载可以说明孔子与《易》的关系。

1.《述而》云："子曰：'加我数年，五十以学《易》，可以无大过矣。'"

郭氏依据陆德明《经典释文》释"学易"二字，言"鲁读易为亦，今从古"，认为《鲁论》全文应作"加我数年，五十以学，亦可以无大过矣"。

2.《子路》云："子曰：南人有言曰：'人而无恒，不可以作巫医'，善夫，不恒其德，或承之羞"。

其中"不恒其德，或承之羞"与《周易》恒卦九三的爻辞相同，于是便有人认为爻辞卦辞都是孔子所作。郭氏认为"当然一人的言辞两处可以通用，但奇怪的，孔子说过不少的话，何以只共通得这一句？孔子既作了《周易》那样一部大作，何以他的嫡传如子思、孟轲之徒竟一个字也不提及？《系辞传》上诚然有好些'子曰'，但子不限于孔子，即使真是孔子，也是后来的人所假托的"。因此他认为"孔子和《易》并没有关系"。②

他认为《易》的作者应该是孔子的再传弟子子弓。理由是《史记·仲尼弟子列传》和《汉书·儒林传》在谈到《易》学的传授系统时都提到馯臂子弘（《汉书》作"馯臂子弓"）这个人。《史记·仲尼弟子列传》称"孔子传《易》于（商）瞿；瞿传楚人馯臂子弘……"，馯臂子弘即馯臂子弓。而《荀子·非十二子篇》高度赞扬子弓："无置锥之地而王公不能与之争名，在一大夫之位则一君不能独畜，一国不能独容，成名况乎诸侯，莫不愿以为臣。是圣人之不得势者也。仲尼子弓是也。""今夫仁人也将何务哉？上则法舜禹之制，下则法仲尼、子弓之义，以务息十二子之说。如是，则天下之害除，仁人之事毕，圣王之迹著矣。"

郭氏由此推论：

> 荀子本来是在秦以前论到《周易》的唯一的一个儒者，他把同时代的一切学派的

---

① 郭沫若：《青铜时代》"《周易》的制作时代"，中国人民大学出版社，2005年。
② 郭沫若：《青铜时代》"《周易》的制作时代"，中国人民大学出版社，2005年。

代表，尤其是同出于儒家的子思、孟轲，都一概摈斥了，特别把子弓提起来和孔子一道并论，而加以那样超级的赞辞，可知这位子弓决不会是通泛的人物。……但馯臂子弓如果只是第三代的一位传《易》者，那他值不得受荀子那样超级的称赞。所以在以上种种推定之外，在这儿更可以得到一个坚确的证据，使我们相信子弓定然是《易》的创作者。①

郭氏的这个推论实在是够大胆的。《史记》中明明记载的是"孔子传《易》于瞿，瞿传楚人馯臂子弘"，何以见得子弓作《易》？荀子赞扬子弓的话最多说明子弓的学术地位之高，而从中丝毫看不出子弓与创作《易》的关系，因此他的推断是值得怀疑的。

关于"十翼"的创作时代和作者，他作了这样的论述：

现存的"十翼"中，《说卦传》以下的三篇是出现于西汉的中叶，汉初时所未有。不过这三篇也不必便如近人所怀疑的那样，是汉人所伪托。据《束晳传》，汲冢的出土品中已有"似《说卦》而异"的《卦下易经》一篇，那么在战国初年，便是馯臂子弓把《易》作成而加以传授的时候，一定是有过一些说明自己的假定与理念的一种《传》样的东西。《卦下易经》怕也就是他著的。那么《说卦传》以下的三篇或者就是《卦下易经》的别一种的记录……我相信《说卦传》以下三篇应该是秦以前的作品。但是《彖》《象》《系辞》《文言》，却不能出于秦前。大抵《彖》《系辞》《文言》三种是荀子的门徒在秦的统治期间所写出来的东西。②

关于《象传》，他同意李镜池《周易探源》的结论，即《象传》"作者大约是齐鲁间的儒者，时代大约是在秦汉之际"。他认为"《易经传》中大部分是秦时代的荀子门徒们楚国人著的，时期当在秦始皇三十四年以后"。③

以上论述虽多属推测之辞，但可作为一说以备异。

（三）关于《今文尚书》的考辨。

郭沫若认为《今文尚书》有很大问题。《帝典》《皋陶谟》《禹贡》三篇是后世儒家伪托的，《甘誓》一篇是从《商书》中掺入到《夏书》中的。他列举了七条理由。

1. 是大头症的征候。开始的《帝典》《皋陶谟》《禹贡》三篇是堂哉皇哉的文字，而后继的二十五篇，除《洪范》一篇外，都是零碎的记录。从文字进化的理论上说，很不合理。

---

① 郭沫若：《青铜时代》"《周易》的制作时代"，中国人民大学出版社，2005年。
② 郭沫若：《青铜时代》"《周易》的制作时代"，中国人民大学出版社，2005年。
③ 郭沫若：《青铜时代》"《周易》的制作时代"，中国人民大学出版社，2005年。

2. 是《禹贡》的夸张。中国古代疆域只在黄河的中部，即河南、直隶、山西、陕西一部分地方。直隶、山西的北部是北狄，陕西的大部分是西戎，黄河的下游是东夷，到周宣王时长江流域的中部还是蛮荆、南蛮，淮河流域是淮夷、徐夷。而在《禹贡》内荆州、青州、扬州、徐州等等，已画土分贡，这是不可能的。所画的土，如甸、侯、绥、要、荒的五服，每服整整五百里，是任何民族历史上不曾有的。所分的贡，也多不近情理。如中国的铁器到周初才萌芽，而在梁州的贡赋上已有铁，这和《山海经·中山经》中夏禹说"出铁之山三千六百九十"一样荒唐，正是后人所假托。

3. 人格发展的阶段。儒家理想的人格，有一定的发展阶段，就是《大学》《中庸》说的格致诚正修齐治平赞参配。尧的人格是：

"钦明文思安安，允恭克让"——是格致诚正的事体。

"光被四表，格于上下"——是参赞配的事体。

"克明俊德"——修身。

"以亲九族，九族既睦"——齐家。

"平章百姓，百姓昭明"——治国。

"协和万邦，黎民于变时雍"——平天下。

皋陶进禹的"昌言"说："慎厥身修，思永。敦叙九族，庶明励翼。迩可远在兹。"完全是后代的儒家口吻。

4. 天人一致观的表现。上举的"光被四表，格于上下"与"迩可远"的话，已包含天人一致观的概念。《皋陶谟》中说："天聪明，自我民聪明，天明畏，自我民明威，达于上下。"不仅是儒者的口吻，而且在宗教思想的发展史上也说不过去。殷代的偶像还是生殖器，周代的上帝也还是人格神，而在几百千年前的虞、夏，有这合理的泛神论的出现，这不能不说是倒置。

5. 折衷主义的伦理。儒家的伦理思想是没有过无不及的合乎中，在《帝典》上有："教胄子：直而温，宽而栗，刚而无虐，简而无傲。"《皋陶谟》更扩张成九德："宽而栗，柔而立，愿而恭；乱而敬，扰而毅，直而温；简而廉，刚而塞，强而义。"

6. 三年之丧出现。三年之丧是儒家规定的，《韩非子·显学篇》内说是孔子所创设，《淮南子·齐俗训》说儒、墨不原人情，务行相反之制，儒三年之丧，而墨则三月。所以在儒家已感觉不便，而宰予有短丧之议，孟子劝滕文公行三年之丧，而滕国的父老反对，说宗国鲁的先君和滕的先君都没有行。可见这种制度，在孟子前没有行，孟子时也没有通。但在《帝典》内有"帝乃殂落，百姓如丧考妣，三载四海遏密八音"的话，考妣对言，亦系东周以后之语。

7. 大一统观念之表现。周、秦之际，学者苦于天下的争夺攘乱，在政治思想有两种倾向：一种是老子的小国寡民的理想，一种是孔子大一统的理想。《帝典》《皋陶谟》《禹贡》三篇，特别是《禹贡》，是大一统理想的表现。[1]

---

[1] 郭沫若：《郭沫若全集》历史编第一卷《中国古代社会研究》，人民出版社，1982年。

郭氏由此得出结论:"《帝典》《皋陶谟》《禹贡》三篇完全是儒家的创作,在研究儒家的哲理上是必要的资料,但不可作为古代的信史。"①他还认为《甘誓》一篇,不会是伪作,但应归入《商书》。而"《商书》和《周书》都是经过殷周的太史及后世儒者的粉饰。所以可以说那二十五篇的可靠性,只能依据时代的远近而递减"。②

此外,他还认为《洪范》篇"一定是子思所作的文章,就文笔和思想的内容上看来,《尧典》《皋陶谟》《禹贡》当得是他作的"。③"《吕刑》一篇文体与《左传》相近,旧称为周穆王所作。……我揣想它是春秋时吕国的某王所造的刑书,而经过后来的儒者所润色过的东西。"④

郭氏关于《今文尚书》的考辨,其中有袭用前人旧说之处,也多有发明。如从"人格发展的阶段""天人一致观的表现""折衷主义的伦理""三年之丧出现""大一统观念之表现"等方面加以论证,颇有说服力。

(四)关于诸子的考辨。

关于《荀子》,他认为这"事实上是由门人弟子纂辑而成。《尧问篇》末尾的一段赞辞便是绝好的证据。又经过刘向的校雠叙录,是从三百二十二篇中定著的三十二篇,这里自然也不免有所窜杂了"。⑤比如《仲尼篇》开头关于"羞称五伯"的一节是问答体,足证乃门弟子记述之文。《荀子》全书反复强调"礼"字,而《仲尼》《宥坐》两篇却不见"礼"字。《致仕篇》虽然有"礼"字,为非问答体,但整篇不成条贯,显系杂凑。其中"赏不欲僭,刑不欲滥。赏僭则利及小人,刑滥则害及君子。若不幸而过,宁僭无滥。与其害善,不若利淫",为《左传》襄公二十六年乃楚国声子归生之辞,是荀子门人抄录的古语,因为这种"宁僭无滥"的想法和荀子思想不相符,荀子是主张"庆赏刑罚,欲必以信"的。除上述数篇之外,他认为"如《儒效》《王制》《君道》《议兵》《强国》等篇均有有问题的文字在里面。《乐论》采《乐记》及《乡饮酒义》,这些都表明辑录于门人弟子"。⑥

关于《墨子》,他认为"墨子自己并不曾著书,现存的《墨子》一书,是汉人所纂集的。其中有些是墨家弟子的著录,有些还是墨家的东西"。他认为《尚贤》《尚同》《兼爱》《非攻》《节用》《节葬》《天志》《明鬼》《非乐》《非命》"这十篇各具三篇,正是墨家三派(案:据《韩非子·显学篇》,墨家学说分为相里氏、相夫氏、邓陵氏三派。)各派的底本汇集,因此在这十篇之中所含有的思想,正比较完整地保存着墨子思想的真相。在这十篇以外的东西呢?那就只好认为是后来的附益或者发展了"。⑦

---

① 郭沫若:《郭沫若全集》历史编第一卷《中国古代社会研究》,人民出版社,1982年。
② 郭沫若:《郭沫若全集》历史编第一卷《中国古代社会研究》,人民出版社,1982年。
③ 郭沫若:《青铜时代》"《周易》的制作时代",中国人民大学出版社,2005年。
④ 郭沫若:《十批判书》"古史研究的自我批判",东方出版社,1996年。
⑤ 郭沫若:《十批判书》"《荀子》的批判",东方出版社,1996年。
⑥ 郭沫若:《十批判书》"《荀子》的批判",东方出版社,1996年。
⑦ 郭沫若:《青铜时代》"《墨子》的思想",中国人民大学出版社,2005年。

关于《管子》，他认为"《管子》书是一种杂脍，早就成为学者间的公论了。那不仅不是管仲作的书，而且非作于一人，也非作于一时。它大率是战国及其后的一批零碎著作的总集，一部分是齐国的旧档案，一部分是汉时开献书之令时由齐地汇献而来的"。其中还掺杂着宋钘、尹文的遗著，依郭氏的考证，《心术》《内业》《白心》《枢言》四篇当属宋钘、尹文的遗著。① 郭氏还认为《侈靡篇》是代表自春秋中年以来新发生的商人阶级说话的，并推测说是荀子学派李斯的门人或门下客周容字子夏作的。②

关于《韩非子·初见秦篇》，他指出："骤看似反对合纵，但秦自惠王以来，采连衡以破合纵，合纵势已渐崩溃，不劳再说反对。此篇该是专为某一次紧急事态而进说。"③ 因此他推想该篇为吕不韦所作。理由是：（1）吕不韦早就作子楚的傅，是秦的属吏，故称臣效忠，内秦而外六国；（2）他在五十一年虽不是初次入秦，但是初次见昭王；（3）他由邯郸重围脱出归秦，熟习赵国，故开口说："天下阴燕阳魏，连荆固齐，收韩而成从，将西面与秦强为难。"（4）说"战者万乘之存亡也"，"战战栗栗，日慎一日，苟慎其道，天下可有"，可见作者并不反战，而主张戒慎，与《吕氏春秋》的思想符合；（5）战国时政治主张有王道、霸道、强道三种，篇内屡言"王霸"，隐隐反对"强"的主张，和《吕氏春秋》的思想没有抵触。郭氏由此认为"这篇误收入《韩非子》的原因，是因吕不韦与韩非时代衔接，《韩非子》第二篇《存韩》性质与《初见秦》篇相类，秦博士官归入一个档案内，以后纂录《韩非子》的人，没有细读内容，便弄成张冠李戴了"。④ 郭氏之前，或以为该文作者为范雎，或以为是蔡泽，或以为是不著名人。郭氏此说，也可作为一家之言。

（五）关于《兰亭序》真伪的考辨。

1965年6月10日、11日，郭沫若在《光明日报》发表了《由王谢墓志的出土论到〈兰亭序〉的真伪》一文，认为《兰亭序》既非王羲之所作，也非王羲之所书，而是王氏七世孙智永所依托。此说一出，反响极大，江苏文史研究馆馆员高二适写出《〈兰亭序〉的真伪驳议》一文（《光明日报》1965年7月23日），称郭氏此说为"惊心动魄之论"，对郭文指名道姓进行批评。高二适引以为证的，有文献资料，也有法帖资料。法帖中引了吴炳藏《定武兰亭》《澄清堂帖》《淳化初刻》，旨在从根本上动摇乃至推翻郭沫若的"依托说"。随即郭沫若又写了《〈驳议〉的商讨》和《〈兰亭序〉与老庄思想》两文（见《文物》1965年第9期），从而引发了一场关于《兰亭序》真伪的论战。在短短半年时间里，报纸上发表论文数十篇，如龙潜的《揭开〈兰亭序帖〉迷信的外衣》、启功的《〈兰亭〉的迷信应该破除》、于硕的《〈兰亭序〉并非铁案》、徐森玉的《〈兰亭序〉真伪的我见》、赵万里《从字体上试论〈兰亭序〉的真伪》、于硕《东吴已有"暮"字》、甄予《〈兰亭序帖〉辨妄举例》、史树青《从〈萧翼赚兰亭图〉谈到〈兰亭序〉的伪作问题》等，当然这些文章大多是支持

---

① 郭沫若：《青铜时代》"宋钘尹文遗著考"，中国人民大学出版社，2005年。
② 郭沫若：《侈靡篇的研究》，《历史研究》1954年第3期。
③ 郭沫若：《青铜时代》"《韩非子·初见秦篇》发微"，中国人民大学出版社，2005年。
④ 郭沫若：《青铜时代》"《韩非子·初见秦篇》发微"，中国人民大学出版社，2005年。

郭氏观点的，也有支持高氏观点的。虽然这场争论并没有得出定论，但确实给沉寂的辨伪学带来一些生气。可惜的是，这场学术论争很快就被随之而来的"文革"所斩断。

除以上所列举的几点外，郭氏还辨及《周礼》及《诗经》。他利用金文材料与《周礼》进行对比考证，作《周官质疑》，认为"《周官》一书，盖赵人荀卿之弟子所为，袭其师'爵名从周'之意，纂集遗闻逸志，参以己见而成一家言"。① 此文被誉为"是第一篇系统使用金文材料对《周礼》进行研究的论文"。② 他认为"古人记'孔子删《诗》'，我看不单纯是孔子一人，那是经过先秦儒家不少次的删改和琢磨的"。③

总之，郭沫若在古史研究过程中，能注意吸收前人辨伪方面的研究成果，并能发前人之所未发。但他的某些推论由于缺乏翔实的证据和缜密的论证，显得有点武断，有些观点是很难令人信服的。

---

① 郭沫若：《周官质疑》，收入《金文丛考》，人民出版社，1954年。又见《郭沫若全集》考古编第五卷，人民出版社，1982年。
② 张亚初、刘雨：《西周金文官制研究》，中华书局，1986年。
③ 郭沫若：《奴隶制时代》，人民出版社，1973年。

第七节

集伪书考辨之大成——张心澂的《伪书通考》

张心澂（1887—1973年），字仲清，广西永福县人。出身于晚清一个官宦之家。青年时期，张心澂进入我国最早的外语专科学校——北京译学馆学习，毕业后在北洋政府交通部做职员。后长期从事会计工作，曾任南京国民政府交通部会计长、交通部参事、广西省政府会计委员会主任委员等职。他十分关注交通、航运、电信事业的发展，曾著有《现代交通会计讲演录》《交通理债方略》《中国现代交通史》《帝国主义在华航业发展史》《帝国主义之电信侵略》等书，揭露帝国主义在航业、电信等方面对我国的渗透和侵略。1936年1月起，他在上海专心致力于集古今考辨伪书之大成的辨伪工具书《伪书通考》的撰写。1949年后，他先后担任广西大学经济系教授、广西省文史研究馆馆员等，1973年病逝于桂林。

《伪书通考》的编著，最初是受了顾颉刚《古史辨》第一册的启迪。张氏自称：

> 我编著这书的动机，是在《古史辨》第一册出版未久时，我读了它感觉到辨伪对于研究学术和考察各时代思想和情况的重要性。我阅读了姚际恒的《古今伪书考》，引起我对于伪书的辨别很感兴趣，又得着宋濂的《诸子辨》和胡应麟的《四部正讹》，于是把这三部书拼合起来，以书名为纲，对于某一部书辨伪之说，集合在一起，以便于自己阅览，初无意于编著。以后在他书得有辨伪资料，也随时加入，逐渐发展，所集渐多，遂立意编著一部《伪书通考》，以供读者参考。[①]

《古史辨》第一册出版于1926年，可见张氏萌发编著《伪书通考》的想法始于二十世纪二十年代中叶后。1936年至1937年之间，张氏由于失业，在上海专心致力于该书的编著。1939年2月，该书由商务印书馆首次出版，时值抗日战争最困难的时期。中华人民共和国成立初期，张氏由广西大学转入广西省文史研究馆，专作文史工作，于是对《伪书通考》做了重新修订。书中所考辨的古书共1104部，较前增加了45部。各部书内增加了各家之说，各家之说内又有些补充，并列入当代著名学者之说，增加并更换了编者的案语。该书修订本于1957年11月由商务印书馆出版。

《伪书通考》共分为《总论》《经部》《史部》《子部》《集部》《道藏部》《佛藏部》七个部分。

[①] 张心澂：《伪书通考》"修订版序"，上海书店，1998年。

其中《总论》主要论述:"为什么要辨别伪书""伪的程度""伪书的产生""作伪的原因""伪书的发现""伪书的范围""辨伪的发生""辨伪的规律""辨伪的方法""辨伪的条件"等,实际是对前人辨伪学理论的总结,比如谈到伪书伪的程度、伪书的产生、作伪的原因、辨伪的方法等基本依据胡应麟《四部正讹》"叙论""结论"和梁启超《古书真伪及其年代》等。其中也有编著者自己的见解,如他总结出六条辨伪的规律则是前人所未论及的。

(一)不可和其他目的相混淆。

张氏认为:

> 我们要辨别伪书的目的,是要求得知其一书的真实情形。第一能辨别出这一书不是某时某人撰的,和它伪的程度怎样;第二能进一步辨别出这书是某时某人撰的,或有意伪造的。简言之,就是求真的目的。①

他认为有三种目的不可与之相混淆。一是不能把拥护圣道的目的与之混淆,比如"儒者有为了拥护圣道而辨伪的,凡不合于他们所谓圣道的书,就是伪书。如以尧、舜为圣人,遇到说尧、舜好的记载,就认为是真的;遇到说尧、舜不好的记载,就认为是伪的。又如以周武王为圣人,《逸周书》中《克殷》《世俘》两篇记武王的残暴,就以为其是后人所伪造,不是真的周书"。②他认为把拥护圣道与辨别伪书的目的混而为一,是不符合辨伪规律的,结论不见得是正确的。二是不能把为自己一派争胜的目的与之混淆。比如"遇到某部书或某书的某部分认为是伪的,于我派有利,就多方辨明他的伪;若认为是真的,于我派有利,就多方辨明它不伪,而于我派不利的地方就抹杀了不说"。③他认为这是为自己一派争胜的目的,不是辨伪的目的,所辨的结论,违背了辨伪规律,不会是正确的。三是不能以矜奇好异为目的,以破坏为目的,以捣乱为目的。他反对那种为推翻前人所说、炫耀自己学识才能而强词夺理、吹毛求疵的辨伪态度,认为这不合于辨伪规律。

(二)不可有主观的唯心的成见。

张氏指出:

> 辨伪书是要求得客观的唯物的实在。若辨伪的人用主观主义唯心论,预先存有一个成见,那辨别所得的结论,就不会正确。④

---

① 张心澂:《伪书通考》总论"辨伪的规律",上海书店,1998年。
② 张心澂:《伪书通考》总论"辨伪的规律",上海书店,1998年。
③ 张心澂:《伪书通考》总论"辨伪的规律",上海书店,1998年。
④ 张心澂:《伪书通考》总论"辨伪的规律",上海书店,1998年。

（三）不可以一般来概括全体。

他认为：

> 不可因书内一部分的伪，或一句数句的话，或所用的名词和著者的时代不合，因而肯定这书全体是伪。因一部分或者有为后人所窜入，字句间或者有因传写的错误，而相沿或后人所改的。……总之，不能以一种孤立的证据来定是非，还要参以他种证据，综合起来，才能肯定。①

（四）不可和书的价值问题相混淆。

他认为不能简单地说这书是真，就有价值，不真就没有价值。因为书的价值是另外一个问题。比如王安石说孔子的《春秋》是断烂朝报，认为《春秋》虽然是孔子作的，也没有价值。而有些伪书则有相当价值，比如张湛伪造的《列子》，可用来考查晋人的思想。《本草》虽假名神农，《素问》虽假名黄帝，但此书在医学上是有用而有很高价值的。

（五）不可和书中所说的真伪问题相混淆。

他认为：

> 不能因为书是真，就认为它所叙的事实都确实，所说的理论都正当。……又不能因书内所叙的事实不真确，所说的理论不正确，而认这书是伪的。②

（六）不可和书的存废问题相混淆。

他认为：

> 并不是经过辨别了，真的就应该存留，伪的就应该废弃。可能有书虽不是伪造，而它本身没有什么价值，没有保存的必要的；有的书虽是伪造，而它本身确有价值，有值得保存、批判的采用，或可留作参考之用的。③

以上所述六条辨伪规律概括了古书考辨过程中应该注意的问题和考辨者所应持的正确态度，对指导辨伪工作有较强的现实意义。

《伪书通考》的一个重要特点是对每一部被考辨的古书，都按照时代的顺序列举历代学者对该

---

① 张心澂：《伪书通考》总论"辨伪的规律"，上海书店，1998年。
② 张心澂：《伪书通考》总论"辨伪的规律"，上海书店，1998年。
③ 张心澂：《伪书通考》总论"辨伪的规律"，上海书店，1998年。

书的考辨之说，并注明引文出处，使读者能较为清晰地了解历代学者对该书的考辨情况。

比如辨《晏子春秋》，编著者先辑录《史记·管晏列传》中司马迁语"余读《晏子春秋》，详哉其言之也。其书世多有之"，说明该书最早见于著录的情况。接着录刘向《别录·〈晏子〉序》以说明其后世流传及整理的情况。录《汉书·艺文志》《隋书·经籍志》《旧唐书·经籍志》《新唐书·艺文志》的著录以介绍其流传的线索。录柳宗元《辨〈晏子春秋〉》文介绍首先对该书发疑的情况，而后依时代顺序列宋代目录学著作的著录情况及《四库全书总目提要》的评价及考辨，列举章学诚、孙星衍、梁章钜、管同、梁启超的有关论述。其中如果能补录宋濂《诸子辨》、姚际恒《古今伪书考》中关于《晏子》的考辨语，则辑录的考辨材料会更完整、更系统。

《伪书通考》的另一个重要特点是，编著者不仅仅是客观地辑录有关辨伪的资料，有时还加上编著者自己的案语，标明自己的态度。比如在辨《尚书·洪范》时，张心澂在刘节《洪范疏证》考辨的基础上，又提出四条新的证据。

（一）殷代用龟卜不用蓍筮，甲骨文没有筮字卦字。蓍筮是殷代周国所用，周与殷通往来，以至周灭殷后，卜筮兼用，而以卜为重。《洪范》兼说卜筮，可见不是周初箕子说的。若说箕子生于殷末周初，不会不知道筮法，但他不是说他自己的意见，而是说天锡禹的《洪范》九畴。天锡固然是胡说，然而这是禹传下来的宝典，殷代也遵行的，无论是禹说的或是殷代造出来的，都不会说到当时没有的筮。由这一点可证明《洪范》绝不是周初箕子所说的。

（二）伏生的《尚书大传》内已有《洪范五行传》，则吴其昌所说秦、汉时人作《洪范》不确。但《尚书大传》有"周公先谋于同姓，同姓从，然后谋于朋友，朋友从，然后谋于天下，天下从，然后加之蓍龟"和《洪范》的"汝则有大疑，谋及乃心，谋及卿士，谋及庶人，谋及卜筮"，大致相同，次序也同。然照周公之意，是天下从了，然后才卜筮。《洪范》这段的下文是王和龟、筮、卿士、庶人共五票，以三票多数为吉。如王所主张或不主张的事，只要沟通了卜筮的人，演出吉或凶来就好了。谋及卿士、庶人都成了具文，和周公的意思迥不相同。若《洪范》真是武王从箕子得来的宝典，为什么周公的意思和它不同，而周公的意思比它为好，这也可见《洪范》不是箕子说的。

（三）三德中的"刚克""柔克"，是由《易》阴阳刚柔的道理而来，可见《洪范》的成书在《易卦》爻辞之后。

（四）八政内的司空、司徒、司寇是周代的官名，为殷代所没有的。[①]

在案语中，张氏对郭沫若关于《洪范》是子思、孟子一派人所作的观点提出了不同的看法。他说："如果是（子思、孟子这一派人作）的话，该当以仁、义、礼、智、信来配五行，不会采《诗·小旻》的肃、乂、哲、谋、圣。"[②]最后他表明自己的看法："《洪范》一篇既采用了《诗·小

[①] 张心澂：《伪书通考》经部书类《今文尚书》，上海书店，1998年。
[②] 张心澂：《伪书通考》经部书类《今文尚书》，上海书店，1998年。

旻》和《大东》，就在周幽王以后，可能是春秋时东周的史官作的。以武王访箕子的实事做基础，把周王室所主张的做内容，托为是箕子说的。"①

又如辨《西京杂记》，他列举了黄伯思《东观余论》、晁公武《郡斋读书志》、陈振孙《直斋书录解题》，及胡应麟、卢文弨、孙志祖、谭献、李慈铭等的论述后，加上一段很长的案语，说明《西京杂记》的内容是刘歆未成的《汉书》底本的一部分。他提出了以下七条证据。

（一）书内所记的都是西汉的事，没有发现刘歆以后的事。

（二）书内说到扬雄的有八处。……大有雄才高而苦作，且为歆所问穷，暗寓不及歆之意，颇似歆说的。

（三）书内有问扬雄《尔雅》是否周公所作，雄答以孔子所记，故《尔雅》不著撰人名氏。《艺文志》是根据刘歆《七略》的，可见歆采用雄的话，在《七略》内不认《尔雅》是周公作，故缺撰人名。可证《西京杂记》内这一条是歆记的。

（四）书内说："家君作弹棋以献成帝"，刘歆的父向正是成帝时人。又说："余所知爱猛说其大父为广川王中尉，说王所发掘墓不可胜数。"广川王是汉宣帝的儿子，他的中尉的孙子可能和刘歆同时。这两条可见是歆记的。

（五）颜师古说这书"浅俗出于里巷"，李慈铭说"诸条事实是两汉故老所传"，但如未央宫的建置、昭阳殿的建筑及陈设、上林苑果树种类、汉帝舆驾的仪仗，还有宫内汉帝和妃嫔的情事，不是里巷所能知道、故老所能传说的。只有以刘歆的地位，与宫廷及各方接近，才能得知。如问上林令得知上林苑果树种类；昭阳殿情形是匠人丁缓向他姊子说，外人稀知的；昆明池的船，是著者少时看见的，等等。

（六）有些事实，若是汉朝的史官作《汉书》，是会为汉朝隐讳，不肯也不敢记载的。如汉成帝的赵后与庆安世同居处，又因无子，借口祈祷，设密室引少年为女子入宫淫通。又如元帝时画工受贿，王昭君无贿，画像不佳，嫁匈奴时，帝见其美，遂杀画工六人。这是刘歆有心佐王莽篡汉，尽量发表汉室的丑事，以见得汉朝无道，该当要亡。

（七）有些事实，在史官也可能记录的，但该书内所记，是刘歆有心佐莽篡汉，别有用意才记的。如记高帝常拥戚夫人倚瑟而弦歌，宫内尝以弦管歌舞相欢娱，竟为妖服以趣良时，是有意宣扬汉室皇帝的荒淫。又如书内详说未央宫、昆明池、上林苑的建造等，是宣扬汉室无道，大兴土木，以穷民力，以见汉室该亡。

由此张氏得出结论，认为《西京杂记》"是刘歆所记的未成的《汉书》底本的一部分，为班固所没有采用的"。②

张氏还列举七条证据说明该书不是葛洪所撰：（一）葛洪《后序》已说明是抄刘歆的。（二）书

---

① 张心澂：《伪书通考》经部书类《今文尚书》，上海书店，1998年。
② 张心澂：《伪书通考》史部杂史类《西京杂记》，上海书店，1998年。

内有和扬雄问答，洪是晋时人，哪能和汉时扬雄对话？（三）书内有"余就上林令虞渊得朝臣所上草木名"，是承上文"修上林苑"而来，上林苑是汉时的，不是晋时的，晋时只有华林令，葛洪哪能向汉时的上林令去问得此事。（四）书内有"家君作弹棋以献成帝"事，而葛洪的父亲不会向汉朝的成帝贡献。（五）书内有"余所知爰猛说其大父为广川王中尉，说王所发掘冢墓"，洪不会和汉宣帝的儿子广川王的中尉的孙爰猛相知。（六）书内说"昆明池中有弋船楼船，余少时犹忆见之"，黄伯思既指出葛洪没有到过长安，又怎样能忆见？（七）照《四库提要》举出的"《晋书·葛洪传》载洪所著无《西京杂记》之名"，这也是一个不是洪撰的证明，但不能证明不是洪抄录刘歆的，因不是他撰的，所以洪传内不列，至于他抄录的，那传内就不管了。①

此外他还从四个方面论述《西京杂记》也非如胡应麟所认为是吴均所作。

张氏的考辨细密而审慎。他在前人考辨的基础上多有发明，可见这是他经过深入的研究所得的结果，具有很强的说服力。

总之，《伪书通考》是一部系统的伪书考辨资料集，同时该书也反映了编著者自己考辨伪书的学术成就，是我们从事文、史、哲、道教、佛教研究工作所必需阅读的一部辨伪工具书。

受张心澂《伪书通考》的启迪和影响，二十世纪八十年代郑良树出版《续伪书通考》，将已收入《古史辨》而没被新旧版《伪书通考》搜集到的材料，包括散见于学报、学术期刊上的辨伪论文，新刊的古籍书前、书后辨伪的"序""跋"，及各专书内涉及辨伪的章节悉为编入，续补了《伪书通考》的内容，为以后从事古籍辨伪学研究的同仁提供了更为系统、翔实的材料。

---

① 张心澂：《伪书通考》史部·杂史类《西京杂记》，上海书店，1998年。

第八节
竹简帛书的出土对古书辨伪的作用及影响

二十世纪七十年代以来，一批简牍帛书的出土为辨别古书的真伪提供了强有力的证据，由此推动了新时期辨伪学的发展。

如1971年，安徽阜阳西汉汝阴侯夏侯灶墓出土了《晏子春秋》残简；1972年4月，山东临沂银雀山汉墓出土了四千四百余枚竹简，其中包括《孙子兵法》《孙膑兵法》《六韬》《尉缭子》《墨子》《管子》《晏子》等残简；1973年冬至1974年春，湖南长沙马王堆三号汉墓出土了大量帛书，其中包括《老子》《经法》《十大经》《战国纵横家书》及兵书、历书、天文、五行、杂占、医书等十多种古书；1973年，河北定县汉墓出土了《晏子春秋》《论语》《儒家者言》《哀公问五义》《文子》《太公》等八种残简；1975年，湖北云梦睡虎地出土了《编年纪》《日书》等十种秦简；1978年，青海大通县上孙家寨汉墓出土了与《孙子》有关的竹简文献。2008年7月，自香港运回内地入藏清华大学的"清华简"，经初步清理后共得竹简2388枚，完简1700~1800枚，经北京大学加速器质谱实验室进行AMS碳14年代测定年代数据为公元前305年左右，经专家组鉴定得出结论：这批竹简"应是楚地出土的战国时代简册"。经多年的整理，已陆续出版"清华简"四册。整理出来的简册中，共有文献十九篇，共436枚竹简。其中与《尚书》相关的内容最多，如《尹至》《尹诰》《程寤》《保训》《皇门》《祭公》《金縢》《说命》诸篇。与《诗经》相关的有《耆夜》《周公之琴舞》《芮良夫毖》《祝辞》。与《易》相关的有《筮法》《别卦》。还有类似于《竹书纪年》的《系年》，有关楚国神话与古史的《楚居》，有关上古传说人物与古史的《良臣》《赤鹄之集汤之屋》。另有关于数学史的《算表》。这批竹简的下葬时间是战国中晚期，在秦始皇"焚书坑儒"之前，司马迁写《史记》时也不曾见过。因此对考辨存世文献的真伪具有重要作用。

大量竹简、帛书的出土，不仅对古书的训诂、校勘等产生重大影响，而且为古书的辨伪提供了大量新的证据，使一些历史上悬而未决的问题得以顺利解决。这些简牍帛书的出土之所以震动了学术界，一个重要的原因是其中有历来被怀疑或断言是伪书的《文子》《尉缭子》《鹖冠子》《晏子春秋》《六韬》《孙子兵法》《孔子家语》等。这就促使学术界感到有对前人辨伪成果进行重新审视、考辨的必要。自二十世纪七十年代末以来，这类辨伪成果很多，主要有：裘锡圭《考古发现的秦汉文字资料对于校读古籍的重要性》，常征《〈穆天子传〉是伪书吗?》，李学勤《马王堆帛书与〈鹖冠子〉》和《竹简〈家语〉与汉魏孔氏家学》，周山《〈尹文子〉非伪析》，曾旅文《〈鹖冠子〉的真伪及时代》，杜宝元《〈鹖冠子〉研究》，张丰乾《试论竹简〈文子〉与今本〈文子〉的关系——兼为〈淮南子〉正名》，陈克明《略论〈孙膑兵法〉》，吴九龙《〈晏子春秋〉考辨》等。[①]关于"清华简"与传世文献真伪的考辨及古史的研究，也引起人们的重视，一大批论文先后发表，如李学勤的《清华简与〈尚书〉〈逸周书〉的研究》《由清华简〈系年〉论〈文侯之命〉》《清华简〈系年〉及有关古史问题》《论清华简〈楚居〉中的古史传说》，阮明套《清华简〈赤鹄之集汤之屋〉所见古史传说》，李锐《由出土〈诗经〉类文献论孔子删诗》，等等。通过对出土简帛文献的研究，人们解决了不少历史上悬而未决的问题。现仅举数例。

（一）关于《尉缭子》的成书时代。

《尉缭子》一书，《汉书·艺文志》杂家著录为二十九篇。注曰："六国时。"《隋书·经籍志》杂家著录为五卷，注曰："尉缭，梁惠王时人。"晁公武《郡斋读书志》称："未详何人书。论兵主刑法。……首篇称梁惠王问，意其魏人欤？"姚际恒称："其首《天官篇》与梁惠王问对，全仿《孟子》天时不如地利章为说，至《战威章》则直举其二语矣，岂同为一时之人，其言适相符合如是耶？其伪昭然。"[②]姚鼐称："《尉缭》之书，不能论兵形势，反杂商鞅刑名之说，盖后人杂取苟以成书而已。"[③]谭献称："《尉缭子》世以为伪书。文气不古，非必出于晚周。"[④]可见人们大都认为它是后人伪托，非必出于尉缭子之手。

银雀山汉墓出土的《尉缭子》残简，与今本相合者共计六篇，即《兵谈》《攻权》《守权》《将理》《原官》《兵令》。根据何法周《尉缭子初探》一文报告，银雀山汉墓为汉武帝初期的墓葬，那么，这批出土的兵书的书写年代，应该为时颇早。又从富有篆味的隶书的字体来观察，对于汉初几个皇帝的名，如"邦""盈""恒""启""彻"，都不避讳，可见抄写的年代应该在汉统一天下之前，而著作时代可能更早。

何法周从银雀山出土的《尉缭子》中得到启示，对《尉缭子》的成书年代重新进行考订。在《尉缭子初探》一文中，他列举了五条证据来论证他的观点，其中有三点最为重要。

1.《尉缭子》在讲道理、献教令的过程中，从第一篇到最末篇，不断有"听臣言，其术……""听臣之术，足使……""听臣之言，行臣之术……"，以及"臣闻""臣谓""臣以为""明举上达，在王垂听也"等保留了尉缭向梁惠王献说时的身份的语句。

2.《尉缭子》所引证的历史人物、历史事件，有很鲜明的时代特色。所引证的历史人物有黄帝、尧、舜、文王、武王、太公望、纣王、飞廉、恶来、齐桓公、公子心、孙武、吴起，而以引证至战国前期之吴起为止。就引证历史人物而言，以提及吴起的次数为最多；就引证历史事件而言，以引证吴起以法治军、与士卒同甘苦为最多、最详细。

3. 书中所反映出来的献令对象，是一位不懂得任地、制民的富国强兵之道的国君，甚至于把

---

① 以上统计据刘重来《中国二十世纪文献辨伪学述略》，《历史研究》1999年第2期。
② 姚际恒：《古今伪书考》"《尉缭子》"，见《古籍考辨丛刊》第一集，中华书局，1955年。
③ 姚鼐著、王益吾选编：《姚姬传文》"读司马法六韬"，中华书局，1941年。
④ 谭献：《复堂日记》，河北教育出版社，2001年。

距他们最近的治军作战经验也忘得一干二净，这样的一位国君，应该不会是秦始皇。

何法周的结论是："根据上述事实，我们应该确认《尉缭子》是梁惠王时期的尉缭的政治军事思想的记录，……不论《尉缭子》一书是出自这个尉缭的手笔，还是由后人记录、写定，它都应视为梁惠王时期的尉缭的著述。"[①]

郑良树在《论〈孙子〉的作成时代》一文中又补充一条证据，认为《尉缭子》一书中常常提到"世将"的名词，并对"世将"多有批评，他指出："所谓'世将'，应该和'世臣'的意义相近，套用赵岐对'世臣'解释的话语，应该是'累世修德之将'也；易而言之，即世袭的将领。"他指出："《尉缭子》不断地对'世将'提出严厉的批评，正是正确地反映士人向贵族争夺政权的战国早期时代背景；如果说《尉缭子》作成于秦始皇时代，那个时候，不但是秦廷，甚至于战国其他诸雄，几乎根本没有世袭的贵族在位了，《尉缭子》的作者如何会发出这种言论呢？"因此他认为《尉缭子》的作成时代，应该是在战国魏惠王的时代（即前370—前335年）。何、郑二氏的论断是很有说服力的。[②]

（二）关于《孙膑兵法》和《孙子》的有关争论及最后的定案。

《史记·孙子列传》载："孙子武者，齐人也。以兵法见于吴王阖庐。阖庐曰：'子之十三篇，吾尽观之矣，可以小试勒兵乎？'对曰：'可。'阖庐曰：'可试以妇人乎？'"又载："膑亦孙武之后世子孙也。孙膑尝与庞涓俱学兵法。……孙膑以此名显天下，世传其兵法。"司马迁记载得非常清楚，孙武和孙膑不但确实都有其人，而且各有兵书流传于世。

最早提出《孙子》一书真伪问题，怀疑孙武是否为《孙子兵法》作者的是北宋仁宗时期的梅圣俞，他在欧阳修为其所作的《孙子注》后序中云："尝评武之书曰：此战国相倾之说也。三代王者之师，司马九伐之法，武不及也。然亦爱其文略而意深，其行师用兵，亦皆有法，其言甚有次序。"[③] 宋叶适更是直接否定孙武作《孙子兵法》，他说：

> 自周之盛，至春秋，凡将兵者必预闻国政，未有特将于外者；六国时此制始改，吴虽蛮夷，而孙武为大将，乃不为命卿，而《左氏》无传焉，可乎？故凡谓穰苴、孙武者，皆辨士妄相标指，非事实。……春秋末战国初山林处士所为，其言得用于吴者，其徒夸大之说也。……其言阖庐试以妇人，尤为奇险不足信。[④]

明宋濂则不同意叶适的意见。他说：

---

① 何法周：《尉缭子初探》，《文物》1977年第2期。
② 郑良树：《论〈孙子〉的作成时代》，见《竹简帛书论文集》，中华书局，1982年。
③ 欧阳修：《孙子序》引，见《欧阳文忠全集》卷四十三，四部备要本。
④ 叶适：《习学记言序目》卷四十六，中华书局，1977年。

叶适以不见载于《左传》，疑其书乃春秋末战国初山林处士之所为。予独不敢谓然。春秋时，列国之事赴告者则书于策，不然则否。二百四十二年之间，大国若秦、楚，小国若越、燕，其行事不见于经、传者有矣，何独武哉？[①]

清姚鼐则赞成叶适说。他认为：

《左氏》序阖闾事，无孙武。太史公为《列传》，言武以十三篇见阖闾。余观之，吴客有孙武者，而十三篇非所著。战国言者为之，托于武焉尔。[②]

日本学者斋藤拙堂作《孙子辨》则认为：

此书当为战国以后之作。《战国策》名孙膑曰孙子，《史记》列传及自序据以记膑之兵法，故今之孙子乃膑著。武与膑乃一人，武其名，膑其号也。[③]

斋藤拙堂把孙武、孙膑当成了一个人。

日本学者武内义雄认为：孙武、孙膑各为一人，各有著述。惟今《孙子》十三篇为孙膑所著。[④]

金建德也颇赞成叶适之说。他认为《史记》记孙武的内容"完全近于传说，不足为信。至于所记孙膑的事实，多见于《战国策》，而记孙武则别书尚无可考。孙武既为传说，则孙子这部书的作者，当为战国时的孙膑无疑"。[⑤]

这场纷纷扬扬的争论延续了七八百年，究竟孰是孰非，银雀山汉墓出土的《孙子》十三篇及《孙膑兵法》，对此起了决定性的作用。首先我们可以以此证明司马迁《孙子列传》的记载是真实可信的。叶适以为"其言阖庐试以妇人，尤为奇险不足信"，金建德也认为这种记载"完全近于传说，不足为信"。事实上，出土的竹简上有"孙武以'妇人'试行列阵的记述"。[⑥] 其次是可以证明《孙子》十三篇和《孙膑兵法》正如司马迁所记载的，不但是不同的两部分，并且很早就已经分别流传于世了。

关于《孙膑兵法》作成年代，杨伯峻曾做过一个推断。他说："我认为《孙膑兵法》的编定，和一些先秦的其他古籍一样，当出于其门弟子之手。自然，也不必排斥这样一种判断，即《孙膑兵

[①] 宋濂：《诸子辨》"《孙子》"，见《宋濂全集》第一册，浙江古籍出版社，1999年。
[②] 姚鼐著、王益吾选编：《姚姬传文》"读《孙子》"，中华书局，1941年。
[③] 武内义雄：《孙子十三篇之作者》引，见《先秦经籍考》中册，商务印书馆，1931年版。
[④] 武内义雄：《孙子十三篇之作者》，见《先秦经籍考》中册，商务印书馆，1931年版。
[⑤] 金建德：《孙子十三篇作于孙膑考》，见《古籍丛考》，中华书局，1941年版。
[⑥] 詹立波：《略谈临沂汉墓竹简孙子兵法》，《文物》1974年第12期。

法》的一部分或大部分是孙膑的原著,最后经过他的弟子增补编定。"[1]据钱穆考订,孙膑约生于公元前380年,约卒于公元前320年,享年六十一岁。[2]据此可以推断,《孙膑兵法》的作成及编定年代在公元前320年前后十余年间。

出土的《孙膑兵法》和《尉缭子》都明引《孙子》十三篇的文字,暗用其理论,说明两书的作者都读过《孙子》十三篇,显然《孙子》十三篇的作成时代应该在这两书的成书之前,大约在春秋末年或战国之初。[3]

由此可见,叶适等人将《孙子》成书的年代推断为春秋末战国初是有一定道理的。但叶适错在疑古太过。他怀疑孙武有无其人,怀疑《史记·孙子兵法》的记载不真实,认为《孙子》为山林处士所为。他的一些观点曾经迷惑过不少人。两部兵法的发现,无疑是对他某些推测、论断的彻底否定。

(三)帛书《战国纵横家书》为考辨《战国策》《史记》记载内容的真伪提供了有力的证据。

马王堆三号汉墓出土的一部类似《战国策》的帛书,未标书名,后被整理者定名为《战国纵横家书》,共分二十七章,一万一千余字。其中有十一章大体上与《战国策》《史记》内容相同,其余十六章为逸书。该书的前十四章,保存了已被埋没两千多年的关于苏秦的书信和谈话,为我们考辨《战国策》《史记》记载内容的真伪提供了有力的证据。

比如《战国策》《史记》所记苏秦、张仪、苏代的故事往往混淆不清、时序颠倒。张仪的年辈要比苏秦早得多,张仪在秦国当权时,苏秦只不过是个年轻的游说之士。《淮南子·泰族训》谈到张仪、苏秦的合纵连横时,两次均是张仪在前。《孟子》中提及张仪,尚不知有苏秦。张仪死在公元前310年,苏秦要晚死二十五年左右,他是在齐国因"阴与燕谋齐"的"反间"罪而被车裂处死的,其时当在前285年燕将乐毅大举攻齐之时。而到了《史记》中,苏秦则成了张仪的前辈,苏秦挂了六国相印后,激怒了贫困的张仪,张仪于是入秦。一直到苏秦死后,张仪才搞连横。唐兰指出:

> 这显然是战国末年把范雎改名为张禄入秦为相的故事,误传为张仪而写成小说家言,而司马迁却误信为真了。战国末年学纵横之术的好事者曾拟作苏秦合纵和张仪连横十多篇,文笔颇酣畅可喜。这些伪作充塞于《史记》和《战国策》中,把真正的苏秦事迹都搅混乱了。[4]

---

[1] 杨伯峻:《孙膑和〈孙膑兵法〉杂考》,《文物》1975年3期。
[2] 钱穆:《先秦诸子系年·通表》附表,商务印书馆,2001年。梁启超《诸子考辨》所附《先秦学术年表》,末列孙膑生卒年。
[3] 郑良树:《论〈孙子〉的作成时代》,见《竹简帛书论文集》,中华书局,1982年。
[4] 唐兰:《司马迁没有见过的珍贵史料——长沙马王堆帛书〈战国纵横家书〉》,附录于《战国纵横家书》,文物出版社,1976年。

帛书《战国纵横家书》中有关苏秦原始资料的发现，为我们提供了一个鉴别苏秦资料真伪的标准尺度，使我们能够去伪存真，恢复历史的本来面目。

比如帛书二十二章"苏秦谓陈（田）轸"载："齐宋攻魏，楚回翁是，秦败屈匄。胃（谓）陈轸曰：'愿有谒于公，其为事甚完，便楚，利公。成则为福，不成则为祸。今者秦立于门，客有言曰：……"这个游说之士自称为秦，显然是苏秦，而《史记·田敬仲完世家》却改作苏代谓田轸。这是因为齐宋攻魏，在前312年，照司马迁的错误年代，苏秦早已死了，因此不得不改为苏代。当时苏秦年纪尚轻，还没有知名，故立于门前，听到一些传闻之辞，就来请谒陈轸，尊称陈轸为公。而据《战国策·魏策》，苏代曾为田需说魏王，田需死后（公元前310年），苏代又为楚国的昭鱼说魏王。《韩非子·外储说右》又记苏代由齐使燕（公元前318年前后），为燕相子之说燕王哙。可见在前4世纪末，苏代已往来于楚魏燕齐各国，显名于诸侯。因此唐兰认为："《史记·苏秦传》说苏代是苏秦之弟，事实上苏代当是兄。""其实，苏代此时早就显名于诸侯，决不会立在门前，听到一些传闻之辞，就来请谒陈轸的。"①

再如帛书第五章"谓燕王"，原未说明燕王为哪个王。而《史记·苏秦列传》将其列为燕易王时，称："秦惠王以其女为燕太子妇。是岁，文侯卒，太子立，是为燕易王。易王初立，齐宣王因燕丧伐燕，取十城。"苏秦说齐宣王，说"燕虽弱小，即秦王之少婿也"，劝齐宣王不要与强秦为仇而归燕十城，齐宣王同意了。苏秦回燕而燕王不接待他，他知道有人说他坏话，所以有"今日愿耤（籍）于王前，叚（假）臣孝如增（曾）参，信如尾星（生），廉如相（伯）夷，節（即）有恶臣者可毋掣（惭）乎？"②这一番谓燕王的话，与《战国策·燕策一》"人有恶苏秦于燕王者"章和"苏代谓燕昭王"章大同小异。只是《战国策》把燕王指明为昭王，把苏秦改作了苏代。唐兰考证说：

齐宣王伐燕，事实上并不是燕易王时的公元前332年，而是前314年的燕王哙和燕相子之时。秦惠王的少婿，也决不是燕文侯的太子燕易王而应是燕公子职，即燕昭王。

他认为"苏代谓燕昭王"一章，"指明燕昭王，时代对了，把苏秦改作苏代又错了"。③

马雍也认为：

就帛书第五章所保存的内容而言，谈话的中心着重于"自复"和"进取"两种不同的精神，而"进取"乃指扩大领土为言，可见"自复"即指恢复旧有领土。进言者劝燕王

---

① 唐兰：《司马迁没有见过的珍贵史料——长沙马王堆帛书〈战国纵横家书〉》，附录于《战国纵横家书》，文物出版社，1976年。
② 马王堆汉墓帛书整理小组编：《战国纵横家书》第五章，文物出版社，1976年。
③ 唐兰：《司马迁没有见过的珍贵史料——长沙马王堆帛书〈战国纵横家书〉》，附录于《战国纵横家书》，文物出版社，1976年版。

不要以"自复"为满足，应当"进取"，这显然是对燕昭王所说的话。因为昭王承燕国破败之余，才有所谓"自复"的问题；也因为昭王力图报复，怀攻齐的打算，才有所谓"进取"的可能。如果将这段话移在燕易王时，就成了无的放矢。由此推断，第五章应当是同燕昭王的对话，其内容应当与策划破齐有关。……不过，需要对《燕策》乙篇加以订正的是，这位进言者应为苏秦而非苏代。苏代不曾为燕昭王出谋划策来破坏齐国，帛书这十四章中别无一字及于苏代。①

这些论证都是很有说服力的。

（四）关于《孔子家语》真伪的定案。历代关于《孔子家语》真伪的争辩一直持续不断。1973年河北定县八角廊西汉墓出土的竹简《儒家者言》以及1977年安徽阜阳双古堆西汉墓出土的竹简中与《儒家者言》类似的文字，内容与《孔子家语》极为相近。说明《孔子家语》的原型本在西汉时期就存在了。上海博物馆藏战国楚竹书《民之父母》篇也与《家语》关系密切。据此，李学勤认为："《儒家者言》也可称为竹简本《家语》。"他认为王肃自述得自孔子二十二世孙孔猛当为可信。又有源自孔安国的传说，这与汉魏时期得孔氏家学有关，汉以后，孔子后裔中也有世守家学而成为一个学派的，自孔安国而至孔僖、孔季彦相承。《孔丛子》可说是孔氏家学的学案，故《家语》也属于孔氏家学的产物。②何直刚在《〈儒家者言〉略说》中比较了竹简《儒家者言》和《论语》的内容，认为《儒家者言》"是一部和《论语》很有关系的儒家的著作。"③廖名春也认为："《孔子家语》一书，阜阳和定县八角廊都有竹简本出土。与今本比较，只不过一繁一简。今本在竹简本的基础上有所增广补辑。我们不能因这些增广补辑部分而将其看作伪作，不能因其流传中的问题而否定其本身。"④廖名春、张岩在《从上博简〈民之父母〉"五至"说论〈孔子家语·说礼〉的真伪》中，以"五至"说加以比较，认为《孔子家语·论礼》篇"子夏侍坐孔子"章与《礼记·孔子闲居》篇及楚简《民之父母》篇所据祖本不同，《家语·论礼》篇所记更为真实，更符合原意，并非抄袭《礼记》而来。⑤

新发现的竹简、帛书对考辨古书的真伪、订正史实的讹误、解决历史上悬而未决的积案等，实在是不可多得的珍贵材料。

---

① 马雍：《帛书〈战国纵横家书〉各篇的年代和历史背景》，附录于《战国纵横家书》，文物出版社，1976年版。
② 李学勤：《竹简〈家语〉与汉魏孔氏家学》，《孔子研究》1987年第2期。
③ 何直刚：《〈儒家者言〉略说》，《文物》1981年第8期。
④ 廖名春：《梁启超古书辨伪方法平议》，见《中国学术史新证》，四川大学出版社，1977年。
⑤ 廖名春、张岩：《从上博简〈民之父母〉"五至"说论〈孔子家语·说礼〉的真伪》，《湖南大学学报》2005年第5期。

结语

中国辨伪学走过了十分漫长的探索之路。从先秦时期人们对古史记载的怀疑，发展到汉魏以来人们对伪史、伪说、伪书的不断考证和对辨伪学自身的研究。其间，历代学者做了大量艰辛的研究工作，逐渐拨开了笼罩在伪史、伪说、伪书之上的迷雾，使人们更清晰地看见了古史的本来面目和古代典籍的真伪，尤其是随着出土文献的发现，为古史、古书的考辨增加了不可多得的佐证，解决了历史上许多悬而未决的问题。

总结中国辨伪学的发展历史，从中不仅可以看到历代学者在考辨伪史、伪说、伪书方面所做的工作，更重要的是从中可以了解某种伪史、伪说产生及考辨的过程及结论，某种典籍作伪的背景、动机、伪的程度等，还可以从中了解历代学者在考辨工作中所采用的方法和对伪书的态度。这样就为下一步搜集资料做研究工作提供了有益的借鉴，避免把伪史、伪书当作可靠的资料来使用。

辨伪学是一门既古老又年轻的学科。总结中国辨伪学的历史，是一项十分艰巨的工作。历代学者，尤其是唐宋以来有很多学者对伪史、伪说、伪书的考辨都发表过不同的见解，它们分布在每位学者的笔记、文集、专著中，在浩如烟海的典籍中搜集这些资料，需要花费很多时间和精力。加之，当代学者们又有不少新的研究成果不断呈现，一部辨伪学史，要想囊括所有学者的论述，是非常困难的。因此本书肯定存在挂一漏万的现象。希望从事中国辨伪学研究的同仁们共同努力，不断探索和完善辨伪学史的内容。

附录（一）：
引用参考文献目录

一、基本史料

杨伯峻：《论语译注》，中华书局，1980年。

杨伯峻：《孟子译注》，中华书局，1984年。

（汉）司马迁：《史记》，中华书局，1975年。

（汉）班固：《汉书》，中华书局，1962年。

（宋）范晔：《后汉书》，中华书局，1965年。

（汉）王充：《论衡》，上海人民出版社，1974年。

（北齐）颜之推：《颜氏家训》，中州古籍出版社，2008年。

（唐）孔颖达：《尚书正义》，上海古籍出版社，1990年。

（唐）魏征等：《隋书》，中华书局，1997年。

（唐）刘知幾著、（清）浦起龙注：《史通通释》，上海古籍出版社，2012年。

（唐）陆淳：《春秋集传纂例》，《四库全书》经部春秋类。

（唐）柳宗元：《柳河东全集》，中国书店，1991年。

（唐）陆德明：《经典释文》，中华书局，1983年。

（宋）王溥：《唐会要》，中华书局，1955年。

（宋）晁说之：《景迂生集》，吉林出版公司，2005年。

（宋）欧阳修：《欧阳文忠公集》，中国书店，1986年。

（宋）苏轼：《苏东坡全集》，北京燕山出版社，2009年。

（宋）洪迈：《容斋随笔》，上海古籍出版社，1978年。

（宋）郑樵：《通志》，中华书局，1987年。

（宋）郑樵著、顾颉刚辑：《诗辨妄》，朴社，1933年。

（宋）郑樵：《夹漈遗稿》，丛书集成初编本，中华书局，1985年。

（宋）朱熹：《朱子语类》，中华书局，1986年。

（宋）朱熹：《晦庵先生朱文公文集》，国家图书馆出版社，2006年。

（宋）叶适：《习学记言》，上海古籍出版社，1992年。

（宋）叶适：《叶适集》，中华书局，1961年。

（宋）王应麟：《困学纪闻》，上海古籍出版社，2008年。

（宋）高似孙：《史略子略》，辽宁教育出版社，1998年。

（宋）黄震：《黄氏日抄》，文渊阁《四库全书》子部儒家类。

（宋）晁公武著、孙猛校：《郡斋读书志校证》，上海古籍出版社，1990年。

（宋）陈振孙：《直斋书录解题》，上海古籍出版社，1987年。

（元）马端临：《文献通考》，中华书局，1986年。

（明）宋濂：《诸子辨》，《宋濂全集》第一册，浙江古籍出版社，1999年。

（明）梅鷟：《尚书考异》，文渊阁《四库全书》经部十二书类二。

（明）胡应麟：《少室山房笔丛》，上海书店，2009年。

（明）杨慎：《升庵集》，上海古籍出版社，1993年。

（明）王世贞：《弇州山人四部稿》，上海古籍出版社，2021年。

（清）顾炎武著、黄汝成释：《日知录集解》，上海古籍出版社，2006年。

（清）钱谦益：《牧斋初学集》，上海古籍出版社，1985年。

（清）潘柽章：《国史考异》，《续修四库全书》第452册。

（清）潘柽章：《松陵文献》，《续修四库全书》史部传记类。

（清）潘耒：《遂初堂文集》，《清代诗文集汇编》第170册，上海古籍出版社，2010年。

（清）阎若璩：《尚书古文疏证》，上海古籍出版社，1987年。

（清）姚际恒：《古今伪书考》，《古籍考辨丛刊》第一册，中华书局，1955年。

（清）崔述著、顾颉刚编订：《崔东壁遗书》，上海古籍出版社，1983年。

（清）刘逢禄著、顾颉刚点校：《左氏春秋考证》，朴社，1933年。

（清）龚自珍：《龚自珍全集》，上海古籍出版社，1975年。

（清）魏源：《魏源集》，中华书局，2009年。

（清）廖平：《古学考》，景山书社，1935年。

（清）康有为：《新学伪经考》，中华书局，1956年。

崔适：《史记探源》，中华书局，1986年。

梁启超：《古书真伪及其年代》，中华书局，1955年。

梁启超：《中国近三百年学术史》，商务印书馆，2011年。

梁启超：《要籍解题及其读法》，岳麓书社，2010年。

胡适：《中国哲学史大纲》卷上，上海古籍出版社，1997年。

胡适：《胡适文存》，华文出版社，2013年。

顾颉刚编著：《古史辨》，上海古籍出版社，1982年。

顾颉刚主编：《古籍考辨丛刊》第一集，中华书局，1955年。

罗根泽：《诸子考索》，人民出版社，1958年。

郭沫若：《十批判书》，人民出版社，1954年。

郭沫若：《青铜时代》，中国人民大学出版社，2005年。

郭沫若：《奴隶制时代》，人民出版社，1973年。

郭沫若：《中国古代社会研究》，人民出版社，1964年。

张心澂：《伪书通考》，上海书店，1998年。

黄云眉：《古今伪书考补证》，文海出版社，1972年。

顾实：《重考古今伪书考》，山西人民出版社，2014年。

二、参考论著

顾颉刚：《秦汉的方士与儒生》（附《中国辨伪史要略》），上海古籍出版社，2005年。

孙钦善：《中国古文献学史》，北京大学出版社，2008年。

蒋伯潜：《十三经概论》，上海古籍出版社，1983年。

张舜徽：《中国文献学》，中州书画社，1982年。

陈梦家：《尚书通论》，中华书局，1985年。

刘起釪：《尚书学史》，中华书局，1989年。

蒋伯潜：《诸子通考》，浙江古籍出版社，1985年。

刘起釪：《顾颉刚先生学述》，中华书局，1986年。

郑良树：《顾颉刚学术年谱简编》，中国友谊出版公司，1984年。

郑良树：《竹简帛书论文集》，中华书局，1982年。

郑良树：《古籍辨伪学》，台湾学生书局，1986年。

郑良树：《续伪书通考》，台湾学生书局，1984年。

林庆彰：《清代的群经辨伪学》，台湾文津出版社，1990年。

刘起釪：《古史续辨》，中国社会科学出版社，1991年。

杨昶：《辨伪学讲义》，见李国祥、杨昶主编《国学知识指要——古籍整理研究》，广西人民出版社，1993年。

司马朝军：《中国文献辨伪学史稿》，武汉大学出版社，2022年。

（所引用论文目录从略）

附录（二）：
文献工作者必读之书——读杨绪敏先生《中国辨伪学史》

仓修良

当今世界假冒伪劣现象泛滥成灾，这不仅是商品市场的普遍现象，也是文化市场的普遍现象。有感于此，不久前去台湾参加史学史研讨会，我所提供的论文便是《辨伪学家胡应麟》，希望当今学术界多出几位辨伪学家，以便对学术界的假冒伪劣加以清除。我在宣读论文的时候，还特地向台湾学术界推荐了杨绪敏先生的新著《中国辨伪学史》。该书对广大文献工作者特别是青年文献工作者和广大历史爱好者来说，确是一部不可多得的知识性很强的学术著作。它不仅可以帮助我们学得辨伪学的知识，而且可以帮助人们掌握做学问的某些必要手段和途径。正如作者在《前言》中所说在流传下来的浩如烟海的古书中，"除伪书外，在一些古书中还掺杂着伪史、伪说。比如关于'三皇''五帝'的传说，其中有着不少的虚拟成分，倘若不对这些伪史、伪说进行考辨，将会给我们的研究工作带来很大的危害"。作者还征引了著名学者刘起釪先生在《古史续辨·序言》中的一段论述，指出有的人"直接称用传说中的古帝、古神作信史人物来立论；有用晋代的《帝王世纪》之说去驳诘先秦资料的；有引用伪《古文尚书》文句为说的；有把不同历史时期出现的资料平列地使用的；有把属于不同历史时期或不同部族的古帝先王，在论文中不区分其先后混同地称引和阐说的"，紧接着作者便说："这不仅是一个学风的问题，而且说明，在一些年轻的学者中，对中国辨伪学的知识知之甚少，对一些本该阅读的辨伪学著作，他们却没有坐下来认真去读，因此出现了以上所说的现象。"这个结论我认为很有道理。研究历史文献的人，或经常与历史文献打交道的人，若是不懂一些辨伪学知识，不仅在研究中要遇到很多问题和困难，而且还要闹出大笑话。所以我特地向大家推荐这部《中国辨伪学史》。

为了说明我之所言并非虚语，下面不妨援引近几年来发生在学术界的一些本不该发生的闹剧，就足以为戒。去年（1997年）我在《历史研究》第五期上发表的《关于谱学研究的几点意见》一文中，有"使用家谱资料应当审慎"一节，列举了近时许多地方对新发现的家谱中的材料未经慎重考证和辨伪，便大肆宣扬某某问题有新发现、有重大发现等等。"如有人只根据从浙江江山县搜集到的《须江郎峰祝氏族谱》，便认为'发现了一首岳飞在绍兴三年赠祝允哲大制参的《满江红》及祝允哲的和诗（词）'。未经考证真伪，即认定这对进一步探讨岳飞《满江红·写怀》词的真伪提供了新的重要文献。"①《人民日报》海外版转载此说，一度在学术界引起极大反响。不久，朱瑞熙先生发表《〈须江郎峰祝氏族谱〉是伪作》一文，用大量历史事实说明，宋代根本就没有族谱中所讲的"祝臣""祝允哲"这两名官吏，族谱中载祝允哲之父祝臣"是北宋绍圣年间兵部尚书、太子少保、都督征讨大元帅、上柱国、宣国公"，而祝允哲则是"靖康元年钦宗敕授大制参、督理江广粮食饷、提督荆襄军务"。朱先生指出："如果宋哲宗绍圣年间真有祝臣其人，他的差遣之一兵部尚书是从二品，《宋史》便不可能不为之立传，此其一。即使《宋史》不为立传，作为这样身负重任的高级官员，祝臣的政治活动必然会在《宋史》《宋会要》《续资治通鉴长编》以及其他数百种宋代史籍、文籍中留下蛛丝马迹，不至于影踪全无。"文章还从宋代官制规定，揭露制假者的破绽，最后论证了《祝允公和岳元帅述怀》与所谓岳飞《调寄满江红·与祝允哲述怀》两词全是伪作，而作伪者是明代或清代的祝氏后人。②1994年《文学遗产》第3期发表了《宋江征方腊新证》一文，文章是根据新发现的民国丙寅《五云赵氏宗谱》卷一八李纲《赵忠简公（期）言引录》而写，文章附录了《赵忠简公言引录》，指出"就全文文字、内容考察，不可能出于后人伪托"。著名宋史专家徐规先生指出："所谓李纲撰写的《赵忠简公言引录》当属不熟悉宋事的后人所伪托，故谬误迭见，毫无文献价值，当时亦无赵期其人。"③以上两件误用伪造年谱资料所造成的不良影响是相当大的，教训应当说也是深刻的，研究者自当审慎。

我之所以要不厌其烦地征引已经发表的两段文字，目的在于告诉大家，伪书、伪说还不时地会冒出来，若能掌握一些辨伪学的常识，了解一些辨伪学家辨伪的方法和手段，即便遇上了伪书、伪说，也不会听之任之，让其流传，自己更不会被俘虏而为其广为宣传。当然，你还可以用它来抵制、批评那种不良的学风。现在有些人为了达到某种目的，常常制造一些耸人听闻的消息，以起到所谓轰动效应，其实所传的都是虚假的，当你识破以后，方才认识到是个骗局。还有把传说中的人物作为自己的始祖，这本来是不可信的，可是目前竟有教授先生还在大肆鼓吹。吴越王钱镠所制之《大宗谱》，将彭祖定为自己的始祖，一个私盐贩子出身，这样编造已属离奇，遗憾的是，有人却热衷于此，大做考证文章，论述彭祖确系钱氏始祖，而台湾彭氏家族修谱中，理所当然地将彭祖列为自己始祖，于是出现了钱姓与彭姓争夺始祖的情况。又如浙江绍兴大禹陵附近有姒姓家族，自称为禹的后代，并以晚清所修的族谱为凭，前几年在公祭大禹时，上海、浙江一些报纸还曾据此做了显著的报道，笔者认为此谱记载绝不可信。诸如此类，作为文献研究工作者来说，我们都有责任对其辨个水落石出，而不应当让伪书、伪说广为流传。既然如此，学点辨伪学的知识也就是情理之中的事了。这也正是我向大家一再推荐杨先生的《中国辨伪学史》的原因之所在。

关于这部书的学术价值，我非常同意卞孝萱先生在为该书写的序中所做的评论："全书资料丰

---

① 李庄临、毛永国：《岳飞〈满江红·写怀〉新证》，《南开大学学报》1996年第6期。
② 朱瑞熙：《〈须江郎峰祝氏族谱〉是伪作》，《学术月刊》1988年第3期。
③ 徐规：《取证族谱必须审慎》，《文献》1995年4期。

富，论证充分，新见迭出，精义纷呈，是一部不可多得的辨伪学专著，具有很高的学术价值。"我和卞公是多年交往的老朋友，他所写的也正是我要讲的，可见我们两人"所见之略同"。

下面我从三个方面再略谈自己对该书的看法。

（一）该书对中国辨伪学的历史做了全面而系统的论述。像这样的著作在中国还是第一部。该书将中国辨伪学划分为四个时期：（1）疑古思想的萌芽及辨伪学初起时期——先秦汉魏南北朝。（2）辨伪学的发展时期——唐宋。（3）辨伪学的成熟时期——明清近代。（4）辨伪学的再发展时期——现当代。回顾我国辨伪学的发展过程，人们会觉得这样的分期是符合历史实际的，这样划分完全取决于辨伪学在每个时期所反映的特点，作者在考虑时并未为朝代所局限，最明显的是第三个时期，不是断在清末，也不是按1840年鸦片战争为限，而是将近代与明清放在一道。这种划分的办法，无疑是具有独创性，是其他各类专史所未有过。因为撰写历史，特别是各种专史编写分期向来是一项比较复杂的问题，它既要考虑到整个社会历史发展的规律，又要照顾到本学科发展的自身特点，只有处理好两者之间的关系，才能够做到更加科学、更能充分反映出该学科的发展规律和特点。所以绝不能小看这不为人们所注意的分期问题，它实际上是撰写史书首先要解决的大问题。

上面我已讲了，这是第一部系统全面地论述中国辨伪学发展历史的学术专著，我之所以这样讲，是因为像这样的著作以前还不曾出现过。正如卞公序中所讲，"约在二十世纪三十年代中叶，顾颉刚曾计划写一部辨伪学史，但由于种种原因，始终未能如愿。他所撰写的《崔东壁遗书序》，后经改易，题为《战国秦汉间人的造伪及辨伪》……八十年代初，王煦华同志将顾先生未完成的草稿连缀补充成书，续补了从三国到清代的辨伪史略。至此才有简明的《中国辨伪史略》，然而它只是'要把二三千年中造伪和辨伪的两种对抗的势力作一度鸟瞰'，不免有简略、粗浅、罅漏之处。"1986年台湾学生书局出版了郑良树的《古籍辨伪学》一书，但是该书研究范围仅局限在对古籍的辨伪，作者在《自序》中便开宗明义地说："古籍辨伪学所研究的应该是古籍的作者、成书时代及附益等三方面课题，通过这三方面的研究来鉴定古籍的真和伪。所谓真，是指古籍与作者或成书时代相符；所谓伪，是指其传闻者和它确实的作者、成书时代相乖，甚至有附益的篇章和文字。"显而易见，该书宗旨，仅在述古籍之辨伪，而于伪史、伪说则不是其论述范围，这从整个辨伪学角度来说，显然是不够全面的。因为伪史、伪说之危害有时更甚于伪书，因为这些内容，大都是掺杂在史书或其他古籍之中，往往不为人们所注意。如欧阳修等人所修之《新唐书》，自然是一部真实的史书，但其中《宰相世系表》谬误很多，主要是作者轻信家谱之言而造成的。钱大昕就曾批评说："《唐书·宰相世系表》虽详赡可喜，然记近事则有征，溯远胄则多舛，由于信谱牒而无实事求是之识也。"[①]实际上还在南宋时，洪迈就在其《容斋随笔》卷六专门列了《唐书世系表》一目，对其错误做了严肃批评，指出"新唐宰相世系表皆承用诸家谱牒，故多有谬误，内沈世者最可笑"。而这"最可笑"者，正是身为历史学家的沈约所编造，称沈氏乃"金天氏之后"，"秦末有逞者，征

[①] 钱大昕：《十驾斋养新录》卷十二《家谱不可信》，上海书店，1983年。

丞相不就","其后入汉,有为齐王太傅敷德侯者,有为骠骑将军者,有为彭城侯者"。洪迈都一一做了批驳,而笔者也查了《汉书》,不仅无敷德侯、彭城侯之封号,亦无沈逯其人;虽有骠骑将军,却与沈氏无关;全部《汉书》仅载沈姓四人,三人为春秋时人,一人为王莽时人。沈约如此编造,难怪洪迈严厉批评:"沈约称一时文宗,妄谱其上世名氏官爵,固可嗤诮",而"欧阳公略不笔削为可恨也"。无独有偶,洪迈对史学家魏收编造祖上的世系做法,在书中也进行了揭露。诸如此类,这些伪造历史的现象自然不能听之任之,要揭露其伪造,自然就得做辨伪工作。所以辨伪学不仅是要辨清古籍的真伪,而且要对伪造的历史和伪说做出认真的考辨,而《中国辨伪学史》则全都包容了这些内容,所以我才断言它是全面系统论述中国辨伪学史发展的第一书,作者在充分研究并吸收了前人研究成果的基础上,做到了后来居上。

（二）突出重点,反映特点,尽力反映中国辨伪学史发展全过程。从该书"目录"我们就可以发现,只有章、节,而没有子目。其中二、三、四章的第一节的"概观",也就是我们平时所说的概述,通过"概观",将这一时期辨伪学发展的趋势、特点及主要辨伪学家所取得的成就做一全面的论述,使人读了可以获得一个总的概念。而对那些具有代表性的著名的辨伪学家,则设专节加以论述,这就做到了全面论述与重点评论相结合。当然同样设有专节的其地位也并不等同,就以宋代而言,虽然欧阳修、郑樵、朱熹、叶适四人列了专节,他们在辨伪学上也确实都做出了重大贡献,相比之下,朱熹的成就毕竟更大些,他曾指出伪书六十余种,并有自己的辨伪理论和方法。明代列了宋濂、梅鷟、胡应麟三人,三人中显然又以胡应麟为主,因为胡应麟不仅有丰富的辨伪学理论和方法,而且还撰著了我国封建社会首部辨伪学专著《四部正讹》,为我国封建时代辨伪学的建立奠定了基础。而清代崔述、姚际恒、阎若璩、刘逢禄诸人,在辨伪学上虽然都堪称大家,但就其贡献与影响来说,阎若璩则居首位,因为他花了三十年精力,写出了《古文尚书疏证》,揭发了东晋时期梅赜所献《古文尚书》之全系伪作,加之后来惠栋的《古文尚书考》,这就结束了长期以来古文《尚书》争论不休的一大悬案。这就是说,该书编写上做到重点突出,不单是表现在章节目录上面,更体现在具体内容的叙述之中。该书作者,对于每位辨伪学家成就的特点,很注意揭示,有的则在节的标题中就得以体现,如《王充的"疾妄求实"思想及对伪说、伪书之考辨》《刘知幾疑古惑经思想及对伪史、伪说、伪书之考辨》。这两人在辨伪学上的共同特点,是他们辨伪的重点都在伪说与伪史上;《欧阳修对儒家经传的考辨》,表明欧阳修辨伪的重点在于"儒家的经传";《朱熹考辨古书的成就、方法及影响》,表明朱熹辨伪重点虽是著作,但涉及面十分广泛,经、史、子、集都有,他还总结出自己的辨伪方法,"一则以义理之所当否而知之,二则以其左验之异同而质之",前者是讲理论,后者是讲证据,舍此二途,就无法定其真伪。他的辨伪理论对后世的影响是深远的;《胡应麟对伪书的考辨及对辨伪学理论的总结》,这就无疑肯定了胡应麟在中国辨伪学史上特殊的地位,他对辨伪学的理论进行了一次全面的大总结,并且写出了辨伪学专著;《阎若璩与伪〈古文尚书〉的定案》,说明由于阎氏这部著作,而使争论一千多年的悬案得以解决,他所考定的虽然仅是一部书,但其意义十分重大。诸如此类,自然无须多举,已经足以说明。由于作者对这些辨伪学家的研究比较深入，才有可能抓住每位学者在辨伪学贡献上的长处和特点，这就为广大读者学习和研究创造了条件。

（三）实事求是地评论，深入浅出地叙述，是一部雅俗共赏的学术专著。正如卞公序中所说：该书"深入细致地分析总结了历代辨伪学家的辨伪思想和方法，并作了客观、公允的评价"。对古人的学术思想和学术贡献进行评价，过分的夸大和不切实际的贬斥都是不对的，但要做到实事求是、恰如其分，也的确很不容易。要做到实事求是，不仅需要对每位学者的成就作深入研究，而且要把他们的贡献置于历史发展的长河之中进行比较，当然又不能够脱离每位历史人物的时代条件。而该书做到了这一点，确属难能可贵。只要通读全书，自然就会发现我和卞公所言，绝非虚言。上文所言作者能将每位辨伪学家的特点予以充分反映，其实就是实事求是的重要表现之一。该书还有一个重要特点，那就是在文字叙述上做到了深入浅出，通俗易懂，许多重要内容都是经过作者消化后，用自己的语言叙述出来的，而少有大段大段的引文，这对青年读者来说，尤其显得重要，因为青年人古文基础较差，读书中最怕遇上大段引文，这也是可以理解的。所以我说这是一部雅俗共赏的学术专著。

最后，对该书还存在的不足之处提些看法。因为任何一部著作都不可能是十全十美，该书自然也不例外。比如西汉大学者刘向、刘歆父子在辨伪学上的贡献没有能够得到足够的重视，虽然在《两汉的造伪及辨伪》一节中已经论述到，但没有把他们列入专节似乎欠妥，因为他们在辨伪学上的贡献及对后世的影响都是很大的。当代著名文献学家张舜徽先生在《中国文献学》一书中就曾指出："审定伪书之法，至刘（向）、班（固）而已密。"可见刘向绝非一般辨伪学家所可比拟。唐代的韩愈，在辨伪学上也常为人们所谈论，能否将其与柳宗元并列一节？南宋洪迈，在辨伪学上的贡献据我看并不亚于郑樵和叶适，只不过以前很少有人研究，因而从未引起人们注意。洪迈在《容斋随笔》中，对于伪书、伪史、伪说做了大量的考辨工作，并且提出了许多很好的方法，我做了初步归纳，总有六七种之多，虽然未能作条理化和理论化工作，但他为后人建立辨伪学理论和辨伪学毕竟创造了条件，他在书中直接提出了"《周官》非周公所作"的论断。因此，在辨伪学著作中，应当给他一个应有的位置。阎若璩对于《古文尚书》的定案是起到重要作用，但惠栋的《古文尚书考》，同样起了不可忽视的作用，因此，建议应将阎、惠两人放在一节中，并都出现在标题上，因为是否见于标题，这里就反映了一个等级问题。以上粗浅看法，仅供参考。

（该文原发表在《徐州师范大学学报》1999年第1期）

增订版后记

《中国辨伪学史》初次于1998年由天津人民出版社出版，迄今已有二十六个年头了。该书的出版受到从事中国历史文献学研究的全国同人的欢迎和肯定。1999年12月，该书获得江苏省哲学社会科学优秀成果三等奖。有的高校相关专业将其列为博士生和硕士生必读书目。2006年年底接天津人民出版社通知，拟再版该书。于是花费了一些时间，对原作进行了小范围的修改，补充了一些内容，调整了个别章节，订正了一些讹误，于2007年再版。由于受当年认知水平和客观条件的限制，书中仍然存在种种不足。比如有的读者认为书中应该增加晁公武《郡斋读书志》和陈振孙《直斋书录解题》的论述，仓修良教授在书评（见以上附录）中，认为洪迈应当单独设立一节论述，建议将惠栋与阎若璩合为一节中论述，诸如此类的建议给进一步修订工作指明了方向。退休后有了较为充裕的时间，我决定对原作进行一次大手术。一是增加章节、补充内容，如在第二章中增加了第七节"洪迈对伪说、伪书的怀疑及考辨"，第八节"《郡斋读书志》《直斋书录解题》与书籍真伪的考辨"。在第三章中，增加第五节"明末清初学者对《致身录》《从亡随笔》的考辨"，在第七节"阎若璩与伪《古文尚书》的定案"中加入惠栋与《古文尚书考》的论述等。将第三章"辨伪学的成熟时期——明清近代"标题中的"明清近代"改为"元明清及近代"，并在本章"概观"中补充了元代学者马端临、吾丘衍、吴师道、吴澄等考辨伪书、伪史的论述，由此弥补了辨伪学史上"元代"部分的缺漏。二是在相关论述中加大论述的力度，比如原来一带而过的简述，现在进行了比较详细的论述。比如在原第四章第一节"现当代辨伪之概观"的基础上，比较详细地介绍了二十世纪五六十年代围绕《李秀成自述》和《兰亭序》真伪所展开辩论的背景及主要代表人物的观点。同时补充了近年来出版的辨伪学论著的情况。由此使该书由原来的二十三万字，扩充为三十万字。三是对原书引文进行了一次重新校对，避免了原引文断章取义的情况，订正了一些讹误，补充了一些内容和论述。同时纠正了注释中不规范的现象。在此要感谢上海社科院司马朝军教授和华中师范大学杨昶教授，他们为了帮助我补充完善书稿，分别向我提供了《中国文献辨伪学史稿》《辨伪学讲义》电子版书稿，给了我不少的启迪和帮助。书中还参阅了不少相关论著和论文，在此向其作者一并深表谢意！还要感谢李闰华、刘玲、胡蓓编辑在该书出版过程中付出的辛勤劳动。尤其要感谢我的校友张志彪先生和张茂梅女士，他们夫妇对本书的出版关心备至，为之鼎力相助，使我十分感动。

时光匆匆，转眼之间，我已年过古稀。当年为该书作"序"的南京大学卞孝萱教授于该书再版的第二年即2009年辞世，为该书撰写书评的浙江大学仓修良教授也于2021年辞世。两位先生对后学的关心和提携，迄今铭记在心。这也是我决定重新修订该书的动力。吾师张舜徽先生曾亲自为我题写荀子论学之言"真积力久则入，学至乎没而后止也"的条幅，鼓励和鞭策我在治学的道路上要不懈努力。学无止境，该书虽经补充完善，但仍然会存在这样或那样的问题，敬请大家批评指正。

作者
2024年5月15日